Jan Priewe / Rudolf Hickel

Der Preis der Einheit

Bilanz und Perspektiven der deutschen Vereinigung

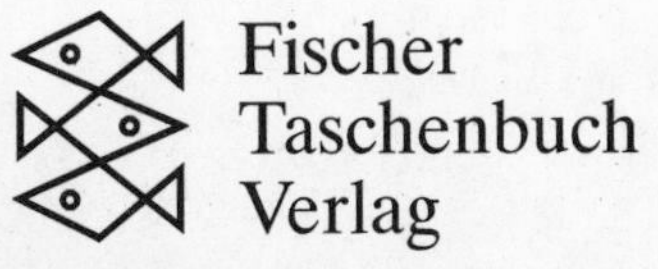

Fischer Taschenbuch Verlag

26.–30. Tausend: März 1992

Originalausgabe
Veröffentlicht im Fischer Taschenbuch Verlag GmbH,
Frankfurt am Main, Dezember 1991

Umschlaggestaltung: Buchholz/Hinsch/Hensinger
Printed in Germany
ISBN 3-596-11272-9

Inhalt

Vorwort

Die wirtschaftliche Lage in den neuen Bundesländern ist im Herbst 1991, zwei Jahre nach Öffnung der Mauer, unbestreitbar schlimmer als die pessimistischsten Prognosen von Anfang 1990 annahmen. Es ist unverkennbar, daß die wirtschaftlichen Probleme zum Nährboden für schwer kalkulierbare politische Entwicklungen werden können.

Meist wird dabei die ostdeutsche Wirtschaftskrise nach dem Muster einer Konjunkturkrise gedeutet. In Wirklichkeit handelt es sich aber um eine alle Bereiche von Wirtschaft, Politik und Gesellschaft umfassende *Transformationskrise*. Nichts bleibt so, wie es war. Es gibt keinerlei historische Erfahrungen mit derlei Umbruchprozessen, noch dazu unter den Bedingungen einer schockartigen Veränderung einerseits und der staatlichen Vereinigung andererseits.

Für den Bürger sind die Lage im Osten und die Perspektiven der Entwicklung in den neunziger Jahren in den Nebel der Unübersichtlichkeit gehüllt. Viele in den Medien dargestellte Meldungen und Einschätzungen sind widersprüchlich und nur kleine Facetten eines in den Konturen unscharfen Bildes. Dieses Buch will zur Klärung der Lage beitragen und die Mosaiksteinchen zu einem Gesamtbild ordnen. Die Autoren wollen eine nüchterne Zwischenbilanz der ersten Phase der Wirtschaftsentwicklung seit der Währungsunion vom 1.7.1990 vorlegen, mögliche und wahrscheinliche Perspektiven aufzeigen und die bislang praktizierte Einigungspolitik kritisch bewerten.

Niemand sollte angesichts der tiefgreifenden Probleme in Rechthaberei, Mäkelei oder Häme gegenüber denjenigen verfallen, die politisch verantwortlich waren und sind für Weichenstellungen, die zu dieser Lage beigetragen haben. Trotz einer ungeheuer schwierigen objektiven Ausgangslage im Jahre 1990, in der weitreichende und irreversible Entscheidungen unter sehr großer Ungewißheit gefällt werden mußten, kann und darf jedoch den Entscheidungsträgern Kritik nicht erspart bleiben. Allerdings sind wir um perspektivische Kritik bemüht, die auf Änderungen im eingeschlagenen Kurs der Wirtschaftspolitik und konkrete Vorschläge angelegt ist.

Zu Recht sagte Gernot Gutmann in seinem Einleitungsreferat auf der Jahrestagung des traditionsreichen »Vereins für Socialpolitik«, einer wirtschaftswissenschaftlichen Vereinigung, im September 1991 in Lugano: *»So gibt es in unserer Wirtschaftswissenschaft weder in ordnungs-*

noch prozeßtheoretischer Hinsicht eine in sich konsistente und allseits brauchbare Theorie über den Ablauf solcher Umwandlungsprozesse.« Zwar beinhaltet dieses Buch keine geschlossene Theorie der Transformation von Planwirtschaften, dafür zielt es auf eine kritische Auseinandersetzung mit den ökonomischen Folgen der Vereinigung Deutschlands ab.

Wir wollten, angeregt durch den Verlag, kein Buch für professionelle Ökonomen schreiben, sondern für ein breiteres interessiertes Publikum in West wie Ost. Als westdeutsche Ökonomen haben wir viel durch zahlreiche Aufenthalte, viele Gespräche und empirische Feldarbeit im Osten gelernt. Insofern ist dieses Buch nicht nur am Schreibtisch entstanden.

Ohne die Unterstützung durch den S. Fischer Verlag und dessen Lektor, Rudolf Brun, wäre dieses Buch nicht zustande gekommen.

Darmstadt/Bremen
Oktober 1991

Jan Priewe
Rudolf Hickel

Kapitel I

Der langfristige Preis der deutschen Einheit

Seit der Öffnung der Berliner Mauer am 9. November 1989 sind zwei Jahre vergangen, seit der Währungsunion vom 1. Juli 1990 eineinhalb. Die Bundesrepublik Deutschland ist nicht mehr die alte, der »Beitritt« der Ex-DDR zur Ex-BRD am 3. Oktober 1990 ist in Wirklichkeit mehr als ein Beitritt, er verändert auch nachhaltig die Lage der alten Bundesländer. War die DDR der westliche Brückenkopf Osteuropas, wenn auch nicht im geografischen, so doch im ökonomischen und politischen Sinn, so hat Ostdeutschland nun den Anschluß an Westeuropa bekommen, Westdeutschland aber auch den an Osteuropa. Jedes Ost-Problem wird unmittelbar auch für den Westen Deutschlands relevant. Auch die anderen Länder Osteuropas sind viel näher an den Westen gerückt. Die wirtschaftliche Entwicklung etwa in der Sowjetunion, in welche Richtung sie auch immer gehen mag, strahlt im Positiven wie im Negativen auf Westeuropa zurück – allerdings sind die neuen Interdependenzen im Westen kaum begriffen.

Die Hinterlassenschaft des Ost-West-Konfliktes, der die zweite Hälfte dieses Jahrhunderts geprägt hat, bestimmt nun auf lange Sicht das neue Deutschland und seine Ökonomie. Der alte Ost-West-Konflikt ist mit der Einheit Deutschlands und der Transformation der ehemaligen Länder des Ostblocks nicht verschwunden, sondern mutiert zu neuen Gegensätzen: Zwar ist der Staat geeint, aber Ökonomie und Gesellschaft sind nach wie vor geteilt. Zwei Gesellschaften, zwei Ökonomien in einem Staat – diese Situation kann einen erstrangigen politischen Sprengsatz darstellen. Deutschland ist das einzige Land der Europäischen Gemeinschaft, ja der Welt, das diesen Gegensatz unter dem Dach eines Staates verarbeiten muß.

Die deutsche Vereinigung und ihre Folgen sind *der* Einschnitt in der deutschen Wirtschaftsgeschichte der Nachkriegszeit. Die ökonomischen Folgen werden den Osten wie den Westen auf lange Zeit, vermutlich auf mehrere Jahrzehnte, prägen. Nie zuvor in der Weltgeschichte stellte sich die Aufgabe der Transformation einer planwirtschaftlich-sozialistischen Volkswirtschaft in eine marktwirtschaftlich-kapitalistische. Zudem ging es um die am weitesten entwickelte Planwirtschaft, für die ein schockartiges Transformationstempo programmiert wurde. Es ist an der Zeit, eine *Zwischenbilanz* der ersten Phase der Transformation der ostdeutschen Wirtschaft zu ziehen und die voraussichtlichen Perspektiven für die neunziger Jahre einschließlich der ökonomischen Rückwirkungen auf Westdeutschland zu untersuchen.

Die wirtschaftliche Lage im Osten – Massenarbeitslosigkeit und Entindustrialisierung

Ende des Jahres 1991 kann die wirtschaftliche Lage in Ostdeutschland nur als verheerend bezeichnet werden. Von 1989 bis 1991 ist das Bruttosozialprodukt um rund ein Drittel geschrumpft, die Industrieproduktion um etwa zwei Drittel. Damit droht eine weitgehende Entindustrialisierung Ostdeutschlands. Die Zahl der (Vollzeit-)Arbeitsplätze in Ostdeutschland sackt von einst 9,6 Mio. (1989) auf 5,7 Mio. Ende 1991 ab, und voraussichtlich werden es 1992 etwa 5 Mio. sein (Kurzarbeiter, ABM, Pendler usw. herausgerechnet). Die versteckte und offene Arbeitslosigkeit – einschließlich der durch befristete arbeitsmarktpolitische Maßnahmen aufgefangenen Personen – liegt bei etwa 32 Prozent im Durchschnitt, in einzelnen Regionen ist sie viel höher.

Der Dienstleistungssektor wird kein beschäftigungspolitisches Auffangbecken sein, denn der Beschäftigungsbesatz je Einwohner war in den meisten Dienstleistungssparten etwas höher als in Westdeutschland, und die neuen Dienstleistungssektoren wie Banken und Versicherungen sind relativ schmal. Die Opfer des Arbeitsmarktes werden die älteren Arbeitnehmer sein, die schon jetzt ab 55 Jahren massenhaft in den Vorruhestand gehen (müssen), und die Frauen. Würde die hohe ostdeutsche Frauenerwerbsquote auf das niedrige westdeutsche Niveau gesenkt, wie zu befürchten ist, dann würden 1,3 Mio. Frauen aus dem Arbeitsmarkt ausscheiden.

Mittlerweile scheint die Talsohle der Produktion erreicht und durchschritten zu sein. Jedoch ist ein sich selbst tragender längerer Aufschwung noch längst nicht in Sicht. Die Talsohle bei der Beschäftigung wird noch lange nicht erreicht sein. Die Investitionen steigen wieder, aber je Erwerbstätigen wird nur halb so viel investiert wie im Westen Deutschlands – trotz des gewaltigen Nachholbedarfs. Die Direktinvestitionen westlicher Unternehmen reichen bei weitem nicht, auch wenn ein Achtel der gesamten Investitionen der westdeutschen Industrie im Osten plaziert wird. Es wird wieder etwas aufwärts gehen, aber ein »blühendes Land« in einigen Jahren, wie Bundeskanzler Kohl spekuliert, wird es im Osten nicht geben. Allerdings sind die Realeinkommen in Ostdeutschland im Durchschnitt seit 1989 kräftig gestiegen. Deren ökonomische Basis ist aber nicht die Wirtschaftskraft in den neuen Ländern, sondern zu einem großen Teil die rund 150 Mrd. DM an Transfers, die von allen öffentlichen Stellen zusammengenommen im Jahre 1991 von Ost nach West geschafft werden. Gemessen an dem ostdeutschen Bruttosozialprodukt von rund 208 Mrd. DM (1991) ist dies enorm viel.

Die *Umweltlage* hat sich auf der einen Seite deutlich verbessert, aber nicht infolge von Umweltpolitik, sondern wegen des Niedergangs der Industrie. Auf der anderen Seite wirft das neue System die Schatten seines ihm eigenen Umweltfrevels voraus: Eine Müllawine entsteht, und der Individualverkehr mit seinen destruktiven Wirkungen boomt. Die Belastung durch ökologische Altlasten ist gewaltig, und deren Sanierung scheint auf die lange Bank geschoben zu werden. Und es entsteht eine neue Wirtschaftspolitik im Osten bei den meisten Ländern und Kommunen, die auf Wirtschaftswachstum und nachrangigen Umweltschutz setzt. Eine wirkliche ökologische Wende ist nicht eingetreten.

Drei Ursachen der Transformationskrise

Es gibt drei entscheidende Ursachen der ostdeutschen Transformationskrise:

- die Erbschaft der produktivitätsschwachen, teilweise maroden DDR-Ökonomie mit ihren veralteten und verschlissenen Kapitalanlagen, aber auch mit einer Produktqualität, die unter Wettbewerbsbedingungen keine Käufer findet;
- die Währungsunion vom 1. Juli 1990 mit ihrer schockartigen Aufwertungswirkung von über 300 Prozent;
- die Wirtschaftspolitik, die die Folgen der Währungsunion lange Zeit völlig falsch einschätzte und die Transformationsprobleme unterschätzte.

Die leistungsfähigste Volkswirtschaft muß bei einer plötzlichen Aufwertung der Währung um mehr als das dreifache zusammenbrechen. Das alte DDR-Regime hatte intern mit einem Verrechnungssatz von 4,4 Mark zu 1 DM gerechnet, die durchschnittliche Umtauschrelation bei der Währungsumstellung betrug dann 1,45 Mark zu 1 DM. Davor war unisono von allen Wirtschaftswissenschaftlern, auch von der Bundesbank, gewarnt worden. In einer einsamen Entscheidung setzte der Bundeskanzler, von weltpolitischen Möglichkeiten und wahltaktischen Erwartungen geleitet, das Konzept durch – ohne sich über die ökonomischen Folgen den Kopf zu zerbrechen. Glaubte man doch mit Hilfe des alten antikommunistischen Feindbildes einen geeigneten Prügelknaben für ökonomische Folgeprobleme stets parat zu haben. Was als Primat der Politik hingestellt wird, ist in Wirklichkeit ökonomische Konzeptionslosigkeit und der Anspruch der Regierenden, die Wahlbürger würden die bittere Pille schon schlucken.

Gemessen an normalen ökonomischen Kriterien war die schnelle Währungsunion ökonomisch mehr als waghalsig. Aber wäre nicht auch jede Alternative mindestens genauso problematisch gewesen? Die Kritiker der Währungsunion haben nie ökonomisch gangbare Alternativen präsentiert, die auch nur annähernd politisch mehrheitsfähig gewesen wären. Ohne die Währungsunion hätte die Gefahr bestanden, daß eine massive Flucht aus der DDR-Mark einsetzt, die währungspolitisch nicht mehr hätte aufgefangen werden können. Alle Stufenkonzepte oder ein Modell »Österreich« mit zunächst eigener DDR-Währung hätten zu dramatischer Abwertung, zu einem Wechselkurs, der nur schwer stabilisierbar gewesen wäre, zu niedrigen Löhnen trotz eng benachbartem westdeutschem Arbeitsmarkt geführt – und dies wahrscheinlich im Gefolge einer kräftigen Inflation. Die DDR hätte einen Weg gehen müssen, den Polen oder die CSFR gehen, der auf niedrigen Löhnen und eigener Kapitalbildung beruht. Aus diesen Erwägungen ist die prinzipielle Entscheidung für die Währungsunion zu verstehen.

Die Zauberformel: D-Mark, Markt und Privateigentum

Angesichts der vielfältigen Warnungen vor den unbeherrschbaren Folgen der Währungsunion kann man die lange Zeit von der Bundesregierung gepflegte Hoffnung an die segensreichen Wirkungen der harten D-Mark und die Hoffnung auf ein Wachstumswunder, das durch die Entfesselung von Markt und Privateigentum ingang gesetzt würde, nur als wenig durchdacht bezeichnen. Der Verweis auf den unvorhersehbaren Zusammenbruch der Sowjetunion und den vermeintlich zuvor nicht bekannten Rückstand der ostdeutschen Industrie zieht nicht: Daß der Rat für gegenseitige Wirtschaftshilfe (RGW) zusammenkrachen würde, war nicht nur bekannt, sondern sogar, leichtsinnigerweise, erhofft; daß durch diese Entwicklungen die Sowjetunion hart getroffen würde, war absehbar, und der Zustand der DDR-Ökonomie war seit Jahren gut erforscht und – bis auf einzelne Details – bekannt.

Man hatte sich die Transformation von der DDR- zur BRD-Wirtschaft offenbar wie einen Sonntagsspaziergang vorgestellt. So wurde die Währungsunion konzeptionslos ohne finanz- und strukturpolitische Flankierung durchgeführt. Der nachfolgende Einigungsvertrag ist eine Meisterleistung aus juristischem, bürokratischem und technokratischem Fleiß, aber eine Leistung ohne politische Weitsicht und ökonomische Strategie. Beispielsweise wirkte die Lösung der Eigentumsfrage über das Prinzip »*Rückgabe vor Entschädigung*« wie eine Investitionsbremse, die durch spätere Korrekturen nur wenig gelockert wurde. Fehlentscheidungen dieser Art fordern Opfer und erhöhen Kosten der deutschen Einigung.

Finanzpolitische Fehlentscheidungen

Besonders die finanzpolitischen Probleme der Einigung wurden gravierend unterschätzt. Man beschränkte sich auf eine geringe Anschubfinanzierung und hoffte auf schnelles Wirtschaftswachstum. Nachdem sich diese Vorstellung als unrealistisch erwies, mußten Schritt für Schritt unter dem Druck der Not partielle Korrekturen vorgenommen werden. Immer noch gibt es keine seriöse Bilanzierung der Kosten der Herstellung der deutschen Einheit und ein entsprechendes langfristiges Finanzierungsprogramm. Immer noch dominieren kurzfristige ad-hoc-Entscheidungen. Der Finanzpolitik scheinen die Dinge zu entgleiten. Der *Fonds Deutsche Einheit* ist viel zu gering dotiert, das Konzept ist zu billig und zu kurzfristig. Aus vielerlei Gründen, vor allem wegen der scheinbar geringeren Spürbarkeit, wurde der Weg in die Staatsverschuldung gewählt. Zwar wurden nach der Bundestagswahl, entgegen allen vorherigen Proklamationen, Abgabenerhöhungen beschlossen, die die unteren Einkommensschichten weit stärker als die mittleren und höheren belasten. Gleichwohl blieb die explodierende Staatsverschuldung, einschließlich verschiedener Sonderfonds, die Hauptfinanzierungsquelle.

Angesichts der auf den Kapitalmärkten erwarteten Finanzierungsprobleme stiegen die Zinsen um zwei Prozentpunkte auf ein Niveau, das die Konjunktur behindert und die Lage der verschuldeten »Dritten Welt« weiter beeinträchtigt. Zugleich hat sich die Inflation in Westdeutschland etwas beschleunigt. Die prekäre öffentliche Finanzlage wird noch durch zahlreiche Haushaltsrisiken verschärft. Im Fall einer Konjunkturabschwächung, wie sie sich 1991/92 in moderater Form andeutet, erst recht im Falle einer ernsthaften Rezession, wäre mit erheblicher konjunkturbedingter Zusatzverschuldung zu rechnen. So sind die konjunkturpolitischen Handlungsspielräume stark eingeengt. Anstelle einer klaren langfristigen Finanzierungskonzeption herrscht Chaos in der Finanzpolitik.

Strukturpolitische Versäumnisse

Am stärksten wurde die Treuhandanstalt auf marktradikalen Liberalismus durch bedingungslose Privatisierung getrimmt. Zwar hat sie, besonders unmittelbar nach der Währungsunion, die von ihr verwalteten ehemals volkseigenen Betriebe vorübergehend mit Liquiditätsbürgschaften und anderen finanziellen Hilfen versorgt, jedoch hat sie sich nicht aktiv um die strukturpolitisch ausgerichtete Sanierung der schwer privatisierbaren Firmen gekümmert. Die Treuhand versäumte so die Wahrnehmung dieser unternehmerischen Verantwortung. Hätte sie dies getan, so müßte sie auch ganz anders organisiert werden und eine viel bessere Finanzausstattung erhalten. Bis heute hat sie keine Strategie, was mit den kurzfristig nicht privatisierbaren Unternehmen geschehen soll. Zweifellos wären auch bei einer weniger radikalen Privatisierungsstrategie riesige Probleme entstanden, aber eine gezielte Sanierungsstrategie mit gemischtwirtschaftlichen Eigentumsstrukturen hätte die weitgehende Entindustrialisierung, die die Treuhand mitzuverantworten hat, verhindern können. Wurde aus politischen Gründen bei der Währungsunion kein Stufenkonzept durchgesetzt, so hätte dies bei der Treuhand geschehen können, wenn sie bzw. das die Rechts- und Fachaufsicht innehabende Finanzministerium ihr eine industriepolitische Konzeption gegeben hätte.

Obwohl sich die Probleme im Osten ganz anders stellen, wurden in den meisten anderen strukturpolitischen Bereichen die Programme Westdeutschlands auf die neuen Länder umstandslos übertragen. Die subventionsintensive bundesdeutsche Regionalpolitik wird seit Jahr und Tag wegen ihrer geringen Lenkungseffizienz und hoher Mitnahmeeffekte kritisiert. Gerade sie wird unbesehen gen Osten exportiert. So verwundert es beispielsweise nicht, daß Investitionen in Ostdeutschland mit bis zu 53 Prozent staatlich subventioniert werden, aber keinerlei Auflagen existieren, wenn die benötigten Investitionsgüter samt und sonders im Westen produziert werden. Auch in der Energiepolitik, in der Forschungs- und Technologiepolitik, die wenig unternommen hat, um den ostdeutschen Forschungsinstitutionen eine Anpassungschance zu gewähren, in der Agrarpolitik und in vielen anderen Bereichen dominiert der schlichte Export vermeintlich bewährter westdeutscher Politikinstrumente. Das Modell Westdeutschland wurde exportiert, der westdeutsche Entwicklungstyp sollte allerorten imitiert werden. Damit wurde der spezifische Charakter der ostdeutschen Transformationskrise, der maßgeschneiderte längerfristige Lösungen verlangt, grundlegend verkannt. Um so höher sind die Folgekosten.

Die neunziger Jahre: Wirtschaftswunder oder anhaltendes West-Ost-Gefälle?

Sollen in den neuen Bundesländern bis zum Jahr 2000 die Lebensverhältnisse, was die Ökonomie angeht, an die der alten Bundesländer angeglichen werden, dann sind rund 2000 Mrd. DM an Investitionen notwendig. Jährlich wären also 200 Mrd. DM Investitionen notwendig, 1991 sind es dagegen ganze 67 Mrd. DM, die tatsächlich investiert werden. Nur mit einer Wachstumsrate von jährlich 15 Prozent (real) könnte der Osten schneller mit dem Westen gleichziehen. Dies wäre etwa ein doppelt so hohes Wachstum wie in den fünfziger Jahren während des »Wirtschaftswunders« in Westdeutschland. Ein Szenario dieser Art wäre nur dann halbwegs realisierbar, wenn eine Entindustrialisierung vermieden werden könnte und die große investive Nachfrage vorrangig im Osten produktionswirksam würde. Voraussetzung wäre, daß die neuen Bundesländer über überlegene Standortfaktoren verfügen, die zu massiven und andauernden Direktinvestitionen westlicher Firmen führen.

Realistischer als derartige Wachstumsillusionen, die zudem aus ökologischen Gründen ebensowenig wünschbar sind wie das Nachholen jener längst vergangenen »Wirtschaftswunder«-Jahre, ist das Szenario des langfristigen West-Ost-Gefälles: Ohne eine »regionale Exportbasis«, die vorwiegend aus der Industrie besteht, kann sich keine Region wirtschaftlich entwickeln, es sei denn, sie wird durch zentralstaatliche Transfers dauerhaft subventioniert. Ist die industrielle Basis aber erst einmal auf ein nahezu bedeutungsloses Niveau geschrumpft, dann kann sie, entsprechend den regionalpolitischen Erfahrungen in Westeuropa und in den USA mit altindustrialisierten Regionen, allenfalls auf sehr, sehr lange Sicht neu aufgebaut werden. Zu groß sind die Standortvorteile moderner Produktions- und Dienstleistungsstandorte in den entwickelten westlichen Ballungszentren. Allenfalls Teile von Sachsen und der Großraum Berlin könnten Entwicklungschancen haben, so scheint es Ende 1991, die längerfristig zu einer tragfähigen wirtschaftlichen Basis führen können. Zwar wird der Anschluß an das westliche Produktivitäts- und Lohnniveau relativ rasch gefunden werden, aber das dann vorhandene wettbewerbsfähige Produktionspotential ist so klein, daß ein großer Teil Ostdeutschlands – Länder, Kommunen, Privathaushalte – dauerhaft auf Alimentierung durch den reichen Westen angewiesen ist.

Ostdeutschland wird in diesem Szenario zwar kein deutsches »Mezzogiorno« werden – der agrarische Süden Italiens ist mit dem altindustriellen Osten Deutschlands nicht vergleichbar –, aber die meisten Regionen würden den wirtschaftlichen Anschluß an das Niveau der schwächsten westdeutschen Regionen auf längere Sicht nicht finden. Dies muß unweigerlich zur »passiven Sanierung« des Ostens durch Abwanderung jüngerer und leistungsfähiger Arbeitskräfte führen. Eine solche Entwicklung würde das grundgesetzliche Sozialstaatsprinzip, den westdeutschen Föderalismus und das Postulat des Grundgesetzes auf Einheitlichkeit der Lebensverhältnisse sprengen. Sie darf nicht hingenommen werden, sie wäre eine dauerhafte Zwei-Klassen-Ökonomie in einem Staat. Durch wohlfahrtsstaatliche Transfers von West nach Ost in einer Größenordnung von 1991 – ca. 150 Mrd. DM, nach Abzug im Osten gezahlter Steuern etwa 130 Mrd. DM – müßten die neuen Bundesländer und ihre Bürgerinnen und Bürger alimentiert werden. Diese Option ist teuer und unwirtschaftlich. Wirtschaftlicher ist die beharrliche Arbeit an der Schaffung einer eigenständigen, tragfähigen Wirtschaftsbasis in Ostdeutschland durch aktiven Aufbau, und dies nutzt längerfristig auch der westdeutschen Wirtschaft.

Rückkoppelung nach Westen – Verlangsamung des Wachstums

Die Wucht der Krise in Ostdeutschland ist viel zu groß, als daß sie keine Rückwirkungen auf Westdeutschland hätte. Sie und die Einigungspolitik hatten in den beiden Jahren 1990/91 die Wirkung eines klassischen keynesianischen Expansionsprogramms, aber nicht für den Osten, sondern für die ohnehin in der Hochkonjunktur boomende West-Wirtschaft. Die kreditfinanzierten konjunkturellen Impulse waren zudem überwiegend Konsumimpulse. Etwa die Hälfte des westdeutschen Wirtschaftswachstums dieser beiden Jahre geht auf das Konto dieses »Einigungs-Keynesianismus«, der ohne strukturpolitische Flankierung keinen Sinn ergibt. Diese Entwicklung würde nur dann anhalten, wenn neue kreditfinanzierte fiskalische Impulse auf die alten draufgesattelt würden. Damit ist nicht zu rechnen.

Der Boom wird in eine *Wachstumsverlangsamung* übergehen: Zum einen läßt der fiskalische Impuls nach, zum anderen bleiben die hohen Transfers, einschließlich des Schuldendienstes, in der Größenordnung von 5,5 Prozent des westdeutschen Sozialproduktes, die zu fast zwei Dritteln konsumtiv verwendet werden. Hinzu kommt die Belastung durch die einigungsbedingten Hochzinsen, ferner Inflations- und Abwertungsrisiken, die nur durch weitere Zinssteigerungen abgefangen werden können. Aufgrund der extrem angespannten öffentlichen Finanzlage wachsen die Verteilungskonflikte zwischen den verschiedenen Ebenen der Gebietskörperschaften, zwischen Ost und West. Zugleich verzeichnen die westdeutschen Unternehmen, im Durchschnitt betrachtet, eine nie zuvor gekannte Liquiditätsschwemme bei hohen Renditen. Selbst bei einer leichten Konjunkturabschwächung hat der Verteilungsvorsprung der Unternehmensgewinne vor den Löhnen und Gehältern ein Ausmaß erreicht, das die Gewerkschaften berücksichtigen werden. Um Inflationsgefahren zu vermeiden, die durch Tarifkämpfe entstehen könnten, wäre es ökonomisch besser und zugleich sozialverträglicher, die Einigungsgewinne kräftig zu besteuern.

Besonders prekär ist der Sachverhalt, daß ökologische und soziale Zukunftsaufgaben, die öffentliches Geld kosten, aufgrund der finanzpolitischen Spannungen auf die lange Bank geschoben werden. Zudem konkurrieren sie nun viel stärker mit jenen Projekten, die die Konservativen und Wirtschaftsliberalen auf ihre Fahnen geschrieben haben. Schon wird der Ruf laut, Sozialabbau durch Kürzungen bei Leistungsgesetzen zu betreiben, um die deutsche Einheit finanzieren zu können, während die Unternehmenssteuern gesenkt werden sollen.

Sind Alternativen möglich?

Wie könnten in dieser hüben wie drüben vertrackten Lage wirtschaftspolitische Alternativen aussehen? Es gibt für diese Jahrhundertsaufgabe keinen Königsweg. Notwendig ist vielmehr eine pragmatische und undogmatische langfristige Strategie des Umbaus: Der Zeitbedarf ist, wie Klaus von Dohnanyi schrieb, der einer ganzen Generation. Es geht um viel mehr als nur eine Legislaturperiode. Es muß ein wirtschaftspolitisches Großexperiment gestartet werden, denn mit den alten, im Westen gebräuchlichen Instrumenten und Politikmodellen ist den Problemen der Transformationskrise nicht beizukommen. Ordnungspolitische Prinzipientreue und Marktradikalität helfen nicht weiter. Die Kräfte des Marktes, ließe man ihnen vollkommen freien Lauf, führen zur weitgehenden Selbstzerstörung der ostdeutschen Wirtschaft und begünstigen die westdeutschen wettbewerbsüberlegenen Firmen und Standorte. Ein fairer Wettbewerb zwischen Ost und West ist nicht möglich, wenn die Startchancen des Ostens unvergleichlich schlechter sind. Bevor Marktwirtschaft funktionieren kann, müssen ihre Voraussetzungen geschaffen werden. Eine schwerkranke Wirtschaft kann das »Spiel« gegen einen Exportweltmeister nicht gewinnen. Notwendig ist eine gemischtwirtschaftliche Strategie mit klugen und weitsichtigen neuen Rahmendaten von seiten des Staates.

In der *Strukturpolitik* schlagen wir eine grundlegende Neuorientierung der Treuhand-Politik vor. Sie muß auf vorrangige Sanierung der nicht privatisierbaren, aber überlebensfähigen Unternehmen ausgerichtet werden und durch Industriepolitik retten, was noch an industrieller Substanz zu retten ist. Ferner müssen Angebotsstrukturen aufgebaut werden, die zu einer leistungsfähigen Umweltschutzindustrie sowie zu Anbietern führen, die einen erheblichen Teil des Investitionsbedarfes am Standort Ostdeutschland produzieren. Die Regionalpolitik sollte durch Auflagen in Form von »local content«-Klauseln nicht nur Investitionen, sondern auch die Wertschöpfung in Ostdeutschland begünstigen. Durch neu aufzubauende Produktion im Osten sollten auch »Importe« von Gütern und Dienstleistungen aus Westdeutschland stärker zurückgedrängt werden. Besondere Bedeutung kommt der Forschungs- und Technologiepolitik zu, die ein leistungsfähiges Innovationspotential aufbauen helfen muß.

Insgesamt müssen die Investitionen westdeutscher Firmen im Osten deutlich erhöht werden. Durch eine *Investitionshilfeabgabe* für westdeutsche Unternehmen, die im Osten nicht in einem bestimmten Maße investieren, könnte ein regionalpolitischer Lenkungseffekt geschaffen werden. Die Einnahmen aus der Abgabe sollten in Ostdeutschland investiv verwendet werden. In der Arbeitsmarktpolitik müssen die Beschäftigungsgesellschaften so weiterentwickelt werden, daß sie nicht zu »Wartesälen« oder reinen Umschulungsstätten verkommen. Sie müssen ein Kern für neue Produktion werden und benötigen dazu vielfältige staatliche Unterstützung. Die Sozialpolitik sollte überlegen, ob nicht zu bestimmten genau zu definierenden Konditionen ein garantiertes, befristetes Mindesteinkommen oberhalb der Sozialhilfe, unterhalb des Arbeitslosengeldes gewährt werden sollte. In jedem Fall darf die pauschale Ausgliederung älterer Arbeitnehmer ab 55 Jahren und die Reduktion der Frauenerwerbstätigkeit nicht hingenommen werden. In der zweiten Hälfte der neunziger Jahre muß auch in Ostdeutschland die 35-Stunden-Woche anvisiert werden. Auch dies gehört zur Angleichung der sich auch in Westdeutschland wandelnden Lebensverhältnisse.

Die *Finanzpolitik* benötigt ein langfristiges »Zukunftsprogramm deutsche Integration« für einen Zeitraum von zehn Jahren. Damit müssen Ost-West-Transfers in derzeitiger Größenordnung – rund 150 Mrd. DM – Jahr für Jahr bis zum Jahr 2000 finanziert werden. Schrittweise muß der investive Anteil davon erhöht werden. Ein sehr großer Anteil des gesamten Investitionsbedarfes von 2000 Mrd. DM muß von den öffentlichen Händen finanziert werden. Die zu hohe Nettoneuverschuldung des Staates von etwa 150 Mrd. DM 1991 muß schrittweise reduziert werden, und ein wesentlich höherer Anteil der Einigungskosten sollte steuerfinanziert werden. Anstelle einer Mehrwertsteuererhöhung, die die unteren Einkommensgruppen stärker belastet und die Inflation antreibt, schlagen wir eine Vielzahl verschiedener Finanzierungsinstrumente vor, die vorrangig bei den mittleren und höheren Einkommensschichten ansetzen, unter anderem die bereits erwähnte Investitionshilfeabgabe sowie eine Staatsanleihe mit Zeichnungspflicht für Vermögensbesitzer bei – im Verhältnis zum Kapitalmarktzins – niedriger Verzinsung. Insgesamt wird die deutsche Vereinigung zu einer deutlichen Erhöhung der Staatsquote führen müssen, wie sie im historischen Vergleich nur durch geschichtliche Zäsuren, wie Kriege und Kriegsfolgen, bewirkt wurde.

Zugleich müssen ökologische und soziale Zukunftsaufgaben, die fast immer teuer sind, in Ost- und Westdeutschland angegangen werden. Ein langfristiger Reformstopp würde dem teilweise seit langem, besonders seit Anfang der achtziger Jahre aufgestauten Reformbedarf nicht gerecht. Im Umweltbereich bieten sich ökologische Abgaben als Lenkungs- und Finanzierungsinstrument an. In anderen Bereichen sollte ernst gemacht werden mit dem Einsparen jener Ausgaben, die längst alte Zöpfe sind und keine struktur- oder sozialpolitische Berechtigung mehr haben.

Die Einheitskosten müssen gezahlt werden

Viele Menschen, aus ganz unterschiedlichen politischen Lagern, sperren sich gegen die Zahlung des Preises der deutschen Einheit. Viele im Westen standen der plötzlichen deutschen Einigung ohnehin skeptisch oder ablehnend gegenüber, zumal die Eigenstaatlichkeit der DDR im Verlaufe der Entspannungspolitik nahezu allseits anerkannt worden war. Viele Jüngere in Westdeutschland hatten ohnehin keinerlei persönliche oder familiäre Beziehungen gen Osten. Nach der erfolgten Vereinigung, wie auch immer man sie bewertet, sieht die Lage anders aus. Nostalgische Larmoyanz über verpaßte historische Chancen, Räsonieren über modellhafte »dritte Wege«, die in dieser Situation nicht gangbar waren, helfen nicht weiter. Vielmehr muß die deutsche Einigung im Rahmen des Zusammenbruchs der sozialistischen Länder und ihres Entwicklungsmodells gesehen werden, zudem auch im Rahmen der über hundertfünfzigjährigen Geschichte deutscher sozialer Bewegungen. Sich von diesen Problemen abzuwenden hieße, die Geschichte dieses Jahrhunderts nicht zur Kenntnis nehmen zu wollen und sich mit Scheuklappen der Wahrnehmung der neuen Realität zu verweigern. Auch schon wegen der Rückwirkungen der Transformationskrise auf den Westen Deutschlands stehen Strategien für die ökonomische und soziale Einigung auf der Tagesordnung, auch für diejenigen, die die Einigung gar nicht oder nicht so gewünscht haben.

Der Sieg des Kapitalismus über den real existierenden Sozialismus auf deutschem Boden ist kein Triumph. An die Stelle der erhofften »schöpferischen Zerstörung« (Schumpeter) trat zuerst der Niedergang der ostdeutschen Wirtschaft. Nun muß sie beharrlich wiederaufgebaut werden, mit sozialem, ökologischem und demokratischem Anspruch und Elan.

Kapitel II

Ausmaß und Verlauf der Umbaukrise in Ostdeutschland

2.1. Die wirtschaftliche Krise – Gefahr der De-Industrialisierung

Ende des Jahres 1991, zwei Jahre nach dem Zusammenbruch der alten DDR, muß die wirtschaftliche Lage in den neuen Bundesländern als *verheerend* bezeichnet werden. Es hat ein regelrechter Niedergang der Produktion, namentlich der Industrieproduktion, stattgefunden. Ganze Industriebranchen drohen zu sterben oder auf ein bedeutungsloses Niveau zu schrumpfen. Eine weitgehende *Entindustrialisierung* der Ost-Wirtschaft zeichnet sich ab. Massenarbeitslosigkeit in offener und vor allem in versteckter Form hat sich wie ein Lauffeuer ausgebreitet. Niemals zuvor gab es in Deutschland in den letzten 150 Jahren eine derart schwere Wirtschaftskrise, die nahezu alle bisherigen Strukturen grundlegend verändert. Ob die Transformation der alten Planwirtschaft in ein modernes, sozialstaatliches und ökologisches Wirtschaftssystem auf hohem Entwicklungsniveau gelingt, ist durchaus fraglich. Bislang vollzieht sich ein Strukturbruch, kein Strukturwandel. Zwar scheint in der Industrieproduktion gegen Mitte des Jahres 1991 eine Stabilisierung auf niedrigem Niveau eingetreten zu sein, die eine Wende nach oben einleiten könnte. Jedoch gibt es angesichts der Fülle an ungelösten Strukturproblemen bislang keine Anzeichen für einen kräftigen, sich selbst tragenden Aufschwung nach Überwindung der Talsohle. Es scheint, daß die Perspektiven auch auf längere Sicht düster sind.

Rückgang des Sozialproduktes 1989–91 um ein Drittel, der Industrieproduktion um zwei Drittel

1991 liegt das Bruttoinlandsprodukt der Ex-DDR voraussichtlich um rund ein Drittel unter dem (geschätzten) Wert von 1989 (vgl. *Tabelle II.1*). 1989 sackte das Sozialprodukt um 14 Prozent ab, im ersten Halbjahr 1991 um 34 Prozent gegenüber dem Vorjahr. Besonders stark sank die Produktion des produzierenden Gewerbes. Darüber hinaus schrumpfte die Wertschöpfung in fast allen anderen Bereichen, insbesondere in der Landwirtschaft, selbst im Baugewerbe (bis einschließlich des ersten Halbjahres 1991), im Handel und im Verkehrssektor. Nur im Handwerk und bei den privaten Dienstleistungen wurde mehr produziert. Im 2. Halbjahr 1991 wird eine leichte Besserung erwartet. Ohne die massiven staatlichen Finanztranfers wäre ein vollständiger Zusammenbruch der ostdeutschen Wirtschaft eingetreten.

Tabelle II.1: **Bruttowertschöpfung[1] der Wirtschaftsbereiche in Ostdeutschland (in Preisen vom 2. Halbjahr 1990, in Mrd. DM)**

	1989	1990		1991, 1. Halbjahr	
	in Mrd. DM		in v.H. gegenüber Vorjahr	in Mrd. DM	in v.H. gegenüber Vorjahr
Land- u. Forstwirtschaft		6,7		2,4	−17,2
Produzierendes Gewerbe		134,5		40,7	−53,2
Bergbau u. Verarbeitendes Gewerbe		114,5		32,0	−58,7
– Industrie		95,4		22,1	−67,4
– Handwerk		19,1		9,9	+ 2,1
Baugewerbe		20,0		8,7	− 9,4
Handel, Verkehr		34,1		14,3	−21,0
– Handel		14,5		5,5	−27,6
– Verkehr		19,6		8,7	−17,1
Dienstleistungen, Staat		76,4		37,2	+ 1,6
– Dienstleistungen		32,9		18,1	+24,8
– Staat, priv. Organisationen ohne Erwerbszweck		43,6		19,1	−14,0
Bruttoinlandsprodukt[1]	283,7[2]	244,1	−14,0	92,2	−34,0

[1]) nicht saisonbereinigt
[2]) DIW-Wochenbericht 33/91, S. 472, in Preisen von 1989
[Quelle: *DIW-Wochenbericht* 39–40/91, S. 554, eigene Berechnungen]

Das ostdeutsche Bruttosozialprodukt (BSP) liegt 1
8,5 Prozent des westdeutschen Wertes, obwohl der A
schen Bevölkerung nahezu dreimal so hoch ist (*Tabell*
Einwohner erreicht im Osten 1991 kaum mehr als 35
deutschen Wertes. Je Erwerbstätigen ist es sogar no
Allerdings muß dabei berücksichtigt werden, daß zu d
auch die Kurzarbeiter zählen.

Tabelle II.2: **Bruttosozialprodukt in Ost- und Westdeutschland**

	Westdeutschland		Ostdeutschland	
	1990	1991 (1. Hj.)	1990	1991 (1. Hj.)
Bruttosozialprodukt in jeweiligen Preisen (Mrd. DM)	2426	1252	238	106
Bruttosozialprodukt in jew. Preisen pro Einwohner (in DM)	38800	20000	14800	6600
Index	100	100	38,1	33,0
Bruttosozialprodukt je Erwerbstätigen (in DM)	95328	48117	27908	15423
Index	100	100	29,3	32,1

[Quelle: Berechnet nach *DIW-Wochenbericht* 33/91]

Gegenüber dem Stand Ende 1989/Anfang 1990 sank die ostdeutsche Industrieproduktion bis Juni 1991 um rund 65 Prozent (*Abb. II.1*). Im ersten Jahr der Währungsunion (Juli 1990 bis Juni 1991) verminderte sich die Produktion des verarbeitenden Gewerbes um 42 Prozent. Dabei war die Entwicklung in den einzelnen Industriebranchen sehr unterschiedlich: Die extremsten Rückschläge in diesen zwölf Monaten hatten die eher als hochtechnologisch apostrophierten Branchen »Feinmechanik, Optik, Uhren« (–80%), die »Herstellung von Büromaschinen, ADV-Geräten« (–70%), die Elektrotechnik (–58%) und der Maschinenbau (–51%) hinzunehmen. Generell hatten die Investitionsgüterproduzenten die größten Verluste erlitten. Nur in zwei Branchen stieg die Produktion, nämlich in der Mineralölverarbeitung und im Druckereigewerbe (+8% bzw. +12%). Relativ gut schnitten die Sektoren Konsumgüter- und Nahrungs- und Genußmittelproduktion ab; letztere konnte ihre Produktion nahezu behaupten. Wie kräftig die Wende zum Besseren Ende 1991 und 1992 sein wird, ist völlig offen. Die Bauwirtschaft hat seit Mitte des Jahres 1991 ihre – nicht allzu tief liegende – Talsohle bereits überschritten. Für das Jahr 1992 erwartet das »Herbstgutachten« (1991) der

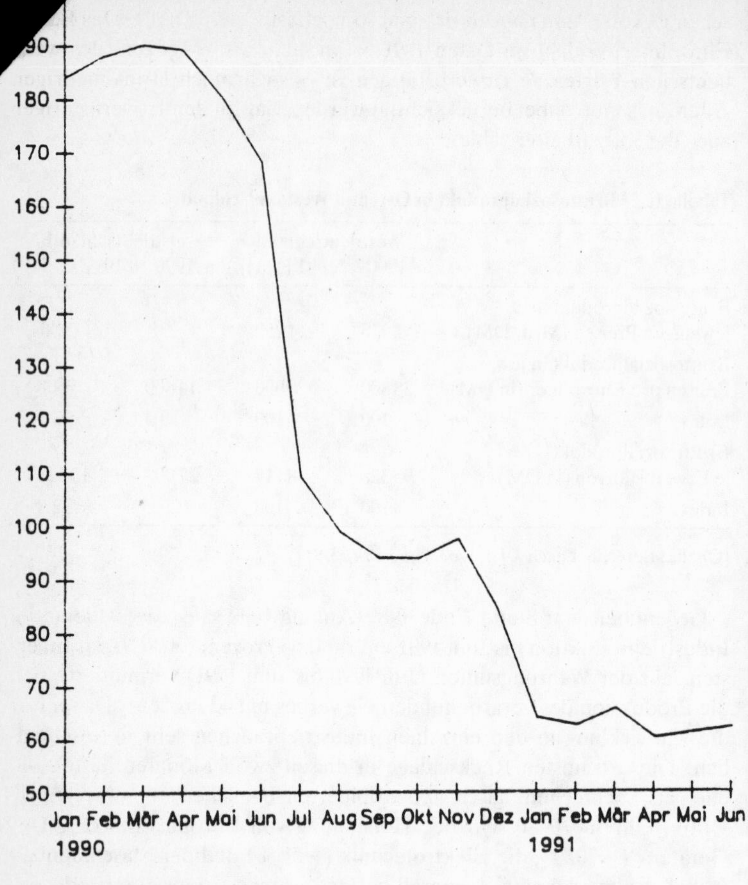

Abb. II.1.: Industrieproduktion in Ostdeutschland
3. Vj. 1990 = 100

Forschungsinstitute ein Wirtschaftswachstum von 10 Prozent, das Ostberliner IAW von 5 Prozent.

Die meisten Industrieunternehmen im Osten, sowohl die privaten wie die durch die Treuhand verwalteten, konzentrieren sich – dies ergab eine Befragung des *Deutschen Institutes für Wirtschaftsforschung* (DIW)[1] – in ihrer Geschäftspolitik auf Kostensenkung durch Rationalisierung, auf die Verbesserung des Vertriebs und auf rationellere Vorleistungs-Einkäufe. Vielfach wird die Fertigungstiefe reduziert, die Produktpalette geschmälert. Nicht einmal die Hälfte der Firmen bemüht sich um die Entwicklung neuer oder stark veränderter Produkte. Produktinnovationen rangieren ganz hinten. Vielmehr hofft man auf die Verbesserung des Vertriebs, auf Kostensenkung und auch auf die Rettung durch die Erhaltung der traditionellen sowjetischen Absatzmärkte. Viele Firmen klagen über Kapitalmangel, der sie an Modernisierungsinvestitionen hindert. Besonders die Treuhandbetriebe leiden an mangelndem Eigenkapital und schwer zugänglichen Bankkrediten. Auch die Altschulden belasten die Kreditfähigkeit, Unklarheiten über tragfähige Sanierungskonzeptionen hemmen die Entscheidungsprozesse. Neben Kapitalmangel und Finanzierungsproblemen beklagen die ostdeutschen Firmen in der nachfolgenden Rangfolge unzulängliche Vertriebswege, zu hohen Personalbestand, veraltete Anlagen, zu rasch steigende Löhne, unzureichende Infrastruktur. Nur 10 Prozent der ostdeutschen Industrieunternehmen halten sich im Herbst 1991 für wettbewerbsfähig, 30 Prozent glauben, daß sie dazu bis zu einem Jahr benötigen, 44 Prozent wollen innerhalb von zwei Jahren wettbewerbsfähig werden (*Abb. II.2*).

Bis Juli 1991 hatte die Treuhand rund 3000 Unternehmen bzw. Unternehmensteile privatisiert, 500 davon in der Form von »Management-Buy-Outs« (Verkauf an das Management). Die Käufer haben dabei 553000 Arbeitsplätze vertraglich zugesagt (Sicherung alter oder Schaffung neuer)[2]. 6800 Unternehmen will die Treuhand noch privatisieren, weitere 1000 bis Ende 1991. Im ersten Halbjahr 1990 beschäftigten die Treuhandbetriebe noch rund 6 Mio. Arbeitnehmer[3]. Anfang des Jahres 1991 waren es, einer Befragung zufolge, noch rund 2,8 Mio. Arbeitnehmer, bis Ende 1991 sollen es nur noch 1,4 Mio. sein (Kurzarbeiter eingeschlossen)[4]. Man muß vermuten, daß es künftig deutlich weniger sein werden.

In Ostdeutschland wurden 1990 und 1991 wesentlich mehr Einkommen ausgegeben als erwirtschaftet: Faßt man alle Exporte und Importe aus dem Gebiet bzw. in das Gebiet der ehemaligen DDR zusammen, also auch die Lieferungen und Bezüge aus bzw. nach Westdeutschland, dann zeigt die Handelsbilanz der neuen Bundesländer ein rasch steigendes Defizit (*Tabelle II.3*). Im ersten Halbjahr 1991 betrug das Bruttosozialprodukt beispielsweise nur 106 Mrd. DM, jedoch wurden 178 Mrd. ausgegeben, davon 98 Mrd. DM für Einfuhren, die zu 90 Prozent aus Westdeutschland kamen[5].

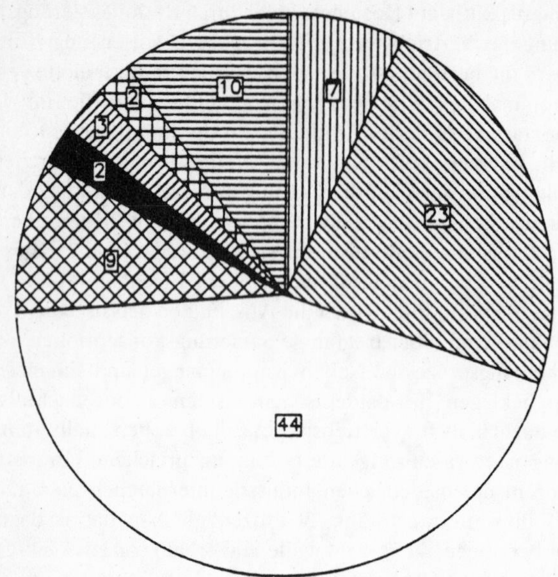

Abb. II.2.: Wettbewerbsfähigkeit der ostdeutschen Industrie (in vH)

Tabelle II.3: **Verwendung des Bruttosozialprodukts in Ostdeutschland (in Mrd. DM zu jeweiligen Preisen)**

	1989 in Mrd. DM	1990 in Mrd. DM	Veränderung geg. Vorjahr	1991 in Mrd. DM	1. Halbjahr Veränd. geg. Vj.
Privater Verbrauch	159,5	175,7	+10,2	96,1	+ 14,4
Staatsverbrauch	75,9	69,5	+ 5,5	42,4	+ 29,3
Anlageinvestitionen	50,0	48,3	– 3,4	27,4	+ 11,4
– Bauten	30,4	28,3	– 6,9	14,3	+ 0,7
– Ausrüstungen	19,7	20,0	+ 1,5	13,1	+ 27,2
Vorratsveränderungen	16,5	–10,3		12,3	
Außenbeitrag	– 8,3	–44,9		–72,4	
– Ausfuhr	53,8	60,8	+13,0	25,9	– 7,8
– Einfuhr	62,1	105,7	+70,2	98,3	+179,3
Bruttosozialprodukt	283,7	238,2	–16,0	105,9	– 20,1
Preisindex des Bruttosozialproduktes (2. Hj. 1990 = 100)	100,9	97,6	– 3,3	110,1	+ 12,8

[Quelle: Berechnet nach *DIW-Wochenbericht 33/91*, S. 472]

Die Importe sind 1990 um 70 Prozent gestiegen, im 1. Halbjahr 1991 um fast 180 Prozent gegenüber dem Vorjahr. Rund 55 Prozent der gesamten ostdeutschen Nachfrage wurde durch Importe gedeckt (1. Halbjahr 1991), 1989 waren es 22,5 Prozent. Schätzungsweise wird ein Viertel des ostdeutschen Konsums direkt in den alten Bundesländern gekauft[6]. Im Herbst 1991 stammen immerhin 30 Prozent der Lebensmittel in den Einzelhandels-Regalen in den neuen Bundesländern aus Ost-Produktion[7]. Das ostdeutsche Handelsbilanzdefizit wurde durch große staatliche West-Ost-Transfers finanziert; 1991 fließen rund 150 Mrd. DM aus den Kassen des Bundes, der alten Bundesländer, der Bundesanstalt für Arbeit und weiterer öffentlicher Einrichtungen nach Ostdeutschland (nach Abzug der im Osten eingenommenen Steuern und Abgaben sind dies noch rund 130 Mrd. DM) (siehe *Kapitel V*). Dies ist auch die Grundlage dafür, daß trotz sinkendem Bruttosozialprodukt in Ostdeutschland der private Konsum, der Staatsverbrauch und auch die Investitionen 1991 gestiegen sind. Auch die verfügbaren Einkommen der privaten Haushalte sind im Durchschnitt kräftig gestiegen (siehe unten S. 39ff.). Ein weiterer Grund hierfür ist in der hohen Zahl der Pendler von Ost nach West zu sehen. Sie nehmen ihre Einkommen nach Ostdeutschland mit.

Immerhin konnten 1990 die Ausfuhren der Ex-DDR um 14 Prozent (nominal) gesteigert werden (einschließlich »Ausfuhr« nach Westdeutschland). Trotz der enormen Einbrüche im Osthandel sank der ostdeutsche Export im ersten Halbjahr 1991 nur um 7,8 Prozent (Westdeutschland wird in der Statistik noch unter »Ausland« eingestuft). Die Exporte in die Sowjetunion, die 1989 16,6 Mrd. Mark ausmachten, werden bis Ende 1991 voraussichtlich 12 Mrd. DM erreichen[8]. Durch Hermes-Bürgschaften konnte also dieser Export zumindest kurzfristig halbwegs stabilisiert werden.

Langsam steigende Investitionen – auf viel zu niedrigem Niveau

1991 werden in den neuen Bundesländern Investitionen von knapp 68 Mrd. DM erwartet (Schätzung des DIW), das sind immerhin 35 Prozent mehr als 1989. 1990 wurde sogar weniger investiert, trotz des riesigen Modernisierungsbedarfes in der Infrastruktur sowie bei den Unternehmen. Das Ost-Berliner *Institut für Angewandte Wirtschaftsforschung* (IAW) rechnet für 1991 mit 69 Mrd. DM Investitionen, von denen 26,5 Mrd. DM auf westdeutsche Unternehmen (einschließlich Telekom) entfallen, 1,5 Mrd. auf ausländische Firmen und 19,5 Mrd. DM auf ostdeutsche Unternehmen ohne West-Beteiligung. Die neuen Länder und die Kommunen investieren darüber hinaus 8,5 Mrd., die Deutsche Reichsbahn 4 Mrd. DM[9]. Damit liegt die Investitionsquote – der Anteil der Bruttoanlageinvestitionen am BSP – mit rund 25 Prozent über der Quote in Westdeutschland (21,8 % 1991), gleichwohl ist die Investitionstätigkeit, gemessen am Nachholbedarf, viel zu gering. Je Einwohner werden 1991 in der Ex-DDR rund 47 Prozent des westdeutschen Betrages investiert, je Erwerbstätigen 52 Prozent (*Tabelle II.4*).

Das *Ifo-Institut* hat westdeutsche Firmen nach ihren Investitionsplänen in den neuen Bundesländern befragt. Danach wollen Unternehmen aus dem verarbeitenden Gewerbe, dem Baugewerbe, Handel, Banken und Versicherungen 1991 20 Mrd. investieren – nach nur 7 Mrd. DM 1990. Für 1992 ist eine Aufstockung auf 24,2 Mrd. DM geplant. Bei diesen Investitionsangaben sind auch der Beteiligungserwerb und der Kauf gebrauchter Anlagen einbezogen. Verwendet man den traditionellen engeren Investitionsbegriff, dann fallen die Investitionen um einige Milliarden jährlich geringer aus. (*Tabelle II.5*). Nicht einbezogen wurde die Energiewirtschaft, die laut Angaben der Treuhandanstalt in den nächsten Jahren etwa 30 Mrd. DM investieren will, jedoch noch zögert, weil Rechtsstrei-

Tabelle II.4: **Bruttoanlageinvestitionen in West- und Ostdeutschland 1989–92 (in Mrd. DM)**

	Westdeutschland	Ostdeutschland
1989	451,4	50,0
1990	509,5	48,3
1991[2]	568,6	67,9
1992[2]	617,4	88,3
Bruttoanlageninvestitionen 1991		
– je Einwohner in DM	9054	4244
Index	100,0	46,9
– je Erwerbstätigen in DM	19390	10015[1]
Index	100,0	51,6

[1] bei unterstellten 6,78 Mio. Erwerbstätigen in Ostdeutschland
[2] Schätzung
[Quelle: *DIW-Wochenbericht*, 41/1991, S. 584, *DIW-Wochenbericht* 26–27/1991, S. 379, 382; eigene Berechnungen]

tigkeiten nicht geklärt sind. Diejenigen Investoren, die Treuhand-Betriebe gekauft haben, haben der Treuhand bis zum Herbst 1991 knapp 70 Mrd. DM Investitionszusagen »in den nächsten Jahren« gemacht (einschließlich der Energiewirtschaft) (siehe auch *Kapitel VI*). Nach der Ifo-Umfrage investiert die westdeutsche Industrie 1992 nicht mehr als ein Achtel ihrer deutschen Gesamt-Investitionen in der Ex-DDR, sieben Achtel im Westen.

Wie in *Kapitel IV.2* noch dargestellt wird, sind jährlich mehr als 200 Mrd. DM an Investitionen erforderlich, um bis zum Jahr 2000 annähernd gleichwertige Lebensverhältnisse in Ostdeutschland zu schaffen. Die geplanten Investitionen bleiben dahinter weit zurück. Nach wie vor betrachten viele westdeutsche Firmen Ostdeutschland vorrangig als interessanten Absatzmarkt, nicht aber als Produktionsstandort.

Was sind die *Motive* für die Investitionstätigkeit westdeutscher Firmen im Osten? Unternehmensbefragungen des *Ifo-Institutes* haben hier eindeutige Ergebnisse erbracht: Vor allen anderen Motiven dominiert die *Marktnähe* für Geschäfte in Ostdeutschland (82% aller Nennungen). Bei dieser Angabe ist aber auch zu bedenken, daß ein beträchtlicher Teil der Investitionen, freilich beileibe nicht alle, auf Vertriebseinrichtungen entfällt. Das zweithäufigste Investitionsmotiv ist das Argument »Brückenkopf für Osteuropa« – auch dieses Argument hängt eng mit der Marktnähe zusammen. An dritter Stelle werden Kapazitätenengpässe in Westdeutschland genannt (25%), an vierter Stelle »qualifizierte Fachar-

Tabelle II.5: **Investitionen und Investitionspläne westdeutscher Unternehmen in Ostdeutschland 1990–92 (in Mrd. DM)**

	insges.	Verarbeitend. Gewerbe	Baugewerbe	Handel	Banken	Versicherungen
		Investitionen im weiteren Sinn[1]				
1990	7,0	3,0	0,4	0,8	2,4	0,4
1991	20,0	13,5	1,3	3,5	1,2	0,5
1992	24,2	17,5	1,3	3,4	1,5	0,5
		Investitionen im engeren Sinn[2]				
1990	3,2	1,5	0,3	0,5	0,8	0,1
1991	13,5	9,0	0,8	2,5	0,9	0,3
1992	21,5	16,0	1,0	3,0	1,2	0,3

[1] einschließlich Beteiligungserwerb und Zugang gebrauchter und gemieteter Anlagen
[2] Zugänge an Bauten und Ausrüstungen
[Quelle: *Ifo-Schnelldienst* 25–26/1991, S. 3]

beiterschaft« (21%). Die geringeren Lohnkosten spielen mit nur 11 Prozent der Nennungen eine ebenso untergeordnete Rolle wie die günstigen Finanzierungsbedingungen (12%). Daraus kann geschlossen werden, daß die Unternehmen eine schnelle Angleichung der Löhne und Gehälter erwarten. Das Motiv »Rückkehr an den alten Standort« (Reprivatisierung) spielt mit 6 Prozent eine noch geringere Rolle[10].

Halbierung der Zahl der Arbeitsplätze 1989–92

1989 gab es in der DDR rund 9,6 Mio. Erwerbstätige[11], die jedoch damals statistisch nicht ausgewiesen wurden. Darin sind 0,7 Mio. Personen enthalten, die dem sog. X-Bereich (Partei, Militär, Staatssicherheit u. ä.) zuzurechnen waren. Nimmt man die über fünfundsechzigjährigen Erwerbstätigen und freigestellte Frauen im Mutterjahr heraus, dann gab es damals 9,2 Mio. Erwerbspersonen. *Tabelle II.6* zeigt den Rückgang der Erwerbstätigkeit von knapp 9,7 Mio. Personen 1989 auf 6 Mio. Ende 1991 (siehe auch *Abb. II.3*). Dabei sind die Angaben für 1991 Schätzwerte. Zu den Erwerbstätigen werden auch die Kurzarbeiter, die AB-Maßnahmen und die Personen »im Wartestand« gezählt. Nicht einbezogen sind die Pendler. Danach findet in der Ex-DDR ein dramatischer Abbau von rund 3,6 Mio. Arbeitsplätzen bis Ende 1991 statt. Rechnet man die Hälfte der Kurzarbeiter – deren durchschnittlicher Arbeitsausfall betrug im Herbst

1991 mehr als 50 Prozent – sowie die ABM-Stellen und die Personen im Wartestand aus der Zahl der Erwerbstätigen heraus, dann muß um die Jahreswende 1991/92 mit einer Zahl von etwa 5 Millionen verbleibenden Arbeitsplätzen gerechnet werden. Das IAW rechnet mit 5,7 Mio. Vollzeit-Erwerbstätigen (einschließlich ABM) für Ende 1991[12]. Aus Unternehmens-Befragungen des DIW geht hervor, daß die Unternehmen, insbesondere die der Treuhand, weiteren Beschäftigungsabbau planen. Selbst bei deutlich steigender Produktion im Jahre 1992 wird die Talsohle bei der Beschäftigung noch längst nicht erreicht. Man muß damit rechnen, daß auf der Talsohle der Beschäftigung nicht mehr als die Hälfte der früheren Arbeitsplatzzahl verbleibt. Dies heißt dann noch lange nicht, daß die verbleibenden Arbeitsplätze einigermaßen sicher sind, denn die meisten Unternehmen arbeiten nicht kostendeckend und sind auch 1992 noch nicht wettbewerbsfähig.

Mitte 1991 gab es in der ostdeutschen Treuhand-verwalteten und privaten *Industrie* – einer Schätzung des DIW und des Kieler *Institutes für Weltwirtschaft* zufolge – noch etwa 1,7 Mio. Beschäftigte, von denen rund die Hälfte Kurzarbeiter waren. Bis Ende 1991 wollen diese Unternehmen weitere 35 Prozent der Arbeitsplätze abbauen, wobei dann immer noch ein Kurzarbeiter-Anteil von 28 Prozent verbliebe. Von Ende 1991 bis zum Ende der Sanierung, wann immer sie erreicht wird, müßte die Beschäftigung dann noch zusätzlich um 27 Prozent verringert werden[13]. Eine besonders drastische Beschäftigungsreduktion sei bis Ende 1992 in den Treuhandbetrieben vorgesehen. Demnach verblieben, dieser Unternehmensbefragung zufolge, nicht mehr als rund 800 000 Arbeitsplätze in der Industrie – von einst knapp 3,2 Mio. Würde diese Entwicklung eintreten – die Unternehmensberatung McKinsey hatte ein Zusammenschrumpfen der Industriebeschäftigung auf 600–800 000 Arbeitsplätze im Trend 1992/93 bereits im Frühjahr 1991 befürchtet, wenn die Treuhand rein betriebswirtschaftliche Maßstäbe anlegen sollte[14] –, dann hat faktisch eine weitgehende Entindustrialisierung Ostdeutschlands stattgefunden. Der vom Transformations-Crash geforderte Aderlaß betrüge dann 75 Prozent der industriellen Arbeitsplätze.

Fast alle anderen Wirtschaftsbereiche – insbesondere die Landwirtschaft und die meisten Dienstleistungssparten, auch der öffentliche Dienst – sind im Verhältnis zur Einwohnerzahl in Ostdeutschland, gemessen an westdeutschen Maßstäben, überbesetzt. Die Landwirtschaft muß die Beschäftigung mindestens halbieren. Von den einstmals 2,7 Mio. Arbeitsplätzen im Dienstleistungsbereich – außerhalb der öffentlichen Verwaltung – sind im Herbst nur noch 2 bis 2,2 Mio. vorhanden[15]. Im Einzel-

Tabelle II.6: **Erwerbstätige nach Sektoren in Ostdeutschland**

Sektoren	Erwerbstätige nach Sektoren – neue Bundesländer – Erwerbstätige in Tausend									
	1989		1990				1991			
		2. Halbj.	I. Quar.	II. Quar.	III. Quar.	IV. Quar.	I. Quar.	II. Quar.	III. Quar.	IV. Quar.
Land- und Forstwirtschaft	961	959	885	840	790	720	640	600	555	515
Warenproduzierendes Gewerbe	4269	4237	4106	3872	3555	3195	2717	2330	2305	2403
Bergbau und verarb. Gewerbe	3670	3641	3536	3391	3090	2760	2360	1980	1930	2013
Baugewerbe	600	596	569	481	464	435	357	450	375	390
Handel und Verkehr	1409	1407	1399	1365	1283	1178	1120	1030	990	990
Handel	732	732	728	708	646	575	550	530	520	520
Verkehr	678	676	671	657	636	602	570	500	470	470
Dienstleistungen und Staat	3025	3014	2976	2969	2942	2869	2860	2625	2280	2110
Dienstleistungen	1088	1085	1074	1082	1094	1114	1115	1035	940	920
Staat	1750	1743	1720	1710	1680	1600	1600	1450	1200	1050
Private Organisatoren ohne Erwerbszweck	187	187	182	177	168	155	145	140	140	140
Insgesamt	9664	9616	9366	9045	8569	7962	7337	6585	6130	6018

[Quelle: *DIW-Wochenberichte* 12/1991 und 24/1991]

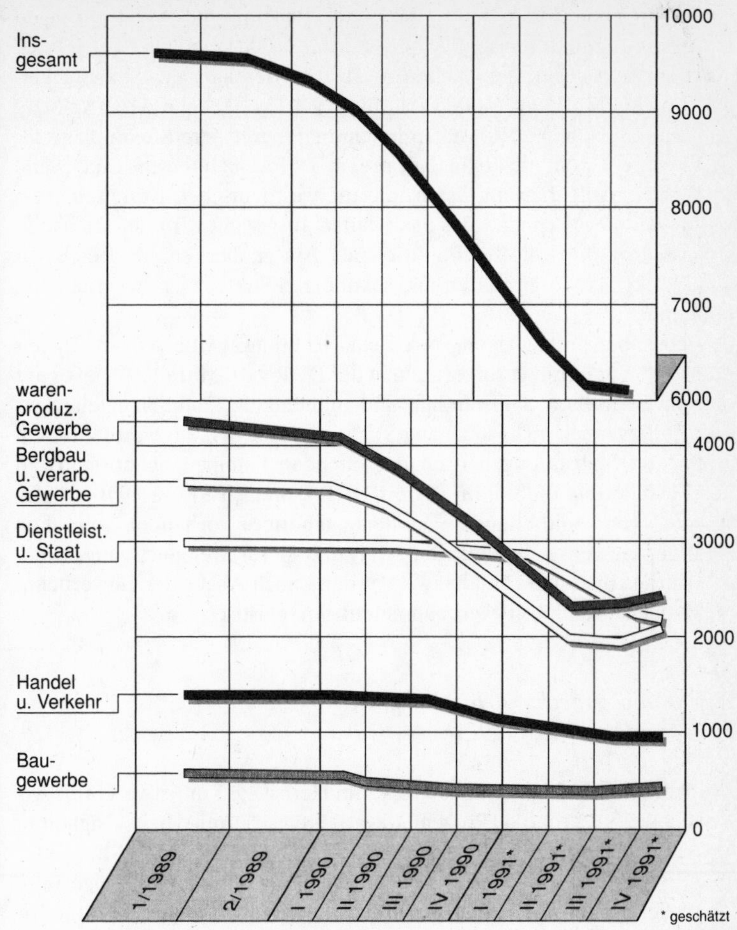

Abb. II.3: Arbeitsmarkt Ost noch im Abwind
Zahl der Erwerbstätigen in Ostdeutschland 1989–1991
(Halbjahres- und Quartalswerte in Tausend)

handel sind die früher 600000 Arbeitsplätze auf etwa 350000 zusammengeschmolzen. Im Groß- und Außenhandel werden nach Abschluß der Privatisierung von den 12000 Mitarbeitern nur noch 1000 verbleiben. Eine Beschäftigungsexpansion läßt sich lediglich in wenigen Dienstleistungsbereichen feststellen: Allein bei Banken und Versicherungen wurde die Beschäftigung bis Mitte 1991 um 27000 Personen aufgestockt. Auch im Gastgewerbe entstehen zusätzliche Beschäftigungsmöglichkeiten. Im Handwerk entstanden bis Mitte 1991 134000 neue Arbeitsplätze. Die kommunalen Verwaltungen haben umfangreichere Stellenpläne als im Westen, obwohl die Finanzlage prekär ist. Es gibt allerdings auch viele zusätzliche Aufgaben im Osten, die die westdeutschen Kommunalverwaltungen nicht kennen. Das Fazit lautet: Insgesamt wird der Dienstleistungssektor die erhoffte Funktion als Auffangbecken für Beschäftigungsrückgänge im primären und sekundären Sektor nicht wahrnehmen können[16].

Viele haben beschäftigungspolitische Hoffnung auf die Selbständigkeit gesetzt, die es nur in geringer Zahl in der DDR gab. Mitte 1991 gab es gut eine halbe Million Selbständige und mithelfende Familienangehörige; ihre Zahl war seit 1990 stark angestiegen. Gemessen am westdeutschen Anteil der Selbständigen (und mithelfenden Familienangehörigen) an der Bevölkerung müßten in der Ex-DDR demnächst etwa 800000 Selbständige (und mithelfende Familienangehörige) vorhanden sein. Die Zahl der Gewerbeanmeldungen zeigt, daß dieser Weg auch eingeschlagen wurde: Bis zum Frühjahr 1991 wurden – nach Abzug der Gewerbeabmeldungen – 288000 Gewerbeanmeldungen registriert.

Offene und verdeckte Arbeitslosigkeit – 32 Prozent im Herbst 1991

Trotz des Beschäftigungsabbaus bis zum Herbst 1991 um etwa 4 Mio. Arbeitsplätze oder rund 40 Prozent stieg die registrierte Arbeitslosigkeit in Ostdeutschland bis Ende September 1991 auf nur 1,029 Mio. oder 11,7 Prozent. Dieses gerne in der Politik präsentierte Bild ist trügerisch. Denn der größere Teil der Erwerbslosen wird durch arbeitsmarktpolitische Maßnahmen aufgefangen, insbesondere durch die starke Ausweitung der Kurzarbeit, die bis Mitte 1991 auf über 2 Mio. anstieg und dann langsam wieder abgebaut wurde. Der durchschnittliche Arbeitsausfall der Kurzarbeiter liegt bei über 50 Prozent. Ein großer Teil von ihnen befindet sich in »Kurzarbeit Null«. Die Kurzarbeit-Sonderregelungen für die Ex-DDR wurden einstweilen bis Ende 1991 befristet, weil man einerseits einen explosiven Anstieg der Arbeitslosigkeit vermeiden wollte, und weil andererseits die meisten Kurzarbeiter sich mit Kurzarbeitergeld und betrieblichen Aufbesserungen besser stellen als bei Arbeitslosigkeit. Ein beträchtlicher Teil der Kurzarbeiter ist mittlerweile in Qualifizierungsmaßnahmen eingetreten. Gäbe es nicht die spezifische Regelung der Kurzarbeit für Ostdeutschland, dann müßte mindestens die Hälfte der Kurzarbeiter als arbeitslos registriert werden.

In anderen arbeitsmarktpolitischen Maßnahmen werden die folgenden Personengruppen aufgefangen (*Tabelle II.7*):

Tabelle II.7: **Indikatoren zum Ostdeutschen Arbeitsmarkt 1989–91 (Angaben in 1000)**

	1989	1990 (3. Vj.)	1991 (2. Vj.)	Sep. 1991
Erwerbstätige	ca. 9600[1]	8661	7164	
Arbeitnehmer		8299	6654	
Selbständige u. Mithelfende Familienangehörige		362	510	
Pendlersaldo		98	335	450
Arbeitslose		445	843	1029
Kurzarbeiter		1757	1965	1332
Personen im Wartestand		180	250	
Personen in AB-Maßnahmen		4	148	313
Personen in Maßnahmen der Fortbildung und Umschulung				350
Personen im Vorruhestand, Bezieher von Altersübergangsgeld				ca. 450[1]
Übersiedler 1/89 bis 4/91	755			
〃 1/90 bis 4/91	411			

[1] Schätzung
[Quelle: *DIW-Wochenbericht* 39–40/91 u. 26.9.1991, *Frankfurter Rundschau* vom 9.10.1991]

– Im Herbst war die Zahl der Arbeitsbeschaffungsmaßnahmen auf 313000 aufgestockt worden. Für 1992 werden 400000 ABM erwartet.
– 350000 Personen besuchen Fortbildungs- und Umschulungskurse.
– Rund 450000 Personen sind im »Vorruhestand«, seit 1991 beziehen sie das etwas schlechter dotierte »Altersübergangsgeld« (maximal für 5 Jahre, ab 55 Jahren).
– Mindestens 250000 Menschen harren der Dinge in »Warteschleifen«, die überwiegend im Laufe des Jahres 1991 auslaufen. Dabei wird ein vermindertes Gehalt für eine Übergangszeit vom Arbeitgeber, meist dem Staat, weitergezahlt.

Schließlich pendelten im Herbst 1991 bereits 450000 Personen täglich oder auch als Fernpendler zwischen Ost und West und entlasten damit den ostdeutschen Arbeitsmarkt. Von Anfang 1989 bis zum Frühjahr 1991 siedelten rund 750000 Bürger in die alten Bundesländer, überwiegend Männer, vorwiegend Erwerbstätige. 1990 war der Übersiedlerstrom noch größer als 1989; Ende 1991 wandern immer noch etwa 5–10000 Menschen monatlich in den Westen (*Tabelle II.8*).

Tabelle II.8: **Fortzüge im bisherigen Bundesgebiet (in 1000)***

Monat	1	2	3	4	5	6	7	8	9	10	11	12	1–12
1989	4,6	5,0	5,7	5,9	10,6	12,4	11,7	21,0	33,3	57,0	133,4	43,2	344
1990	73,7	63,9	46,2	24,6	19,2	10,7	26,8	25,3	24,2	27,6	16,8	8,1	377
1991	9,8	8,0	8,4	7,8									

* bis 6/1991 nach Bundesausgleichsamt Bad Homburg, ab 7/1990 nach Zentrales Einwohneramt Berlin Ost. Ab 7/1991 Saldo an Fortzügen und Zuzügen.
[Quelle: *IAB-Werkstattbericht* Nr. 4 vom 15.8.1991, S. 24]

Rechnet man zu den registrierten Arbeitslosen die Hälfte der Kurzarbeiter, ferner die ABM-Beschäftigten, die Personen in Fortbildung und Umschulung sowie die »Warteschleifer« und Vorruheständler, kommt man im Herbst 1991 auf rund 2,8 Mio. offen oder durch arbeitsmarktpolitische Instrumente bzw. Vorruhestand aufgefangene Arbeitslose. Dies entspricht einer Unterbeschäftigungsquote von 31,8 Prozent. Darin sind die Auspendler, Übersiedler und diejenigen, die in die »stille Reserve« abgedriftet sind (vermutlich vor allem Frauen und Ältere), noch nicht enthalten, ebenso nicht die in ihre Heimatländer zurückgekehrten Ausländer. Zählt man diese Gruppen hinzu, dann haben rund 40 Prozent der früher Erwerbstätigen bis zum Herbst 1991 ihren Arbeitsplatz verloren. Sie alle sind die Verlierer der Transformationskrise.

Eines der großen ostdeutschen Arbeitsmarktprobleme zeigt sich in der Lage der *Frauen*[17]. Sie stellen im Herbst 1991 bereits 60 Prozent der registrierten Arbeitslosen. Sie haben geringere Chancen auf Arbeitsvermittlung durch die Arbeitsämter. Auch auf ABM-Stellen kommen sie seltener als Männer. Früher, in der DDR-Zeit, betrug die Frauenerwerbsquote – Anteil der erwerbstätigen Frauen an der Altersgruppe der 15- bis 65-jährigen – bis zu 90 Prozent, in Westdeutschland liegt sie bei nur 63 Prozent und damit im internationalen Vergleich auf niedrigem Niveau. In der DDR arbeiteten knapp 72 Prozent der Frauen Vollzeit, in der BRD nur knapp 62 Prozent. Würden die erwerbstätigen Frauen in der Ex-DDR in dem Maße aus dem Erwerbsleben hinausgedrängt, daß sich die Erwerbsquote der Frauen an die des Westens angleicht, so müßten 1,3 Mio. Frauen den Arbeitsmarkt verlassen. Für den überwiegenden Teil der erwerbstätigen Frauen galten gleichermaßen zwei Motive: Erstens wollten sie finanziell eigenständig sein, zweitens war ein zweites Einkommen für den Lebensstandard unentbehrlich (zum Nettoerwerbseinkommen der privaten Haushalte trugen die Frauen in der DDR 44 % bei, in der BRD 38 %). Die Angleichung der Lebensverhältnisse im Osten an den Westen würde für viele Frauen massive Verschlechterungen bringen, nicht nur auf dem Arbeitsmarkt, sondern auch hinsichtlich der Kinderkrippen und Kindergärten. Was die Verteilung der Hausarbeit zwischen Frauen und Männern angeht, so braucht sich nichts mehr anzugleichen; hüben wie drüben taten und tun die Frauen gleichermaßen das meiste.

Bereits in den Jahren 1990/91 deutet sich an, wohin der Einzug des Arbeitsmarktes – schließlich gab es in der DDR praktisch keinen Arbeitsmarkt – führt: Angesichts einer gewaltigen Beschäftigungslücke werden zwei große Gruppen, die sich zudem überschneiden, aus dem Erwerbsleben mehr oder minder ausrangiert: die *Älteren* und ein großer Teil der *Frauen*. Hinzu kommen diejenigen, deren Berufsqualifikationen so spezifisch auf planwirtschaftliche Funktionen abgestellt waren, daß sie jetzt vollkommen entwertet sind (beispielsweise gilt dies für viele Akademiker) – es sei denn, durch Umschulung läßt sich das Problem mildern. Aber auch in den anderen Arbeitsmarktsegmenten findet eine gewaltige Umschichtung durch Selektion der Leistungs- und Anpassungsfähigsten statt.

Steigende Realeinkommen trotz Krise

Trotz der extremen Wirtschaftskrise in Ostdeutschland sind die Realeinkommen im Durchschnitt seit 1989 bis 1991 kräftig gestiegen. Im Herbst 1991 gab es in vielen Betrieben Tarifvereinbarungen, die Ost-Tarife in der Größenordnung von etwa 60 Prozent der West-Tariflöhne vorsehen.[18] In 13 Tarifbereichen gab es Mitte des Jahres 1991 Stufenpläne, die eine 100 %-Angleichung in den nächsten Jahren beinhalten, meistens bis 1994. Aber die Entwicklung ist uneinheitlich, zahlreiche Tariflöhne – vor allem auf Stundenbasis – liegen noch deutlich unter der 60 %-Marge, und in manchen Bereichen verweigern die Arbeitgeber Stufenpläne. Außertarifliche Zulagen, die im Westen häufig bis zu 20 Prozent des Tariflohnes ausmachen, gibt es im Osten nicht. Die Arbeitszeit wurde in den meisten Bereichen auf 40 Wochenstunden verkürzt, beim Urlaubsanspruch gibt es deutliche Rückstände zum Westen.

Tabelle II.9: **Monatliche reale Haushaltseinkommen in den neuen Bundesländern 1989 bis 1991**

	Haushaltstyp A[1]		Haushaltstyp B[2]		Haushaltstyp C[3]	
	1989 Mark	Okt. 1991 DM	1989 Mark	Okt. 1991 DM	1989 Mark	Okt. 1991 DM
Realeinkommen (Basis: Ausgabenstruktur von 1989)	2318	2966	2318	2760	529	776
Realeinkommen (Basis: Ausgabenstruktur von Dezember 1990)	2318	3323	2318	3091	529	769
Indizes 1989 = 100						
Nominaleinkommen	100,0	159,2	100,0	148,1	100,0	201,7
Realeinkommen (Basis: Ausgabenstruktur von Dezember 1989)	100,0	128,0	100,0	119,1	100,0	146,7
Realeinkommen (Basis: Ausgabenstruktur von Dezember 1990)	100,0	143,3	100,0	133,4	100,0	145,4

[1] 4-Personen-Arbeitnehmerhaushalt mit 2 Verdienern
[2] 4-Personen-Arbeitnehmerhaushalt, 1 Verdiener, 1 Arbeitsloses Familienmitglied
[3] 1-Personen-Rentnerhaushalt
[Quelle: *Ifo-Schnelldienst* 23/1991, S. 21]

Entscheidend für die Kaufkraft der Bevölkerung sind die verfügbaren realen Haushaltseinkommen, die sich aus den Erwerbseinkommen nach Abzug der Abgaben und den Transfereinkommen (Arbeitslosenunterstützung, Renten etc.) zusammensetzen. Da die Preisstruktur der Güter und Dienstleistungen, einschließlich Mieten, noch wesentlich von der westlichen abweicht, muß auch die Kaufkraft der Haushaltseinkommen berücksichtigt werden. Nach Berechnungen des *Ifo-Institutes*[19] sind die nominalen Haushaltseinkommen von 1989 bis Oktober 1991 für einen 4-Personen-Arbeitnehmer-Haushalt (mit zwei Verdienern) um 59 Prozent gestiegen, für einen 1-Personen-Rentner-Haushalt sogar um über 100 Prozent (*Tabelle II.9*). Wird die alte Ausgabenstruktur des Jahres 1989 zugrunde gelegt (mit höherem Anteil preisgünstiger Grundbedarfsgüter), dann sind die Realeinkommen der Haushalte um 28 Prozent gestiegen (4-Personen-Arbeitnehmer-Haushalt mit zwei Verdienern), für den Rentnerhaushalt um 47 Prozent. Legt man indessen die Ausgabenstruktur von Ende 1990 zugrunde (größerer Anteil von höherwertigen Gebrauchsgütern), dann stiegen die Realeinkommen sogar um 43 Prozent für den 4-Personen-Haushalt. Auch wenn ein Familienmitglied arbeitslos ist, wird noch eine Realeinkommenssteigerung von einem Drittel erreicht. Allerdings sind in diesen Angaben die ab Herbst 1991 steigenden Mieten sowie weiter steigende Preise durch den Subventionsabbau noch nicht berücksichtigt. Im Jahresverlauf 1991 steigen jedoch die Kosten der Lebenshaltung um 20–22 Prozent[20]. Dadurch entstehen für Arbeitnehmerhaushalte im Verlauf des Jahres 1991 Realeinkommensverluste von etwa 10 Prozent. Somit vermindern sich die erwähnten Realeinkommenszuwächse seit 1989 etwas. Ende 1990 erreichen die Arbeitnehmerhaushalte ein Einkommensniveau von durchschnittlich 73 Prozent des West-Niveaus, die Rentnerhaushalte von etwa 60 Prozent[21]. Damit kann trotz hoher Erwerbslosigkeit doch ein erstaunlich hohes Konsumniveau erreicht werden, jedenfalls im Vergleich zur schwachen Wirtschaftskraft in den neuen Bundesländern.

Tabelle II.10: **Verteilung der Haushaltsgruppen nach der Höhe des verfügbaren Einkommens im neuen und alten Bundesgebiet 1990/91[1)]**

Monatlich verfügbares Haushaltseinkommen von ... bis unter ... DM	Neue Bundesländer – Zahl der Haushalte in 1000	in v. H.	in v. H. kumuliert	Alte Bundesländer – Zahl der Haushalte in 1000	in v. H.	in v. H. kumuliert
	Privathaushalte insgesamt					
unter 1000	997	15,7	15,7	715	2,6	2,6
1000 ... 2000	1760	27,7	43,5	3996	14,6	17,2
2000 ... 2500	1079	17,0	60,5	2897	10,6	27,8
2500 ... 3000	866	13,7	74,1	3151	11,5	39,4
3000 ... 3500	591	9,3	83,4	3159	11,6	50,9
3500 ... 4000	482	7,6	91,0	2751	10,1	61,0
4000 oder mehr	569	9,0	100,0	10661	39,0	100,0
Zusammen	6344	100,0	x	27330	100,0	x

1) Ostdeutschland: Januar 1991, Westdeutschland: Jahresdurchschnitt 1990
[Quelle: *DIW-Wochenbericht* 29/1991, S. 407]

Es gibt es im Osten viele Haushalte, die mit unterdurchschnittlichen Einkommen pro Monat auskommen müssen: Anfang des Jahres 1991 hatten fast 1 Mio. Haushalte, das sind 15,7 Prozent aller Haushalte, weniger als 1000 DM zur Verfügung. In Westdeutschland fallen nur 2,6 Prozent aller privaten Haushalte in diese Kategorie (*Tabelle II.10*). Knapp 28 Prozent aller Haushalte, doppelt so viele wie im Westen, hatten monatlich 1000–2000 DM zur Verfügung. Durch den Anstieg der Erwerbseinkommen wird sich die Lage freilich in Zukunft bessern. Nur diejenigen, deren Sozialeinkommen nicht per Anbindung an die Lohnentwicklung dynamisiert sind (z. B. Empfänger von Arbeitslosengeld), verharren auf dem niedrigen Einkommensniveau. Nach Schätzung des DGB gibt es im Jahre 1991 in Ostdeutschland bereits 200 000 Sozialhilfeempfänger[22]. Dabei ist die Sozialhilfe im Osten schlechter ausgestattet als im Westen. Gäbe es keine Sozialzuschläge bei der Arbeitslosenunterstützung und bei den Renten (sie werden zur Aufstockung von Niedrig-Einkommen familienunabhängig gezahlt), dann wäre die Zahl der Sozialhilfeempfänger im Osten schlagartig um ein Vielfaches größer. Im Westen ist die Sozialhilfebedürftigkeit doppelt so groß wie die Zahl der Empfänger von Sozialhilfe, im Osten dürfte die Diskrepanz aufgrund von Unerfahrenheit und Scham noch größer sein. In Zukunft besteht die Gefahr, daß Langzeitarbeitslose mehr und mehr in die Armutszone rutschen.

Insgesamt ist die wirtschaftliche und soziale Lage im Osten *beängstigend*. Die Wucht der Krise ist so groß, daß viele Menschen sozial entwurzelt wurden, ihre soziale Identität verloren haben. Alles, aber auch alles hat sich in kürzester Zeit verändert. Keiner weiß, wie die Ost-Bürger, die seit Jahrzehnten gewohnt waren, sozialen und wirtschaftlichen Wandel zu entbehren, den explosiven Treibsatz des Transformations-Crash psychisch verkraften. Trotz im Durchschnitt besserer Einkommen als zuvor ist die soziale Lage eines großen Teils der ostdeutschen Bürger düster und desolat, für viele geradezu verzweifelt. Die meisten hüben wie drüben hatten sich den Siegeszug des Kapitalismus anders vorgestellt. Die Kritiker und Pessimisten waren die Realisten. Wieder einmal hatte Kassandra recht behalten. Zu Recht verglich der britische »Guardian« die Wirkung der mit der Währungsunion eingeleiteten Schock-Transformation der DDR mit einer »wirtschaftlichen Atombombe«[23].

2.2 Die ökologische Krise – Fortsetzung unter marktwirtschaftlichem Vorzeichen

Die DDR-Ökonomie konnte ihre wenig effiziente wirtschaftliche Produktion nur durch extreme Schädigung und Ausbeutung der Natur und der nationalen Naturressourcen erlangen. Je schlechter es um die internationale Wettbewerbsfähigkeit und damit um die Devisenknappheit bestellt war, desto mehr wurde auf Kosten der Natur produziert. Dabei gab es ein durchaus modernes Rechtssystem, aber massive Vollzugsdefizite kennzeichneten die Lage. Fehlende Öffentlichkeit und politische Betätigungsmöglichkeiten verhinderten basisdemokratischen Protest, der eben gerade auch in den westlichen Ländern Voraussetzung für umweltpolitische Aktivitäten war und ist.

Die ökologische Hinterlassenschaft der DDR ist katastrophal. Sie ist ein weiteres Hemmnis für die Sanierung der Wirtschaft und die Neuansiedlung von westlichen Investoren. Während die ökologische Sanierung nur langsam vorankommt und im Rahmen der Vereinigungspolitik eine nachrangige Rolle spielt, entsteht mit der Einführung der Marktwirtschaft eine Fülle neuer ökologischer Belastungen. Die Umweltpolitik der ostdeutschen Kommunen und Länder, gerade erst im Aufbau begriffen, sowie die des Bundes werden von der wirtschaftlichen Entwicklung und durch die wirtschaftspolitischen Weichenstellungen förmlich überrollt. Unter dem Wachstumsprimat geht die ökologische Krise unter verändertem Vorzeichen weiter. Eine wirkliche ökologische Wende findet in Ostdeutschland noch nicht statt.

Bestandsaufnahme der ökologischen »Erblasten«

Das ökologische Belastungsprofil der DDR 1989/90 läßt sich wie folgt charakterisieren[24]:

Wasser: Die Belastung der Gewässer mit Schadstoffen ist dramatisch. Bei Infrastrukturausgaben und Reinigungsanlagen bzw. bei Schadstoffvermeidungstechnologien wurde jahrzehntelang gespart. 42 Prozent der Wasserläufe sind so stark verschmutzt, daß sie zur Trinkwasseraufbereitung nicht mehr genutzt werden können. 36 Prozent der Wasserläufe sind derart stark belastet, daß sie nur mit sehr aufwendigen Technologien zur Trinkwassergewinnung genutzt werden können. 19 Prozent sind mäßig belastet, und ganze 3 Prozent sind ökologisch intakt. Dabei muß berücksichtigt werden, daß aus topografischen Gründen das Wasserdargebot aus Seen, Flüssen und Bächen in Ostdeutschland um 88 Prozent geringer ist als im Westen. Daher sind die Gewässer als Vorfluter für Schmutzfrachten viel weniger nutzbar. Wegen dieser ungünstigen natürlichen Bedingungen wären also eigentlich viel größere Anstrengungen zum sparsamen Umgang mit Wasser und zum Gewässerschutz notwendig. Die Abwässer der Industrie, der Landwirtschaft und der privaten Haushalte fließen zu 47 Prozent unbehandelt in die Vorfluter. Die Abwasserkanäle sind zu 60–70 Prozent schadhaft.

In der Folge der Gewässerverschmutzung erhielten etwa 58 Prozent der DDR-Einwohner – besonders in den Regionen Dresden, Leipzig und Halle – zeitweilig oder ständig verunreinigtes Trinkwasser. In 1000 Gemeinden wurden – nach der Wende – Säuglinge gesondert mit Wasser aus Flaschen versorgt.

Luft: Die Schadstoffbelastung der Luft, insbesondere durch SO_2 und Staub, erreichte in der DDR im internationalen Vergleich Extremwerte: Je qkm lagen die durchschnittlichen SO_2-Emissionen um das 11,5fache über den Werten der Bundesrepublik, bei Staub um das 8fache. Entscheidende Ursachen sind der sehr hohe Anteil stark schwefelhaltiger Braunkohle bei der Strom- und Wärmeerzeugung, die Verschwendung von Energie und fehlende Reinigungstechnologien. Die DDR hatte hinter Kanada und den USA den dritthöchsten Primärenergieverbrauch je Einwohner. 4,3 Mio. Menschen leben in Gebieten mit Belastungen durch Sedimentationsstaub oberhalb der Grenzwerte, 6 Mio. Menschen in Gebieten mit SO_2-Immissionskonzentration oberhalb der gerade noch zulässigen Grenzwerte. Dadurch entstehen insbesondere in den Belastungsgebieten in Sachsen und Sachsen-Anhalt akute Gesundheitsgefährdungen, vor allem bei Smogsituationen. Die Atemwegserkrankungen im südlichen Industriegürtel sind um 20 Prozent höher als im Norden der Ex-DDR. Auch bei anderen Schadstoffen weist die Luft hohe Belastungswerte auf. Die Waldschäden sind nach neuesten Berechnungen etwa doppelt so hoch wie in den alten Bundesländern.

Abfall: Das durchschnittliche Abfallaufkommen je Einwohner lag in der DDR mit jährlich 175 Kilogramm um mehr als die Hälfte unter dem Wert der alten Bundesrepublik (365 kg). Dies war nicht nur durch das niedrigere Konsumniveau bedingt, sondern auch durch das ausgefeilte Recycling-System des Kombinates »Sekundär-Rohstoffwirtschaft« (SERO). Dies erfaßte auch Industriemüll. Zwar konnten so 40 Prozent der Industrieabfälle wiederverwertet werden, jedoch war das spezifische Abfallaufkommen der Industrie auch sehr hoch. Von den 11 000 Ablagerungsstätten für Hausmüll können nur 120 als »geordnete Deponien« bezeichnet werden, 1000 als »kontrollierte Ablagerung«. Der Rest sind wilde Müllkippen.

Die meisten der 2000 Anlagen für Industriemüll waren betriebseigen. Davon waren nur 200 für Schadstoffe und 4 für Sonderabfälle vorgesehen. Der größte Teil der Hausmüll- und Industrieabfälle wurde gelagert, ein kleiner Teil verbrannt. Als besonders problematisch erweist sich die Sonderabfallbeseitigung. Größer als die »hausgemachten« Siedlungsabfälle der DDR (1989 ca. 3,6 Mio. Tonnen) waren die Müllimporte. Allein aus der BRD wurden jährlich etwa 5 Mio. Tonnen importiert. Die Müllimporte der DDR führten zu Deviseneinnahmen von etwa 1 Mrd. DM. Die DDR erzielte mehr Devisen durch Müllimporte als durch Export moderner Technologien[25]. Westdeutschland muß deshalb heute die Rechnung für die billige Auslagerung des Mülls nach Osten begleichen.

Altlasten: Als Altlasten werden Bodenverunreinigungen auf Altablagerungen und alten Betriebsstandorten bezeichnet. Eine vorläufige Bestandsaufnahme des Bundesumweltministeriums ergab in den neuen Bundesländern 27 877 Verdachtsflächen, von denen 2457 als Altlasten eingestuft wurden. Bei den Verdachtsflächen geht es um 11 000 Altablagerungen, 15 000 Altstandorte, 700 Rüstungsaltlasten und ca. 1000 großflächige Kontaminationen. Das Bundesumweltministerium glaubt, daß damit nur 60 Prozent aller Altlasten erfaßt sind. Experten schätzen, daß in Wirklichkeit 60 000 Verdachtsflächen existieren. Im Westen Deutschlands sind es auf mehr als doppelt so großer Fläche 70 000.

Boden: 40 Prozent der Gesamtfläche der Ex-DDR, so schätzt das Bundesumweltministerium, sind in ihrer Nutzbarkeit und ökologischen Funktion beeinträchtigt, und zwar durch Intensivlandwirtschaft, Fremdstoffeinträge, Braunkohletagebau und Versiegelung. Der Einsatz von Pflanzenschutzmitteln in der Landwirtschaft lag flächenmäßig doppelt so hoch wie in den alten Bundesländern. 10 Prozent der Gesamtfläche der DDR wurde militärisch genutzt. Zu den großflächigen Kontaminationen zählt auch die Hinterlassenschaft des Uranbergbaus auf einer Fläche von insgesamt 1500 qkm. Die Strahlenbelastung ist überdurchschnittlich, punktuell, so der Bundesumweltminister, ist sie nicht mehr tolerierbar. In den vergangenen Jahrzehnten wurden 1280 qkm für den Braunkohlebergbau benötigt, die Hälfte davon wurde rekultiviert.

Einzig beim *Naturschutz* kann die Umweltbilanz der DDR ein wenig glänzen: Es gibt viele großflächige wertvolle und naturnahe Räume, darunter 825 Naturschutzgebiete, 3500 Flächennaturdenkmäler und sechs Biosphärenreservate. Ferner hat die Zersiedelung der Städte und Gemeinden ein weitaus geringeres Ausmaß erreicht als im Westen. Ebenso hatte die Verkehrsbelastung durch Pkw eine viel geringere Bedeutung als im Westen: 1988 kamen auf 1000 Einwohner nur 221 Pkw, in der Bundesrepublik waren es 468. Leider war diese Entwicklung nicht Ergebnis einer zielgerichteten naturverträglichen Verkehrspolitik zugunsten des öffentlichen Verkehrs. Die Planideologie gab dem Wirtschaftswachstum den absoluten Vorrang. Daß dies nicht gelang und damit sich ein Umweltbereich günstiger entwickeln konnte, gehört zur Ironie der Geschichte.

Die Umweltpolitik der Bundesregierung

Der Einigungsvertrag zielt in Artikel 34 darauf ab, »*die Einheitlichkeit der ökologischen Lebensverhältnisse auf hohem, mindestens jedoch dem in der Bundesrepublik Deutschland erreichten Niveau zu fördern*«. Der Bundesumweltminister will dieses Ziel bis zum Jahr 2000 erreichen: »Im Zeitraffertempo kann, wenn die Weichen richtig gestellt werden, die ökologische Situation in den neuen Ländern dem im Westen erreichten Stand angepaßt werden.«[26] Die neuen Länder sollen sogar »eine europäische Modellregion für die Sanierung der schwer angeschlagenen Umwelt in Osteuropa« werden.

Dabei ist die geforderte Anpassung an den Westen zweischneidig. Sie bedeutet nicht nur die Übernahme moderner, allerdings vorwiegend nachsorgender Umwelttechnologien, sondern auch die Übertragung aller für Westdeutschland typischen ökologischen Belastungen: die Explosion des Individualverkehrs mit allen bekannten Folgen, massiver Ausbau des Straßennetzes, Zersiedelung der Städte und Landschaften, Müllawine, umweltschädigender Fremdenverkehr, Hinauszögern der Altlastensanierung, Übertragung eines monopolistischen, nicht auf vorrangige Einsparung orientierten Energiesystems. Sollte es zu starkem Wirtschaftswachstum in der Ex-DDR kommen, so könnten die mengenmäßigen Schadstoffemissionen und Ressourcenverbräuche trotz verbesserter Umwelttechnologien wieder ansteigen. Dazu ein Beispiel: Gegenüber dem »Trabi« sind die westlichen Pkw viel weniger umweltbelastend. Aber durch die enorme Zunahme des Pkw-Bestandes und des Individualverkehrs ist der Gesamteffekt der Umweltbelastung noch größer als in der

»Trabi-Ära«. Die *Anpassung* der ökologischen Lage im Osten an die des Westens sollte gerade im Umweltsektor *kein* Ziel sein.

Der Einigungsvertrag und das Umweltrechtsrahmengesetz, das noch von der Volkskammer der DDR beschlossen wurde, sehen die weitgehende Übernahme des bundesdeutschen Umweltrechts vor. Dieses gilt in erster Linie für Neuanlagen. Für Altanlagen werden Anpassungsfristen gesetzt. Zeithorizont für die Umsetzung der »Großfeuerungsanlagenverordnung«, für die Umrüstung der Kraftwerke maßgeblich, ist das Jahr 1996, für die »Technische Anleitung Luft«, die die Nachrüstung von Altanlagen für die Luftreinhaltung vorschreibt, ist das Jahr 1995. Formal ist auch das mittlerweile sehr umfangreiche EG-Umweltrecht für die Ex-DDR verbindlich, dies sind immerhin rund 200 gemeinschaftliche Rechtsakte mit zum Teil anspruchsvollen Normen. Mit der EG-Kommission wurden befristete Übergangsregelungen vereinbart, wie sie auch mit anderen EG-Beitrittsländern früher abgeschlossen wurden.

Die Umweltpolitik der letzten DDR-Regierung und des Bundesumweltministers (BMU) haben bis zum 3. Oktober 1990 35 Umweltschutzpilotprojekte und zahlreiche Sofortmaßnahmen zur Sanierung von gesundheitsgefährdenden Einrichtungen (z. B. Sicherung der Trinkwasserversorgung, verbesserte Deponieabsicherung) begonnen[27]. Bis Mitte 1991 hat die Bundesregierung in den neuen Bundesländern über 630 Förderprojekte mit einem Finanzvolumen von 500 Mio. DM bewilligt, die fast ausschließlich den Kommunen zugute kamen. Probleme ergaben sich daraus, daß in vielen Betrieben Sanierungsentscheidungen noch ausstanden, Eigentumsverhältnisse ungeklärt waren und die Umweltverwaltung in Kommunen und Länderbehörden noch nicht aufgebaut ist. Hinzu kommt, daß die Finanzierungsspielräume der Kommunen außerordentlich eng sind.

Das im Frühjahr 1991 beschlossene Regierungsprogramm *»Gemeinschaftswerk Aufschwung Ost«* enthält ein spärliches Programm *»ökologischer Aufbau«* in Regie des Bundesumweltministeriums. Dadurch werden für 1991 und 1992 jeweils 400 Mio. DM Soforthilfen bereitgestellt. Ziel soll es sein, durch diese Umweltschutzmaßnahmen »bis zu 200 000 neue Arbeitsplätze« zu schaffen, akute Gesundheitsgefährdungen abzubauen und eine personelle und sachliche Sanierungsinfrastruktur aufzubauen. Man könnte diese Maßnahmen als – dringend notwendige – umweltpolitische Feuerwehr-Einsätze bezeichnen. Darüber hinaus wurden zahlreiche Förderprogramme aufgelegt, teilweise nur für Umweltschutzzwecke, teilweise allgemeine Programme, die u. a. auch Umweltschutzmaßnahmen fördern[28]. Aus dem *ERP-Mittelstandsprogramm* (EG) von insgesamt 10 Mrd. DM Antragsvolumen entfielen nur 400 Mio. auf das ERP-Umweltschutzprogramm. In der Regionalförderung *»Gemeinschaftsaufgabe Verbesserung der regionalen Wirtschaftsstruktur«* werden bei den Investitionszuschüssen gewerbliche Umweltschutzinvestitionen nicht einbezogen, im Gegensatz zu öffentlichen. Überhaupt ist die Regionalförderung viel zu wenig auf Umweltschutzziele bezogen.

Das *Kommunalkreditprogramm* der *Kreditanstalt für Wiederaufbau* bietet den Kommunen zinsgünstige Kredite im Umfang von 15 Mrd. DM 1990–93, die überwiegend zur Erschließung neuer Gewerbeflächen verwendet werden. Wegen des enormen und kurzfristigen Flächenbedarfs werden im großen Stil neue Gewerbeflächen erschlossen, obwohl alte, brachliegende oder durch »Flächenrecycling« wiederherstellbare Gewerbeflächen zur Genüge vorhanden wären, wenn auch nicht sofort. Stiefkind der Umweltförderung ist die Altlastensanierung, die derzeit allenfalls durch Pilotprojekte gefördert werden könnte. Insgesamt, so schätzt das *Ifo-Institut*, werden im Jahre 1991 Umweltschutzmaßnahmen durch verschiedene Programme des Bundes mit rund 1 Mrd. DM gefördert. Das ist nicht wenig, aber angesichts der Probleme längst nicht genug.

Zu Beginn des Jahres 1991 hat das BMU ein umfangreiches »Handlungsprogramm« vorgelegt, das jedoch überwiegend aus relativ unverbindlichen Empfehlungen besteht[29]. Denn im wesentlichen sind die neuen Länder und die Kommunen für die Umweltpolitik zuständig, auch wenn sie aus finanziellen, personellen und institutionellen Gründen ihre Aufgaben kaum hinreichend wahrzunehmen in der Lage sind. Neben den bereits erwähnten Sofortmaßnahmen mit »Anschubfinanzierung« werden mittelfristige Sanierungsaufgaben und eine vorsorgende Umweltpolitik angepeilt. Zu den mittelfristigen Sanierungsaufgaben zählen eine systematische Bestandsaufnahme der Umweltgefährdungen und die Ausarbeitung von Sanierungskonzepten, bauliche Maßnahmen im Bereich der kommunalen Infrastruktur sowie der Appell an das Ziel der Ressourceneinsparung. Für die vorsorgende Umweltpolitik soll die »Ökonomie die Lokomotive für den Umweltschutz« darstellen[30].

Durch Stillegungen von veralteten Industrieanlagen und überhaupt den Niedergang der Industrie sowie Neuinvestitionen auf modernem technologischem Niveau soll »integrierter Umweltschutz« zustande kommen. Dabei wird übersehen, daß die vermeintlich moderne westliche Technologie, sicherlich viel umweltschonender als die veraltete östliche, ganz überwiegend *nachsorgenden* Charakter hat – also nicht dem Vorsorgeprinzip folgt, indem sie die Entstehung von Umweltschäden gar nicht erst zuläßt. Des weiteren wird eine »umweltgerechte Energieversorgung« und eine »umweltorientierte Verkehrsplanung« gefordert, jedoch liegen diese Bereiche überwiegend außerhalb der Zuständigkeit der Umweltpolitik. Und gerade hier setzen sich ausgesprochen konservative, rein wirtschaftlich orientierte Strategien durch.

Daß das Vorsorgeprinzip praktisch nicht zur Anwendung kommt, wird auch daran deutlich, daß der BMU die schnelle Durchsetzung des Verursacherprinzips bei der Finanzierung des Umweltschutzes nicht für machbar hält. Überwiegend kommt auf absehbare Zeit das *Gemeinlastprinzip*, die Finanzierung durch den Staat, zum Zuge – sofern dieser hinreichend Gelder bereitstellt. Angesichts der enormen Kosten, die der Umweltschutz in den neuen Ländern verursachen wird, steht und fällt mithin vieles, was öffentlich finanziert werden muß, mit der Finanzkraft der Kommunen und Länder. In anderen Bereichen setzt sich eine äußerst traditionelle umweltblinde Wirtschafts- und Ressortpolitik durch, beispielsweise in der Verkehrs- und Energiepolitik.

Typisch für wirtschafts- und umweltpolitischen Wildwuchs in den neuen Ländern sind die *Abfallprobleme*. Mancherorts hat sich bereits jetzt das Müllaufkommen verdoppelt. Die alten Entsorgungsstrukturen funktionieren nicht mehr, neue sind noch nicht in Sicht. Unzählige Autowracks werden auf Straßen und Plätzen liegengelassen, die Polizei wird der Probleme nicht Herr. In diese Lücke dringt die Entsorgungsindustrie, die insbesondere auf Müllverbrennung setzt. Neue Deponieflächen sollen ausgewiesen werden, in Kalischächten soll Sondermüll gelagert werden, in Morsleben Atommüll. Die Müll»importe« aus den alten Bundesländern halten weiter an. Vorsorge und Abfallvermeidung bleiben auf der Strecke.

Besonders stiefmütterlich wird die kostenträchtige und komplizierte *Altlastensanierung* seitens des BMU behandelt, übrigens wie im Westen auch. Daß gigantische Aufgaben anstehen, für die es in weiteren Bereichen wohl auch noch keine technischen Lösungsmöglichkeiten gibt, ist unbestritten. Dabei gibt es nach Expertenmeinung bestimmte Umweltschäden, die weitgehend irreversibel sind[31]. Besonders problematisch sind die großflächigen Altlasten wie die Rüstungsaltlasten, die Verseuchung des Geländes der *SDAG Wismut*, die Bergbauflächen, landwirtschaftliche Flächen oder die Belastung der Chemieregionen. Erste vorsichtige Kostenschätzungen von rd. 10 Mrd. DM durch das *Ifo-Institut* sind vermutlich viel zu niedrig angesetzt. Allein die Wismut-Sanierung soll 10–13 Mrd. DM kosten[32]. Der B.U.N.D. schätzt die Kosten der Altlastensanierung der Chemie auf 50 Mrd., die der Landwirtschaft auf

20 Mrd. DM. Im Bundesfinanzministerium schätzt man die Gesamtkosten der Altlastensanierung auf 70 Mrd. DM[33].

Der Bundesumweltminister plant, daß zunächst nur für einige Jahre einige hundert Millionen für die Aufstellung eines Umweltkatasters aufgebracht werden müssen, danach über einen Zeitraum von 10 bis 15 Jahren 2 Mrd. DM jährlich. Diese sollen aus der geplanten Abfallabgabe finanziert werden, die jährlich 5 Mrd. DM erbringen wird[34]. Aber diese Abgabe ist politisch umstritten und noch längst nicht beschlußreif. Noch ist völlig ungeklärt, ob und in welchem Maße die Treuhandanstalt, die neuen Länder und der Bund für die Altlastensanierung zuständig sind. Bis dahin wird die Aufgabe, die überdies ziemlich beschäftigungsintensiv wäre, auf die lange Bank geschoben oder vereinzelt über Arbeitsbeschaffungsmaßnahmen angegangen. Da wird die Arbeitsmarktpolitik zum Lückenbüßer einer unterlassenen Umweltpolitik.

Charakteristisch für die Lage der gesamtdeutschen Umweltpolitik ist auch die CO_2-Reduktionspolitik zur Klima-Vorsorge. Offiziell ist zwar immer noch die 25 %-Reduktion bis zum Jahr 2005 das – im internationalen Vergleich durchaus anspruchsvolle – Ziel. Jedoch wird es mittlerweile auf Deutschland bezogen und ist damit in den Altbundesländern relativ leicht zu erreichen. Grundlegende Verbesserungen finden im Westen nicht statt[35].

Verkehrspolitik für das Auto

Das Verkehrsministerium plant für den 1992 vorzulegenden *»Gesamtdeutschen Verkehrswegeplan«* 17 Großprojekte (9 Schienen-, 7 Straßen- und 1 Binnenwasserstraßenvorhaben)[36]. Diese Projekte sollen als »Maßnahmengesetze« beschlossen und beschleunigt – überwiegend in zwei bis fünf Jahren – realisiert werden. Damit wird gezielt die *Bürgerbeteiligung* deutlich vermindert. Der Personenfernverkehr wird, oder besser: soll, so das Verkehrsministerium, in den nächsten Jahren um 20% zunehmen, der Güterverkehr um 40%. Der stärkste Zuwachs wird im Straßenverkehr erwartet. Die 17 Großprojekte werden voraussichtlich 56 Mrd. DM kosten, davon rund 10 Mrd. DM übergreifend in den alten Bundesländern.

Im Schienenverkehr sollen die fünf Korridore Berlin–Hannover, Berlin–deutsche Nordseehäfen, Berlin–Stuttgart/München, Sachsen/Thüringen–Rhein/Ruhr und Sachsen/Thüringen–Rhein/Main ausgebaut werden. Der frühere Anteil von über 60% des Verkehrsträgers Schiene am Güterverkehrsaufkommen könne nicht gehalten werden, aber der Anteil soll möglichst hoch sein, heißt es unverbindlich. Bei den Fernstraßen sollen die folgenden Achsen ausgebaut werden: Hannover–Berlin, Bad Hersfeld–Erfurt–Dresden–Bautzen–Görlitz, Nürnberg–Leipzig–Berlin sowie zwei weitere Ost-West-Achsen, eine in Mecklenburg-Vorpommern, eine von Sachsen-Thüringen nach Nordhessen. Das sind vier vollständig neue Autobahntrassen. Der Planung nach werden die Kosten des Fernstraßenbaus mit 23 Mrd. DM etwas geringer ausfallen als die des Bahnausbaus mit 29 Mrd. DM.

Insgesamt dominiert sowohl beim Straßen- wie beim Bahnausbau der *großräumige Fernverkehr*. Der Öffentliche Personennahverkehr (ÖPNV) wird den Kommunen und Ländern überlassen und spielt insgesamt einen nachrangigen Stellenwert. Die Kommunen sind zur Subventionierung eines leistungsfähigen ÖPNV nicht in der Lage, zumal ihnen weitgehend Stadtwerke mit finanziellen Überschüssen, die wie in den alten Bundesländern zur Finanzierung der kommunalen Verkehrsbetriebe verwendet werden, fehlen. Damit wird eine *»autogerechte«* Verkehrs- und Stadtplanung faktisch programmiert. Die Folgen der Übernahme des westlichen Verkehrssystems sind längst spürbar: bereits 1990 nahm die Zahl der Verkehrstoten um 80% zu.

Energiepolitik durch die großen Energieversorgungsunternehmen

Im August 1990, kurz vor dem endgültigen Ende der DDR, wurde der Stromvertrag zwischen der Treuhandanstalt und den drei großen westdeutschen Stromkonzernen *RWE, PreussenElektra* (einer Tochter der Veba) und *Bayernwerk* abgeschlossen, am 6. September von der Volkskammer gebilligt[37]. Dadurch übernehmen die großen Verbund-Energieversorgungsunternehmen (EVU) die Stromwirtschaft der DDR als Gebietsmonopolisten, und zwar zu sehr günstigen Bedingungen, die die Gründung von dezentralen kommunalen Stadtwerken mit eigener Stromerzeugung praktisch ausschließen. Die großen EVU setzen in West wie Ost auf Großkraftwerke, nicht aber auf dezentrale Energiedienstleistungen mit Priorität für Energiesparen. Der Stromvertrag ist um so merkwürdiger, als die Volkskammer noch am 20. Juli 1990 ein Kommunalvermögensgesetz beschlossen hatte, das vorsah, daß die Energieversorgungsanlagen unentgeltlich von der Treuhand auf die Kommunen übertragen werden sollten.

Im Kommunalverfassungsgesetz vom Mai 1990 wurde die leitungsgebundene Energieversorgung zur Kommunalaufgabe erklärt. Allerdings hatte das Kommunalvermögensgesetz einen Haken: Soweit die Träger volkseigenen Vermögens bereits in Kapitalgesellschaften umgewandelt waren, sollte an die Stelle der Übertragung die Beteiligung der Kommunen treten. Mit dem Einigungsvertrag wurde die kommunale Beteiligung auf maximal 49% beschränkt. Die großen EVU rechtfertigten dies mit der fehlenden energiewirtschaftlichen Kompetenz und Finanzkraft der Gemeinden. Mittlerweile klagen 123 Kommunen beim Bundesverfassungsgericht, um ihre Ansprüche auf Betrieb eigener Stadtwerke geltend zu machen. Bei der Gasversorgung erreichte die Ruhrgas AG eine ähnlich dominierende Stellung wie die EVU bei der Stromwirtschaft.

Damit wurden die vermeintlich »bewährten Wettbewerbsverhältnisse« in der westdeutschen Energiewirtschaft umstandslos auf den Osten übertragen, obwohl es seit Jahren eine vehemente Kritik aus wettbewerbspolitischer Sicht gibt, z. B. seitens der Monopolkommission, vor allem aber eine umweltpolitische Kritik, die die Vernachlässigung von dezentralen Sparstrategien in Verbindung mit Wärme-Kraft-Koppelung anprangert. Kommt es nicht zu einer Revision des Stromvertrages durch das Bundesverfassungsgericht, dann hat die Umweltpolitik in diesem Konflikt auf der ganzen Linie verloren.

Die Kosten des Umweltschutzes bis zum Jahr 2000

Um die gegenwärtigen Anstrengungen der Umweltpolitik von Bund, Ländern und Kommunen beurteilen zu können, muß der tatsächliche Bedarf an Umweltinvestitionen in den neuen Ländern geschätzt werden. Das *Ifo-Institut* ermittelte eine Bandbreite von Schätzungen, die zwischen 83 und 500 Mrd. DM bis zum Jahre 2000 liegen (*Tabelle II.11*).[38]

Das Institut selbst schätzt den Bedarf auf 211 Mrd. DM, wobei der Löwenanteil auf die Abwasserbeseitigung entfällt. Da diese Kosten derzeit kaum über kostendeckende Gebühren und Beiträge für die Nutzer – private Haushalte und Gewerbe – finanziert werden können, müssen die Kommunen zahlen. Die Kosten der Luftreinhaltemaßnahmen werden dagegen eher von den Investoren bzw. der Energiewirtschaft finanziert und letztlich auf die Verbraucher überwälzt. Die Kosten der Altlasten-Sanierung wurden seitens von Ifo vermutlich zu pauschal und zu niedrig geschätzt. Gleichwohl macht die Schätzung deutlich, wie riesengroß die Aufgaben sind. Das Fördervolumen im Bereich der Umweltpolitik des

Tabelle II.11: **Voraussichtlicher Investitionsbedarf im Umweltschutz in der ehemaligen DDR bis zum Jahr 2000**

	Gesamtbedarf in Mrd. DM		
	Publizierte Schätzungen		Ifo-Schätzung
Aufgabenbereiche	von	bis	
Luftreinhaltung	5,0	35,0	22,5
Trinkwasserversorgung	16,8	30,0	16,9
Abwasserbeseitigung	53,0	150,0	125,2
Abfallbeseitigung	3,0	34,3	34,3[a]
Altlastensanierung	3,0	70,0	10,6
Lärmbekämpfung	2,0	2,0	2,0
Insgesamt			
– erfaßte Einzelschätzungen	82,8	323,3	211,4
– Gesamtschätzungen	83,0	500,0	

[a] inklusive Betriebskosten
[Quelle: *Ifo-Institut für Wirtschaftsforschung* 11/1991, S. 10

Bundes von 1 Mrd. DM 1991 fällt dagegen lächerlich klein aus. Die gesamten öffentlichen Investitionen von Gemeinden und neuen Ländern liegen 1991 bei etwa 8,5 Mrd. DM. Soll ein hohes Umweltschutzniveau bis zum Jahr 2000 erreicht werden, sind allein jährlich rund 20 Mrd. DM an Umweltschutzinvestitionen notwendig.

Anmerkungen

1 *DIW-Wochenbericht* 39–40/91 vom 26. September 1991, S. 559 ff.
2 *Treuhand-Informationen*, September 1991
3 Institut für Arbeitsmarkt- und Berufsforschung, Vom Plan zum Markt (Materialien aus der Arbeitsmarkt- und Berufsforschung 2/1991), Nürnberg 1991, S. 13
4 Institut für Arbeitsmarkt- und Berufsforschung, Kurzbericht vom 11.7.1991
5 *DIW-Wochenbericht* 33/91 vom 15. August 1991, S. 471
6 *DIW-Wochenbericht* 39–40/1991 vom 26. September 1991, S. 567
7 *Frankfurter Rundschau* vom 14. 10. 1991
8 *Frankfurter Rundschau* vom 21. 10. 1991

9 Institut für Angewandte Wirtschaftsforschung, Die ostdeutsche Wirtschaft in der Anpassungskrise, Berlin, März 1991, S. 32

10 Ifo-Sondererhebung November 1990 bis Februar 1991

11 H. Bielinski, B. von Rosenbladt, Arbeitsmarkt Monitor für die neuen Bundesländer, Beiträge zur Arbeitsmarkt- und Berufsforschung 148.1, Nürnberg 1991, S. 5. – Allerdings werden auch andere widersprechende Angaben gemacht. Häufig werden die 339000 Lehrlinge, die in der BRD zu den Erwerbstätigen zählen, nicht einbezogen. Vgl. J. Wahse u. a., Datenreport DDR-Arbeitsmarkt (II), Länder der ehemaligen DDR, Berlin 1990; IAB-Werkstattbericht Nr. 4/15.8.1991, S. 21. Siehe auch die widersprüchlichen Angaben in: OECD, Wirtschaftsberichte – Deutschland 1990/1991, Paris 1991, S. 17ff.

12 Institut für Angewandte Wirtschaftsforschung, Ostdeutschland: Der mühsame Aufstieg, Berlin, 10. Oktober 1991, S. 37

13 *DIW-Wochenbericht* 39–40/1991, S. 558, 563

14 McKinsey & Company, Überlegungen zur kurzfristigen Stabilisierung und langfristigen Steigerung der Wirtschaftskraft in den neuen Bundesländern. O. O., April 1991.

15 *DIW-Wochenbericht* 39–40/1991, S. 566ff.

16 Informationsdienst des Instituts der deutschen Wirtschaft, Nr. 17/1991, S. 4f.

17 Vgl. *DIW-Wochenbericht* 30/1991, S. 421ff.

18 Vgl. R. Bispinck, WSI-Tarifarchiv, »Alle Dämme gebrochen«? Die Tarifpolitik in den neuen Bundesländern im 1. Halbjahr 1991. In: *WSI-Mitteilungen*, Heft 8/1991, S. 471ff.

19 *Ifo-Schnelldienst* 23/91 vom 13. August 1991, S. 21

20 Vgl. *DIW-Wochenbericht* 29/1991, S. 413ff.

21 Ebenda, S. 415

22 DGB-Bundesvorstand, Informationen zur Sozial- und Arbeitsmarktpolitik, August 1991

23 So der Wirtschaftskolumnist Will Hutton im *Guardian* (London) vom 12.4.1991.

24 Vgl. Der Bundesminister für Umwelt, Naturschutz und Reaktorsicherheit, Eckwerte der ökologischen Sanierung und Entwicklung in den neuen Ländern, Bonn, November 1990, S. 9ff.; U. Adler, R. U. Sprenger, J. Wackerbauer, Umweltschutz in den neuen Bundesländern, in: *Ifo-Schnelldienst* 11/1991, S. 1ff.; Institut für ökologische Wirtschaftsforschung, ökologischer Umbau in der DDR, Berlin 1990

25 Siehe Institut für ökologische Wirtschaftsforschung, ökologischer Umbau in der DDR, Berlin 1990, S. 44; D. Lorenz, West- und Osteuropa – weltwirtschaftliche Probleme des Zusammenwachsens. In: *Wirtschaftsdienst*, Heft 12/1990, S. 631

26 Der Bundesminister für Umwelt, Naturschutz und Reaktorsicherheit, Orientierungshilfen für den ökologischen Aufbau in den neuen Bundesländern, Bonn 1991, S. 4

27 Vgl. *Presse- und Informationsamt der Bundesregierung*, Info-Dienst Deutschland, Ausgabe Nr. 13 (Mai 1991), S. 22ff.

28 Vgl. J. Wackerbauer, Förderung von Umweltschutzmaßnahmen in den neuen Bundesländern. In: *Ifo-Schnelldienst* 16–17/1991, S. 53ff.

29 Bundesminister für Umwelt, Naturschutz und Reaktorsicherheit, Bonn 1991, Orientierungshilfen für den ökologischen Aufbau in den neuen Bundesländern, Bonn 1991

30 Ebenda, S. 8

31 Vgl. G. Bachmann, Umweltsanierung zwischen Großversuch und Illusion. In: *Blätter für deutsche und internationale Politik*, Heft 9/1991, S. 1072f.

32 *Frankfurter Rundschau* vom 11.10.1991

33 *Frankfurter Rundschau* vom 21.10.1991

34 Siehe C. Kühl, Finanzierung der Altlastensanierung in den neuen Bundesländern. In: *Wirtschaftsdienst*, Heft 4/1991, S. 180ff.; Umwelt und Energie – *Handbuch für die betriebliche Praxis*, Heft 4/1991, S. 107f.

35 Siehe auch: Arbeitsgruppe ökologische Wirtschaftspolitik, Der Einigungsvertrag, die Wirtschafts- und Währungsunion und die Folgen, Manuskript, O. O. 1991

36 Presse- und Informationsamt der Bundesregierung, *Info-Dienst Deutschland*, Nr. 13 (Mai 1991), S. 6ff.

37 Vgl. *Treuhand Informationen* 3/4 1991; *Bonner Energiereport*, Heft 9/1990, S. 25f., Heft 10/1990, S. 16f.; H.-H. Härtel, R. Krüger, Aktuelle Entwicklungen von Marktstrukturen in den neuen Bundesländern. In: *Aus Politik und Zeitgeschichte*, B 29/91 vom 12. Juli 1991, S. 18ff.

38 U. Adler, R.-U. Sprenger, J. Wackerbauer, Umweltschutz in den neuen Bundesländern, a. a. O., S. 10

Kapitel III

Die ökonomischen Folgen der Vereinigung: Eine Transformationskrise

3.1. Die verschiedenen Ursachen

Dem politischen Zusammenbruch der DDR folgte eine Wirtschaftskrise, die in *Kapitel II* beschrieben wurde. Es ist die schwerste Wirtschaftskrise, die es je auf deutschem Boden seit Beginn des Kapitalismus vor über 150 Jahren gab. Es ist eine *Transformationskrise*: Das alte System existiert nicht mehr, ein neues ist noch nicht aufgebaut. In diesem Vakuum zwischen »Ost- und Westblock« zerbricht das Alte, das Neue entsteht nur langsam. Ein allmählicher Übergang war nicht gewollt, weder mehrheitlich von den Wahlbürgern im Osten noch von den Regierenden im Westen. Aus dem unvermeidlichen Umbruch wurde ein radikaler schockartiger Bruch mit der Vergangenheit. Nirgendwo auf der Welt hatte es bislang Beispiele für derartige Transformationen gegeben. Polen, Ungarn und auch die CSFR hatten ein viel langsameres Tempo des Übergangs zum Kapitalismus gewählt, von der Sowjetunion ganz zu schweigen, wenngleich auch dort das Tempo mittlerweile als zu schnell beurteilt wird. Selbst Polens Staatspräsident Walesa muß inzwischen zugestehen, daß Polen sich – unter anderem aufgrund von Empfehlungen marktradikaler amerikanischer Berater sowie des internationalen Währungsfonds – zu schnell dem Westen angenähert habe.

Eine Transformationskrise ist weder mit traditionellen *Konjunkturkrisen* vergleichbar, die selbst in den schwersten Fällen wie in der Weltwirtschaftskrise 1929–32 temporäre Einbrüche waren und die Strukturen und Institutionen der Wirtschaft unverändert ließen. Noch sind sie mit sektoralen *Branchenkrisen* vergleichbar: Westeuropa hat zwar reichhaltige Erfahrungen mit Branchen- und Regionalkrisen wie der Kohlekrise, der Stahlkrise, der Werftenkrise, der Krise der Textilindustrie usw. Diese Krisen blieben jedoch beschränkt. Mit dem Niedergang eines gesamten Wirtschaftssystems und dem Aufbau eines neuen sind sie nicht zu vergleichen.

Nirgendwo hat sich bislang die Wirtschaftswissenschaft dieses Problems systematisch angenommen. Die herrschende Nationalökonomie kann zwar kapitalistische Strukturen ob ihrer Funktionstüchtigkeit beschwören und den Markt preisen, aber über die Transformation planwirtschaftlicher Systeme, zumal auf sozialverträgliche Weise, hat sie kaum nachgedacht. Mit Glaube, Liebe und Hoffnung zu Mark, Markt und Nation läßt sich die Transformation nicht meistern. Das Risiko eines Fehlschlags ist groß: daß die Transformationskrise zur dauerhaften Zerstörung alter Wirtschaftsstrukturen führt und auf sehr lange Sicht nur große strukturschwache Regionen an die Stelle des realen Sozialismus treten.

Mit der vollständigen Öffnung der Grenzen, der plötzlichen Liberalisierung der zuvor vom Weltmarkt abgeschotteten DDR-Wirtschaft und der unvorbereiteten Einführung einer neuen, harten Währung wurden die ostdeutschen Unternehmen einem *Wettbewerbsschock* ausgesetzt. Branchen, Unternehmen und Produkte mußten von heute auf morgen mit Weltmarktprodukten konkurrieren, Preissubventionen und Produktabgaben mußten in kürzester Zeit abgebaut werden. Zugleich wurde ein neues kompliziertes Steuersystem übernommen, das bei weitem keine hinreichende Einnahmequelle für den traditionell großen Staatsapparat hergab, so daß dieser unter dem Zwang zum Schrumpfen und zugleich in Abhängigkeit vom Bonner Finanzminister geriet. Der Wettbewerbsdruck stellte sich auf vier Ebenen ein:

1. Die *Gebrauchswerte* der ostdeutschen Produkte mußten mit denen westdeutscher und ausländischer Hersteller konkurrieren. Mangelhafte Qualität, jahrzehntelang zurückgestaute Konsumbedürfnisse sowie der Überraschungseffekt einer ungeheuren, hochdifferenzierten und marktpsychologisch raffiniert dargebotenen Warenfülle machten sich bemerkbar.
2. Die *Branchenstruktur* der relativ kleinen DDR war die einer weitgehend »vollständigen« Volkswirtschaft, die fast alle Produktarten selber herzustellen vermochte, wenngleich mit geringer Sortimentsbreite, schlechter Produktqualität, mit Angebotsmonopolen und kaum vorhandener Produktdifferenzierung. Die Einbindung der DDR-Wirtschaft in die internationale Arbeitsteilung war gering und konzentrierte sich zudem auf wirtschaftlich und technologisch unterlegene RGW-Länder. So geriet die gesamte Branchenstruktur der DDR unter Wettbewerbsdruck. Eine Wirtschaftsstruktur eines kleinen Landes, beispielsweise Österreichs, der Schweiz oder der Niederlande oder einer Region eines größeren Landes, die in den Weltmarkt integriert sind, sieht eben vollständig anders aus als die der alten DDR.
3. Mit der Herauslösung der DDR-Wirtschaft aus dem RGW und der Umstellung des RGW-Handels auf Hartwährung mußten die einseitig auf

den Handel mit der Sowjetunion ausgerichteten *Exportstrukturen* kollabieren. Hinzu kommen der wirtschaftliche Ruin der Sowjetunion und deren instabile politische Verhältnisse. Die nicht unbeträchtlichen Exporte ins »nicht-sozialistische Wirtschaftsgebiet« wurden faktisch massiv subventioniert und waren mit dem Wegfall der Subventionen häufig nicht mehr aufrecht zu erhalten. Mithin waren die Außenwirtschaftsstrukturen der DDR nicht überlebensfähig.

4. Die Substitution der alten, nicht konvertiblen DDR-Währung durch die DM, im Prinzip ein Verhältnis 1 : 1, implizierte eine *faktische Aufwertung* der DDR-Mark um das dreifache, gemessen an den Produktivitätsrelationen um etwa das zweifache (siehe *Kapitel III.2* und *III.3*). Die »normale« währungspolitische Reaktion einer eigenständigen Volkswirtschaft auf einen drastischen Wettbewerbsschock wäre indessen eine starke Abwertung (so wie in den meisten osteuropäischen Ländern geschehen), wodurch die Exportfähigkeit gefördert und die Importe erschwert werden. Nach der Währungsunion hätte theoretisch an die Stelle der Abwertung eine ebenso drastische Preissenkung entsprechend dem Produktivitätsgefälle treten können, um die DDR-Produkte wenigstens annähernd wettbewerbsfähig zu machen. Dies hätte eine extreme Lohnsenkung zur Folge gehabt, die zur Massenabwanderung geführt hätte.

Damit wird das Dilemma des Anschlusses des Ostens an die West-Ökonomie deutlich: In einem einheitlichen Wirtschafts- und Staatsgebiet entsteht auch ein tendenziell einheitlicher, durch Mobilität verbundener Arbeitsmarkt, der mit Marktgesetzmäßigkeit zur Annäherung der Lohnstrukturen führen muß. Die Gewerkschaften exekutieren in dieser Situation nur die Kräfte des Marktes. Die Löhne müssen sich aber rascher angleichen als die Arbeitsproduktivitäten, wenn nicht die Mobilität der Arbeitskräfte die Wirtschaftsstruktur zerstören und zudem massive Kaufkraftbenachteiligung hingenommen werden sollen. Zudem erfordert der Strukturwandel viel Zeit. Aus diesen Gründen muß es in der durch die Währungsunion programmierten Logik der Vereinigung zu *ruinösem Wettbewerb* kommen. Dieser zerstört wichtige Teile der alten Volkswirtschaft, die bei einer langsameren Integration überlebensfähig gewesen wären. Nur wenn sich die Wirtschaftspolitik dem durch die Währungspolitik programmierten Crash mit aller Macht entgegenstemmt, wenn sie geeignete strukturpolitische Konzeptionen entwirft, für die es historisch bislang keine Vorbilder gibt, kann verhindert werden, daß die Transformation zur Zerstörung lebensfähiger Teile der DDR-Ökonomie führt.

Die schnelle Währungsunion und der schnelle Anschluß an Westdeutschland befriedigten zwar den aufgestauten Warenhunger, aber sie schufen auch das *Diktat der Zeit*: Der Weltmarktdruck, die Abwanderung und die Lohnanpassung sind schneller als die Fähigkeit zur raschen Umstellung der Wirtschaft, die Lernfähigkeit und Veränderungswilligkeit der Menschen. So verwundert die verheerende Bilanz nach einem Jahr Währungsunion wenig.

Die Bundesregierung, die Treuhandanstalt und viele politisch Verantwortliche in den neuen Bundesländern schieben die Ursachen für die katastrophale Wirtschaftslage in Ostdeutschland im Jahre 1991 pauschal auf die Erblast des untergegangenen SED-Staates und lenken damit von ihren eigenen Sünden und Unterlassungen ab. So wird ein Sündenbock kreiert, dem man alles, aber auch alles anlasten kann. Seitens des Bundeswirtschaftsministeriums wird gesagt, man hätte noch zum Zeitpunkt der Entscheidung über die Währungsunion, also im Frühjahr 1990, nicht geahnt, wie marode die DDR-Wirtschaft sei. Ex-Staatssekretär Otto Schlecht aus dem Wirtschaftsministerium: »Vom wirklichen Ausmaß der Malaise hatten wir damals keine Vorstellung.«[1] In Wirklichkeit war die DDR-Ökonomie relativ gut erforscht – die Bundesregierung wollte indessen auf »die nationale Karte« und die Priorität für den Markt setzen und dabei die Realität und die Probleme nicht wahrhaben. Wieder andere wollen die Verantwortung vorwiegend der Wirtschaftspolitik der Bundesregierung anlasten und verharmlosen damit »das Erbe von Günter Mittag«.

Zusammenfassend lassen sich im wesentlichen drei Ursachen für die ostdeutsche Transformationskrise identifizieren:

Erstens der Zustand der alten DDR-Volkswirtschaft,

zweitens die Schocktherapie durch die frühzeitige Währungsunion und den politisch gewünschten schnellen Anschluß an die Bundesrepublik auf der Grundlage des Einigungsvertrages,

drittens die von der Bundesregierung praktizierte Einigungs- und Wirtschaftspolitik, die insbesondere durch zahlreiche Fehleinschätzungen und Versäumnisse gekennzeichnet war. Hierzu gehören die Finanzpolitik, die regionale Strukturpolitik und die Arbeitsmarktpolitik, der die Hauptlast der sozialen Anpassungsprobleme aufgebürdet wurden.

Zur Wirtschaftspolitik im weiteren Sinne zählt aber auch die Politik der *Treuhandanstalt*, der wohl wichtigsten Institution im Osten Deutschlands zur Restrukturierung der Unternehmen. Hier ist die Nahtstelle zwischen Vergangenheit und Zukunft, hier wurden und werden die Weichen für die Zukunft gestellt, sei es in positiver, sei es in negativer Hinsicht. Hier wurde faktisch eine Politik der Abwicklung und De-Industrialisierung betrieben.

3.2. Wie marode war die DDR-Wirtschaft wirklich?

Um die Wahrheit über den Zustand der DDR-Ökonomie Ende der 80er Jahre ranken sich viele Legenden. Dies ist um so erstaunlicher, als sich seit Jahrzehnten diverse Forschungsinstitute in der Bundesrepublik mit einer großen Zahl von Ökonomen – ebenso wie zahlreiche Forscher im westlichen Ausland – mit nichts anderem als der Analyse der DDR-Wirtschaft befaßt haben. Allerdings waren die statistischen Angaben, die die DDR machte, äußerst spärlich, Geheimhaltungsinteressen dominierten. Zudem wurden die Statistiken in den 80er Jahren »geschönt«, wie die Verantwortlichen inzwischen zugegeben haben[2]. Mittlerweile läßt sich aber ein verläßlicheres Bild über die wirtschaftliche Leistungsfähigkeit der DDR-Ökonomie zeichnen (*Tabelle III.1*).

Tabelle III.1: **Angaben aus der Volkswirtschaftlichen Gesamtrechnung der DDR und der BRD 1980–89[1)]**

	DDR	BRD
Wachstum des BIP 1980–89 p. a. in v. H.	3,8%	1,9%
Wachstum der »letzten Verwendung im Inland« (Priv. Verbr., Staatsverbr., Bruttoinvestit.) p. a.	2,6%	1,4%
Wachstum des Privaten Verbrauchs p. a.	3,2%	1,5%
Wachstum der Bruttoanlageinvestitionen p. a.	1,9%	1,2%
Bruttoinvestit.[2)] in v. H. des BIP 1989 (1980)	25,6% (31,1%)	22,5% (23,5%)[3)]
Außenhandelsüberschuß in v. H. des BIP 1989	2,9%	4,1%
BIP 1989 in Mrd.	353,2 Mark	2235,6 DM[4)]
BIP 1989 je Einwohner	21539 Mark	35827 DM[4)]
BIP 1989 je Berufstätigen	36796 Mark	80588 DM[4)6)]

[1)] gerechnet in sog. »vergleichbaren Preisen« in Mark
[2)] ohne Vorratsveränderungen: 23,3% 1989
[3)] in v. H. des Bruttoinlandsprodukts
[4)] in laufenden Preisen
[5)] in Preisen von 1980
[6)] je Erwerbstätigen
[Quelle: Statistisches Bundesamt, Zur Sozialproduktberechnung der DDR, Wiesbaden 1990, S. 24; eigene Berechnungen; SVR, Jahresgutachten 1990/1, Tabellenanhang]

Die Arbeitsproduktivität

Große Unsicherheit gab es stets in der Bewertung der Arbeitsproduktivität der DDR-Wirtschaft (reales Sozialprodukt bzw. Industrieproduktion je Beschäftigten). Die methodischen Schwierigkeiten resultieren zum einen aus der Ermittlung einer mit der westlichen Statistik vergleichbaren Ziffer für das Sozialprodukt bzw. die Industrieproduktion, zum anderen aus der Ermittlung eines fiktiven Wechselkurses, mit dem die DDR-Produktion, in Mark bewertet, in DM umgerechnet werden kann. Hinzu kommt ein drittes Problem: Die Qualität der Produkte und Dienstleistungen wich in der DDR sehr stark von dem ab, was in den auf den Weltmarkt ausgerichteten Wirtschaften üblich ist.

Die Produktivitätsschätzungen für die *DDR-Volkswirtschaft* schwanken je nach Annahmen zwischen 30 und 80 Prozent des westdeutschen Bruttosozialproduktes (BSP) je Beschäftigten. In einer neueren Arbeit (1991) kommt das *Deutsche Institut für Wirtschaftsforschung* (DIW) zu einem Wert von 48 %, der in etwa mit den Angaben der Bundesregierung in den »Materialien zur Lage der Nation« von 1987 übereinstimmt. Nachdem das Statistische Bundesamt (zusammen mit der alten DDR-Zentralverwaltung für Statistik) 1990 das Bruttoinlandsprodukt (BIP) für die DDR in den 80er Jahren nach westlicher Methode nachgerechnet hat, ergibt sich für 1989 – bei einem unterstellten Wechselkurs von Mark zu DM von 1 : 1 – ein Wert von nur 46 % des BIP je Einwohner[3] in der DDR gegenüber der BRD. Da die Kaufkraft der Mark aber – je nach zugrunde gelegtem Warenkorb – niedriger war als die der DM, dürfte die wirkliche Produktivität der DDR-Volkswirtschaft noch deutlich unter 46 % des West-Wertes gelegen haben. Für die *Industrie* (Verarbeitendes Gewerbe) hat das DIW jüngst einen Wert von 53 % des West-Niveaus ermittelt, der sich allerdings seit 1970 (45 %) leicht gesteigert hat (*Tabelle III.2*)[4]. Einzelne Industriezweige lagen deutlich unter diesem Wert, andere, wie zum Beispiel die »Elektrotechnik, Feinmechanik, Optik« deutlich darüber.

Nach neueren DIW-Berechnungen lag die Arbeitsproduktivität der DDR-Volkswirtschaft Mitte der 80er Jahre etwa 20 % über dem Durchschnittswert der RGW-Länder, der ungefähr mit dem Niveau der Sowjetunion identisch war. Die DDR lag knapp vor dem Wert für die CSFR und um 60 % über dem polnischen Wert.

Indessen schnitt die DDR beim Indikator »*Bruttoinlandsprodunkt je Einwohner*« besser als beim Produktivitätsvergleich ab, weil im Vergleich zur BRD ein größerer Anteil der Bevölkerung erwerbstätig war: Bei einer unterstellten Umtauschrelation Mark/DM von 1 : 1 lag der Wert für die

Tabelle III.2: **Arbeitsproduktivität im verarbeitenden Gewerbe der DDR in v. H. des Niveaus der BRD**

	1970	1980	1988
Chemie, Mineralöl, Kunststoff, Gummi[1)]	34	45	50
Metallgewinnung und -erzeugung	39	44	35
Steine und Erden	39	41	42
Stahl-, Maschinen-, Fahrzeugbau[2)]	43	46	56
Elektrotechnik, Feinmechanik, Optik	41	47	63
Textilgewerbe	53	56	56
Leichtindustrie	54	56	57
Nahrungs- u. Genußmittelindustrie	56	45	43
Verarbeitendes Gewerbe[3)]	45	48	53

1) Einschl. Kali- u. Steinsalzbergbau, sowie sonstigem Bergbau
2) Einschl. Metallbearbeitung u. -verformung
3) Einschl. Teile des Bergbaus
[Quelle: B. Görzig, M. Gornig, Produktivität und Wettbewerbsfähigkeit der Wirtschaft der DDR. In: *DIW-Beiträge zur Strukturforschung,* Heft 121/1991. S. 27]

DDR 1989 bei 60% des bundesdeutschen Wertes (siehe *Tabelle III.1*). Dieser günstige Wert kam durch die hohe Frauenerwerbstätigkeit (und auch die verbreitete Erwerbstätigkeit älterer Menschen) zustande. Der private Verbrauch je Einwohner 1989 lag – wiederum bei einer unterstellten Währungsrelation Mark/DM von 1 : 1 – bei knapp 67% des westdeutschen Pro-Kopf-Konsums. Allerdings schlägt sich die in weiten Bereichen niedrigere Qualität des mit diesen Einkommen in der DDR kaufbaren Warenangebotes nicht adäquat nieder.

Damit wird auch deutlich, weshalb die Aussagekraft aller Produktivitätsvergleiche sehr begrenzt ist: Die Produktqualität vieler DDR-Produkte – keineswegs aller, aber eben doch vieler – unterschied sich wesentlich von der auf den Weltmärkten gehandelten Produkte, seien es Autos, Investitionsgüter, Konsumgüter, Lebensmittel oder Bauwerke, ganz abgesehen von – im Vergleich zu West-Produkten – unattraktivem »Styling« und Design, Verpackung usw. Da der DDR-Binnenmarkt von der Auslandskonkurrenz abgeschottet war, konnten auch Waren mit sehr schlichter oder auch minderwertiger Qualität produziert und verkauft werden. Im Grunde waren dies international nicht handelbare oder nur im RGW handelbare Güter. Umfang und Ausmaß dieses Sachverhalts läßt sich quantitativ kaum abschätzen. Jedem Wirtschaftsforscher, jedem aufmerksamen West-Besucher der DDR und natürlich den meisten DDR-Bürgern war dies jedoch bekannt.

Investitionen

Schwer interpretierbar ist die Investitionstätigkeit in der DDR. Einerseits lag die Investitionsquote – der Anteil der gesamten Bruttoinvestitionen (einschließlich Wohnungsbau und Infrastrukturinvestitionen) am BIP – 1989 mit 25,6% leicht über dem Wert der BRD (siehe *Tabelle III.1*). Diese Investitionsquote ist jedoch seit 1980 (31%) drastisch zurückgegangen, Ausdruck der in den 80er Jahren rapide schwindenden Leistungskraft der DDR-Ökonomie. Nach DIW-Angaben sank die Investitionsquote im produzierenden Bereich (im Verhältnis zum Nationaleinkommen) von 16% (1970) auf das extrem niedrige Niveau von 10% (1988)[5]. Dabei beanspruchte die besonders marode und teure Energiewirtschaft (Braunkohlenbergbau und Kohlekraftwerke, Atomkraftwerke) knapp ein Drittel der Industrie-Investitionen[6]. Im Durchschnitt der Industrie wurden nur 27% der erwirtschafteten Mittel (Abschreibungen und Erlösabführungen, also die verschiedenen Abgaben, an den Staat) wieder investiert[7]. Ferner wurde ein großer Teil der Investitionsmittel für einzelne Renommier-Projekte wie die Megabit-Chip-Entwicklung und auch für den Wohnungsbau absorbiert.

Wegen des veralteten und teilweise verschlissenen industriellen Kapitalstocks mußten enorme Reparatur-Aufwendungen geleistet werden, die sich 1987 auf etwa die Hälfte der Ausgaben für Investitionen beliefen[8]. Die durchschnittliche Nutzungsdauer des Kapitalstocks (einschließlich Bauten) im Bergbau und im Verarbeitenden Gewerbe lag bei 26 Jahren, in der BRD bei 18 Jahren[9]. Ein großer Anteil des Anlagekapitals bestand aus vollkommen abgeschriebenen Anlagen, die längst hätten ersetzt werden müssen (1989 ca. 20%). 21% der Industrieausrüstungen waren älter als 20 Jahre (1989), in der BRD sind es nur etwa 5,4% im Unternehmenssektor (ohne Wohnungsvermietung); in der BRD sind etwa 70% der Ausrüstungen nicht älter als 10 Jahre, in der DDR waren es nur 50%[10]. Aufgrund der vielen Reparaturen und der Probleme mit Zulieferern kam es häufig zu Stillstandszeiten, die zu einer niedrigen Kapazitätsauslastung und hohen Ausfallzeiten bei den Belegschaften führten.

Personalüberhang

Das *Ifo-Institut* errechnete, daß allein aufgrund von Planungs- und Organisationsmängeln, die über das im Westen übliche Maß hinausgehen, ein Personalüberhang von etwa 7% aller Beschäftigten existierte. Hinzu gerechnet wird ein etwa gleich großes Personal, das nicht für Betriebszwecke, sondern für soziale und politische Aufgaben – vom Betriebskindergarten bis zur Betriebskampfsportgruppe – eingesetzt wurde. Sicherlich ist die Zusammenfassung derart unterschiedlicher Tätigkeiten problematisch, aber sie charakterisiert doch den Unterschied zu gewinnorientierten privaten Unternehmen. Insgesamt ermittelte das *Ifo-Institut* eine *»verdeckte Arbeitslosigkeit«*, also einen Personalüberhang in diesen beiden Kategorien, in Höhe von etwa 15% der Gesamtbeschäftigung (1,4 Mio Personen)[11].

Forschungspotential

Bekanntlich entscheidet für moderne Volkswirtschaften das Forschungs- und Entwicklungspotential über die wirtschaftliche Leistungsfähigkeit. Das F&E-Potential der DDR schnitt im internationalen Vergleich nicht schlecht ab. Allerdings wurde es schlecht genutzt, die Forscher hatten kaum Entfaltungsmöglichkeiten und waren vom internationalen Technologie- und Wissensaustausch weitgehend abgeschnitten, häufig wurden sie fachfremd eingesetzt. Der Anteil der F&E-Ausgaben am BSP lag 1989 mit 2,8% auf gleicher Höhe mit dem der BRD. Zwei Drittel der 196000 Personen des F&E-Personals arbeitete in der Wirtschaft. Auf 1000 Beschäftigte im Verarbeitenden Gewerbe kamen 1989 28 Forscher, in der BRD 34. Viele Forscher haben in den Nischen des Forschungsbetriebes und der Planwirtschaft durchaus Beachtliches geleistet. Allerdings lagen die Stärken der DDR-Forschung weniger in genuinen Innovationen als in der Imitation und Diffusion von Neuerungen, wie es lange Zeit für Japan typisch war und heute für einige asiatische Schwellenländer zutrifft[12].

Ein Jahr nach der Währungsunion wurde nur noch ein Viertel der 86000 Industrieforscher der Unternehmen beschäftigt. Innerhalb eines Jahres wurden etwa 70% des F&E-Personals der DDR in den Unternehmen, an Hochschulen und an der Akademie der Wissenschaften abgebaut. 10 Prozent waren abgewandert[13]. Sicher ist es zutreffend, wenn das Forschungspotential der DDR mit dem Etikett der Mittelmäßigkeit versehen wird. Allerdings konnte dies unter den restriktiven, innovationsfeindlichen Bedingungen des Wirtschaftssystems und des politischen Systems auch gar nicht anders sein. Insofern kam nach der »Wende« alles darauf an, den bislang »Mittelmäßigen« eine Chance zu geben, sich zu entfalten. Es wäre fatal, die Forscher von heute auf morgen an den internationalen Maßstäben des Leistungswettbewerbs zu messen.

Die SED-Führung vernachlässigte in der Bildungsplanung eine eigenständige Entwicklung des Hochschulwesens. Sie konzentrierte sich im wesentlichen auf die Ausbildung von Facharbeitern – in starker Verkennung der Bedeutung von Akademikern für den Innovationsprozeß. 1984 machten ganze 10,8% eines Alterjahrgangs Abitur, in der BRD 28,5%. Die Zahl der Studierenden je 10000 Einwohner lag in der DDR bei einem Drittel des Wertes der BRD; selbst im Vergleich mit anderen RGW-Ländern schnitt die DDR sehr schlecht ab, jedenfalls in den 80er Jahren. Zudem wurden die Hochschulabsolventen zu 64% im Bereich Büro/Verwaltung eingesetzt, in der BRD nur zu 12%, dafür zu 43 im Bereich »Forschung/Technik« – in der DDR nur zu 23%[14] (siehe auch *Tab. III. 5*, S.71). Die Wirtschafts- und Bildungspolitik der DDR war offenbar ganz stark auf facharbeiterzentrierte Produktionsstrukturen ausgerichtet, nicht jedoch auf High-Tech-Produktion. Nur 23% der DDR-Produkte befanden sich in der Einführungs- und Wachstumsphase des Produkt-Lebenszyklus, dagegen 67% in der Stagnations- und Schrumpfungsphase – in der BRD liegt die Relation indessen bei 48:52[15]. Damit konnte die DDR allenfalls – hätte es internationalen Wettbewerb gegeben – mit Schwellenländern oder schwach entwickelten alten Industrieländern konkurrieren, sofern sie preislich wettbewerbsfähig ist. Dies hätte aber sehr niedrige Löhne und damit einen sehr niedrigen Konsumstandard erfordert.

Der DDR ist es seit Mitte der 70er Jahre nicht gelungen, den Anschluß an die modernen Basistechnologien, die vor allem mit der Mikroelektronik zusammenhängen, zu finden. Bis dahin dominierten international die *Massenproduktionstechnologien des »fordistischen« Typs* mit starren Großanlagen. Zwar bemühte sich die SED-Führung mit viel Aufwand, die Mikroelektronik im nationalen Alleingang zu entwickeln, jedoch gelangen allenfalls Insellösungen. In der Megabit-Chip-Produktion, einem Vorzeigeprojekt der Wirtschaftspolitik, gelang zwar die Herstellung dieses Chips bis 1988, jedoch war die serienmäßige Produktion vier bis sechs Jahre hinter dem internationalen Standard zurück, zudem waren die Kosten des Projektes extrem hoch[16]. Die Entwicklung von Datenbanken und die Vernetzung von Systemen blieben zurück, zudem wurde vorrangig Hardware und nicht Software gefördert. In diesem Bereich kam es offenbar zu keiner relevanten Arbeitsteilung innerhalb des RGW. Aufgrund der COCOM-Bestimmungen waren Technologie-Importe aus dem Westen nicht möglich. Die unzulängliche Mikroelektronik hatte weitreichende Auswirkungen auf alle Bereiche der Industrie; insbesondere der ansonsten relativ gut entwickelte Maschinenbau litt unter diesen Defiziten.

Auch in anderen Bereichen blieb der technische Fortschritt immer mehr zurück. Beispielsweise war der Energieverbrauch bei den Investitions- und Konsumgütern um 30 bis 50 % höher als in der BRD[17]. Wohl am größten dürfte der Rückstand in der allgemeinen Infrastruktur, insbesondere in der Verkehrs- und Telekommunikationsinfrastruktur, gewesen sein. Der Produktivitätseffekt funktionierender Telefonanlagen ist zwar nie berechnet worden, aber er dürfte enorm sein.

Management

Eine Schwachstelle der DDR-Wirtschaft war zweifellos das Management-Potential in den Betrieben. Zwar gab es eine Vielzahl von zentralen Planern – 32500 Personen arbeiteten in den Plankommissionen der Zentrale, der Bezirke und der Kreise[18] –, jedoch kaum ein mit westlichen Maßstäben vergleichbares Management. Die zentralistisch ausgerichtete Planwirtschaft hat die Entwicklung eines unternehmensbezogenen, eigenverantwortlichen Managements enorm behindert. Daß die DDR-Wirtschaft trotz der Planungswillkür und der extrem bürokratischen Vorgaben so leidlich funktionierte, wie es die Statistik zum Ausdruck bringt, liegt zu einem erheblichen Anteil am Management »in der zweiten Reihe«, die flexibel organisierten, pragmatisch handelten, improvisierten und häufig an den Direktiven des Planes vorbei wirtschafteten: »Wer nur halbwegs informiert ist, wie die zentrale Planwirtschaft funktioniert hat, der weiß, daß die wesentlichen Aktivitäten in den Betrieben sich am Plan vorbei vollzogen haben.«[19] Diese Fähigkeiten des mittleren Managements sind ein wichtiger Teil des Leistungspotentials der DDR-Wirtschaft, das jedoch für die marktwirtschaftliche Umgestaltung kaum genutzt wurde.

Da die Außenhandelsdaten früher weitgehend geheimgehalten wurden, dürfte der retrospektive Einblick in die Außenhandelsstrukturen der DDR aufschlußreich sein. Die Außenhandelsverflechtung der DDR-Wirtschaft war größer als bislang angenommen wurde, wie aus einer neueren DIW-Untersuchung hervorgeht. Um die Ost- und Westexporte vergleichbar zu machen, wurde der Transferrubel mit 4,67 Mark angesetzt und ein rechnerischer Wechselkurs von 4 Mark = 1 DM unterstellt; letzterer entspricht den aufgewendeten Kosten, gemessen zu Betriebspreisen, im Verhältnis zu den erlösten Devisen (»Devisenrentabilität«). Bislang war die Export- und Importquote (Ex- bzw. Importe von vH des Bruttoinlandsprodukts) der DDR auf etwa 25 % (1980) geschätzt worden, 1988 lag die Exportquote jedoch, dem DIW zufolge, mit 39 % etwas höher als die der BRD (32,4 %)[20] (siehe *Tabelle III. 3*).

Von Autarkie kann also keine Rede sein, wenngleich diese Quote für ein kleines Land immer noch recht gering ist. Vielmehr wurde durch das

Tabelle III.3: **Außenhandel der DDR 1988**

	Exporte in Mrd. Mark Valutagegenwert	in v. H.	Importe in Mrd. Mark Valutagegenwert	in v. H.
Exporte insgesamt	135,3	100,0	141,7	100,0
darunter:				
RGW-Länder:		43,8		40,4
UdSSR		24,8		24,3
CSFR		5,8		5,0
nicht sozialistische Länder:		52,1		54,8
BRD		20,8		17,6
Frankreich		4,3		3,9
Schweden		3,0		2,1
Österreich		1,6		5,2

	DDR	BRD
Exportquote 1988	39,1[1)]	32,4[2)]
Importquote 1988	40,9[1)]	26,6[2)]

[1)] Exporte/Importe in Mark Valutagegenwert bezogen auf das BIP in Mark
[2)] Exporte/Importe bezogen auf das Bruttoinlandsprodukt in DM, in laufenden Preisen
[Quelle: B. Görzig, M. Gornig, Produktivität und Wettbewerbsfähigkeit der Wirtschaft der DDR. In: *DIW-Beiträge zur Strukturforschung,* Heft 121/1991, S. 17,52]

staatliche Außenhandelsmonopol und die Außenhandelspolitik eine *protektionistische* und zugleich *merkantilistische* Strategie praktiziert. Rund 44% der Exporte entfielen auf die RGW-Länder, knapp ein Viertel auf die Sowjetunion. Dieser Handel erfolgte auf der Grundlage bilateraler Handelsabkommen. Die DDR importierte überwiegend Rohstoffe und Grundstoff- sowie Produktionsgüter und exportierte Investitions- und Konsumgüter. Etwas mehr als die Hälfte der Exporte ging jedoch in westliche Länder, wobei die BRD mit 21% Exportanteil dominierte. Die Sowjetunion und die BRD nahmen fast die Hälfte der DDR-Exporte auf.

Die *West-Exporte* mußten sich am Weltmarkt durchsetzen und geben damit Aufschluß über die reale Wettbewerbsfähigkeit der DDR-Wirtschaft. Das DIW ermittelte, daß die Exporte in die RGW-Länder zu Preisen erfolgten, die im Durchschnitt die Produktionskosten, die Produktionsabgaben (Erlösabführungen) und einen gewissen Gewinn deckten; bei den West-Exporten dagegen wurden etwas geringere Stückerlöse erzielt. 40% des West-Exportes wurden mit Erlösen aus dem Inlandsabsatz subventioniert, obwohl ein Wechselkurs von 4:1 unterstellt wird. Dies war vor allem in den Bereichen Eisengewinnung und -erzeugung, Mineralölerzeugung, Teilen der Chemie sowie der Elektrotechnik und der Holzbe- und verarbeitung der Fall[21].

Hier hatte in den 80er Jahren eine aggressive Exportstrategie eingesetzt: Um Devisen trotz schlechter Wettbewerbsfähigkeit zu erlösen, wurden immer mehr Produkte zu niedrigen subventionierten Preisen in den Westen exportiert. Die durchschnittliche Devisenrentabilität lag noch 1985 bis 2,90 Mark Inlandsaufwand für eine Valuta-Mark (also DM), 1989 waren es bereits 4,40 Mark[22]. Der Hintergrund war einerseits die seit Anfang der 80er Jahre stark gestiegene Auslandsverschuldung der DDR und die seit der Polenkrise 1981 zurückgehende Bereitschaft westlicher Banken zur Kreditvergabe an die DDR, andererseits der enorme Importbedarf für Hochtechnologieprodukte und auch für höherwertige Konsumgüter. Aus dieser Problemlage heraus entstand auch der Sektor der im Ausland ansässigen Außenhandelsfirmen der DDR, der umstrittene Firmenkomplex *»Kommerzielle Koordinierung«* (KoKo) unter Leitung von *Alexander Schalck-Golodkowski*. Nach Aussage von Günter Mittag[23] erwirtschaftete dieser Bereich, teilweise mit zweifelhaften Methoden, bis zuletzt jährlich 1,5 bis 3 Mrd. DM an Devisen – im Vergleich zu den DDR-Exporten in die BRD von knapp 7 Mrd. DM (1988) eine beträchtliche Summe[24]. Allein durch die schon in *Kapitel II.2* erwähnten Müllimporte wurde jährlich etwa 1 Mrd. DM eingenommen.

Hiermit wird deutlich, daß selbst bei einem rechnerischen Wechselkurs von etwa 4:1 ein beträchtlicher Teil der West-Exporte nicht wettbewerbsfähig war. Diese Angaben waren Ende 1989, Anfang 1990 im großen und ganzen bekannt, auch in Bonn. Um die Wettbewerbsfähigkeit der ostdeutschen Industrie unter marktwirtschaftlichen Bedingungen zu beurteilen, muß die Reduktion der enormen *Abgabenbelastung* der Industrie berücksichtigt werden. Die verschiedenen Produktionsabgaben der Betriebe waren bekanntlich die Haupteinnahmequelle für den Staatshaushalt. Die Abgaben machten 29% der Produktionserlöse aus und waren ungefähr vier mal so hoch wie die Lohnkosten.

Demgegenüber müssen allerdings die Subventionen an die Industrie gegengerechnet werden. Das DIW hat geschätzt, daß die Abschaffung der Abgaben zu einer Halbierung der Industriegüterpreise führen könnte (wenn man auch die Abgaben bei den Vorleistungsgütern herausrechnet), so daß viele Industriezweige – bei ansonsten gleichen Kosten – an preislicher Wettbewerbsfähigkeit gewinnen[25]. Allerdings wird dabei die Wettbewerbsfähigkeit der Produktqualität ausgeklammert, ferner wird von unveränderten Lohn- und Lohnnebenkosten ausgegangen, was angesichts eines einheitlichen gesamtdeutschen Arbeitsmarktes und gesetzlich festgelegter hoher Lohnnebenkosten höchst unrealistisch ist.

Der Anteil der DDR am Weltmarkt lag Mitte der 80er Jahre bei etwa 1,3%[26], der Weltmarktanteil der BRD dagegen bei 10–11%. Damit nahm die DDR den 16. Rang in der Weltrangliste ein, allerdings den zweiten Rang hinter der Sowjetunion im RGW. Der Außenhandelsumsatz (Exporte plus Importe) je Einwohner erreichte Ende der 80er Jahre nur 40% des westdeutschen Marktes.

Staatsverschuldung:
Infolge der schwachen internationalen Wettbewerbsfähigkeit der DDR-Industrie und des großen »Devisenhungers« stieg im Laufe der 80er Jahre die *Auslandsverschuldung*. Sie erreichte am Ende 152 Mrd. Mark bei 36 Mrd. Mark an Forderungen an das Ausland. Nach der Währungsumstellung waren es Nettoschulden gegenüber dem Ausland von etwa 20 Mrd. DM. Hinzu kam die stark angeschwollene *Inlandsverschuldung*, einer der am stärksten geheimgehaltenen Angaben in der Ex-DDR. Der letzte Finanzminister der DDR gab Ende 1989 bekannt, daß die Staatsschulden bei 130 Mrd. Mark lagen, die Verbindlichkeiten gegenüber westlichen Ländern (in Höhe von 65 Mrd. Mark) eingeschlossen[27]. Die inneren Staatsschulden resultierten vor allem aus der zunehmenden Subventionierung von Verbrauchsgütern (18% der Staatsausgaben 1988) sowie Subventionen für die volkseigene Wirtschaft. Die hohen

Subventionsausgaben – die Verbraucherpreissubventionen stiegen in den 80er Jahren um das dreifache! – verschlangen derart hoch Staatseinnahmen, daß viel zu wenig Mittel zur Förderung innovativer Aktivitäten übrig blieben. Gemessen an westlichen Ländern war die Staatsverschuldung der DDR nicht sonderlich hoch. Prekär war die Verschuldung gegenüber dem westlichen Ausland geworden, sie hatte sich im Laufe der 80er Jahre zugespitzt. Der Schuldendienst für die Auslandsschulden absorbierte einen größer werdenden Teil der knappen Devisen. Verschiedene hochrangige DDR-Wirtschaftspolitiker und Manager haben nach der Auflösung der DDR die Auslandsverschuldung für so problematisch eingeschätzt, daß das Eintreten der Zahlungsunfähigkeit nur eine Frage der Zeit gewesen sei.

Ursachen der Rückständigkeit: Systemmängel

Die Ex-DDR war ein *veraltetes, zurückgebliebenes Industrieland*, das keine auch nur annähernd hinreichende innere Dynamik besaß, um mit der internationalen technologischen Entwicklung mithalten zu können. Die Wirtschaftsstruktur der DDR war mehr oder minder eingefroren, es gab kaum sektoralen Strukturwandel zugunsten moderner Industrie- und Dienstleistungssektoren. Die Wirtschaftsstruktur der DDR entsprach 1989 der der BRD Ende der 60er Jahre. Auch in bezug auf das Pro-Kopf-Einkommen hatte die DDR gegenüber der Bundesrepublik einen Entwicklungsrückstand von 20 bis 25 Jahren.

Aber die DDR war kein Entwicklungsland, auch kein »Schwellenland«, wie es gelegentlich von anmaßenden »Wessis« behauptet wird. Das Pro-Kopf-Einkommen lag bedeutend höher als in den Entwicklungsländern, auch gegenüber den »entwickeltsten« Schwellenländern wie Südkorea, Hongkong oder Singapur. Das Land hatte eine alte Industrietradition und vor allem ein hohes Qualifikationspotential, insbesondere auf Facharbeiterebene, wie es nur entwickelte Industrieländer aufweisen. Der Anteil von Erwerbstätigen ohne Berufsausbildung war mit nur 5,4 % sogar wesentlich niedriger als in der BRD (16,1 %). Dagegen war der Facharbeiteranteil und der Anteil der Qualifikationsebene »Meister-, Fachschulabschluß« viel stärker besetzt als in der BRD, während der Akademiker-Anteil, wie erwähnt, zurückgeblieben war (siehe *Tabelle III.4*).

Was waren nun die wichtigsten Ursachen für den enormen Entwicklungsrückstand der DDR gegenüber der BRD? Und: Waren die Entwick-

Tabelle III.4: **Ausbildungs- und Tätigkeitsstrukturen in der BRD und der DDR 1988 in der Gesamtwirtschaft und in der Industrie (in v. H. der Beschäftigten)**

	BRD	DDR	BRD	DDR
	insgesamt		Industrie	
ohne Berufsausbildung	16,1	5,4	17,4	6,0
mit Berufsausbildung	53,6	61,0	57,6	66,1
mit Meister- bzw. Fachschulabschluß	16,7	23,3	16,3	20,6
mit Hochschulabschluß	13,5	10,3	8,7	7,3
insgesamt	100,0	100,0	100,0	100,0
Fertigung	34,9	32,9	56,5	47,2
Forschung/Technik	5,4	4,1	8,0	5,4
Transport	5,4	9,6	4,8	7,6
Handel	11,4	6,7	7,3	2,2
Hauswirtschaft	3,9	2,0	1,6	0,9
Büro/Verwaltung	23,6	30,8	16,7	31,1
Leitung/Beratung	3,2	4,3	3,8	4,4
Bildung/Betreuung	12,2	9,6	1,3	1,2
insgesamt	100,0	100,0	100,0	100,0

[Quelle: B. Görzig, M. Gornig, *Produktivität und Wettbewerbsfähigkeit der DDR*, Berlin 1991, S. 42]

lungschancen des Systems erschöpft oder hätte eine Reform des Systems neue Entwicklungspotentiale erschließen können?

Auch wenn es nicht entscheidende Gründe für den ökonomischen Mißerfolg der DDR waren, so muß erwähnt werden, daß die DDR bzw. zuvor die SBZ ungleich schlechtere Startbedingungen hatte[28]. Zwar waren die unmittelbaren Kriegsschäden im Osten etwas geringer als im Westen, aber dafür waren die Demontagen durch die sowjetische Besatzungsmacht viel größer. Für die Industrie wird eine Demontagequote von 26% geschätzt. Allein im Mai und Juni 1945 wurden etwas mehr als 460 Berliner Unternehmen vollständig demontiert und in die Sowjetunion »verpflanzt«. Hinzu kam, daß die damals vor allem von der Adenauer-Regierung favorisierte Politik den Osten von wichtigen westlichen traditionellen Zulieferern abschnitt. In Westdeutschland gelang relativ rasch der Anschluß an das technologische Niveau der global am weitesten entwickelten Wirtschaftsmacht, der USA, unterstützt durch die politische Westintegration der BRD, den Marshall-Plan und große US-amerikanische Direktinvestitionen.

Die DDR war indessen geopolitisch in den Machtbereich der ökonomisch ungleich schwächeren Sowjetunion geraten, und ihre Führung hatte sich ihr willig und gefügig untergeordnet. Bereits 1950 war das Sozialprodukt je Einwohner im Osten nur etwa halb so hoch wie im Westen, obwohl in der Vorkriegszeit keine allzu großen Unterschiede bestanden. In den 50er Jahren wanderten dann rund 10% der DDR-Einwohner nach Westen ab, mehr als 1,9 Mio. Personen, häufig hochqualifizierte Fachkräfte. In Westdeutschland dagegen stieg die Einwohnerzahl in den 50er Jahren um über 5 Mio. (plus 10%) und mit ihr ein gut ausgebildetes Arbeitskräftepotential[29]. Die sich damals herausbildenden Niveauunterschiede blieben bis zum Ende kaum verändert erhalten. Hinzu kam, daß der Anteil der Rüstungsausgaben am Sozialprodukt in der DDR etwa doppelt so hoch war wie in der BRD. Aber all dies waren nicht die letztlich entscheidenden Gründe für das schlechte Abschneiden der DDR.

Der entscheidende Grund für die mangelnde ökonomische Dynamik war das *Fehlen von Wettbewerb* und damit von Eigeninitiative auf der Basis ökonomischer Dispositionsspielräume. Die meisten Anbieter von Produkten und Dienstleistungen waren in den Volkswirtschaftsplan eingebundene Monopolisten, die keine Inlandskonkurrenten fürchten mußten und vor der Auslandskonkurrenz durch das Außenhandelnsmonopol abgeschirmt wurden. Der Außenhandel, auch mit den anderen RGW-Ländern, spielte faktisch nur eine Lückenbüßer-Rolle. Produzierte ein Unternehmen qualitativ schlechte Produkte zu hohen Kosten und war es wenig innovativ, so gab es kaum wirksame ökonomische und politische Sanktionen oder Leistungsanreize für Manager und Belegschaften. Häufig existierte keine brauchbare Kostenrechnung, zumal die Preise überwiegend politisch kalkuliert wurden und im Grunde nur die Verfügbarkeit über materielle Ressourcen (Zuteilung von Personal, Baustoffen, Maschinen etc.) zählte.

An die Stelle der kaum entwickelten Lenkungsfunktion der Preise war zentralistische Bürokratie getreten. Die DDR-Planwirtschaft war mehr oder minder eine Naturalwirtschaft, deren Allokation von Ressourcen nicht über Geld und Märkte, sondern durch zentrale Zuteilung gesteuert wurde. Damit ist nicht von selbst bewiesen, daß der Lenkungsmechanismus über Geld, Markt und Kapital immer eindeutig überlegen ist – er muß, soll er umwelt- und sozialverträglich funktionieren, staatlich reguliert werden. In etlichen Bereichen (z. B. öffentliche Gelder, Teile der Energiewirtschaft) ist er sogar weitgehend funktionsunfähig. Aber als Konstruktionsprinzip für eine moderne, innovative und arbeitsteilige Wirtschaft ist er unverzichtbar. Hinzu kam, daß durch den Verzicht auf ein zweistufiges Bankensystem – Notenbank und Geschäftsbanken – die

Entwicklung und Nutzung von Geld- und Kapitalmärkten verhindert wurde.

Der zweite entscheidende Grund für die mangelnde ökonomische Dynamik der DDR war der viel *zu geringe Grad an Arbeitsteilung*, sowohl national als auch international. Die DDR-Wirtschaft, obwohl ein kleines Land, hat eine breite, fast vollständige Produktpalette produziert. In vielen Bereichen lag die durchschnittliche Betriebsgröße weit über dem Betriebsoptimum. Der Anteil der Beschäftigten, die in Betrieben mit mehr als 1000 Arbeitnehmern arbeiteten, war doppelt so hoch wie in der BRD[30]. In einzelnen Branchen wurden Überschüsse exportiert und die Erlöse zum Import jener Güter verwendet, die im Land nicht oder nur sehr ungünstig herstellbar waren. Der Preis für die enorme Fertigungsbreite war die Standardisierung der Produkte, ein viel zu geringer Grad an Produktdifferenzierung und Typenvielfalt, der insbesondere in den Investitionsgüterindustrien zunehmend wichtiger wird, und eine sehr hohe Fertigungstiefe.

Die Unternehmen produzierten als Monopolisten ihre Standardwaren und waren dabei daran interessiert, Massenproduktionsvorteile zu realisieren. Sie produzierten zugleich den größten Teil der benötigten Vorleistungsprodukte »unter einem Dach«. Die 126 zentral-geleiteten Kombinate und die 95 bezirksgeleiteten Kombinate waren »Dinosaurier« mit einer völlig überdimensionierten Fertigungstiefe und -breite. Diese Strukturen hatten allenfalls eine gewisse Logik für sich im Bereich der standardisierten Massenfertigung, nicht aber in der Ära »post-fordistischer« Produktivkraftentwicklung, in der es stärker auf Flexibilität, Schnelligkeit, Produktvielfalt und rasche Produktinnovation ankommt.

Hinzu kam, daß die DDR als relativ kleines Land gewissermaßen zwischen den Stühlen der Blöcke saß: Innerhalb des RGW konnte sich aufgrund des Bilateralismus und Zentralismus keine vernünftige internationale Arbeitsteilung durchsetzen, mit den westlichen Ländern nur, wenn das gesamte wirtschaftliche System der DDR umgestülpt wird. Allerdings darf nicht verschwiegen werden, daß die Abwendung der DDR von einer vernünftigen internationalen Arbeitsteilung durch die westliche Embargo-Politik während des »kalten Krieges« und später durch COCOM-Liste die Technologie-Exporte in den Osten – wirksamer als viele dachten – verhinderte, auch noch unterstützt wurde. Insofern hat auch der Westen beträchtlichen Anteil daran, daß sich die DDR im Bereich hochwertiger Technologien ökonomisch einigelte und förmlich einmauerte.

Die dritte entscheidende Crux der DDR-Ökonomie war der gewaltige *administrative Zentralismus*. Keine komplexe Gesellschaft, keine komplexe Ökonomie läßt sich aus einem Zentrum heraus steuern. Mit der Schaffung der großen Kombinate Ende der 70er Jahre sollte zwar die Autonomie der Kombinationsleitungen vergrößert werden, faktisch stieg jedoch der Zentralismus, weil die Kombinate leichter durch die Zentrale kontrollierbar waren. Wurde die zentral-geleitete Industrie noch Anfang der 80er Jahre mit »nur« 80 Kennziffern »beplant«, so waren es am Ende 200. Schon relativ kleine Entscheidungen wurden immer stärker nach oben »delegiert«. Faktisch wurde jedoch in vielen Fällen, wie erwähnt, am Plan vorbei gewirtschaftet.

Der Zentralismus in Politik und Ökonomie und das daraus resultierende Fehlen von Pluralismus und Wettbewerb in Ökonomie, Politik und Gesellschaft blockierte die Eigeninitiative der Betriebe, der Forscher und der Individuen und die Korrektur von Fehlentwicklungen. Das System war ein solches zur Verhinderung von gesellschaftlichem Wandel: auf zentralistisch-autoritärer Grundlage. Die Produktionsverhältnisse wurden zur *Fessel* der Produktivkräfte. Die Produktivkräfte Öffentlichkeit, freie Kommunikation und Demokratie waren tabu. Diktatorisch läßt sich auf Dauer keine dynamische Ökonomie entfalten.

Die erwähnten drei zentralen Defizite der DDR-Ökonomie waren Konstruktionsfehler im Wirtschaftssystem. Sie ließen sich systemimmanent nicht aufheben. Hier ging es nicht um neue Tapeten im Haus, sondern um dessen Neubau. Insofern war die DDR-Ökonomie nicht mehr reformierbar. Es gab allerdings eine Fülle systemimmanenter Fehlentwicklungen, die auch im Rahmen der Planwirtschaft vermeidbar waren: beispielsweise Willkürentscheidungen, die maßlose Subventionierung der Grundbedarfsgüter, die massive Belastung der Umwelt, das Verkommenlassen der Altbausubstanz, die weitgehende Ausmerzung kleiner Privatunternehmen, die Entscheidung für die heimische Braunkohle als energetische Basis des Landes, die teilweise illegale Schalck-Golodkowski-Ökonomie und vieles andere mehr. Sie waren letztlich Ausfluß eines maroden politischen Systems.

Die ökonomischen und politischen *Fehlentwicklungen* in der DDR in den vergangenen Jahrzehnten haben zunehmend zu einer veralteten, produktivitätsschwachen und erstarrten Wirtschaft geführt, deren Mängel durch den Wettbewerbsschock infolge der Währungsunion gnadenlos in kürzester Zeit offengelegt wurden und die die schwere Transformationskrise 1990–92 maßgeblich verursacht haben. Allerdings dürfte auch klar sein, daß man einen ökonomischen Entwicklungsrückstand von mehr als zwei Jahrzehnten nicht in wenigen Jahren aufholen kann – ganz abgesehen davon, daß die westdeutsche Ökonomie nicht zum Maßstab aller Dinge gemacht werden sollte, wie die bisherige Entwicklung und ihre Folgen beweisen.

Alle diese Systemfehler und systemimmanenten Mängel mußten den politisch Verantwortlichen 1989/90 in Westdeutschland weitgehend bekannt sein. Jahrelang hatten sie keine Gelegenheit versäumt, auf diese Mängel öffentlich hinzuweisen. Niemand kann sich damit herausreden, er hätte dieses oder jenes nicht gewußt. Wer das Ende des deutschen realen Sozialismus als Jubel- und Triumphfeier des »realen existierenden Kapitalismus« politisch nutzen wollte, mußte jedoch ein Interesse daran haben, die Mängel der Ost-Ökonomie herauszustellen und dabei zu übersehen, daß sich hier gleichwohl ein großes ökonomisches Entwicklungspotential verbirgt, das in erster Linie die knapp zehn Millionen Erwerbstätigen der Ex-DDR verkörpern. Aber dieses Potential läßt sich nur behutsam und mit langem Atem erschließen.

3.3. Währungsunion: Monetärer Urknall und die Folgen

Mit der Öffnung der Grenzen, durch den Fall der Mauer in Berlin eingeleitet, geriet die deutsch-deutsche Entwicklung zu einem unerbittlichen, kaum noch kontrollierbaren Erosionsprozeß. Über Nacht wurde das West-Ost-Wohlstandsgefälle sichtbar. Ein Teil der Bevölkerung in der zusammenbrechenden DDR entschied sich unmittelbar zur Übersiedlung, um auf diese individuelle Weise schnell das Gefälle durch Teilhabe am westdeutschen Wirtschaftssystem zu überspringen. Absehbare Belastungen auf den westdeutschen Arbeits- und Wohnungsmärkten, vor allem aber der drohende Exodus von Fachkräften aus Ostdeutschland, machten dramatisch deutlich: Diese Wirtschaftswanderung mußte nachhaltig gebremst werden. Bei offenen Grenzen und damit unbegrenzter Mobilität zwischen Ost- und Westdeutschland konnte das nur heißen: Deutliche Signale mußten in Richtung einer schnellen Schaffung eines attraktiven einkommens- und beschäftigungsgünstigen Produktionsstandorts auf dem Gebiet der DDR gesetzt werden.

Dabei bewegte sich dieses sozial-ökonomische Umbauprojekt von Anfang in einem Dilemma: Einerseits stellte sich die *doppelte Aufgabe*, die Altlasten des DDR-Wirtschaftssystems abzubauen und gleichzeitig neue ökonomische Strukturen aufzubauen, was viel Zeit beansprucht. Andererseits zwang unerbittlicher Zeitdruck zu schnellen Entscheidungen. Die Zeit geriet zur knappsten Ressource der deutschen Einigung. Der Druck in Richtung Maximaltempo der sozial-ökonomischen Angleichung wurde jedoch nicht nur durch eine drohende Explosion der Wirtschaftswanderung nach Westdeutschland erzeugt. Politiker, an vorderster Front die Bundesregierung, haben die Illusion genährt, durch den Import des Währungs- und Wirtschaftssystems – also der Übernahme von Mark und Markt – ließen sich auch schnell westdeutsche Produktions- und Einkommensverhältnisse etablieren. Erwartungen, die nicht in Erfüllung gehen konnten, mußten in diffuse Frustrationen umschlagen. Damit hat die Politik des wahlorientierten »Stimmenfangs« den Prozeß der deutschen Einigung stark belastet. Ratsam wäre es gewesen, das objektive Dilemma der Politik, schnell handeln zu müssen, jedoch für die realen Erfolge viel Zeit und Kraft zu brauchen, hervorzuheben.

Generell stellten sich mit der Grenzöffnung fundamentale Fragen: *Nach welchem Modell und unter welchen Bedingungen soll der Umbau des Wirtschafts- und Gesellschaftssystems der noch existierenden DDR vollzogen werden?* Zumindest theoretisch ließen sich zwei grundverschiedene Modelle denken:

– Die DDR bleibt auf Dauer ein selbständiger Staat, innerhalb dessen »autonom« über Richtung und Tempo des politischen und ökonomischen Umbaus entschieden wird. Vorstellbar wäre in diesem Zusammenhang, daß nicht das Modell Westdeutschland importiert, sondern ein wie auch immer gearteter »dritter Weg« zwischen Kapitalismus und Sozialismus angestrebt worden wäre. Diese »Dritte-Weg«-Strategie bestimmte heftige Diskussionsrunden kapitalismuskritischer Intellektueller. Angesichts der politischen und ökonomischen Fehlentwicklung in der ehemaligen DDR und der damit verbundenen Ablehnung aller Sozialismus-Spielarten gab es für dieses darüber hinaus noch nebulöse Konzept nicht den Hauch einer Chance auf Verwirklichung. Der dringend erforderliche Zufluß von öffentlichen Finanzhilfen aus der Bundesrepublik sowie von privatwirtschaftlichem Kapital in ein »Dritte-Weg-Modell« wäre in hohem Maße zweifelhaft gewesen.

– Vor allem die westdeutsche Politik konzentrierte sich nach der Grenzöffnung ausschließlich auf das folgende Integrationsmodell: Ablösung der politisch-ökonomischen Strukturen und Institutionen der DDR durch die vollständige Übernahme des bundesrepublikanischen Wirtschafts- und Gesellschaftssystems. Im Sprachgebrauch des noch von den beiden Regierungen der BRD und DDR am 18. Mai 1991 in Bonn unterzeichneten »Staatsvertrags« heißt das: Übernahme der *»sozialen Marktwirt-*

schaft als gemeinsame Wirtschaftsordnung« und der D-Mark-Währungsordnung (Art. 1). Anders ausgedrückt: Der Umbau der ehemaligen DDR galt dem Ziel, schnell die Strukturen des politischen und wirtschaftlichen Systems Westdeutschlands zu kopieren.

Damit waren die realpolitischen Ziele der Transformation der ehemaligen DDR klar formuliert. Die heftigen Kontroversen in Wissenschaft und Politik konzentrierten sich auf der Basis dieses ordnungspolitischen Grundkonsenses auf die Frage: In welcher zeitlichen Abfolge werden das System der westdeutschen Wirtschaft in der Ex-DDR etabliert und die ökonomisch-ökologischen Altlasten abgeräumt? Theoretisch boten sich hier *zwei Strategiekonzepte* an:

– Die Wirtschafts- und Währungsreform wird im Rahmen eines *zeitlich gestuften Konzepts* durchgeführt. Mit der ökonomischen, sozialen und ökologischen Einheit gilt das Wirtschafts- und Währungssystem Westdeutschlands am Ende auch für Ostdeutschland. Dabei ist hervorzuheben: Erst nach dem Vollzug der Wirtschaftsreform wird die monetäre Integration durch eine gemeinsame, voll konvertible Währung abgeschlossen. Dieses evolutionäre Modell, das die parallele, aufeinander abgestimmte Umsetzung von wirtschaftlichen und monetären Maßnahmen sichern will, läßt sich durchaus mit dem Plan der Durchsetzung einer EG-Wirtschafts- und Währungsunion durch einen Ausschuß unter dem Vorsitz von J. Delors vergleichen. Die »Krönung« der stufenweisen wirtschaftlichen und monetären Integration bildet nach diesem Plan die Verwirklichung einer gemeinsamen Währung.[31] Wie die aus der Wissenschaft, aber auch durch Bundesministerien vorgelegten Stufenpläne aussahen und warum sie nicht realisiert wurden, darauf wird in diesem Kapitel (S. 87) kurz eingegangen.

– Konträr zu derartigen Stufenplänen schlug die Bundesregierung einen anderen Weg ein, dem die DDR-Regierung durch die Unterzeichnung des »Staatsvertrags« letztlich zustimmte: Festgelegt wurde die Schaffung einer *Währungsunion* zum 1. Juli 1990. An diesem Tag wurde die DDR-Mark durch die D-Mark ersetzt. Die »Alu-Chips« landeten auf dem Schrottplatz; Forderungen und Verbindlichkeiten lauteten seitdem auf D-Mark, und Einkommen, Löhne und Gehälter wurden in neuer Währung ausbezahlt. Wie Karl Schiller anmerkte, die international harte D-Mark verdrängte als vermeintlicher »Transporteur von Freiheit« die nicht frei konvertierbare Währung der DDR-Planwirtschaft.

Mit der Entscheidung für den Import der D-Mark wurde als unerbittliche Konsequenz die Übernahme des westdeutschen Währungs-, aber auch des Wirtschaftssystems festgeschrieben. Die DDR verlor noch vor der verfassungsrechtlichen Vereinigung im Rahmen des »Einigungsvertrags« ihre währungspolitische Souveränität. Damit war der endgültige Verlust aller anderen Souveränitätsrechte vorprogrammiert. Im Staatsvertrag vom Mai 1990 wurde die durch die Währungsunion ausgelöste Wucht der Anpassung an westdeutsche Verhältnisse noch völlig unterschätzt. Da ist noch von der Triade Wirtschafts-, Währungs- und Sozialunion die Rede. Doch ging durch die vorgezogene Währungsunion jeglicher Gestaltungsspielraum bei der Schaffung der Wirtschafts- und Sozialunion verloren. Gestaltende Politik war nicht mehr möglich. Politisches Handeln reduzierte sich auf die Aufgabe, lediglich die dramatischen Wirkungen dieser Währungsunion abzufangen. Und selbst innerhalb dieses eingeschränkten Bereichs versagte die Politik der Bundesregierung massiv. Der monetäre Urknall wurde nicht von Anfang an mit einer machbaren, politisch-ökonomischen Therapie verbunden.

3.4. Systemmängel der DDR-Wirtschaft und Folgen der Währungsunion

Bereits wenige Monate nach der Einführung der Währungsunion wurde deutlich: Durch die D-Mark-Eröffnungsbilanz der gesamten DDR-Wirtschaft sind deren *tiefgreifende Mängel* mit voller Wucht sichtbar geworden. Die Ursachen dafür liegen auf der Hand: Die D-Mark ist der währungspolitische Ausdruck einer in der internationalen Konkurrenz gestählten Wirtschaft. Dabei sollte nicht vergessen werden, daß die BRD-Wirtschaft zu ihrer heutigen internationalen Wettbewerbsfähigkeit über mehrere Strukturkrisen finden mußte. Zum Teil weltmarktbedingte Anpassungskrisen der Textilwirtschaft, der Stahl- und Werftindustrie oder der Unterhaltungselektronik sind hierfür Beispiele.

Übrigens, die zum Teil langwierige Bewältigung dieser Branchenkrisen vollzog sich unter erheblichen besseren Bedingungen, denn stabile Rahmenbedingungen waren gesichert. Die D-Mark gilt heute neben dem US-$ und dem japanischen Yen als eine internationale Leitwährung. Im Europäischen Währungssystem kommt ihr die viel zitierte »Ankerfunktion« zu. Ihre Härte bezieht die D-Mark aus der internationalen Konkurrenzfähigkeit der westdeutschen Wirtschaft, ergänzt durch eine monetäre Stabilisierungspolitik der Deutschen Bundesbank.

Die international abgeschottete DDR-Wirtschaft konnte einem Vergleich der westdeutschen Wirtschaftsstärke nicht standhalten. Immerhin, ein Vorteil der Übernahme der D-Mark ist darin zu sehen, daß erstmals überhaupt ein Leistungsvergleich der beiden Wirtschaftssysteme möglich wurde. Auf die Umrechnung mit ökonomisch fragwürdigen Tauschkursen konnte endgültig verzichtet werden. Dem steht der bittere Nachteil gegenüber: Die wirtschaftlichen Substanzmängel der DDR wurden über Nacht sichtbar. Die Abschottung der Produktion gegenüber der internationalen Konkurrenz war charakteristisch. Die Außenhandelsbeziehungen unterlagen dem Staatsmonopol. Die Währungsumrechnung über den Transferrubel im »Rat für gegenseitige wirtschaftliche Zusammenarbeit (RGW)« ließ sich ökonomisch-rational kaum begründen. Politische Machtverhältnisse hatten hier stärkeren Einfluß. Heute zeigt sich, daß die Lieferbeziehungen zwischen der DDR und der Sowjetunion eher einem »ungleichen Tausch« entsprachen.

Durch die Abschottung nach außen und den Verzicht auf Wettbewerbsstrukturen im Innern entstanden in vielen Bereichen Überproduktionskapazitäten. Die Lieferungen zwischen den »Volkseigenen Betrieben« wurden wiederum kaum kostenorientiert verrechnet. Die Fertigungstiefe war in vielen Bereichen völlig überdimensioniert. Dazu ein Beispiel: Nahezu alle Produktionsteile zum Bau eines Schiffs – von der Schiffselektronik bis zur Ausstattung der Kombüse – wurden unter einem Unternehmensdach – nur für den Schiffsbau – erzeugt. Die Mängelliste dieser Variante sozialistischer Planwirtschaft ließe sich verlängern. Eine annähernde Vorstellung von den Folgewirkungen der auf dieses Wirtschaftssystem übertragenen D-Mark gibt die Beantwortung der folgenden Frage: Wie würde die ostdeutsche Wirtschaftsstruktur heute aussehen, wenn es die Spaltung zwischen Ost- und Westdeutschland nicht gegeben hätte? Gewiß ist, beispielsweise der maritime Sektor Rostocks, dessen Größe und Struktur nur aus den spezifischen DDR-Bedingungen zu erklären ist, hätte sich nicht in diesem Ausmaß entwickelt.[32]

Mit der Einführung der D-Mark wurden die ökonomischen Entwicklungsunterschiede über Nacht sichtbar und damit ein enormer Umstrukturierungsdruck erzeugt. Das sollte sich nach dem 1. Juli 1990 schnell zeigen: Unter dem Druck der westdeutschen und ausländischen Konkurrenz brachen nahezu alle Teile der bisher von der Weltmarktkonkurrenz abgeschotteten Produktion zusammen. Wie gezeigt wird (S. 58), wurde durch die Umstellung auf D-Mark die bisherige Ost-Mark um mehr als 300% aufgewertet. Auch ein einigermaßen stabiles Land in Westeuropa wäre durch diesen Aufwertungsschock in eine tiefe Anpassungskrise abgestürzt. Darüber hinaus mußte die DDR im Rahmen dieser Währungsumstellung auch ihre Exportmärkte in den RGW-Ländern verlieren. Nach

Beendigung des Anpassungsschutzes Ende 1990 ließen sich die Lieferbeziehungen zu den RGW-Staaten, jetzt auf Rubel/D-Mark-Basis verrechnet, nicht mehr halten. Über die interindustrielle Verflechtung ist der Zusammenbruch der Nachfrage in alle Winkel der Produktion durchgeschlagen.

Hinzu kam eine Verlagerung der Nachfrage vor allem ostdeutscher Konsumenten auf westdeutsche Produkte. Dieser »Heißhunger« nach westdeutschen Waren war ökonomisch gesehen zum Teil irrational. Auch qualitativ hochwertige Produkte, in Ostdeutschland hergestellt, wurden lediglich wegen ihrer wenig attraktiven Verpackung abgelehnt. Kuriose Vorgänge ließen sich beobachten: Ostdeutsche Milch wurde nach Westdeutschland geliefert; die damit produzierten Milchprodukte, freilich aufwendig verpackt, gelangten dann wieder auf die ostdeutschen Märkte. Freilich, ökonomische Rationalität verliert dann an Bedeutung, wenn mit dem bisherigen politischen System einfach alles abgelehnt wird.

Der dem Einsturz eines Kartenhauses vergleichbare Zusammenbruch der Nachfrage zog die Halbierung der Produktion in kurzer Frist und einen massiven Arbeitsplatzabbau nach sich (vgl. *Kapitel II*). Allerdings muß an dieser Stelle einer Legendenbildung entgegengetreten werden. Der Einführung der Währungsunion kann nicht die »Substanzkrise« der DDR-Wirtschaft angelastet werden. Welcher Weg auch eingeschlagen worden wäre, auch mit einem »Dritte-Weg-Modell« hätten die tiefgreifenden Mängel der DDR-Wirtschaft beseitigt werden müssen. Durch die Einführung der Währungsunion ist allerdings diese ökonomisch-ökologische »Erblast« gleichsam über Nacht zum Ausbruch gelangt. Diese Krise wurde dann jedoch durch eine fehlerhafte Politik, die die Herausforderungen nicht begriff, verschärft. Mit aller Wucht vollzog sich nach dem 1. Juli 1990 auf dem Gebiet der DDR eine schwere Transformationskrise. Die Umbruchkrise erfaßte schnell – bis auf wenige Ausnahmen (z. B. international konkurrenzfähige Druckmaschinenherstellung) – alle Produktionsbereiche. Eine Arbeitsplatzvernichtung, die insgesamt kaum wieder durch den Aufbau neuer Arbeitsplätze aufgefangen werden kann, folgte.

Mit der Währungsunion erfolgte eine nicht mehr korrigierbare Weichenstellung. Mit der D-Mark mußten die sozial-ökonomischen Strukturen Westdeutschlands im Gebiet der DDR übernommen werden. Übernahme des westdeutschen Wirtschaftsmusters hat jedoch nichts mit »Ausverkauf« zu tun. Im Gegenteil, der Produktionszusammenbruch unter dem Regime der Währungsunion widerspricht gerade dem Bild vom Ausverkauf an Westdeutschland. Wichtig ist vielmehr, daß sich westdeutsches und ausländisches Kapital in den neuen Bundesländern

»einkauft«, und damit das nötige privatwirtschaftliche Kapital zum Umbau zur Verfügung stellt. Die Kapitalbildung in alten und neuen Betrieben aktiv zu fördern sowie den Aufbau der öffentlichen Infrastruktur voranzutreiben, wurden mit der Entscheidung für die Währungsunion die Fundamentalaufgaben der staatlichen Politik. Diese Lektion hatte die Bundesregierung erst viel zu spät gelernt.

Im Rahmen einer rückblickenden Bewertung der Entscheidung für diesen Einstieg in die ökonomische Integration per monetären Urknall stellen sich auch heute noch wichtige Fragen:

War er vermeidbar, d. h. gab es für ein wie auch immer geartetes Stufenmodell eine realistische Chance?

Hat die Bundesregierung die unmittelbaren Folgen dieses DM-Imports einigermaßen abgeschätzt?

Welche Aufgaben stellten sich mit diesem Umbruch der Finanz-, Wirtschafts- und Arbeitsmarktpolitik und wie wurden diese wahrgenommen?

3.5. Wie kam es zur Währungsunion? Entscheidung ohne Konzept

Die hier gestellten Fragen sind nicht einfach, ihre Beantwortung jedoch nicht nur von historischem Wert. Denn aus damaligen Fehlern und Unterlassungen lassen sich heute noch nutzbare Hinweise zur Korrektur der den ökonomischen Einigungsprozeß begleitenden Finanz-, Wirtschafts- und Arbeitsmarktpolitik gewinnen. Die nachfolgend wiedergegebene Chronologie der Entscheidungsfindung der Bundesregierung, an deren Ende für die Währungsunion optiert wurde, läßt folgende Schlüsse zu:

- Die folgenreiche, über Jahre die sozial-ökonomische Entwicklung in den fünf neuen Bundesländern prägende Entscheidung für die Währungsunion zum 1. Juli 1990 ist innerhalb weniger Tage durch die Bundesregierung gefallen. Vermutlich haben eine einsame Entscheidung des Bundeskanzlers im engsten Beraterkreis, vor allem geprägt von außenpolitischen Erwägungen sowie der Gefahr, etwa andere Spitzenpolitiker der CDU könnten vorpreschen, jedoch nicht ökonomische Überlegungen den Ausschlag gegeben. Eine einigermaßen brauchbare Abschätzung der Folgen für Ost- und Westdeutschland konnte allein schon wegen der knappen Zeit nicht vorgelegt werden. Konzeptionslosigkeit, tagespolitischer Opportunismus und Berührungsängste mit der *Modrow*-Regierung bestimmten das Klima der Bundesregierung in dieser folgenschweren Entscheidungssituation.

• Eine ernsthafte Prüfung der unmittelbaren Folgen der DM-Einführung im Vorfeld dieser schicksalhaften Entscheidung für die Währungsunion war durch die zuständigen Bundesministerien nicht mehr möglich. Im Januar 1990 legte der Bundesfinanzminister, übrigens in Abgrenzung gegen die Forderung nach einer schnellen Einführung der Währungsunion durch die finanzpolitische Sprecherin der SPD-Bundestagsfraktion, ein Zehnpunkteprogramm zur »Wirtschaftlichen Gesundung der DDR« vor. Der damalige Bundeswirtschaftsminister stellte noch am 8.2.1990 einen Stufenplan zur »Wirtschafts- und Währungsunion« vor. Dagegen unterbreitete der Bundeskanzler zwei Tage zuvor den Vorschlag, die D-Mark in der DDR schnell einzuführen.[33]

• Die Entscheidung der Bundesregierung für die Währungsunion ist unter massiven Vorbehalten der Deutschen Bundesbank zustande gekommen. Dabei zwang die Bundesregierung die Bundesbank unter das Primat der Politik. Der damalige Bundesbankpräsident widerrief seine Kritik an der »Offerte« einer Währungsunion durch den Bundeskanzler drei Tage später, am 9.2.1990, vor der Bundespressekonferenz. Obwohl diese währungspolitische Grundsatzentscheidung zur Kernsubstanz ihrer Aufgaben nach dem Bundesbankgesetz gehört, hat sich die Bundesbank dem Druck der Bundesregierung gebeugt. Dieses Theaterspiel vor der Weltöffentlichkeit trug sicherlich nicht zur Stärkung des Vertrauens in die Stabilitätspolitik und damit die D-Mark bei.

• Auch die beratende Wirtschaftswissenschaft hat die Absichten der Bundesregierung kritisiert und für ein Stufenkonzept votiert. Der »Sachverständigenrat zur Begutachtung der gesamtwirtschaftlichen Entwicklung« (SVR) warnte mit Schreiben vom 9.2.1990 den Bundeskanzler vor den fatalen Folgen einer Währungsunion.[34] Die Kritik des SVR war mit der Entscheidung der Bundesregierung für die Währungsunion jedoch schnell vergessen. Die beratende Wirtschaftswissenschaft geriet mal wieder in die fatale Rolle, politische Entscheidungen, die sie ursprünglich ablehnte, nachdem sie gefallen waren, zu rechtfertigen.

Als *Fazit* läßt sich festhalten: Die Entscheidung für den schnellen D-Mark-Import nach Ostdeutschland ist ohne grundlegende Vorbereitung im Klima eines hektischen tagespolitischen Opportunismus getroffen worden. Die plötzliche Entscheidung des Bundeskanzlers läßt sich offenbar auch aus seinen Aversionen gegenüber Modrow und dessen Regierung erklären. Im Rahmen der Vorbereitungen des Besuchs in Bonn wurden Finanzhilfen in Höhe von 15 Mrd. DM (!) gefordert. Diese Forderung stieß auf erbitterten Widerstand der Bundesregierung.

Die Auffassung griff Platz: Wenn schon Hilfe, dann aber nur unter einer einheitlichen Währung und politischer Einheit.

Allerdings bleibt zu bedenken, daß der Bundesregierung wenig Entscheidungszeit verblieb. Die Forderung »*D-Mark jetzt!*« geriet in den Mittelpunkt der Demonstrationen in der DDR. Die hier dargelegte Kritik gilt weniger der Entscheidung für die Währungsunion als der völlig unzureichenden Abschätzung der Folgen dieses Kurses. Ignoranz und Verdrängung gewannen, je mehr die Grundsatzentscheidung kritisiert wurde, an Boden. Die Unterschätzung der Dimensionen dieser damit in Gang gesetzten Transformationskrise pflanzte sich in einer völlig unzureichenden Strategie einer begleitenden Wirtschafts-, Finanz- und Arbeitsmarktpolitik fort.

Dabei darf jedoch nicht der Eindruck entstehen, die westdeutsche Politik hätte zusammen mit der EG die Möglichkeit gehabt, die schwere Transformationskrise, vor allen den mit dem Produktionseinbruch vollzogenen Arbeitsplatzabbau, schnell und krisenfrei abzufangen. Mit der Währungsunion wurde vielmehr ein über Jahre einzusetzendes Flankierungsprogramm erforderlich. Dieses hat jedoch die Bundesregierung erst viel zu spät und völlig unzureichend auf den Weg gebracht. Im Widerspruch zu den mit der Währungsunion ausgelösten Herausforderungen bestimmte wirtschaftspolitischer Dilettantismus das Einigungsmanagement. Anstatt ein Strukturprogramm für mehrere Jahre aufzulegen und dessen Finanzierung zu sichern, offenbarte sich die flankierende Politik als Flickwerk. Immer wieder mußten unter dem Druck der Probleme neue Flicken angesetzt werden. Die Illusion des Staats- und Einigungsvertrags, Markt + D-Mark + geringfügige öffentliche Finanzleistungen, wären für die wirtschaftliche Einigung ausreichend, hat letztlich den *Preis der deutschen Einheit* erhöht. Denn gegensteuernde Maßnahmen kamen zu spät und zu halbherzig zum Einsatz.

Chronologie eines Entscheidungsmarathons 1990[35]

Anfang Januar:

– *Ingrid Matthäus-Mayer*, Finanzpolitische Sprecherin der SPD im Bundestag, legt erneut den bereits Ende 1989 präsentierten Plan zur schnellen Schaffung einer Währungs- und Wirtschaftsunion vor. Hierin ist der Umtausch der DDR-Mark in D-Mark im Verhältnis bis zu 5 : 1 vorgesehen.

– Bundesfinanzminister *Waigel* wendet sich mit einem Zehn-Punkte-Programm zur »Wirtschaftlichen Gesundung der DDR« gegen die sofortige Einführung einer Währungsunion. Da eine Währungsreform »drüben zu einer Panik führen« müßte, wird zuerst eine deutsch-deutsche Währungsgemeinschaft, mit der am Ende eine gemeinsame Währung geschaffen werden könne, angestrebt. Zuerst müsse jedoch die DDR Preissubventionen abschaffen sowie die unternehmerische Niederlassungsfreiheit garantieren, also Wirtschaftsreform betreiben.

19. Januar:
Bundesfinanzminister *Waigel* lehnt erneut eine »künstlich aufgepfropfte« Währungsunion mit der DDR auf D-Mark Basis als »gefährlich und völlig falsches Signal« ab. Die Begründung lautet: »Eine Aufweichung unserer Währung würde weder der DDR helfen noch gingen davon die richtigen Signale für die europäische Währungsunion aus.«

24. Januar:
– Die *Modrow*-Regierung legt einen Reformplan vor. Auf der Basis der Zweistaatlichkeit sollen bis 1992 die volle Konvertierbarkeit der DDR-Mark gegenüber der D-Mark und schrittweise die Freigabe der Preise erreicht werden. Über die zunächst angestrebte Teilkonvertierbarkeit enthält der Plan keine Angaben.
– *Hans Tietmeyer*, durch den Bundeskanzler in die Expertenkommission zur Durchsetzung der Währungsunion entsandt und designierter Bundesbankpräsident, warnt in einem Fernsehinterview vor einer überstürzten Schaffung einer deutsch-deutschen Währungsunion: »Nach meiner Meinung kommt es vor allem darauf an, welche Politik die DDR selbst betreiben will, ob sie die Voraussetzungen für die Konvertibilität in absehbarer Zeit und für einen relativ flexiblen Wechselkurs schaffen kann. Erst wenn diese Voraussetzungen vorhanden sind, kann man in eine Währungsunion eintreten.«

6. Februar:
– Bundesbankpräsident *Pöhl* verhandelt in Berlin (Ost) mit dem Chef der DDR-Staatsbank sowie der Wirtschaftsministerin der *Modrow*-Regierung, *Christa Luft*. In diesen Gesprächen, über die die Medien berichten, erklärt *Pöhl*, eine Währungsunion sei »verfrüht«, ja eine »sehr phantastische Idee«.
– Am selben Tag bietet der Bundeskanzler der DDR an, »die Mark der DDR als Währungseinheit und gesetzliches Zahlungsmittel durch die D-Mark zu ersetzen«.

8. Februar:
Unbeeindruckt vom Angebot einer Währungsunion durch den Bundeskanzler legt der Bundeswirtschaftsminister den »*Haussmann-Plan zur Wirtschafts- und Währungsunion*« vor. Der Schlüsselsatz dieses Stufenplans lautet: »Eine Währungsunion ist nur in Verbindung mit einem einheitlichen Binnenmarkt und mit radikalen Wirtschaftsreformen sinnvoll und erfolgversprechend.« Bis zum Inkrafttreten des EG-Binnenmarktes

am 1.1.1993 solle eine einheitliche Wirtschafts- und Währungsunion für Deutschland angestrebt werden. In einer Übergangsphase könne – vergleichbar dem Modell ›Österreich‹ – die Mark der DDR an die D-Mark per (abgewertetem) Wechselkurs gekoppelt werden.

9. Februar:
– Bundesbankpräsident *Pöhl* gibt vor der Bundespressekonferenz in Bonn eine Erklärung ab. Dabei widerruft er seine kritische Bewertung der durch den Bundeskanzler geplanten schnellen Einführung der Währungsunion bei seinem Gespräch vor drei Tagen in Berlin (Ost). Er habe sich bei den Gesprächen an dem Drei-Stufenplan des Bundeswirtschaftsministers orientiert und sei von der »Offerte« des Bundeskanzlers »überrascht« worden. Die Bundesbank akzeptiere jedoch diese »politische Entscheidung der Bundesregierung, die auch von der Bundesregierung zu verantworten« sei. Originalton: »Dies ist nicht eine Entscheidung, die die Bundesbank zu treffen hätte. Wir werden durch unseren Rat und unsere Mitwirkung bei den anstehenden Verhandlungen... versuchen, die natürlich damit verbundenen Risiken zu minimieren.« Trotz währungspolitischer Bedenken ordnet sich damit die Deutsche Bundesbank dem Primat der Politik unter.[36]
– Am selben Tag richtet der *»Sachverständigenrat zur Begutachtung der gesamtwirtschaftlichen Entwicklung«* in einem Brief den eindringlichen Appell an den Bundeskanzler, die Währungsunion erst dann vorzusehen, wenn grundlegende Wirtschaftsreformen vollzogen worden sind. Die zentrale Botschaft dieses Schreibens lautet: »Es ist wohl unvermeidlich, daß die Einführung der D-Mark bei den Bürgern der DDR die Illusion erwekken muß, mit der Währungsunion sei auch der Anschluß an den Lebensstandard der Bundesrepublik hergestellt.« Um den jedoch zu erreichen, müßte zuerst der »realwirtschaftliche Bereich« gehörig reformiert und funktionsfähig gemacht werden. Der Brief jedoch bleibt unbeantwortet.

11. Februar:
Auf den Montagsdemonstrationen in der DDR steht auf mehreren Spruchbändern zu lesen: »Kommt die D-Mark, bleiben wir. Kommt sie nicht, gehn wir zu ihr hin.«

13. Februar:
– Am Ende der Bonner Gespräche mit der Regierung Modrow, die von der Bundesregierung eine Finanzhilfe von 15 Mrd. DM fordert, betont *Helmut Kohl* erstmals deutlich in der Öffentlichkeit die Abkehr von einem Stufenkonzept zur deutschen Einigung. Die Finanzhilfe wird strikt abgelehnt.
– *Ingrid Matthäus-Maier* setzt sich erneut für die rasche Verwirklichung der Währungsunion ein: »Die Einführung der D-Mark wäre der Startschuß für ein Wirtschaftswunder in der DDR.« Entgegen ihrer Vorschläge zu Beginn des Jahres (Umtausch 5 DDR-Mark zu 1 D-Mark) plädiert sie

jetzt für eine Umstellung der Löhne und Gehälter im Verhältnis 1:1. Auch sie unterbreitet jedoch in dieser Phase keinen Vorschlag zu begleitenden politischen Maßnahmen.

26. Februar:
Bundesbankpräsident *Pöhl* wiederholt in einem Interview mit dem Nachrichtenmagazin »Der Spiegel« erneut seine Bedenken gegenüber der schnellen Einführung der Währungsunion. Er fordert »radikale Umstellungen nicht nur auf dem Währungsgebiet, sondern auch in anderen Bereichen der DDR«. Da das Tempo der Einführung einer Währungsunion politisch zu entscheiden sei, könne die Bundesbank »nur eine Rolle als Ratgeber« einnehmen. Die Tatsache, daß der Bundeskanzler ihn mit seinem Vorschlag vom 6. Februar »ungewöhnlich und auch ärgerlich« überrascht habe, versucht der Bundesbankpräsident zu erklären: »Die Dinge haben sich in der DDR so dramatisch zugespitzt, daß der Bundeskanzler offenbar gemeint hat, er müsse den Vorschlag zu diesem Zeitpunkt machen. Ich hätte, wie die meisten der Fachleute, zum Beispiel der Sachverständigenrat, ein stufenweises Vorgehen vorgezogen.«

18. Mai:
Nach zähen Verhandlungen unterzeichnen die Regierungschefs der DDR und der Bundesrepublik den (ersten) Staatsvertrag, der die Einführung der D-Mark vorsieht und die mit der Schaffung der Währungsunion verbundenen Umtauschmodalitäten festhält.

1. Juli:
In einer Fernsehansprache zum Tag der Währungsumstellung erklärt der Bundeskanzler: »Es wird harte Arbeit erfordern, bis wir Einheit, Freiheit, Wohlstand und sozialen Ausgleich verwirklicht haben... Aber niemandem werden dabei unbillige Härten zugemutet. Den Deutschen in der DDR kann ich sagen, was auch Ministerpräsident de Maizière betont hat: Es wird niemandem schlechter gehen als zuvor – dafür vielen besser.« Und an die Adresse der Westdeutschen: »Für die Menschen in der Bundesrepublik gilt: Keiner wird wegen der Vereinigung Deutschlands auf etwas verzichten müssen. Es geht allenfalls darum, Teile dessen, was wir in den kommenden Jahren zusätzlich erwirtschaften, unseren Landsleuten in der DDR zur Verfügung zu stellen – als Hilfe zur Selbsthilfe.«

27. August (1991)
Nachtrag zum Konflikt Bundesbank/Bundeskanzler
Während der Feierstunde aus Anlaß des Amtswechsels in der Leitung der Deutschen Bundesbank ist zu hören:

Bundeskanzler *Helmut Kohl*: »Rückblickend ist festzuhalten: Die Währungs-, Wirtschafts- und Sozialunion zum 1. Juli 1990 war der erste entscheidende Schritt auf dem Weg zur deutschen Einheit. Die enge Zusammenarbeit zwischen Bundesregierung und Bundesbank hat damals eine reibungslose Währungsumstellung möglich gemacht. Dafür möchte ich der Bundesbank – vor allem ihrem damaligen Präsidenten Pöhl – ausdrücklich danken.«

Karl Otto Pöhl, Bundesbankpräsident i. R.: »Die Bundesbank ist keine Nebenregierung. Ihre Unabhängigkeit ist begrenzt auf die Geldpolitik. Im übrigen muß sie, wie jeder Bürger unseres Landes, politische Entscheidungen des Parlaments und des Gesetzgebers respektieren. Wir haben dies im vorigen Jahr praktiziert, als die Bundesregierung der DDR die Einführung der D-Mark angeboten hat... Die Bundesbank hat die Entscheidung der Bundesregierung loyal unterstützt und wohl auch etwas dazu beigetragen, daß diese Operation, zumindest was die Währungsseite angeht, erfolgreich verlaufen ist. Ich freue mich, Herr Bundeskanzler, daß Sie dies bei verschiedenen Gelegenheiten gewürdigt haben.«

3.6. Gab es eine Alternative zur Währungsunion?

Die Frage, ob es zum monetären Blitzstart der ökonomischen Integration eine realistische Alternative gab, hat wiederum nicht nur akademisch-historische Bedeutung. Unter dem Eindruck der tiefen Transformationskrise in Ostdeutschland wird die Aussage immer vernehmlicher, mit einem Stufenkonzept, an dessen Ende erst die volle Übernahme des Währungs- und Wirtschaftssystems gestanden hätte, wäre eine kontrollierbare Gestaltung des Einigungsprozesses sozial-verträglich durchsetzbar gewesen. Erst nach der Härtung der ostdeutschen Wirtschaft für die internationale Konkurrenz durch massive Produktivitätssteigerung sahen Stufenmodelle die Übernahme der D-Mark vor.

Interessanterweise hat zwar die große Mehrheit der Wirtschaftswissenschaft, darunter auch der schon zitierte »Sachverständigenrat zur Begutachtung der gesamtwirtschaftlichen Entwicklung«, für ein stufenweises Vorgehen plädiert.[37] Jedoch, entsprechende Konzepte wurden in den seltensten Fällen vorgelegt. Manche Statements marktoptimistischer Ökonomen gegen die sofortige Übernahme der D-Mark-Ordnung basierten auch eher auf der Sorge, diese Art der deutschen Einigung bedrohe die bisherige Währungsstabilität Westdeutschlands. Sie sind durch die ziemlich bornierte Haltung, eine Beteiligung am Preis der deutschen Einigung zu verweigern, gekennzeichnet. Die *gigantische Herausforderung*, der politischen jetzt auch die ökonomische Einigung folgen zu lassen, ist vielfach überhaupt nicht begriffen worden. Die Politik, die unter Entscheidungsdruck stand, konnte wieder einmal auf brauchbare Zuarbeit der sie beratenden Wirtschaftswissenschaft in dieser Phase nicht rechnen.

Ein ausformuliertes Konzept zur stufenweisen Realisierung einer Wirtschafts- und Währungsunion hat, wie schon erwähnt, der damalige Bundeswirtschaftsminister am 8. 2. 1990 der Öffentlichkeit vorgelegt.[38] Darin wurde der Abschluß einer einheitlichen Wirtschafts- und Währungsunion an das Inkrafttreten des EG-Binnenmarktes zum 1. 1. 1993 gekoppelt. Der Plan sah eine stufenweise Aufgabe der allgemein politischen und speziell währungspolitischen Souveränität der DDR vor. Darin eingebettet wurden unterschiedliche Maßnahmen öffentlicher Hilfen aus der Bundesrepublik. Die volle Übernahme der D-Mark in der DDR als gemeinsame Währung wurde ebenfalls erst für Ende 1992 vorgesehen.

Naiverweise hofften die Stufenplaner, bis zu diesem Termin könne der Umbau und damit die Öffnung der Wirtschaft für die internationale Konkurrenz einigermaßen abgeschlossen werden. Zwischenzeitlich sollte sich die DDR, entsprechend dem Modell »Österreich«, zur Garantie eines (abgewerteten) Wechselkurses ihrer Mark gegenüber der D-Mark gesetzlich verpflichten. Wie freilich die Stabilisierung der Wechselkurse bei völlig unterschiedlichen ökonomischen Entwicklungsniveaus, einer drohenden weiteren Abwanderung sowie einer absehbaren Flucht aus der DDR-Mark in die D-Mark hätte gesichert werden sollen, darüber schweigt sich dieser Plan aus.

Einen ähnlichen Stufenplan hat Anfang Februar 1990 eine deutsch-deutsche Arbeitsgruppe von Wissenschaftlern aus Ost- und West-Berlin vorgelegt.[39] Vorgeschlagen wurde eine stufenweise, parallele Verwirklichung der Wirtschaftsreformen (Freigabe der Preisbildung mit sozialpolitischer Flankierung, Freigabe des Lohnfindungsprozesses, Beseitigung rechtlicher Hindernisse beim Erwerb und der Schaffung langfristiger Kapitalanlagen) zusammen mit Reformen des Geld- und Kreditwesens. Die Antwort auf die Frage, wie schnell die Devisenbewirtschaftung zugunsten einer weitgehenden Konvertibilität aufgehoben werden könne, blieb zu vage. Auch dieses Modell basiert auf der sukzessiven Abgabe der anfangs uneingeschränkten, allgemein-politischen und speziell währungspolitischen Souveränität der DDR.

Bei dem Versuch, ein derartiges Stufenkonzept umzusetzen, offenbarte sich ein geradezu tragischer Widerspruch zwischen einer Modelltheorie einerseits und der politischen Praxis andererseits. Stufenprogramme zielen – im Unterschied zum »Dritte-Weg-Modell« – auch auf eine Anpassung der DDR-Wirtschaft an die Strukturen Westdeutschlands. Um jedoch die Schockwirkungen der Durchsetzung der Währungsunion über Nacht zu vermeiden, soll sich der Umbau über einen längeren Zeitraum erstrecken. Solche Wirtschaftsreformen konzentrieren sich auf den Abbau des Produktivitätsgefälles durch die Einführung von Marktelementen. Solange die Währungssouveränität nicht aufgegeben wird, dienen Wechselkurse zur Abfederung der internationalen Konkurrenz. Eine einheitliche Währung wird erst eingeführt, wenn ein hohes Maß an Konvergenz der realwirtschaftlichen Entwicklung erreicht ist.

Zweifellos, ein derartiges Stufenmodell läßt sich logisch konsistent formulieren. Jedoch ist die andere Seite des Dilemmas: Der ökonomisch wohl begründete »Königspfad« kann nur dann begangen werden, wenn er auch politisch gewollt wird. Die Bereitschaft, die eigene Souveränität lediglich schrittweise abzugeben, müßte auf breite Akzeptanz stoßen. Diese politischen Voraussetzungen waren jedoch in der DDR nicht gegeben. Die Bewegung *»D-Mark jetzt!«* wurde übermächtig. Dazu haben auch all die Politiker mit ihrem Medientroß beigetragen, die häufig wider besseres Wissen mit dem Blitzstart in die Währungsunion eine schnelle Besserung der Lebensbedingungen versprachen. Eine theoretisch vernünftige und wohl begründete Umbaustrategie in Stufen wurde durch die politisch motivierte Vorstellung, mit der D-Mark auch schnell den Wohlstand Westdeutschlands zu erreichen, verdrängt. Die politischen Bedingungen, wie illusionär auch immer, waren im Frühjahr 1990 nicht die, die für ein Stufenkonzept hätten gegeben sein müssen.

Währungspolitisch hätten sich schwerwiegende Probleme bei der Verwirklichung eines Stufenkonzeptes ergeben. Selbst nur für einen begrenzten Zeitraum hätte eine eigenständige Währung im Gebiet der DDR kaum funktionieren können. Karl Schiller schätzte diese Lage im Mai 1990 richtig ein: »Die Bevölkerung der DDR befand sich in einem Prozeß der Verweigerung gegenüber ihrem alten System und seiner Währung.«[40] Ohnehin war klar, die Konvertierbarkeit dieser eigenständigen Währung, d. h. ihr unbehinderter Umtausch in andere Währungen, hätte angesichts der offenen Grenzen schnell eingeführt werden müssen. Dies hätte aber bedeutet, daß zumindest zwischen den beiden deutschen Währungen ein einigermaßen fester Wechselkurs zu sichern gewesen wäre. Die permanente Flucht aus der Ost-Währung in die starke D-Mark wäre jedoch die absehbare Folge gewesen. Jede in Ostdeutschland verdiente Mark wäre schnellstens in D-Mark umgemünzt worden. Die Deutsche Bundesbank hätte zur Abwehr der dauernden Ost-Mark-Abwertung mit dem Verkauf von D-Mark und Ankauf der DDR-Mark intervenieren müssen. Diese unkontrollierbare D-Mark-Schwemme hätte auch in Westdeutschland zu Stabilitätsproblemen geführt. Eine Währung ohne Vertrauen hat letztlich keine Überlebenschance. Die Kosten, sie künstlich am Leben zu halten, sind viel zu hoch.

Im Rahmen des Stufenkonzepts hätte die DDR-Mark deutlich gegenüber der D-Mark abgewertet werden müssen. Die Abwertung wäre zwar ein Schutzschild für die unterlegenen DDR-Betriebe im internationalen Wettbewerb gewesen. Andererseits hätten sich die Importe von West-Produkten in die DDR verteuert. Dringend notwendige Investitionsgüterimporte wären noch weniger bezahlbar gewesen. Die von den Bürgern begehrten West-Konsumgüter wären bei niedrigen Löhnen unerschwinglich gewesen. Die unmittelbare Nähe zum westdeutschen Arbeitsmarkt hätte die DDR-Löhne nach oben getrieben und die Investitionsfähigkeit der Betriebe noch weiter erschwert. Wahrscheinlich wäre ein enormes Inflationspotential entstanden, das eine Abwertungsspirale ausgelöst hätte. Letztlich wäre das Stufenmodell nicht ein »Modell Österreich« geworden – denn dies impliziert eine einigermaßen gesunde Ökonomie –, sondern ein »Modell Polen«, jedoch mit stärkerem Lohnauftrieb und kräftigerer Inflation wegen der Nähe zu Westdeutschland.

Darüber hinaus bleibt zu bedenken: Auch das Stufenkonzept zielt auf den Umbau der Wirtschaft. Unternehmensschließungen und Arbeitsplatzabbau allein im Rahmen der Reduzierung der »verdeckten Arbeitslosigkeit« hätten auch zu Friktionen geführt. Preissubventionen hätten schrittweise reduziert werden müssen. In diesem Kontext stellt sich die Frage: Hätte die Kraft einer demokratisch legitimierten Regierung in der DDR überhaupt ausgereicht, diesen Umbau auch zügig durchzusetzen? Oder aber, hätte nicht die Gefahr gedroht, daß das unvermeidliche Reformprojekt in einer Mischung von Protesten und Vorwürfen gegen ›alte Verhältnisse‹ und ›Seilschaften‹ steckengeblieben wäre? Die Verwirklichung eines Stufenplans hätte sich zweifellos immer wieder durch das Hinauszögern von notwendigen Anpassungen in einem Strukturkonservatismus verheddert.

Auch heute noch ist es schwierig, den Blitzstart in die ökonomische Einigung über eine Währungsunion im Rahmen einer umfassenden »Kosten-Nutzen-Analyse« abzuschätzen. Viele Argumente sprechen jedoch dafür, daß ein Stufenplan ein ungünstigeres Kosten-Nutzen-Verhältnis vor allem dann zustande gebracht hätte, wenn sich ein in sich gefährdeter Umbau auf Raten eingestellt hätte. Während mit der Währungsunion der Anpassungsdruck dramatisch maximiert und die Anpassungszeit minimiert wird, wäre ein Stufenkonzept Gefahr gelaufen, in einem langwierigen, immer wieder stockenden Umbauprozeß zu enden. Ob es also zu dem durch die Bundesregierung eingeschlagenen Weg eine tragfähige Alternative gegeben hätte, ist aus heutiger Sicht *zweifelhaft*. Unstrittig ist jedoch, daß die Folgen der Währungsunion unverantwortlich ignoriert wurden und deshalb ein konzeptionsloses Krisenmanagement durch die Bundesregierung praktiziert wurde.

Mit der Entscheidung für die Währungsunion hätte gesehen werden müssen: Als Folge dieses Blitzstarts werden über Jahre hinaus öffentliche Finanztransfers und privatwirtschaftliche Kapitaltransfers erforderlich. Dazu bedarf es eines Finanzierungskonzepts, das den Mittelfluß von West- nach Ostdeutschland ermöglicht. Die Frage der Finanzierung konzentriert sich jetzt auf Westdeutschland. Wäre die politische Souveränität der DDR stufenweise abgebaut worden, hätte sich ein völlig anderer Entwicklungstyp durchgesetzt, mit dem sich die Finanzierung des Umbaus viel stärker auf deren Gebiet konzentriert hätte. In der DDR hätte die Spar- und Investitionsquote drastisch erhöht, der Konsumbereich reduziert werden müssen, um den produktiven Sektor aufzubauen. Lediglich im Sinne der »Hilfe zur Selbsthilfe« wären Finanzmittel aus Westdeutschland geflossen. Mit der Währungsunion und der vollkommenen Aufgabe politischer Souveränität durch den Einigungsvertrag wird die ökonomische Transformation Ostdeutschlands zu einer Aufgabe des Gesamtstaats. Die Finanzierung des ostdeutschen Umbaus konzentriert sich jetzt vorrangig auf Westdeutschland. Die verteilungspolitischen Folgen für Westdeutschland freilich hat die Bundesregierung nicht zum politischen Thema gemacht, wie die Steuerdiskussion zum Beispiel zeigt.

Die Kritik an der Politik der Bundesregierung richtet sich weniger gegen ihre Entscheidung für die Währungsunion. Sie konzentriert sich vielmehr auf die systematische Unterschätzung, ja Bagatellisierung der Schockwirkungen. Das Ignorieren der verteilungspolitischen Fragen im Rahmen der Finanzierung der deutschen Einheit sowie eine dilettantische Politik unter dem Regime dieses »monetären Urknalls« waren die Folge. Nicht einmal gröbste Abschätzungen der Wirkungen dieser D-Mark-Transplantation sind angestellt worden. Kritiker, die früh auf die schwere Transformationskrise hinwiesen und ein langjähriges Konzept der deutschen Integration einklagten, hat die Bundesregierung, jetzt wieder mit Unterstützung des beratenden wirtschaftswissenschaftlichen Sachverstands zu verdrängen versucht.[41] Mahner wurden als Miesmacher der deutschen Einheit diffamiert.

Dabei sollten die Kritiker (leider) recht behalten: Monate vergingen, bis unter dem realen Druck der Transformationskrise die Illusion von den Einigungsmachern ›Mark und Markt‹, ergänzt durch eine spärliche öffentliche Finanzierung aus der staatlichen Kreditaufnahme, zusammenbrach. Trotz massiver Korrekturen der im Staatsvertrag und dem Einigungsvertrag fixierten ›Einigungsidylle‹ nach der Bundestagswahl im Dezember 1990: Die systematische Unterschätzung des Ausmaßes dieser Transformationskrise bestimmt bis heute die Politik in Westdeutschland.

3.7. Politisch willkürliche Umtauschrelationen und die sozial-ökonomischen Folgen

Mit der Entscheidung für die Währungsunion stand die Entscheidung an: Nach welcher Relation sollen die bisherigen DDR-Geldgrößen auf D-Mark umgestellt werden? Diese Entscheidung betraf nicht nur währungstechnische Details der Abwicklung des DM-Imports. Die Festlegung der Umstellungsrelationen auf D-Mark setzte fundierte Kenntnisse über den Zustand der DDR-Wirtschaft, vor allem der Produktivität, der internationalen Konkurrenzfähigkeit sowie der Einkommensverhältnisse voraus. Denn dieser Währungsaustausch fixierte maßgeblich die D-Mark-Eröffnungsbilanz der ostdeutschen Wirtschaft und damit deren Startchancen.

Über die Festlegung der Umstellungsrelationen entbrannte ein kurzer, aber heftiger Streit. Die Interessenkonflikte und der dadurch ausgelöste politische Kompromißdruck führten zu unterschiedlichen Umtauschsätzen für Bargeld, Spareinlagen, Schulden der Betriebe und für die laufenden Einkommen.

Die Bundesregierung wich bei dieser Entscheidung von den Vorschlägen der Deutschen Bundesbank, die durch Indiskretion frühzeitig bekannt wurden und massive Proteste auslösten, ab.[42] Im Staatsvertrag wurde der Umtausch des Bargelds für DDR-Inländer auf 1 : 1 festgelegt. Dagegen richteten sich Alternativvorschläge auf die Einlagen der privaten Haushalte. Vor allem aus der Sicht der Einleger wurde die Forderung erhoben, ein Umtauschverhältnis von 1 DDR-Mark zu 1 D-Mark zu fixieren. Die DDR-Bürger hofften auf dieses ›Einstiegskapital‹. Der letzte Finanzminister der DDR, Walter Romberg, verband die Forderung nach diesem Umtauschkurs mit dem Vorschlag, eine zeitliche Streckung der Verfügung über diese Gelder festzulegen.

Weitergehende Ideen, wie den Umtausch zumindest eines Teils der Spareinlagen in Beteiligungstitel am bisherigen Volksvermögen (Aktien) bzw. staatliche Schuldtitel zuzulassen, wurde nicht ernsthaft in Erwägung gezogen. Das Modell ›Volkskapitalismus‹ hatte keine Chance, das sozialistische ›Volkseigentum‹ abzulösen. Die Deutsche Bundesbank hielt einen Umtausch der Spareinlagen im Verhältnis 2 DDR-Mark : 1 D-Mark, d. h. eine Halbierung der Spargelder auf D-Mark-Basis, für »zumutbar«. Damit wollte sie vermeiden, daß der für die DDR-Wirtschaft typische Geldüberhang wegen des früher beschränkten Warenangebots voll in D-Mark umgemünzt würde. Gegenüber dem ostdeutschen Produktionskapital befürchteten die Bundesbanker eine zu starke Ausdehnung der Geldmenge. Die Bundesregierung entschloß sich schließlich auch unter dem Druck der ostdeutschen Öffentlichkeit zu einem differenzierten Umtauschsatz.

Die Spareinlagen wurden prinzipiell 2:1 umgetauscht. Personen mit ständigem Wohnsitz in der DDR konnten jedoch Festbeträge, nach dem Alter gestaffelt, 1:1 eintauschen (pro Kind bis zum 14. Lebensjahr 2000 DM; Personen im Alter von 15 bis zum vollendeten 59. Lebensjahr 4000 DM, Personen ab dem 60. Lebensjahr 6000 DM). Dadurch wurde, auf der Basis der verfügbaren Daten, das Startkapital Spareinlagen auf 123,4 Mrd. DM reduziert; der durchschnittliche Umtauschsatz betrug 1,475 Mark : 1 D-Mark. Die Sorge, die Spareinlagen würden sofort abgehoben und verausgabt, traf nicht zu. Relativ zügig wurden Abhebungen zum Erwerb günstig verzinster Geldanlagen vorgenommen. Jedenfalls zeigt sich beim Streit um den ›richtigen‹ Umtausch der Spareinlagen, wie unterschiedliche Interessen eine Kompromißbildung erzwungen haben.

Eine Entscheidung über die Umstellung der *Schulden* gegenüber dem DDR-Kreditsystem mußte ebenfalls gefunden werden. Alle Forderungen gegenüber den inländischen Kreditnehmern wurden im Verhältnis 2:1 umgetauscht. Damit halbierten sich nach den verfügbaren Daten vom Mai 1990 die Schulden der Betriebe von 231,7 Mrd. DDR-Mark auf 115,8 Mrd. DM; die Schulden des Wohnungswesens auf 51,3 Mrd. DM. Allerdings, dieser Schuldenberg belastet immer noch den Umbau der Produktionswirtschaft. Es war ein schwerer Fehler des Einigungsvertrags, zu hoffen, im Rahmen der Sanierung der Unternehmen könnten diese Altschulden verkraftet werden. (Wie diese Betriebsschulden zwischen der Treuhand und dem in der Abwicklung befindlichen Staatsbankensystem der DDR derzeit bedient werden, wird auf S. 98ff. beschrieben.)
Eine zusammenfassende Bewertung zur Umstellung von Mark der DDR auf D-Mark nach dem Staatsvertrag zeigt: Für das gesamte Kreditsystem, also die Umstellung aller Kredite und Forderungen, betrug die durchschnittliche Relation 1,83 Mark zu 1 DM (vgl. *Tabelle III.5*).

Die Entscheidung über die Umstellung der *laufenden Einkommen*, insbesondere der Löhne und Gehälter, wurde durch heftige Kontroversen begleitet. Das war auch nicht anders zu erwarten. Ob die Löhne, Gehälter und Renten im Verhältnis 1:1 oder 2:1 auf D-Mark umgestellt würden, definierte die Startbedingungen der Beschäftigten und der Bezieher von Sozialeinkommen. Unterschiedlichste Vorschläge, zum Teil auch

Tabelle III.5: **Umstellung von Mark der DDR auf D-Mark gemäß Staatsvertrag**

Aktiva	Mrd. Mark	Mrd. DM	Passiva	Mrd. Mark	Mrd. DM
1. Kredite an inländische Kreditnehmer			1. Einlagen von inländischen Nichtbanken		
insgesamt	397,4	180,7	insgesamt	249,9	156,6
darunter:			darunter:		
Betriebe	231,7	115,8	Betriebe	57,0	27,8
Wohnungswesen	102,6	51,3	Privatpersonen	182,1	123,4
2. Auslandsforderungen	45,0	36,3	2. Auslandsverbindlichkeiten	152,5	55,6
			darunter: Rückstellungen für Richtungskoeffizienten[1]	96,4	–
3. Beteiligungen	1,1	1,1	3. Bargeldumlauf (ohne Kassenbestände der Banken)	13,6	6,8
			4. Akkumulierter Gewinn/Reservefonds/Haftungsmittel	23,4	23,4
4. Sonstige Aktiva	3,1	1,5	5. Sonstige Passiva	7,2	3,6
Zusammen	446,6	219,6	Zusammen	446,6	246,0
Aktivischer Ausgleichsposten	–	26,4	Passivischer Ausgleichsposten	–	–
Insgesamt	446,6	246,0	Insgesamt	446,6	246,0

Basis: Konsolidierte Bilanz des Kreditsystems der DDR per 31. Mai 1990

[1] Eigentlich handelt es sich dabei um eine Verbindlichkeit des Bankensektors gegenüber dem Staat, die man auch unter der Passiv-Position 1 ausweisen könnte. Hier erfolgt der Ausweis im Zusammenhang mit den Auslandsverbindlichkeiten der DDR, weil die Position als eine Art »Wertberichtigung« der sonst in Mark zu niedrig angesetzten Auslandspassiva angesehen werden kann. BBk

[Quelle: *Monatsberichte der Deutschen Bundesbank* 7/1990, S. 16, sowie im Anhang 4, S. 25ff.]

fragwürdige Modellrechnungen wurden in die Diskussion eingebracht. Die Interessenkonflikte waren klar: Die Einkommensbezieher bestanden auf einem Umtauschsatz 1:1, während aus Unternehmenssicht das Produktivitätsgefälle zwischen ost- und westdeutschen Betrieben reklamiert und deshalb eine Umstellung maximal zum Satz 2:1 propagiert wurde. Unbestreitbar aber galt in dieser Entscheidungsphase: Die Bruttolohn- und Gehaltssumme je Beschäftigten (1988 1102 DM) erreichte bei einem Umtauschsatz 1 Ost-Mark : 1 Westmark in Ostdeutschland gut ein Drittel (36%) des vergleichbaren westdeutschen Niveaus (56% des verfügbaren Einkommens eines Vier-Personen-Haushalts).

Eine Umstellung mit der Relation 2:1 hätte zu einer Halbierung der Arbeitseinkommen in Ost- gegenüber Westdeutschland geführt. Daher war eine massive Protestwelle gegen den durch die Bundesbank unterbreiteten und per Indiskretion vorzeitig bekanntgewordenen Vorschlag, die Löhne, Gehälter und Renten mit 2:1 umzustellen, unvermeidbar. In diesem aufgeheizten Klima wurde allerdings übersehen, daß die Deutsche Bundesbank vor der Umstellung auf 2:1 einen Lohnausgleich für den Subventionsabbau sowie höhere Sozialversicherungsbeiträge forderte. Bei einem Bruttolohn von monatlich 1300 DM wäre nach einer Modellrechnung, die diesen Lohnausgleich berücksichtigt, infolge der Umstellung mit 2:1 ein Nettolohn von 851 DM übriggeblieben.[43]

Ausschließlich konzentriert auf den vorgeschlagenen Umstellungssatz 2:1 geriet die Festlegung der Startbedingungen für die Arbeits- und Sozialeinkommen über Nacht zu einem Politikum. Transparente mit der Forderung 1:1 bestimmten plötzlich die Demonstrationsszene in Ostdeutschland. Ein Generalstreik wurde angedroht. Ostdeutsche kämpften gegenüber den Westdeutschen um ihren Einkommensstart in das neue Deutschland. Unter massiven Druck gesetzt, wurde schließlich im Staatsvertrag die Umstellung der Arbeits- und Sozialeinkommen im Verhältnis 1:1 festgesetzt. Aber die problematischen Auswirkungen dieser Umstellung auf die Unternehmen wurden nicht thematisiert.

Eine kritische Phase beim Vollzug der Währungsunion schien überwunden. Freilich, nach der Umstellung zum 1. Juli 1990 ergab sich gegenüber dem Modell der Deutschen Bundesbank kaum ein höherer Nettolohn. Der Grund dafür ist klar: Während unter massiven Protesten der Umstellungssatz 1:1 Eingang in den Staatsvertrag fand, wurde auf die staatsvertragliche Regelung von Ausgleichszahlungen völlig verzichtet. Dieser Trick, mit dem politischen Kompromiß einer 1:1-Relation im Ergebnis beim 2:1-Vorschlag der Bundesbank samt Ausgleichszahlungen zu landen, sollte sich schnell als verhängnisvoll entpuppen. Der staatlich verordnete, unzureichende Start mit DM-Nettolöhnen belastete von Anfang an die Lohnpolitik. Was der Staat verweigerte, mußte die gewerkschaftliche Lohnpolitik einklagen. In den ersten Lohnverhandlungen erstritten die Gewerkschaften Ausgleichszahlungen für den Subventionsabbau sowie für jetzt deutlich höhere Sozialabgaben.

Im Unterschied zu den Bestandsgrößen, den Verbindlichkeiten und Forderungen des DDR-Staatsbankensystems, sind mit der Währungsunion die *laufenden Zahlungen* auf 1:1 umgestellt worden. Über Nacht mußten die Betriebe die Produktionskosten sowie die bisher geltenden Löhne und Gehälter in D-Mark bezahlen. Bei Fortexistenz der beiden Währungen wäre diese Umstellung mit einem Wechselkurs 1:1 vergleichbar. Da die DDR-Währung nicht der freien Konvertibilität unterlag, sich deshalb auch keine Devisenkurse bilden konnten, gab es nicht die Möglichkeit, bei der Verwirklichung der Währungsunion auf einen einigermaßen ›objektiven‹ Wechselkurs zwischen den beiden deutschen Währungen zurückgreifen zu können. Dies war beim Beitritt des Saarlands zur BRD 1958 anders. Die dortige Währungsintegration konnte auf einem einigermaßen ›objektiven‹ Wechselkurs aufbauen.

Der offizielle Umtauschkurs der DDR wurde jenseits der ökonomischen Realität politisch mit 1:1 festgesetzt. Allerdings gab es auch Ausnahmen. Bundesbürger mußten zum Kurs 3:1 umtauschen. Im Rahmen des Außenhandels wurden die Valutakreisläufe formal zwar mit 1:1 angesetzt, jedoch effektiv mit 4,4:1 verrechnet. Um die Diskrepanz zwischen effektivem und formalem Kurs in der Gesamtbilanz des Bankensystems ausgleichen zu können, mußten »Rückstellungen für Richtungskoeffizienten« gebildet werden. Sie lassen sich durchaus als währungsbedingte Forderungen des Auslands – einschließlich der alten BRD – gegenüber der DDR interpretieren. Schließlich gab es – als Surrogat für nicht frei gebildete Devisenkurse – die Schwarzmarktkurse, die in den letzten Jahren bei über 10 DDR-Mark gegen 1 D-Mark lagen.

Wäre es bei zwei selbständigen Währungen für Ost- und Westdeutschland geblieben, dann hätte ein adäquater Wechselkurs das Produktivitäts- und Stabilitätsgefälle zwischen Ost- und Westdeutschland zum Ausdruck bringen müssen. Bei Ausrichtung am Produktivitätsgefälle wäre ein Wechselkurs in der Nähe von 3:1 ökonomisch realistisch gewesen. Mit der stufenweisen Reduktion dieses Gefälles hätte sich dann längerfristig der Wechselkurs in Richtung 1:1 entwickeln können. Die ostdeutsche Wirtschaft geriet infolge einer mehr als 300%-Aufwertung der DDR-Mark gegen die D-Mark sozusagen innerhalb einer »logischen Sekunde« unter den Druck der westdeutschen und ausländischen Konkurrenz. Exporte aus der DDR verteuerten sich dadurch um das dreifache, Importe verbilligten sich um das dreifache. Dieser Aufwertungsschock hätte auch jedes andere Land in die Knie gezwungen. Die beschlossenen Umtauschsätze waren zwar ökonomisch katastrophal, nur diese ließen sich jedoch politisch durchsetzen. Um so mehr war es erforderlich, eine Wirtschafts-, Finanz- und Arbeitsmarktpolitik zu entwickeln, die den verheerenden ökonomischen Folgen dieser rein machtpolitischen Folgen Einhalt zu gebieten gehabt hätte.

Die Umsetzung der Währungsunion war durch eine *widersprüchliche* Arbeitsteilung zwischen der Geld- und Finanzpolitik gekennzeichnet: Während der D-Mark-Import logistisch perfekt und einigermaßen stabilitätskonform über die Bundesbank abgewickelt wurde, begriffen die Vertreter der Finanzpolitik nicht die ihr mit dem neuen Wirtschaftsgebiet zugewachsene Rolle. Anstatt ein Mittelfristkonzept zu entwickeln, dominierte eine Politik des Ignorierens, Verdrängens und des wahltaktischen Durchwurschtelns.

Ganz anders die Bundesbank: Nachdem die Entscheidung gegen ihr Votum in Sachen Währungsunion politisch gefallen war, konzentrierte sie sich voll und ganz auf die technische Abwicklung des D-Mark-Imports und die Schaffung geldpolitischer Voraussetzungen. Dabei ist ihr logistisch eine Meisterleistung gelungen. Notenpressen und Münzprägeanstalten liefen auf Hochtouren, um in wenigen Wochen ca. 25 Mrd. DM zu produzieren. Über streng geheim gehaltene Routen wurde dieses Geld an 15 Filialen und über 100 Ausgabestellen transportiert. Die Ausgabe dieses Bargelds verlief ohne Zwischenfälle. Die Entstehung von D-Mark über dieses Bargeld hinaus unterlag allerdings nicht der unmittelbaren Kontrolle der Deutschen Bundesbank. Neben dem Bargeld zählen hochliquide Sichteinlagen (Girogeld), Spareinlagen mit gesetzlicher Kündigungsfrist und Termineinlagen (unter vier Jahren) zur Geldmenge (lt. Definition Geldmenge M3).

Bei der Abschätzung der Geldmengenwirkung des D-Mark-Imports gab es zwangsläufig große Unsicherheiten. Genaue Kenntnisse über die Höhe der nach dem Alter der Einleger differenzierten Sockelbeträge bei den Spareinlagen, die 1:1 getauscht wurden, lagen nicht vor. Niemand konnte wissen, wie über die Einlagen durch die Kunden des alten DDR-Kreditsystems unmittelbar nach der Währungsumstellung verfügt werden würde. Die Bundesbank hielt einen Geldmengensprung von ca. 10% der westdeutschen Geldmenge für angebracht. Damit hätte die Geldversorgung dem geschätzten Anteil des ostdeutschen am westdeutschen Produktionspotentials – mit ca. 10% – in etwa entsprochen. Unmittelbar nach der Währungsumstellung sprang die Geldmenge jedoch auf ca. 180 Mrd.; das waren 15% der westdeutschen Geldmenge (vgl. *Abb. III.1*).

Diese Geldausweitung durch den Einbezug Ostdeutschlands in die Geldversorgung bildete sich jedoch bald zurück: Spareinlagen wurden zugunsten des Kaufs höher verzinslicher Geldanlagen aufgelöst. Stabilitätspolitische Gefahren infolge einer Überversorgung mit Geld waren damit gebannt. Das Fazit lautet: Technisch-logistisch ist der D-Mark-Import perfekt vollzogen worden. Durch die faktische Geldmengenausweitung selbst wurden auch keine Inflationsprobleme ausgelöst.

Der Umbau des ostdeutschen Kreditsystems in ein dem Bundesbankgesetz entsprechendes *zweistufiges Bankensystem* erfolgte zügig. Dieser Umbau wird im nächsten Abschnitt kurz skizziert. Die Pflicht der ostdeutschen Kreditinstitute, auf die Einlagen Mindestreserven bei der Bundesbank halten zu müssen, wurde bereits im August 1990 eingeführt. Für die Nutzung der anderen geldpolitischen Instrumente im Rahmen der Refinanzierungs- und Offenmarktgeschäfte wurden zeitlich befristete Sonderregelungen vorgesehen, um den ostdeutschen Banken schnell den Zugriff auf die durch die Bundesbank angebotene Liquidität zu sichern.[44]

3.8. Aufbau des D-Mark-Bankensystems: Chancen für die westdeutschen Banken – riskante Altlasten beim Staat

Die D-Mark basiert auf einer historisch gewachsenen Währungsverfassung. Die Geld- und Kreditversorgung in Westdeutschland regelt das Bundesbankgesetz von 1958 sowie das mehrfach novellierte Kreditwesengesetz. Zu einem Wirtschaftssystem auf den Grundlagen Privateigentum und unternehmerischer Gewinnmaximierung gehört ein *zweistufiges Bankensystem*: Kreditinstitute betreiben Bankgeschäfte nach kommerziellen Zielen (Kreditvergabe, Hereinnahme von Einlagen etwa). Für diese Geschäfte gilt jedoch ein gesetzlich strenger Rahmen. Hierarchisch übergeordnet verfügt die Bundesbank über das Monopol der Notenausgabe und damit der Geldversorgung. Diese wiederum steuert die Geldversorgung ausschließlich über die Geschäftsbanken. Die Bundesbank verfügt über Instrumente, um über die Beeinflussung der Liquidität der Geschäftsbanken deren Kreditvergabe zu steuern. Das zweistufige Bankensystem ist durch eine klare Hierarchie geprägt. Die Bundesbank manipuliert als »Bank der Banken« die Geldversorgung, während die Geschäftsbanken innerhalb dieses vorgegebenen Rahmens ihre Geschäfte nach kommerziellen Gesichtspunkten verfolgen. Freie Geld- und

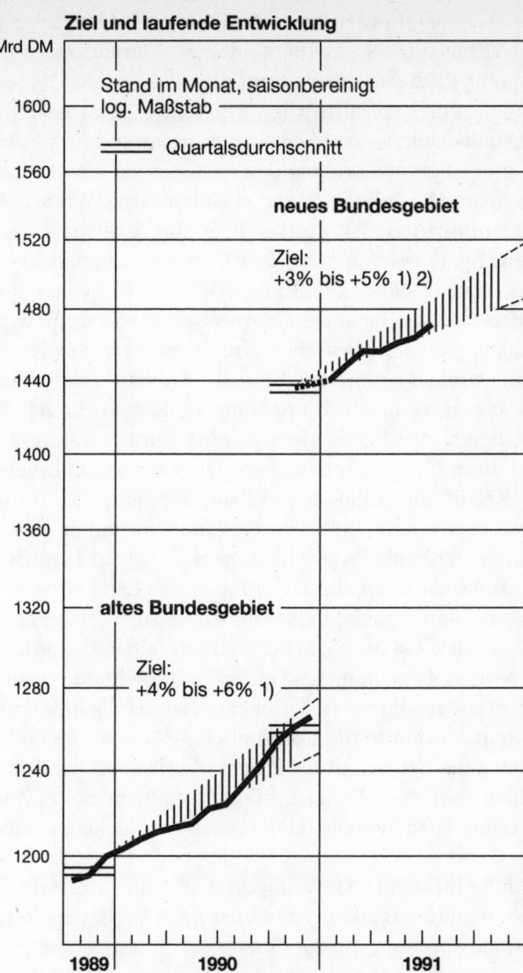

*) Gemittelt aus fünf Bankwochenstichtagen; dabei Ultimostände jeweils zur Hälfte angerechnet.- 1) Jeweils vom vierten Quartal des vorangegangenen Jahres bis zum vierten Quartal des laufenden Jahres.- 2) Gemäß der Adjustierung des Geldmengenziels im Juli 1991. BBk

Abb. III.1.: Wachstum der Geldmenge M3*)

Kapitalmärkte, deren Gravitationszentrum die Banken bilden, stellen heute eine zentrale Voraussetzung für die moderne, international verflochtene, kapitalistische Produktionswirtschaft dar.

In der DDR-Variante eines sozialistischen Planzentralismus basierte das Währungssystem und damit dessen Geldversorgung auf völlig anderen Grundlagen. Geld- und Kapitalmärkte wurden nicht einmal ansatzweise genutzt. Alle finanziellen Beziehungen der verstaatlichten Wirtschaft (einschließlich Wohnungswirtschaft) wurden über die Staatsbank der DDR abgewickelt. Bei Sparkassen, sogenannten Genossenschaftsbanken sowie Volksbanken konnte das Publikum Einlagen halten, die jedoch unmittelbar an die Staatsbank zur Finanzierung von Betriebskrediten weitergeleitet wurden. Das den westdeutschen Kreditinstituten vergleichbare Recht der kommerziellen Kreditvergabe an das Publikum stand diesen, der Staatsbank untergeordneten Einrichtungen nicht zu. Lediglich wenig ins Gewicht fallende zweckgebundene Kredite – etwa an Jungverheiratete – konnten diese Filialen weitergeben. Die Betriebe beispielsweise erhielten die Kredite im Rahmen von Planzuweisungen. Für die Abwicklung des Zahlungsverkehrs mit dem Ausland – vor allem durch die Deutsche Außenhandelsbank – sowie die Finanzierung der landwirtschaftlichen Produktionsgenossenschaften – Bank für Landwirtschaft und Nahrungsgüterwirtschaft – standen Spezialinstitute zur Verfügung.

Rückblickend, aber auch vorausschauend muß festgehalten werden: Die zentralistische Wirtschaftsplanung fand in einer rudimentären, kaum transparenten Geldverfassung ihren Niederschlag. Diese völlig unterentwickelte Geldwirtschaft blockierte die ökonomische Entwicklung nachhaltig. Mit der Öffnung der Wirtschaft für Privatinitiative und damit für Märkte, vor allem aber durch den D-Mark-Import, mußte in einem Zug auch die Geldversorgung in Richtung eines zweistufigen Bankensystems entwickelt werden.

Mit der Entscheidung für den D-Mark-Import zum 1. Juli 1990 wurde das Schicksal des rudimentären Bankensystems der Ex-DDR besiegelt. In diesem Bereich entstand ein kaum von der Öffentlichkeit wahrgenommener teurer Abwicklungsbedarf. Die neue, international gestählte Währung erzwang einen zügigen Um- bzw. Aufbau in ein zweistufiges Bankensystem nach westdeutschem Muster:

– Die Funktion der obersten Währungsbehörde im Gebiet der neuen fünf Bundesländer übernahm die Deutsche Bundesbank. Hoffnungen, in Ostdeutschland die eigene Staatsbank fortführen zu können, verloren mit der Schaffung eines gemeinsamen Währungsgebiets jegliche Grundlage. Diese Konsequenz liegt auf der Hand: Währungspolitik läßt sich nicht regional differenzieren. Das Bundesbankgesetz, das in den ersten Monaten nach der neuen währungspolitischen Zeitrechnung geldpolitische Ausnahmen erlaubte, gilt jetzt für das gesamte Deutschland.

– Der Aufbau eines Westdeutschland vergleichbaren Geschäftsbankenbereichs in den fünf neuen Bundesländern vollzog sich auf zwei Ebenen: Die alten Einrichtungen des DDR-Bankensystems wurden in Geschäftsbanken umgebaut. Durch tatkräftige Unterstützung sicherten sich dabei vor allem die westdeutschen Großbanken einen Einstieg in das bestehende Bankennetz. Auf dieser Grundlage ließ sich das Filialnetz schnell aufbauen. Mit dem Einzug des westdeutschen Bankensystems und damit der Etablierung der Geld- und Kapitalmärkte begann das Nervensystem einer kapitalistischen Wirtschaft schnell zu arbeiten.

Die Einführung der D-Mark und der dadurch beschleunigte Aufbau eines zweistufigen Bankensystems hinterließ jedoch eine Rechnung, deren Begleichung noch nicht endgültig geregelt ist. Eine Schuldenlast ergab sich zum einen unmittelbar im Rahmen der Währungsumstellung. Zum anderen verblieben die im alten System durch die DDR-Bürger über deren Einlagen finanzierten Kredite an die Betriebe, die Wohnungswirtschaft und den Staat. Da außer dem Staat niemand zu sehen ist, der die finanzielle Abwicklung dieser Altschulden übernimmt, erwachsen den öffentlichen Haushalten – vor allem dem Bund – durch entsprechende Zins- und Tilgungszahlungen hohe Belastungen (siehe folgender Kasten und *Tabelle III.6*).

Der Umbau eines Staatsbankensystems

Anhand der Struktur des Staatsbankensystems der DDR lassen sich dessen Umbauprobleme sowie die zu verarbeitenden Altschulden nach der Währungsunion aufzeigen. Wenige Monate vor der Währungsumstellung wurden erste Schritte in Richtung eines zweistufigen Bankensystems eingeleitet. Die *Tabelle III.6* »Das Bankensystem nach der Währungsumstellung (Aug. 1990) – Verarbeitung der Alt-Schulden und Alt-Guthaben« zeigt in Form eines Kontenschemas die Institutionen, ihre Aktiv- und Passivposten sowie deren Verflechtungen.[45] Zugleich lassen sich die abzuwickelnden Altlasten abschätzen:

Bei den »Privaten Kreditinstituten« werden die Banken, Sparkassen und Kreditgenossenschaften, jedoch ohne Nachfolgeorganisationen der Staatsbank, zusammengefaßt. Den größten Passivposten bilden die Bankeinlagen der privaten Haushalte nach der Währungsumstellung. Auf der Forderungsseite dominieren die ehemals über die Staatsbank vermittelten Kredite an die Betriebe. Die Währungsumstellung zum 1. Juli hat bei den »Privatbanken« ein Ausgleichsproblem verursacht. Denn die Forderun-

Tabelle III.6: **Das Banksystem nach der Währungsumstellung (Aug. 1990). Verarbeitung von Alt-Schulden und Alt-Guthaben** (in Mrd. DM)

»Private Kreditinstitute«[1)]

Aktiva		Passiva	
Bankkredite an Wohnungswirtschaft	10	Bankeinlagen der privaten Haushalte (+ Bargeldumlauf)	130
Auslandsaktiva (Forderung Ausland)	30	Bankeinlagen der Betriebe	10
Kredite der Kreditinstitute an Betriebe	135	Auslandspassiva (Verbindlichkeiten gegen Ausland)	50
Nettoausgleichsforderungen	25	Banken-Eigenkapital[2)]	10
	200		200

Staatsbank (in Abwicklung)

Aktiva		Passiva	
Bankkredit an Staat	15	Bankeinlage Staat	5
		Beteiligung des Staats	5
Kredit an Kreditbank	130	Kredite der Kreditinstitute an Betriebe	135
	145		145

Kreditbank AG (in Abwicklung)

Aktiva		Passiva	
Bankkredit an Wohnungswirtschaft	40	Bankeinlage von Betrieben	20
		Beteiligung des Staats	5
Kredite an Betriebe	115	Kredite der Staatsbank	130
	145		145

1) Banken, Sparkassen, Kreditgenossenschaften; jedoch ohne Kreditbank AG und Staatsbank Berlin

2) Einschließlich sonstiger Posten

[Quelle: R. Pohl, Altschulden der DDR-Betriebe: Streichung unumgänglich; in: *DIW-Wochenbericht* 36/90]

gen (Aktivseite) wurden (wie auf S. 98ff. dargestellt) 2 DDR-Mark zu 1 D-Mark umgetauscht; während die Spareinlagen der Privatpersonen (auf der Basis der Daten vom 31. Mai 1990: 182,1 Mrd. DDR-Mark = 123,4 Mrd. D-Mark) durchschnittlich im Verhältnis 1 D-Mark zu 1,475 DDR-Mark umgestellt wurden. Um die Bilanz der »Privatbanken« im Gleichgewicht zu halten, mußten diesen Ausgleichsforderungen in Höhe von ca. 25 Mrd. DM zugewiesen werden.

Schuldner ist der Bund, der dazu einen *Ausgleichsfonds* eingerichtet hat. Die Kreditinstitute erhielten für die Benachteiligung durch die differenzierte Währungsumstellung verzinsliche Netto-Ausgleichsforderungen gegenüber dem Staat, die auch für Refinanzierungsgeschäfte mit der Deutschen Bundesbank genutzt werden können. Dieser Ausgleichsfonds Währungsumstellung ist Bestandteil eines *Kreditabwicklungsfonds* (KAF), der darüber hinaus noch die Gesamtverschuldung des DDR-Republikhaushalts (ca. 28 Mrd. DM) sowie die Zinsdifferenzen aus der Abwicklung von Auslandsverbindlichkeiten und -forderungen einschließlich des Transferrubelbereichs übernimmt. Mittlerweie schätzt das Bundesfinanzministerium im ungünstigsten Fall ein Beanspruchungspotential des KAF in der Größenordnung von 160 Mrd. DM.

Das Gesamtvolumen der Altschulden steht in der Abwicklungsphase der Unternehmen durch die Treuhand-Anstalt noch nicht fest. Experten gehen davon aus, daß als Untergrenze für die Altschulden der Betriebe im Rahmen des KAF derzeit mindestens 35 Mrd. DM anzusetzen und damit zu bedienen sind.[46] Zur Finanzierung ist jedenfalls eine unbegrenzte Kreditermächtigung vorgesehen. Die jährliche Zinserstattung erfolgt derzeit hälftig durch den Bund und die Treuhandanstalt (THA). Die THA muß dazu einen beträchtlichen Teil ihrer Privatisierungserlöse, der eigentlich zur Sanierung der Unternehmen benötigt wird, hergeben. Mit diesen Verpflichtungen aus den Altschulden der Betriebe ist jedoch nicht die derzeitige Kreditlinie mit 30 Mrd. DM der THA zu verwechseln, die zur Vergabe von Liquiditätshilfen an die in Abwicklung befindlichen Betriebe genutzt wird.

1994 sollen aufgrund eines späteren Gesetzes die Fondsschulden wie folgt verteilt werden: auf die Treuhandanstalt, soweit Überschüsse bei der Verwertung ihres Vermögens eine Übernahme zulassen, und je zur Hälfte teilen sich der Bund und die neuen Länder die verbleibenden Schulden. Wenn heute das Ausmaß der Staatsverschuldung angegeben wird, dann muß dieser Fonds, wie die weiteren im Rahmen der deutschen Einigung geschaffenen Fonds, berücksichtigt werden. Der Schuldendienst auf diesen Kreditabwicklungsfonds, der wegen der nicht exakt feststehenden Kreditbeanspruchung nicht präzisiert werden kann, zählt zu den Kosten der deutschen Einheit.

Um den Weg zum zweistufigen Bankensystem zu öffnen, wurde im Frühjahr 1990 die DDR-Staatsbank künstlich in zwei Institute auseinandergelegt: Die *Staatsbank-Berlin* und die *Deutsche Kreditbank* AG (DKB) wurden geschaffen. Der zeitlich befristet eingerichteten Staatsbank wurde die Funktion der Vermittlung zwischen den Geld- und Kapitalmärkten, repräsentiert durch die »Privaten Kreditinstitute«, zugewiesen. Der wichtigste Posten auf der Passivseite sind die Einlagen der »Privaten Kreditinstitute«. Diese Einlagen wiederum ergeben sich aus den Forderungen der Kreditinstitute, die durch deren frühere Kreditvergabe an die Betriebe – vermittelt über die DDR-Staatsbank – entstanden sind.

In der Abschlußbilanz des DDR-Bankensystems gelten ursprünglich alle Einlagen, die die (jetzigen) »Privaten Kreditinstitute« bei der DDR-Staatsbank halten mußten, als sog. Interbanken-Einlagen. Grundsätzlich können die Privatbanken über diese Einlagen verfügen. Im Ausmaß des Abzugs dieser Einlagen wurde und wird jedoch die Staatsbank zur Aufnahme von Krediten gezwungen. Denn der an die Deutsche Kreditbank AG übertragene Großkredit, der einer Weiterwälzung der Betriebsschulden gleichkommt, konnte und kann derzeit nicht abgeschmolzen werden. Dahinter stehen die Betriebe, die sich unter dem Dach der Treuhandanstalt befinden.

Je stärker also die Kreditinstitute ihre Einlagen abziehen, um so umfangreicher wird die Staatsbank zur Refinanzierung und damit zur Beanspruchung der Kapitalmärkte gezwungen. Zumindest mit den Sparkassen konnte die Staatsbank ein Stillhalteabkommen festlegen, und damit wurden deren Einlagen gehalten. Zwischenzeitlich haben die Kreditinstitute jedoch einen Teil ihrer Einlagen bei der Staatsbank zurückziehen müssen, da ihre Kunden wiederum Einlagen für Konsumausgaben und/oder zinsbringende Geldvermögensbildung abzogen. Die genossenschaftlichen Institute lösten allerdings ›ohne Not‹ einen Teil der Einlagen auf, um sie gut verzinst bei der Deutschen Genossenschaftsbank (Frankfurt a. M.) anzulegen. Dieser Einlagenabzug der privaten Kreditinstitute zwang die Staatsbank Berlin dazu, ihre Bilanzlücke durch die Aufnahme staatlich garantierter Schuldverschreibungen (Schatzanweisungen, Anleihen mit fester und variabler Verzinsung) aufzufüllen. Bis Mai 1991 sind allein im Rahmen dieser Ausgleichsfinanzierung ca. 80 Mrd. DM auf den Kapitalmärkten aufgenommen worden.

Der Schuldendienst, der durch die ›Loslösung‹ der (jetzt) privaten Kreditbanken von der Staatsbank-Berlin anfällt, wird jedoch zum Teil über die Deutsche Kreditbank an die THA weitergewälzt. Denn die THA ist dazu übergegangen, in zunehmendem Maße die Altkredite der Betriebe unter ihrem Dach zu übernehmen. Im Rahmen der Entschuldung ihrer Betriebe muß allein im laufenden Jahr die THA ca. 7 Mrd. DM an Zinszahlungen für gestundete und übernommene Altkredite an die Deutsche Kreditbank abliefern.

Während über die Staatsbank Berlin per Großkredit die alten Betriebsschulden an die Deutsche Kreditbank (DKB) weitergegeben wurden, hat sie jetzt die Aufgabe, die Altkredite mit der Treuhandanstalt, der sie zu 100% gehört, abzuwickeln. In dem Ausmaß, in dem die Altschulden der Betriebe abgebaut werden, verliert die DKB ihre Aufgaben; sie soll schließlich aufgelöst werden. Die Altkredite von ca. 115 Mrd. DM in der Bilanz der DKB werden derzeit nicht so abgewickelt, wie es der Einigungsvertrag vorsah. Um den Verkauf und die Sanierung nicht zu belasten, hat in vielen Fällen die THA die Altkredite betroffener Betriebe übernommen. In diesem Umfang ist sie Schuldnerin gegenüber der DKB, die sich jedoch in ihrem Eigentum befindet.

Gewiß ist, daß die im Einigungsvertrag vorgesehene Abwicklung der

Altschulden über die Treuhandanstalt völlig unrealistisch, ja falsch war. Im Sinne einer Selbstfinanzierung wurde auf eine Begleichung der Altkredite über die Nutzung der Privatisierungserlöse der THA gesetzt. Faktisch ist es derzeit jedoch so, daß sich die THA gezwungen sieht, für den Großteil dieser Kredite den Kapitaldienst zu übernehmen. Die Gegenbuchung für nicht aufgelöste Kredite erfolgt im Kreditabwicklungsfonds. Aus der Abschätzung der Zinsen auf die gegenüber den privaten Banken bestehenden Altkredite der Staatsbank werden die maximal möglichen Belastungen für die öffentlichen Haushalte – einschließlich der THA – erkennbar: Bei einem Zinssatz von 9% fallen im ungünstigsten Fall jährliche Zinszahlungen in Höhe von 12 Mrd. DM an.

Die bisherigen Betriebe sind auf absehbare Zeit über die Treuhandanstalt zur Zahlung dieser Zinsen nicht in der Lage. Deshalb müssen die Zinszahlungen, deren Höhe von der Übernahme der Altkredite abhängt, durch die THA und den Bund finanziert werden. Diese Zinszahlungen zählen ebenfalls zu den Kosten der deutschen Einheit, die letztlich durch die Gesellschaft per öffentlicher Haushalte aufzubringen sind. Die Zinsen wiederum fließen an die neu geschaffenen Geschäftsbanken, die das Staatsbankensystem abgelöst haben. Mit der Bedienung der Altschulden vollzieht sich somit eine Umverteilung: Mittel aus den öffentlichen Haushalten fließen den aus dem alten System hervorgegangenen Geschäftsbanken zu. Beteiligt daran sind, wie gezeigt, die westdeutschen Banken, die frühzeitig in den Umbau des alten Staatsbankensystems einsteigen konnten.

Durch die unterschiedliche Umstellung der Alt-Guthaben einerseits und der Alt-Schulden andererseits, durch den Einlagenabzug der privaten Kreditinstitute bei der Staatsbank Berlin sowie durch die Abwicklung der zum Teil uneinbringlichen Betriebsschulden (einschließlich der Wohnungswirtschaft) ergeben sich drei Quellen der Belastung des Bundeshaushalts, einschließlich der Treuhandanstalt:

- Ausgleichsforderungen des privaten Kreditgewerbes;
- Schuldenaufnahme der Staatsbank Berlin im Ausmaß des Rückgangs der Einlagen des privaten Kreditgewerbes;
- Bedienung der betrieblichen Altschulden.

Die haushaltsspezifischen Belastungen beim Bund werden derzeit durch die Einrichtung entsprechender Fonds nicht unmittelbar sichtbar. Sie erhöhen jedoch im Ausmaß des dafür aufzubringenden Schuldendienstes unbestreitbar den Preis der deutschen Einheit.

Wie in vielen anderen Bereichen der ökonomischen Einigung, gibt es im Zuge der Übernahme der D-Mark und damit des westdeutschen Bankensystems *Zahler* und *Gewinner*: Der Bundeshaushalt und die THA gehören zu den Zahlern; die Abwicklungskosten der Währungsunion werden hierüber ›vergesellschaftet‹. Dagegen haben vor allem die westdeutschen Großbanken die in der Abwicklung befindliche Deutsche Kreditbank AG genutzt, um in den neuen Bundesländern zügig und ›preiswert‹ Fuß zu fassen. Noch vor der Währungsunion gründeten die Deutsche Bank sowie die Dresdner Bank jeweils mit der DKB ein Gemeinschaftsinstitut, um das zwar wenig ausgebaute Filialnetz der DDR-Staatsbank zu nutzen und Mitarbeiter der DKB zu übernehmen. Zum Teil konnten damit die beiden westdeutschen Kreditinstitute die ihnen am Ende des Zweiten Weltkriegs gehörenden Bankgebäude wieder zurückgewinnen.

Sicherlich war es verdienstvoll, daß westdeutsche Banken auf diese Weise ihre Geschäftsaktivitäten in Ostdeutschland schnell ausbauten und Personal der alten Staatsbank übernahmen. Durch den Eintritt über die DKB konnten sich die beiden Großbanken gegenüber anderen Kreditinstituten jedoch durchaus Vorteile sichern. Sicherlich ist es nicht zumutbar, im Gegenzug die beiden Großbanken an der Finanzierung der Altkredite zu beteiligen. Denn hierbei handelt es sich um eine typische Gemeinlast, die über die öffentlichen Haushalte abgebaut werden muß. Zu kritisieren ist jedoch, daß der Einstieg ausgesprochen billig, d.h. ohne adäquate Kaufpreise für die bisherigen Einrichtungen vorgenommen wurde. Hier zeigt sich durchaus das Problem einer ungleichen Verteilung der Kosten gegenüber den Vorteilen der deutschen Einigung.

3.9. Lohnpolitik im Dilemma

Die entscheidende Weichenstellung der Lohnpolitik erfolgte mit der Einführung der D-Mark zum 1.7.1990. Der Vorschlag der Deutschen Bundesbank, die Löhne und Gehälter im Verhältnis von 2 DDR-Mark auf 1 D-Mark umzustellen sowie einen einmaligen Ausgleich für die wegfallende Subventionierung wichtiger Lebenshaltungskosten durch den Staat – die sog. »zweite Lohntüte« der DDR – zu zahlen, stieß auf erbitterte Proteste. Unter dem Druck eines drohenden Generalstreiks in Ostdeutschland entschloß sich die Bundesregierung, die Arbeitseinkommen im Verhältnis 1 DDR-Mark zu 1 D-Mark, jedoch ohne Ausgleich für die Verteuerung der Lebenshaltungskosten infolge des Subventionsabbaus, umzustellen. Damit war die Ausgangslage der Lohn- und Gehaltsbezieher nach dem Start in die Währungsunion definiert: Das durchschnittliche monatliche Bruttoeinkommen in der Industrie betrug schätzungsweise vor der Währungsumstellung 1322 DM gegenüber 4214 DM in Westdeutschland. Allerdings ist dieser Einkommensvergleich nur wenig aussagekräftig, denn nach Abzug der Steuern und Sozialabgaben verdient ein westdeutscher Industriearbeiter durchschnittlich im Monat nur noch ca. 2250 DM, während die Abgaben auf die Löhne und Gehälter in der DDR viel geringer ausgefallen sind.

Mit dem Start in die deutsche Einigung über die Währungsunion war eine tiefe *Spaltung* zwischen den Arbeitseinkommen in Ost- und Westdeutschland, die auch auf das Produktivitätsgefälle zurückgeführt werden muß, vorgezeichnet. Nach der Währungsumstellung mußte schnell eine Antwort auf die entscheidende Frage nach der Entwicklung der Arbeitseinkommen gefunden werden. Die Lohnpolitik war und ist durch ein tiefgreifendes Dilemma gekennzeichnet:

– Erstens mußten die *Arbeitseinkommen* zügig erhöht werden, um die alltäglichen Lebenshaltungskosten aufbringen zu können. Es ging also um die Sicherung von Kaufkraft. Da jedoch wichtige Preise im Warenkorb der Bezieher von Arbeitseinkommen infolge des bis Ende 1991 projektierten Abbaus staatlicher Subventionierung vieler Produkte stiegen, geriet die Tarifpolitik unter den Druck, mit den Löhnen reale Kaufkraftverluste zu sichern.

– Zweitens wurde schnell sichtbar, daß bei offenen Grenzen einer Währung und einem vergleichbaren Warenangebot die Spaltung der Arbeitseinkommen zwischen Ost- und Westdeutschland in einem absehbaren Zeitraum abgebaut werden muß. Denn durch das *Einkommensgefälle* würde die dauerhafte Abwanderung nach Westdeutschland bzw. die Zahl der Arbeitspendler zunehmen. Aber auch noch stärkere soziale Spannungen und Frustrationen über die Versprechungen einer schnellen Verbesserung der Lebenslage in Ostdeutschland wären die Folge.

– Drittens stellen sich für nahezu alle Betriebe kaum überwindbare Probleme bei der Aufbringung der *Lohnkosten*. Die Basis der Zahlung von Arbeits- wie auch Gewinneinkommen bildet die betriebliche Wertschöpfung. Lohnzahlungen hängen einerseits von der Produktivität der Betriebe ab (Wertschöpfung zu Arbeitseinsatz). Andererseits kann ein noch so produktiver Betrieb keine Wertschöpfung erzielen, wenn die Produkte nicht zu Marktpreisen abgesetzt werden. Im Durchschnitt leiden die Unternehmen unter mangelnder Produktivität und zugleich unzureichenden Umsätzen wegen fehlender Märkte.

Diese Dilemmasituation macht deutlich, daß die Entscheidung über die Entwicklung der tarifvertraglich zu vereinbarenden Löhne und Gehälter nicht nach westdeutschem Muster bewältigt werden konnte, denn die Lohnpolitik allein wäre völlig überfordert, dieses Dilemma aufzulösen. In der Phase der Umbaukrise ist die Lohnpolitik auf die Hilfe des Staates – vermittelt über die Treuhandanstalt – angewiesen.

Die Tarifparteien haben nach dem 1. 7. 1990 – soweit sie dies überhaupt konnten – dieser Dilemmasituation Rechnung getragen. In der ersten Tarifrunde waren die Gewerkschaften jedoch gezwungen, einen Gründungsfehler der Währungsunion zu korrigieren. Eine einmalige Ausgleichszahlung für den beginnenden Abbau von Preissubventionen sowie steigende Abgabenbelastungen wurden durchgesetzt. Mit der Tarifpolitik im ersten Halbjahr 1991 wurden dann entscheidende Weichen in die Zukunft gestellt:[47] Im Mittelpunkt der meisten Abschlüsse steht das Ziel, über einen mehrjährigen Zeitraum das Lohn- und Gehaltsniveau sowie weitere Komponenten der Tarifverträge (Urlaubslänge und -geld, Jahressonderzahlungen, vermögenswirksame Leistungen) anzugleichen und die Wochenarbeitszeit zu verkürzen. Nach intensiven Auseinandersetzungen gelang es der IG Metall am 1.3.1991 für Mecklenburg-Vorpommern einen pionierhaften Abschluß durchzusetzen.[48] Die vereinbarten, zeitlichen Stufen zur Anhebung des tariflichen Lohn- und Gehaltsniveaus zeigt die *Tabelle III.7.*

Tabelle III.7: **Anhebung des tariflichen Lohn- und Gehaltsniveaus in der Metallindustrie Mecklenburg-Vorpommerns**
(v. H. des Tarifniveaus von Schleswig-Holstein)

ab	Arbeiter (Lohngr. 6)	Angestellte (Gehaltsgr. 4)	Basis
1.4.91	62,6	58,6	31. 3.91
1.4.92	71	69	31. 3.92
1.4.93	82	80	31. 3.93
1.1.94	82	80	31.12.93
1.4.94	100	100	1. 4.94

[Quelle: *WISI-Tarifarchiv.* In: *WSI-Mitteilungen* 8/1991, S. 469]

Die Tarifabschlüsse für Ostdeutschland wurden von Anfang an dem Vorwurf ausgesetzt, sie seien angesichts der Krisenlage viel zu hoch und würden die Entwicklungsprobleme verschärfen. Dabei trifft die Behauptung, es sei in einem Zug eine Erhöhung des tariflichen Lohn- und Gehaltsniveaus auf 60–70% in Westdeutschland durchgesetzt worden, nicht zu. Der Vergleich des Tarifniveaus einer Arbeiterin der Metallindustrie in Sachsen im Verhältnis zu Bayern am Stichtag 30.6.1991 widerlegt diese Saga (vgl. *Tabelle III.8*): Auf Stundenbasis erreicht die sächsische Arbeiterin gegenüber ihrer Kollegin in Bayern 54,2% der tariflichen Grundvergütung. Der Anteil liegt gegenüber dem Vergleich auf Monatsbasis (58,6%) niedriger, da die sächsische Arbeiterin pro Monat (noch) länger arbeiten muß. Wird die gesamte tarifliche Grundvergütung berücksichtigt und um den Urlaubseffekt sowie übertarifliche Bezahlung in Bayern bereinigt, dann geht der Anteil auf 39,9% zurück.[49]

Tabelle III.8: **Tarifniveau der Metallindustrie Sachsen im Verhältnis zu Bayern Arbeiterin (Ecklohngruppe)**
(Stichtag 30. 6. 1991)

Tarifliche Gesamtvergütung	Sachsen	Bayern
Monatliche Grundvergütung	1455,00DM	2482,00 DM
Leistungszulage	72,75 DM	372,30 DM
Vermögenswirksame Leistung	–	52 DM
Monatlich gesamt:	1527,75 DM	2906,30 DM
× 12	18333,00 DM	34875,60 DM
Urlaubsgeld	–	2140,73 DM
Jahressonderzahlung	305,55 DM	1427,15 DM
Tarifliche Gesamtvergütung[1]		
– im Jahr	18638,55 DM	38443,48 DM
– im Monat	1553,22 DM	3203,62 DM

Tarifniveau Sachsen/Bayern	Stundenbasis	Monatsbasis
Tarifliche Grundvergütung[2]	54,2 V.H.	58,6 v.H
Tarifliche Grundvergütung	44,8 v.H.	48,5 v.H.
– bereinigt um Urlaubseffekt und 10 v.H. Übertarif in Bayern	39,9 v.H.	43,1 v.H.

[1] Ohne Berücksichtigung weiterer Zulagen und Zuschläge, z.B. für Nacht- und Schichtarbeit, Überstunden usw.

[2] Das im Tarifvertrag genannte Niveau von 62,6 v.H. (auf Monatsbasis) ergibt sich aus folgenden Daten: Tarifvergütung Sachsen ab 1. 4. 1991. Bezugseinkommen West ist lt. Tarifvertrag die Tarifvergütung der bayerischen Metallindustrie vom 31. 3. 1991 (also vor Inkrafttreten der Lohnerhöhung zum 1. 4. 1991 um 6,7 v.H.)

[Quelle: R. Bispinck/WSI-Tarifarchiv, »Alle Dämme gebrochen?« – Die Tarifpolitik in den neuen Bundesländern.
In: *WSI-Mitteilungen* 8/1991, S. 474]

Aufschlußreich für die Bewertung des Einkommensgefälles zwischen Ost- und Westdeutschland ist auch der Vergleich der Einkünfte der Haushalte. Hier zeigt sich, daß auch heute noch mehr Haushaltsmitglieder – insbesondere durch die häufigere Berufstätigkeit der Frauen – in Ostdeutschland mitverdienen. Um jedoch die reale Einkommenslage beurteilen zu können, müssen auch die unterschiedlichen Kaufkraftverhältnisse berücksichtigt werden. Ein entsprechender Einkommensvergleich offenbart: Während alle Rentnerhaushalte im ersten Quartal 1990 64% des westdeutschen Realniveaus erreichten, geht der Anteil bis zum Jahresende auf 60% zurück. Das obere Drittel (der Einkommensschichtung) aller Arbeitnehmerhaushalte erreichte im ersten Quartal 1991 75 %; am Jahresende sind es nur noch 68 % (*Tabelle III. 9*).[50] Die Verschlechterung der (realen) Einkommenslage gegenüber Westdeutschland ist auf den Abbau der Preissubventionen bis Ende 1991 zurückzuführen. Trotz abzusehender Einkommensverbesserungen – vor allem infolge der Lohnpolitik – verschlechtert sich für die Rentner- und Arbeitnehmerhaushalte die Einkommenslage bis Ende 1991.

Aus eigener Kraft vermag die Lohnpolitik in den Bahnen des Tarifvertragssystems aus ihrem Dilemma nicht herauszufinden. Die Gewerkschaften waren richtig beraten, eine *stufenweise Angleichung der Tariflöhne* und *-gehälter* durchzusetzen. Der leider ziemlich verbreitete Vorwurf, sie hätten dadurch die ökonomische Krise verschärft, ja verursacht, offenbart wenig Grundkenntnisse über die ostdeutschen Entwicklungsprobleme. Dieses Krisenszenario, das monokausal Ursachen wirtschaftlicher Fehlentwicklung immer den Gewerkschaften anlastet, lenkt von den eigentlichen Problemen ab. Eine Lohnpolitik, die die Teilhabe der Beschäftigten an den wirtschaftlichen Ergebnissen und damit die Kaufkraft sichert, ist die eine Aufgabe. Die andere Aufgabe hat sich auf die Unternehmen zu konzentrieren, die mangels Absatz die Lohnkosten derzeit nicht bezahlen können.

Unternehmen in der Umbauphase, die erst wieder neue Absatzmärkte erobern wollen, müssen durch zeitlich befristete Lohnsubventionen gestützt werden. Vorgeschlagen wurde durch Wissenschaftler der Berkeley-Universität ein »sich selbst überwindendes flexibles System von Lohnsubventionen«.[51] Im Mittelpunkt dieses Vorschlags steht die Senkung der Lohnkosten der gesamten Wirtschaft (ohne Staat und Landwirtschaft) um 75 %. Der Abbau dieser Subventionen ist an das Ausmaß der Angleichung an das westdeutsche Lohnniveau gekoppelt. Lohnerhöhungen führen somit zum Abbau der Subventionen.

Das *Deutsche Institut für Wirtschaftsforschung* hat auf der Basis aktueller Daten die direkten Kosten dieser Variante der Lohnsubventionierung auf 165 Mrd. DM – und nach Abzug zusätzlicher Einnahmen und Einsparungen durch die Beschäftigung netto auf 134 Mrd. DM – geschätzt.[52] Die Umsetzung des Berkeley-Modells, das durchaus positiv aufgenommen wurde, ist jedoch mit Problemen verbunden: Vor allem besteht die Gefahr, daß diese Lohnsubventionierung arbeitsintensivere Technologien massiv bevorteilt. Denn Unternehmen profitieren nur von diesem Modell, wenn sie technologisch rückständig bleiben. Es könnte auch dazu kommen, daß die Lohnsubventionen als Preisvorteil genutzt werden.[53]

Einen pragmatischen Vorschlag zur Lohnsubventionierung der Unter-

Tabelle III.9: **Realeinkommensvergleich zwischen den alten und neuen Bundesländern für das erste und vierte Quartal 1991**

Einkommen / Haushalte	Durchschnittliches Einkommen nominal West[2] in DM	Durchschnittliches Einkommen nominal Ost in DM	Relative Kaufkraft[1] in den neuen Bundesländern in v. H.	Um Kaufkraftunterschiede bereinigte Einkommen/Ost in DM	Einkommensunterschiede real (West = 100) in v. H. I. Quartal	Einkommensunterschiede real (West = 100) in v. H. IV. Quartal[3]
Alle Rentnerhaushalte	2794	1298	137	1781	64	60
Alle Arbeitnehmerhaushalte	4437	2738	129	3546	80	73
Oberes Drittel (der Einkommensschichtung) aller Arbeitnehmerhaushalte	6864	3976	129	5122	75	68

1) Die Kaufkraft der DM in den neuen im Verhältnis zur Kaufkraft der DM in den alten Bundesländern.
2) Jahresdurchschnitt 1990.
3) geschätzt

[Quellen: Berechnungen des DIW und des IAW aus: Mitarbeiter des DIW/IAW, Einkommen und Verbrauch der privaten Haushalte in den alten und neuen Bundesländern; in: *DIW-Wochenbericht* 29/1991, S. 411]

nehmen unter dem Dach der Treuhandanstalt hat das *Deutsche Institut für Wirtschaftsforschung*, das sich ursprünglich gegen Lohnsubventionen aussprach, vorgelegt.[54] Den Ausgangspunkt bildet die zutreffende Feststellung: Während sich eine breite Kulisse von Maßnahmen auf die Förderung der privatwirtschaftlichen Kapitalbildung in Ostdeutschland konzentriert (vgl. *Kap. V*, S. 147ff.), stehen die Unternehmen vor dem Problem, die Produktionskosten – ohne genügend Erlöse zu erzielen – zahlen zu müssen. Über ausreichende Liquidität verfügen diese Betriebe nicht. In Ergänzung zur Kapitalsubventionierung, deren Erfolg oder Mißerfolg sich erst nach einer längeren »Reifeperiode« zeigt, ist es kurzfristig sinnvoll, auch die Arbeitskosten zu senken. Vorgeschlagen wird eine Lohnsubvention, die in drei bis vier Jahren auf Null abgebaut wird. Eingestiegen werden soll zu einem Stichtag des geltenden Stundentariflohns mit 50%. Bei dieser Lohnsubventionierung gibt es keinen Anreiz für starke Lohnsteigerungen, denn jede Lohnerhöhung senkt den Wert der Subventionen im Verhältnis zu den gesamten Lohnkosten. Das Subventionsvolumen würde für das Jahr 1992 ca. 15 Mrd. DM betragen.

Um in der entscheidenden Übergangsphase die Unternehmen unmittelbar von Kosten zu entlasten, ist das jedoch zeitlich strikt befristete Instrument Lohnsubventionen sinnvoll. Die Vermessung der lohnpolitischen Lage Ostdeutschlands mit der westdeutschen Elle führt zu Fehlschlüssen. In der Übergangsphase ist auch die Politik gefordert, um die Angleichung gerade auch bei den Löhnen und Gehältern an westdeutsche Verhältnisse zu sichern, ohne den Umbau zu belasten.

Anmerkungen

1 *Wirtschaftswoche* vom 3.5.1991, S. 41
2 Vgl. G. Schürer. Die Bilanz war gelogen. In: *Wirtschaftswoche* Nr. 30/1990
3 Berechnet nach: Statisches Bundesamt, Zur Sozialproduktberechnung der Deutschen Demokratischen Republik, Wiesbaden 1990
4 B. Görzig, M. Gornig, Produktivität und Wettbewerbsfähigkeit der Wirtschaft der DDR. In: *DIW-Beiträge zur Strukturforschung*, Heft 121, Berlin 1991, S. 27
5 D. Cornelsen, DDR-Wirtschaft: Ende oder Wende. In: *Aus Politik und Zeitgeschichte*, Beilage zur Wochenzeitung *Das Parlament*, B 1–2/90 vom

5.1.1990, S.35. Siehe auch: dieselbe, Die Wirtschaft der DDR in der Honecker-Ära. In: *Vierteljahreshefte zur Wirtschaftsforschung*, Heft 1/1990, S. 70ff.

6 H. Maier, S. Maier, Vom innerdeutschen Handel zur deutsch-deutschen Wirtschafts- und Währungsgemeinschaft, Köln 1990, S. 81

7 B. Görzig, M. Gornig, Produktivität, a. a. O., S. 85

8 B. Görzig, M. Gornig, Produktivität, a. a. O., S. 38

9 Ebenda

10 Institut für Angewandte Wirtschaftsforschung (Hg.), Wirtschaftsreport – Daten und Fakten zur wirtschaftlichen Lage Ostdeutschlands, Berlin 1990, S. 57

11 K. Vogler-Ludwig, Verdeckte Arbeitslosigkeit in der DDR. In: *Ifo-Schnelldienst*, Heft 24/90, S. 7

12 Vgl. R. Schwarz, Über Innovationspotentiale und Innovationshemmnisse in der DDR-Wirtschaft. Wissenschaftszentrum Berlin. Berlin 1991

13 Nach Angaben von Frieder Naschold vom Wissenschaftszentrum Berlin. Siehe *Frankfurter Rundschau* vom 27.7.1991

14 B. Görzig, M. Gornig, Produktivität, a. a. O., S. 42

15 H. Maier, Integrieren statt zerstören. Für eine gemischtwirtschaftliche Strategie in den neuen Bundesländern. In: *Aus Politik und Zeitgeschichte*, Beilage zur Wochenzeitung *Das Parlament*, B 29/91 vom 12.7.1991, S. 10

16 H. Maier, S. Maier, Vom innerdeutschen Handel, a. a. O., S. 78

17 Ebenda, S. 81

18 W. Merkel, S. Wahl, Das geplünderte Deutschland. Die wirtschaftliche Entwicklung im östlichen Teil Deutschlands von 1949 bis 1989, Bonn 1991, S. 81

19 H. Maier, Integrieren statt zerstören, a. a. O., S. 11

20 Exporte in Mark Valutagegenwert bezogen auf das BIP in Mark. Vgl. B. Görzig, M. Görner, Produktivität, a. a. O., S. 17, 52 eigene Berechnung

21 Ebenda, S. 84

22 DIW, DDR-Wirtschaft im Umbruch. Berlin 1990, S. 29

23 In *Der Spiegel* Nr. 37 vom 9.9.1991, S. 88ff.

24 In welchem Maße die KoKo-Devisenerlöse in den Angaben über den innerdeutschen Handel enthalten sind, läßt sich derzeit nicht feststellen.

25 B. Görzig, M. Gornig, Produktivität, a. a. O., S. 59, 72, 84ff.

26 Deutscher Bundestag, Materialien zur Lage der Nation im geteilten Deutschland 1987, Bundestags-Drucksache 11/11 vom 18.2.1987, S. 598

27 DIW, DDR-Wirtschaft im Umbruch, a, a. O., S. 23

28 Vgl. K. Hübner, Warum die DDR ökonomisch scheitern mußte. In: Deutsche Postgewerkschaft, *Gewerkschaftliche Praxis*, Heft 3/1991, S. 35ff.

29 Vgl. W. Merkel, S. Wahl, Das geplünderte Deutschland, a. a. O., S. 14ff.

30 H.-H. Härtel, R. Krüger, Aktuelle Entwicklungen von Marktstrukturen in Ostdeutschland aus wettbewerbspolitischer Sicht. *HWWA-Report* Nr. 86, Hamburg 1991, S. 6

31 Vgl. dazu: Arbeitsausschuß zur Prüfung der Wirtschafts- und Währungs-

union (Delors-Bericht), Bericht zur Wirtschafts- und Währungsunion in der Europäischen Gemeinschaft. In. P. Bofinger, Der Weg zur Wirtschafts- und Währungsunion in Europa – Analysen und Dokumente, Wiesbaden 1990

32 Vgl. die im Herbst 1990 entstandene Untersuchung: H. Heseler/R. Hikkel, Der maritime Sektor im Umbruch – Wirtschaftsstrukturelle und beschäftigungspolitische Vorschläge für Rostock. In: *PIW-Studien* Nr. 6 Bremen 1990

33 Haussmanns Plan zur Wirtschafts- und Währungsunion mit der DDR. In: *BMWI-Tagesnachrichten* vom 8.2.1990, Nr. 9507

34 Brief vom »Sachverständigenrat zur Begutachtung der gesamtwirtschaftlichen Entwicklung (SVR)« an den Bundeskanzler am 9.2.1990. In: SVR, Jahresgutachten 1990/91, Bundestagsdrucksache 11/8472, S. 306ff.

35 Alle Zitate der Chronologie sind entnommen: Deutsche Bundesbank, Auszüge aus Presseartikeln Nr. 5–30/1990

36 Erzählt wird, der Bundesbankpräsident Pöhl hätte nach der Korrektur seiner ursprünglichen Auffassung anläßlich des Bonn-Besuchs durch Christa Luft, Wirtschaftsministerin der Modrow-Regierung, ihr einen Blumenstrauß mit dem handschriftlichen Vermerk, die Politik habe über die ökonomische Vernunft gesiegt, im Hotel überreichen lassen.

37 Vgl. Brief des SVR a. a. O.

38 Siehe Haussmanns Plan a. a. O.

39 H. Flassbeck u. a., Reform der Wirtschaftsordnung in der DDR und die Aufgaben der Bundesrepublik. In: *DIW-Wochenbericht* 6/1990

40 K. Schiller. In: *Die Welt* vom 21.5.1990

41 Vgl. etwa die bereits im Frühjahr 1990 vorgelegte Kritik im Rahmen eines Sondermemorandums am Einigungskurs der Bundesregierung durch: Arbeitsgruppe Alternative Wirtschaftspolitik, sozial-ökologisches Sofortprogramm – Risiken der deutsch-deutschen Währungsunion auffangen. In: *Memo-Forum* 16/1990

42 Deutsche Bundesbank, Vorschläge des Zentralbankrats zu einem Umstellungsgesetz (vom 2.4.1990). In: Auszüge aus Presseartikeln Nr. 28/1990

43 Vgl. G. Kutscher, Kein schlechter Reallohn – Überlegungen zum Umtauschverhältnis 2:1. In: *Handelsblatt* vom 10.4.1990

44 Eine Darstellung der geldpolitischen Übergangsregelungen in Ostdeutschland vgl.: Deutsche Bundesbank, Ein Jahr deutsche Währungs-, Wirtschafts- und Sozialunion. In: *Monatsberichte der Deutschen Bundesbank* 7/1991, S. 21ff.
Zum Überblick über die Struktur des Bankensystems der DDR vgl. Deutsche Bundesbank, Die Währungsunion mit der Deutschen Demokratischen Republik, Anhang 3. In: *Monatsberichte der Deutschen Bundesbank* 7/1990

45 Vgl. dazu: R. Pohl, Alt-Schulden der DDR-Betriebe: Streichung unumgänglich. In: *DIW-Wochenbericht* 36/1990

46 Institut der deutschen Wirtschaft, Altschulden in Ost – Eine schwere Last. In: *iwd* Nr. 39/1991, S. 7

47 R. Bispinck, »Alle Dämme gebrochen«? – Die Tarifpolitik in den neuen Bundesländern im 1. Halbjahr 1991. In: *WSI-Mitteilungen* 8/1991, 466ff.

48 a.a.O., S. 469

49 a.a.O., S. 474

50 Mitarbeiter des DIW/IAW, Einkommen und Verbrauch der privaten Haushalte in den neuen und alten Bundesländern. In: *DIW-Wochenbericht* 29/1991

51 G. Akerlof u. a., East Germany in Form the Cold: The Economic Aftermath of Currency Union; Brookings Papers on Economic Activity 1/1991

52 Vgl. H. Flassbeck u. a., Allgemeine Lohnsubventionen – kein Ausweg aus der Beschäftigungskrise in Ostdeutschland. In: *DIW-Wochenbericht* 36/1991

53 Vgl. die Kritik H. Flassbeck u. a., a. O., S. 512ff.

54 H. Flassbeck u. a., Subventionierung und Privatisierung durch die Treuhandanstalt: Kurswechsel erforderlich. In: *DIW-Wochenbericht* 41/1991

Kapitel IV

Herausforderungen an die Politik

4.1. Aufgaben der Politik

Mit der Einführung der D-Mark-Währung sind – das ist das Fazit des letzten Abschnitts – die Grundstrukturen der nachfolgenden sozial-ökonomischen Integration sowie die damit verbundenen Entwicklungsprobleme endgültig fixiert worden.

Das *Modell Westdeutschland* ist seitdem festes, unverrückbares Referenzsystem der ostdeutschen Entwicklung. Diese mit der Währungsunion erfolgte ordnungspolitische Grundsatzentscheidung begrub endgültig letzte vereinzelte Hoffnungen auf einen gegenüber Westdeutschland alternativen Entwicklungsweg. Selbst geringfügige Elemente alternativer Gestaltung, etwa durch den systematischen Einbezug regionaler bzw. lokaler »runder Tische«, können auf Dauer nur in dem Ausmaß Bestand haben, wie sie auch in Westdeutschland zugelassen werden. Ansonsten drohen alternative Elemente des Wirtschaftens und der Politik als Standortnachteil gegenüber Westdeutschland wahrgenommen zu werden.

Mit dieser These von der unerbittlichen Entwicklung in Richtung einer grundsätzlichen Angleichung des wirtschaftlichen Grundtyps in Ostdeutschland an die alte Bundesrepublik dürfen jedoch zwei offene Flanken nicht zugedeckt werden:

Zum einen lassen sich durchaus infolge der Integration Ostdeutschlands Rückwirkungen auf die westdeutsche Wirtschafts- und Gesellschaftsentwicklung, die in *Kapitel IX* beschrieben werden, erwarten. Ja, es sind auch ordnungspolitische Veränderungen vorstellbar. Beispielsweise könnte der soziale Druck durch die hohe Arbeitslosigkeit in den fünf neuen Bundesländern zum Abbau des Arbeitsmarkt- und Tarifrechts in Gesamtdeutschland genutzt werden.

Zum anderen ergibt sich zumindest in der Phase des Um- und Aufbaus der Wirtschaft gegenüber westdeutschen Verhältnissen geradezu die Notwendigkeit einer eigenständigen Politik. Wenn die hier entwickelte These richtig ist, daß sich die Transformationskrise gerade nicht mit den Instrumenten der hochentwickelten westdeutschen Wirtschaft bewältigen läßt, dann muß dieser Spielraum genutzt werden. Mit dem Gesamtumbau der ostdeutschen Wirtschaft stellt sich die Aufgabe einer *Strukturpolitik* für alle Branchen und Regionen. Durch die Beteiligung aller gesellschaftlichen Gruppen müssen daher – vergleichbar den ›runden Tischen‹ – auf der Ebene der neuen Länder sowie ihrer Regionen und Kommunen beratende und koordinierende Institutionen zumindest für die Übergangsphase gebildet werden. Würde es keine gestaltbaren Spielräume beim Umbau der ostdeutschen Wirtschaft in Richtung westdeutscher Verhältnisse geben, dann wäre schließlich die heftige Kontroverse über die seit dem ersten Staatsvertrag eingeschlagene Politik sinnlos, denn es gäbe nur einen eindeutigen Pfad der Angleichung.

Die hier vorgelegte Kritik an der Politik der Bundesregierung richtet sich *nicht* gegen die umstrittene Entscheidung, mit der schnellen Währungsunion in den schmerzhaften Prozeß der sozial-ökonomischen Einigung eingestiegen zu sein. Die Schelte gilt vielmehr der praktizierten Politik unter dem Regime dieses massiven Anpassungsschocks. Aus einer Mischung von Unkenntnis der tatsächlichen Verhältnisse und marktwirtschaftlichem »Dogmatismus« hatte der Grundsatz keine Chance, Maxime des politischen Handelns zu werden: Der D-Mark-Import nach Ostdeutschland verlangt ein Höchstmaß an gegensteuernder Politik, um die Wucht der Krise abzumildern und die Transformation in ein entwickeltes Wirtschaftssystem überhaupt zu gewährleisten. Freilich wäre die Vorstellung naiv, es hätte die Möglichkeit gegeben, diesen Anpassungsschock voll aufzufangen. Dazu war, wie gesagt, dessen Wucht zu groß. Vielmehr wurde eine Politik erforderlich, die Überbrückungs- und Umbauhilfen über einen längeren Zeitraum konzentriert zur Verfügung zu stellen hat.

Dieser Herausforderung hat sich die Bundesregierung mit dem ersten Staatsvertrag und dem Einigungsvertrag völlig unzureichend gestellt. Nicht einmal der eng begrenzte Handlungsspielraum wurde ausgeschöpft. Die sozial-ökonomische Anpassungskrise und mit ihr die unzulängliche Regierungspolitik wurden mit der Währungsunion schnell sichtbar. Die um sich greifende Krise zwang, wenn auch viel zu zögerlich, die Bundesregierung zu deutlichen Korrekturen ihrer Politik. Nach der ersten gesamtdeutschen Bundestagswahl Ende Dezember 1990 fand die wiedergewählte Regierungskoalition endlich den Mut zu einem nicht unbedeutenden Kurswechsel. Wichtigste Punkte dieser Fehlerkorrektur Anfang 1990 waren:

- Nachbesserungen im Rahmen eines Programms *»Gemeinschaftswerk Aufschwung Ost«*;
- finanziell bessere Ausstattung der ostdeutschen Länder und ihrer Kommunen;

- zeitlich befristete Lockerung des Prinzips Vorrang der Entschädigung für Eigentum gegenüber Rückgabe (Restitution);
- abgabenpolitische Maßnahmen zur Finanzierung der deutschen Einheit.

Spätestens mit der einsamen Entscheidung des Bundeskanzlers für die Währungsunion setzte, wie dargelegt, eine heftige Debatte über die angemessene Strategie zur schnellen Überwindung der Transformationskrise in Ostdeutschland ein. Parteipolitisch divergierende Interessen, aber auch die wenig hilfreiche Flucht der beratenden Wirtschaftswissenschaft in marktwirtschaftliche Beschwörungsformeln, ließen eine rationale Diskussion kaum zu. Dazu trug auch die Tatsache bei, daß die grundlegenden Anforderungen an die Politik im Dienste des sozial-ökonomischen Umbaus der ostdeutschen Wirtschaft nicht offengelegt wurden. Statt dessen verirrte man sich im Dschungel von Detailproblemen und verlor im Wust von Horrormeldungen über die Probleme Ostdeutschlands den Überblick.

Dieser Kardinalfehler soll in diesem Buch nicht wiederholt werden. Deshalb stellen wir der Auseinandersetzung über den richtigen Transformationskurs einen orientierenden Überblick zu den Herausforderungen an die wichtigsten Politikbereiche voran. Drei aufeinander bezogene Grunderkenntnisse müssen bei der Politik des Umbaus der ostdeutschen Wirtschaft berücksichtigt werden:

Erstens: Im politisch geeinten Deutschland ist, auch unter einer optimalen Politik, über einen Zeitraum von mindestens zehn Jahren eine tief gespaltene sozial-ökonomische Entwicklung zwischen Ost- und Westdeutschland unvermeidbare Realität. Die Behauptung, die Freisetzung der Marktkräfte könnte in diesem Systemumbruch ein Aufschwungszauber auslösen, gehört eher in den Bereich einer vermeintlichen Therapie. Denn die wirtschaftliche Lage in der Ex-DDR gleicht nicht einem konjunkturellen Abschwung, der bei Entfesselung der Marktkräfte in einen Aufschwung umzuschlagen vermag. Vielmehr muß die Substanzkrise der DDR-Wirtschaft überwunden und ein grundlegender Systemwechsel vollzogen werden.

Zweitens: Die über Jahre tief gespaltene Wirtschaftsentwicklung läßt logischerweise eine nach einheitlichen Grundsätzen handelnde Wirtschafts- und Finanzpolitik in Ost- und Westdeutschland nicht zu. Die Sanierung der ostdeutschen Wirtschaft und Umwelt ist für viele Jahre nicht in den Bahnen der traditionellen Politik Westdeutschlands zu bewerkstelligen. Vielmehr bedarf es eines Programms, das den spezifischen Finanzierungs- und Politikanforderungen Rechnung trägt. Dieser Grundsatz – gespaltene Wirtschaftsentwicklung, gespaltene Politik – gilt jedoch nicht für die Geld- und Währungspolitik. In einem einheitlichen Währungsgebiet lassen sich nunmal die geldpolitischen Instrumente der Deutschen Bundesbank nicht regional differenziert einsetzen. Durch den Zwang zu einer einheitlichen Geldpolitik in einem Währungsgebiet wächst allerdings die Verantwortung der Finanz- und Regionalpolitik, eine Herausforderung, die in den Einigungsdokumenten nicht begriffen wurde.

Drittens: Grundsätzlich läßt sich das westdeutsche Ordnungsmodell zur Überwindung der Transformationskrise nicht einfach übertragen. Die real existierende Marktwirtschaft Westdeutschlands ist selbst Produkt einer langen Entwicklung seit Anfang der fünfziger Jahre. Nach schweren Anpassungskrisen ist sie heute durch eine hohe internationale Konkurrenzfähigkeit gekennzeichnet. Die Transformation zu sozial und ökologisch regulierten Marktstrukturen kann jedoch nicht mit den Instrumenten dieses hoch entwickelten Wirtschaftstyps erfolgreich bewerkstelligt werden. Vielmehr muß ein Modell des Übergangs durchgesetzt werden. An dessen Ende steht dann auch nicht die Marktwirtschaft, sondern entsprechend den westdeutschen Verhältnissen, ein Wirtschaftssystem, das nicht nur durch Märkte, sondern auch durch außermarktliche, vor allem politische Entscheidungszentren gekennzeichnet ist.

Aus diesen drei Grunderkenntnissen lassen sich skizzenhaft die folgenden Anforderungen an die zentralen Politikbereiche in der Phase des Übergangs ableiten:

Ordnungspolitik: Bei der doppelten Aufgabe der Transformation, nämlich die übernommene Substanzkrise des Wirtschaftssystems zu überwinden und einen grundlegenden Systemwechsel zu vollziehen, lassen sich die ordnungspolitischen Instrumente Westdeutschlands nicht anwenden. In der Übergangsphase müssen überhaupt erst die eigentumsrechtlichen und politischen Voraussetzungen geschaffen werden. Es muß ein Übergangsmodell definiert werden, das den Anpassungsdruck durch ordnungspolitischen Schutz abfedert.

Politischer Sektor: Um die Infrastruktur i. w. S. zu schaffen und zu sichern, muß dem Aufbau der politischen Administration Vorrang eingeräumt werden. Gerade in der Umbauphase sind die neuen Bundesländer und vor allem ihre Kommunen finanziell stark auszustatten. Dem politischen Sektor kommt bei der Transformation von Wirtschaft und Gesellschaft eine Leit-, nicht Lückenbüßerfunktion zu.

Soziale und materielle Infrastruktur: Der Umbau der Wirtschaft in Ostdeutschland erzeugt vor allem über die ansteigende Arbeitslosigkeit soziale Lasten, die die Betroffenen nicht tragen können. Deshalb ist der schnelle Aufbau sozialer Systeme auf der Basis massiver Finanztransfers aus Westdeutschland eine zentrale Voraussetzung für die politische Akzeptanz der Einigung aus ostdeutscher Sicht. Genauso wichtig ist es, die materielle Infrastruktur im Bereich des Verkehrs und der Kommunikation herzustellen. Hier zeigen sich Gestaltungsvorteile, denn die westdeutschen Fehler lassen sich im Prinzip vermeiden. Im Bereich der Verkehrspolitik droht jedoch die Gefahr, unter Zeitdruck die grandiosen Fehler Westdeutschlands zu kopieren und damit schnellsten die ökologische Zukunft zu verbauen.

Ökologischer Umbau: Ostdeutschland braucht ein eigenständiges Ökologieprogramm, um die massiven Altlasten soweit wie möglich abzubauen und die Entstehung von Umweltschäden zu minimieren.

Arbeitsmarktpolitik: Unmittelbar nach der Einführung der Währungsunion wurde deutlich, daß die arbeitsmarktpolitischen Instrumente nach dem Zuschnitt Westdeutschlands nicht ausreichen. Mit der Arbeitsmarktpolitik muß über mehrere Jahre die Lücke zwischen dem Arbeitsplatzangebot und der -nachfrage kompensiert werden. Die Maßnahmen sollten angesichts des Zusammenbruchs der Produktion zum Aufbau neuer Produktionsfelder genutzt werden.

Privatwirtschaftlicher Kapitalstock: Neben dem Aufbau des politischen Systems, das unter Nutzung westdeutscher Finanzhilfen die bisher genannten Politikbereiche zu sichern hat, besteht die zentrale Aufgabe im Aufbau eines modernen, ökologieverträglichen privatwirtschaftlichen Kapitalstocks. Zum ordnungspolitisch kontrolliertem Kapitalismus westdeutschen Musters gehört ein ausreichender Kapitalstock. Dazu bedarf es des Zuflusses westdeutscher und ausländischer Kapitaltransfers. Der Aufbau eines effizienten Kapitalstocks unter privatwirtschaftlicher Regie ist keine Selbstverständlichkeit, wie die immer noch zurückhaltende Investitionsbereitschaft in Ostdeutschland zeigt. Deshalb richtet sich eine breite Kulisse staatlich finanzierter Maßnahmen auf die Förderung des Kapitalstockaufbaus. Zu den Aufgaben der Politik gehört es dann aber auch, mit den öffentlichen Finanzmaßnahmen Sachkapitalbildung auf ökologisch hoch-modernem Niveau zu fördern.

Finanzpolitik: Der Umbauprozeß der DDR-Wirtschaft ist nur zu bewerkstelligen, wenn dafür massive Finanztransfers aus Westdeutschland zur Verfügung gestellt werden. Aus den hier dargestellten Politikbereichen lassen sich die Finanzanforderungen zusammenfassen. Bei der Entscheidung über das Finanzprogramm muß jedoch die Aufbringung der Mittel in Westdeutschland nach den Kriterien der Stabilitätskonformität und Verteilungsgerechtigkeit organisiert werden.

4.2. Investitionsbedarf bis zum Jahr 2000: 2000 Milliarden DM

Immer noch heftig umstritten ist die Beantwortung der Frage, wie groß der öffentliche Finanzierungsbedarf für den Umbau der Wirtschaft ausfallen wird. Diese Bedarfsschätzungen sind nicht ohne Gefahr. Zum einen fehlen auch heute noch genaue Daten. Zum anderen sind Schätzungen in Billionenhöhe für Laien kaum noch nachvollziehbar. Dennoch ist es wichtig, aus dem bisher zweifellos noch beschränkten Wissen eine ungefähre Dimension der Kosten mit aller Vorsicht zu ermitteln. Dabei wird deutlich, daß sich die gigantischen Aufgaben nicht in »3, 4, 5 Jahren« (Helmut Kohl) finanzieren und realisieren lassen, d. h. daß mit einer schnellen Angleichung an das Westniveau nicht zu rechnen ist.

Im folgenden soll *erstens* abgeschätzt werden, wie groß der Investitionsbedarf in Ostdeutschland für den Zeitraum 1991–2000 ist, wenn annähernd gleiche Lebensverhältnisse wie derzeit in den Altbundesländern bis zum Jahr 2000 geschaffen werden. Dabei wird angenommen, daß bis zum Jahr 2000 etwa 7,5 Millionen Arbeitsplätze in Ostdeutschland vorhanden sind – 1989 waren es 9,6 Millionen. Einerseits wird dadurch der Anpassung der Erwerbsquoten an das niedrigere westdeutsche Niveau Rechnung getragen (insbesondere bei Frauen), andererseits wird unterstellt, daß die Arbeitslosigkeit im Osten sich ungefähr dem West-Niveau anpaßt. Es sei nochmals betont, daß es hierbei nicht um ein Wunsch-Szenario geht, sondern um die nüchterne Abschätzung dessen, was getan werden müßte, wenn bis zum Jahr 2000 der Osten eine Kopie des Westens des Jahres 1991 würde. Wenn von den westdeutschen Verhältnissen abgewichen werden soll, müßte noch mehr investiert werden. Im *zweiten* Schritt wird geschätzt, wie hoch das Wirtschaftswachstum in Ostdeutschland sein müßte, um West-Niveau bis zum Jahr 2000 zu erreichen.

Sachkapital im Unternehmens- und öffentlichen Sektor: Aufgrund der veralteten Sachkapitalanlagen, vor allem in der Industrie, muß in großen Teilen des Unternehmenssektors eine Form der Sanierung gewählt werden, die praktisch einer Neuinvestition gleich kommt. Hinzu kommen Investitionen in neu zu gründenden Unternehmen und in vollkommen neuen Betriebsteilen. In anderen Bereichen kann ein Teil der alten Anlagen wiederverwendet werden. Ein durchschnittlicher Arbeitsplatz im Unternehmenssektor in Westdeutschland erfordert derzeit ein Sachkapital von etwa 200000 DM. In diese Schätzung ist sowohl die Industrie, die kapitalintensive Energiewirtschaft als auch der private Dienstleistungssektor einbezogen, der zu großen Teilen ebenfalls relativ kapitalintensiv ist (z. B. Verkehr und Nachrichtenwesen, Kreditinstitute).

Nach Angaben der Treuhandanstalt wollen die Investoren, die Unternehmen in Ostdeutschland gekauft haben, rund 70 Mrd. DM investieren und dabei knapp 600000 Arbeitsplätze sichern – dies entspricht einer Investitionssumme von rund 117000 DM je Arbeitsplatz. Wir schätzen vorsichtig den durchschnittlichen Kapitalbedarf je erhaltenem Arbeitsplatz auf 100000 DM[1]. Sollen 5 Mio. der ehemals knapp 10 Mio. Arbeitsplätze erhalten werden, dann erfordert diese Modernisierungsinvestition rund 500 Mrd. DM. Hinzu müßten 2,5 Mio. neue Arbeitsplätze à 200000 DM Sachkapital kommen, also weitere 500 Mrd. DM. Insgesamt wären also 1000 Mrd. DM an Anlageinvestitionen in diesem Bereich erforderlich *(Tabelle IV. 1)*. Darin sind auch die Arbeitsplätze im öffentlichen Sektor enthalten.

Wohnungsbau: In Ostdeutschland gibt es derzeit rund 7 Mio. Wohnungen, davon stammt die Hälfte aus der Zeit vor dem Zweiten Weltkrieg. Jede zweite Vorkriegswohnung gilt als unbewohnbar. Statistisch kommen auf 1000 Einwohner im Osten Deutschlands 430 Wohnungen, im Westen sind es 415.[2] Allerdings liegt die Wohnfläche je Einwohner mit 27,5 qm deutlich unter der der West-Länder (35 qm).[3] Geht man überschlägig davon aus, daß 6 Mio. Wohnungen mit jeweils 20000 DM renoviert werden müssen und ferner in dem Maße neue Wohnfläche hinzugebaut wird, daß ein Durchschnitt von 35 qm je Einwohner erreicht wird, so kommt man insgesamt auf Wohnungsbauinvestitionen von 470 Mrd. DM bis zum Jahr 2000.

Tabelle IV.1: **Investitionsbedarf in Ostdeutschland 1991–2000 in Mrd. DM**

1. Sachkapitalausstattung		
– Modernisierung von 5 Mio. erhaltenen Arbeitsplätzen	500	
– Schaffung von 2,5 Mio. neuen Arbeitsplätzen	500	
– Sachkapital für 7,5 Mio. Arbeitsplätzen insgesamt		1000
2. Wohnungsbauinvestitionen		
– Renovierung von 6 Mio. Wohnungen à 20000 DM	120	
– Neubau von 140 Mio. qm Wohnfläche à 2500 DM/qm	350	
– Summe		470
3. Umweltschutzinvestitionen		211
4. Investitionen in der Energiewirtschaft		50
5. Verkehr		210
6. Telekommunikation		60
Summe 1.–6.: Investitionsbedarf 1991–2000		2001

Umweltschutz: Das *Ifo-Institut* hat den Bedarf an Umweltschutzinvestitionen, wie in *Kapitel III* geschildert, auf 211 Mrd. DM bis zum Jahr 2000 geschätzt. Darin sind private und öffentliche Investitionen in den Bereichen Luftreinhaltung, Abwasser, Trinkwasserversorgung, Abfallentsorgung und -vermeidung sowie Altlastensanierung enthalten. Dabei ist der Betrag für die Altlastensanierung mit 10 Mrd. sehr niedrig geschätzt. Im Bundesfinanzministerium werden Kosten in Höhe von 70 Mrd. DM geschätzt. Allerdings steht bekanntlich auch in Westdeutschland, von ersten Ansätzen abgesehen, die Altlastensanierung noch aus.

Energieversorgung: Die großen Energieversorgungsunternehmen geben den Investitionsbedarf in Ostdeutschland für den Strombereich mit etwa 40 Mrd. DM an.[4] Rechnet man die Investitionen in die Gas- und Wärmeversorgung hinzu, so wird hier vorsichtig ein Investitionsbedarf von insgesamt 50 Mrd. DM angesetzt.

Verkehr: Das Institut für ökologische Wirtschaftsforschung schätzt auf der Basis von Expertenangaben die Verkehrsinvestitionen in Ostdeutschland auf etwa 200 Mrd. DM, wenn das West-Niveau erreicht werden soll.[5] Allein 100 Mrd. DM sind dabei für den Schienenbereich vorgesehen. Eine Schätzung von insgesamt 210 Mrd. DM hat das *Ifo-Institut* vorgelegt. Demnach sind im Straßenbau 135 Mrd. DM notwendig, im Eisenbahnsektor 55 Mrd. 8 Mrd. DM müssen für Wasserstraßen ausgegeben werden. Hinzu kommen der öffentliche Personennahverkehr und die Flughäfen.[6]

Telekommunikation: Dafür wurde ein Investitionsbedarf von 60 Mrd. DM bis zum Jahr 1997 geschätzt.[7]

Für weitere Infrastrukturbereiche, etwa das Bildungs- und Gesundheitswesen, liegen uns keine Finanzbedarfsschätzungen vor. Allerdings wurde bei der oben wiedergegebenen Abschätzung des Sachkapitalbedarfs je Arbeitsplatz auch der öffentliche Sektor pauschal einbezogen.

In der Summe ergibt sich ein *Investitionsbedarf* – gerechnet in konstanten Preisen des Jahres 1991 – von gut 2 Billionen DM.[8] Zum Vergleich: Im Jahre 1991 werden in Westdeutschland insgesamt knapp 570 Mrd. DM an öffentlichen und privaten Investitionen (einschließlich Wohnungsbau) getätigt. Mit dem Globalvolumen von 2000 Mrd. DM werden noch nicht die Investitionszuwächse, die sich in Westdeutschland im Verlaufe der 90er Jahre ergeben werden, nachgeholt, sondern im wesentlichen nur der Stand von 1991 erreicht. Auch ist der technische Fortschritt, soweit er in den 90er Jahren zu erwarten ist und zu einer Erhöhung der Kapitalausstattung je Arbeitsplatz führt, nicht berücksichtigt. Jährlich wären also rund 200 Mrd. DM an Investitionen notwendig – während im Jahre 1991 nur rund 60 Mrd. DM getätigt werden. Würde 1991 in Ostdeutschland genausoviel je Einwohner investiert wie in Westdeutschland, nämlich etwa 9054 DM Bruttoanlageinvestitionen, dann würden im Osten immerhin 145 Mrd. DM investiert werden. Der geschätzte Investitionsbedarf liegt also noch um ein Drittel über dem derzeitigen Boom-Niveau in Westdeutschland.

Soll bis zum Jahr 2000 in den neuen Bundesländern das gleiche Bruttosozialprodukt je Einwohner wie in Westdeutschland 1991 erreicht werden, nämlich knapp 42 000 DM (in Preisen des Jahres 1991), dann müßte das ostdeutsche BSP jährlich um real 13,0 % wachsen. Im Jahre 1991 liegt es bei nur rund 14 000 DM. Da das Wirtschaftswachstum in Westdeutschland voraussichtlich mit etwa 2,5 % Jahr für Jahr in den 90er Jahren weitergehen wird, läge dann im Jahre 2000 das Pro-Kopf-BSP im Westen immer noch um 25 % über dem Ost-Wert. Soll bis zum Jahr 2000 ein Gleichstand zwischen Ost und West erreicht werden, dann wäre in den neuen Bundesländern ein jährliches Wachstum des BSP (je Einwohner) von real 15,8 % notwendig![9]

Zum Vergleich: Das sog. *Wirtschaftswunder* der 50er Jahre bescherte der Bundesrepublik ein jährliches Wachstum von »nur« 7,9 %. Der Osten benötigte heute doppelt so viel, um den Westen bis zum Jahr 2000 einzuholen. Ein schier hoffnungsloser Wettlauf, vor allem, wenn die ökologischen Folgen mitbedacht werden. Hier wird deutlich: Wer im Osten hohes Wirtschaftswachstum will, muß gleichzeitig einen gründlichen ökologischen Umbau anstreben, wenn die Umweltbelastungen nicht ansteigen sollen.

Aber nicht nur die investiven Aufgaben sind gigantisch. Die laufenden Ausgaben für die Abwicklung der Altlasten und für konsumtive Transfers kommen hinzu. Zum einen müssen die Schulden der alten DDR sowie die der Treuhandanstalt mit Zins und Tilgung bedient werden. Ohne Treuhand sind es etwa 15 Mrd. DM, die jährlich für den Schuldendienst für die Altschulden der Betriebe, der Wohnungswirtschaft, des DDR-Staatshaushaltes, der DDR-Auslandsschulden und der Schulden infolge der Währungsumstellung bezahlt werden müssen.[10] Da die Schulden der Treuhandanstalt vermutlich bis 1993 auf 90 Mrd. DM auflaufen[11], erhöht sich der Schuldendienst weiter. Über die Bedienung der Schulden hinaus müssen Sozial-Transfers an Arbeitslose oder Personen in arbeitsmarktpolitischen Maßnahmen gezahlt werden, solange Vollbeschäftigung nicht erreicht wird. Geht man von rund 5 Mio. verbleibenden Arbeitsplätzen in der Talsohle der Beschäftigungskrise aus, dann ergibt sich bei etwa 3 Millionen Personen ohne Erwerbsarbeit ein Bedarf an Sozial-Transfers von etwa 25000 DM im Jahr, in der Summe also 75 Mrd. DM jährlich. In dem oben dargestellten Aufhol- und Modernisierungsszenario würde ja der relativ hohe Beschäftigungsstand von 7,5 Mio. Personen erst im Jahre 2000 erreicht sein. Bis dahin muß der Staat die hohen Kosten der Arbeitslosigkeit und der Arbeitsmarkt- und Sozialpolitik tragen. Hinzu kämen noch die Finanzierungslasten, die zur Finanzierung der neuen Länder und der Kommunen angesichts niedriger Steuereinnahmen für Löhne und Gehälter und andere laufende Ausgaben erforderlich sind.

4.3. Krisenverschärfende politische Fehlentscheidungen im Überblick

Die Politik der Bundesregierung ist, gemessen an der großen Herausforderung der Transformation, der DDR-Wirtschaft weitgehend nicht gerecht geworden, besonders im Jahr 1990. Dieses Eingeständnis stammt von niemand geringerem als der für diese Politik verantwortlichen Bundesregierung selbst. Denn unter dem massiven Druck der sich wie ein Flächenbrand ausbreitenden Transformationskrise mußte die Regierungspolitik nach der Bundestagswahl im Dezember 1990 an vielen Stellen korrigiert werden, allerdings ohne daß von der alten Grundlinie abgegangen wurde.

Die Kardinalfehler des politischen Einigungsmanagements basieren letztlich auf der Unterschätzung der tiefgreifenden Transformationskrise einerseits und der Überschätzung der Selbstreinigung durch die Entfesselung des DM-Mark-Potentials und der Marktkräfte andererseits. Die Notwendigkeit, überhaupt erst die politisch-ökonomischen Voraussetzungen für die allerdings kontrollierte Entfaltung der Marktwirtschaft schaffen zu müssen, bildete nicht die Leitlinie der Politik. Das regierungsoffizielle Entwicklungsmodell für Ostdeutschland verfügte über *eine* Leitidee, die durch kleinere anfängliche Finanzhilfen abgestützt werden sollte: In erster Linie sollte der Umbau mit *Markt*kräften vorangetrieben werden. Spiegelbildlich heißt das, die Politik selbst gestaltet nicht den Umbau, sondern fängt lediglich die härtesten Folgen ab. Nicht problembezogene Innovation, sondern Imitation des westdeutschen Entwicklungstyps leitete die Politik. Im Widerspruch zu den realen Anforderungen verzichtete die westdeutsche Politik auf einen Transformationsweg, der den spezifischen Bedingungen des Wirtschafts- und Sozialumbaus Rechnung trägt.

Zu der *Einigungsdoktrin* gehörte die als schlicht zu bezeichnende Vorstellung, daß durch die schnelle Herstellung einer sozialen Marktwirtschaft nach dem Muster der alten Bundesrepublik eine Art Wirtschaftswunder wie nach der Währungsreform von 1948 in den 50er Jahren entstehen würde. Die folgenden Elemente gehören zu dieser Doktrin: rasche Herstellung von Märkten, schnelle Privatisierung des Staatseigentums, schnelle Stillegung unrentabler Unternehmen, Förderung von Existenzgründungen und mittelständischen Unternehmen, sofortige Übernahme des Rechtssystems der Bundesrepublik. Die marktwirtschaftliche Ordnungspolitik wurde als entscheidender Garant der erfolgreichen Transformation angesehen. Sie sollte Strukturpolitik weitgehend überflüssig machen. Im Rahmen dieser Ordnungskonzeption kommt der Finanzpolitik nur die Rolle der *Anschubfinanzierung* zu. Sobald Marktkräfte und Privatinitiative sich frei entfalten können, sollte hohes Wirtschaftswachstum entstehen, das über staatliche Mehreinnahmen die Selbstfinanzierung der Einigungskosten ermöglicht. Dies ist die ökonomische Philosophie des Einigungsvertrages.

In vielen Politikbereichen setzte sich dieses Grundmuster der vor allem marktorientierten Einigungspolitik durch. Im folgenden sollen die wichtigsten Bereiche kurz skizziert werden, in denen weitreichende falsche Weichenstellungen getroffen wurden, die später nur partiell korrigiert wurden oder auch gänzlich irreversibel sind. Detailliert werden diese Fehlentscheidungen in den beiden nachfolgenden Kapiteln zur *Finanzpolitik* und zur Politik der *Treuhandanstalt* exemplarisch untersucht.

Ein grundlegender Fehler war die Regelung der *Eigentumsfrage* im Einigungsvertrag, in dem der Vorrang der Rückgabe des staatlichen Eigentums an ehemalige Privateigentümer vor der Entschädigung festgeschrieben wurde. Diese unhistorische, den realen Strukturen nicht Rechnung tragende Einführung des westdeutschen Eigentumsrechts geriet zur Investitionsbremse. Unsicherheiten bezüglich der Eigentumsrechte und -ansprüche behinderten den Um- und Aufbau von Unternehmen ebenso wie die Kommunen, deren Eigentum an Grund und Boden lange Zeit unklar blieb. Das Bundesverfassungsgericht, das der Forderung nach Rückgabe des zwischen 1945 und 1948 in der sowjetisch besetzten Zone enteigneten Eigentums nicht stattgab, zeigte mit seinem Urteil erheblich größere Weitsicht. Erst als deutlich wurde, daß mit dem im Einigungsvertrag festgeschriebenen Vorrangsprinzip die Investitionen massiv behindert wurden, entschloß sich die Bundesregierung Anfang 1991 zu einer Lockerung des Rückgabe-Prinzips. Der erzielte Kompromiß war juristisch so kompliziert und schwer praktikabel, daß viele ihn als weiteres Investitionshemmnis ansehen. Die Regelungen zur Entschädigung sind bis heute nicht geklärt.

Ein weiteres gravierendes Defizit der Einigungspolitik waren die fehlenden *politischen Instanzen* und *Verwaltungsstrukturen* auf der Ebene der Kommunen und der Länder. Innerhalb kürzester Zeit mußten Landesregierungen aus dem Boden gestampft werden, und auch die Gemeindeverwaltungen mußten praktisch neu aufgebaut werden, denn traditionell war in der DDR die Ebene der Bezirke maßgeblich, während es kaum eine kommunale Selbstverwaltung gab. Dieser Mangel wog um so schwerer, als die durch die Transformation und den Währungsschock hervorgerufene Problemfülle dringend funktionierende Verwaltungsstrukturen auf dezentraler Ebene erforderte.

Die Einigungskonzeption und der Terminplan hatten den Aufbau dieser Strukturen kaum vorgesehen, ihn teils auch schlichtweg vergessen. Folglich mangelte es an Verwaltungspersonal, an Sachverstand, an öffentlichen Finanzmitteln. Erst nach und nach wurden die schlimmsten Engpässe beseitigt. Hinzu kam, daß das bundesdeutsche *Recht* – in einer verrechtlichten Gesellschaft wie der Bundesrepublik bekanntlich wesentlich – im Osten kaum bekannt war und auch nicht in kurzer Zeit angeeignet werden konnte. Zur Zeit der Wende gab es in der gesamten DDR nicht mehr als 600 Rechtsanwälte, die ein anderes Rechtssystem erlernt hatten. Faktisch herrschte wohl ein mehr oder minder rechtsfreier Zustand.

Auf die Mängel der *Umweltpolitik* wurde in *Kapitel II. 2* hingewiesen. Eine wirkliche ökologische Wende wurde bislang nicht herbeigeführt. Zwar werden alte Belastungen nach und nach abgebaut, aber zugleich entstehen neue. Die Altlastensanierung, obwohl im Osten besonders prekär, wird wie im Westen auf die lange Bank geschoben.

Der Einigungsvertrag fordert in Artikel 29 den *Vertrauensschutz* für die »gewachsenen außenwirtschaftlichen Beziehungen... gegenüber den Ländern des Rates für Gegenseitige Wirtschaftshilfe« (RGW). Der RGW wurde hastig, überstürzt und konzeptionslos aufgelöst. Außer der Ausweitung von Hermes-Bürgschaften für den Außenhandel mit der Sowjetunion wurde keine außenwirtschaftliche Strategie für die Realisierung dieses Vertrauensschutzes entwickelt, so daß die RGW-Wirtschaftsbeziehungen zu kollabieren drohten. Dies war keineswegs nur den schwer vorhersehbaren Entwicklungen in der Sowjetunion geschuldet.

Allein dadurch, daß die DDR aus dem RGW kurzfristig vollständig ausscherte, mußte eine wichtige Säule dieses Systems wegbrechen. Dies hat auch die Sowjetunion stark belastet, denn ihr fehlten jetzt, praktisch von heute auf morgen, wichtige Importgüter und zugleich die alten Exportmärkte. Politische Überlegungen hätten in die Richtung gehen müssen, daß Hilfen zur Steigerung der sowjetischen Exportfähigkeit (z. B. Modernisierungsprogramme für die Gas- und Ölwirtschaft) oder auch zur vorübergehenden Intensivierung von Kompensationsgeschäften gewährt werden. Auch über den Handel mit den anderen osteuropäischen Ländern wurde nicht viel nachgedacht. Mit Ausnahme der – freilich sehr wichtigen – Hermes-Bürgschaften fand Außenhandelspolitik nicht statt.

Besonders groß sind die *strukturpolitischen Versäumnisse*. Daß die große Masse der Treuhand-Unternehmen betriebswirtschaftlich für längere Zeit in große Bedrängnis geraten mußte, war durch die Währungs-, Wirtschafts- und Sozialunion vorprogrammiert. Einerseits war die Produktivität sehr niedrig und die Produkte in alter Form nur noch schwer verkäuflich; auf der Nachfrageseite brachen viele Märkte in kürzester Zeit zusammen. Da anstelle einer unter normalen Umständen dringend notwendigen Abwertung der Währung faktisch eine 300%ige Aufwertung eintrat, und da gleichzeitig die Löhne rasch stiegen, war es unvermeidlich, daß die meisten Betriebe zahlungsunfähig wurden.

Die Gewerkschaften exekutierten mit ihrer Lohnpolitik die Kräfte des Marktes auf dem nun einheitlichen gesamtdeutschen Arbeitsmarkt. Zudem hatte der Bundeskanzler lautstark Hoffnung auf einen rasch steigenden Lebensstandard gemacht. Darüber hinaus wurden die Betriebe durch die Eigentumsprobleme, die Altschulden und die ungeklärten ökologischen Altlasten in Bedrängnis gebracht. Bis heute liegt kein Konzept vor, wie die Treuhandanstalt mit diesen durch sie bzw. die Bundesregierung »selbstgemachten« Problemen, die nichts mit den schlimmen Hinterlassenschaften der DDR zu tun haben, umgehen will.

Die *Treuhand* hat bis heute keine Konzeption, was sie mit den kurzfristig nicht privatisierbaren Betrieben tun will, wenn sie denn nicht allesamt stillgelegt werden sollen. Ende 1991, wenn die DM-Eröffnungsbilanzen aller Betriebe vorliegen, kann die Treuhandanstalt diese Frage nicht länger aufschieben. Schließlich wurden auch keine industrie- und wettbewerbspolitischen Überlegungen angestrengt: Stünde nicht beispielsweise ein gesamtdeutsches Werftenkonzept auf der Tagesordnung, bringt doch der Osten einen sehr großen Schiffbausektor in die deutsche Einheit mit ein? Hätte die Einheit nicht zu einer gesamtdeutschen Wettbewerbsintensivierung in manchen Branchen führen können, wenn wettbewerbsfähige eigenständige ostdeutsche Firmen kurz- oder mittelfristig entstehen? Warum mußten die viel kritisierten monopolistischen Strukturen der Energiewirtschaft Westdeutschlands im Osten kopiert werden? Warum mußten lebensfähige ostdeutsche Regionalzeitungen in die Hände westdeutscher Pressekonzerne geraten? Warum mußte die im Westen marktbeherrschende Allianz-Versicherung das ehemalige DDR-Staatsmonopol ablösen?

Die Fixierung auf das westdeutsche Wirtschafts- und Politikmodell führte zu einer *Finanzpolitik ohne strukturpolitische Grundlage*. Die öffentlichen Finanztransfers für Ostdeutschland flossen zum großen Teil wieder als Nachfrage nach Westdeutschland zurück und führten hier zu einer Ausweitung der Produktion bei ohnehin hoch ausgelasteten Produktionskapazitäten. Hier hätte strukturpolitischer Mut einen Teil dieses für Ostdeutschland kontraproduktiven Rückflusses der Finanzressourcen verhindern können. Das strukturpolitische Instrumentarium dazu könnten Auflagen darstellen: Z. B. sollten öffentliche Aufträge vorrangig an Ost-Unternehmen vergeben werden. Erst wenn nachweisbar ist, daß etwa kommunale Infrastrukturinvestitionen nicht vor Ort, auch nicht von Ost-West-Gemeinschaftsunternehmen erledigt werden können, sollten westdeutsche Unternehmen zum Zuge kommen. Politisch hätte verhindert werden müssen, daß öffentliche Finanzhilfen für die neuen Länder den westdeutschen Unternehmen ein – in dieser Situation völlig überflüssiges – Konjunkturprogramm bescheren.

Der anfängliche totale Verzicht auf Auflagen bei der öffentlichen Auftragsvergabe zugunsten ostdeutscher Betriebe schwächte die ostdeutsche Wirtschaft. Erst Mitte 1991 nahm das Bundeswirtschaftsministerium kleinere Korrekturen vor. Die Verdingungsordnung für die Vergabe öffentlicher Aufträge wurde zugunsten Ostdeutschlands gelockert. Ostdeutsche Unternehmen dürfen bis zum 30. Juni 1992 bei Aufträgen bis 100000 DM max. 5 % teurer als westdeutsche Unternehmen bieten. Diese Schutzklausel für ostdeutsche Betriebe und das Handwerk weist regionalpolitisch in die richtige Richtung. Volkswirtschaftlich ist es allemal vernünftiger, mit westdeutschen Finanzhilfen den Aufbau Ostdeutschlands zu betreiben, anstatt Produktionsaufträge auf Westdeutschland zu konzentrieren. Ostdeutschland braucht in diesem Sinne Sonderkonditionen, die zumindest ansatzweise einen Ausgleich völlig unterschiedlicher Startbedingungen ermöglichen.

Die westdeutsche *regionale Strukturpolitik*, häufig kritisiert und wenig effizient, wurde umstandslos nach westdeutscher Schablone auf die ganz anders gearteten Probleme der ostdeutschen Regionen übertragen. Milliardenschwere Subventionen werden vermeintlich für die Ost-Regionen ausgegeben, doch bei den Investitionen, die tatsächlich im Osten stattfinden, werden vornehmlich westliche Investitionsgüter gekauft, selbst die Betriebsgebäude werden häufig von Westfirmen erstellt. Es gibt gewaltige Mitnehmereffekte. Eine Konzentration der Fördermittel auf entwicklungsfähige Ost-Regionen findet nicht statt. Für die spezifischen Probleme vieler extrem monostrukturierter ostdeutscher Räume, beispielsweise die Chemieregion um Halle und Bitterfeld, gibt es kein tragfähiges Entwicklungskonzept. Über den Tellerrand westdeutscher regionalpolitischer Erfahrungen wurde kaum hinausgesehen, obwohl es in manchen anderen Ländern interessante Projekte mit schwierigen und hartnäckigen Regionalproblemen gibt (z. B. im italienischen »Mezzogiorno«).

Ganz im Schatten der öffentlichen Wahrnehmung stand die *Forschungs-* und *Technologiepolitik*. Sie wäre für die Schaffung eines regionalen Innovationspotentials im Osten zentral gewesen, und ohne dies ist jede Wirtschaftsregion zur Zweitklassigkeit verurteilt. Der größte Teil des ostdeutschen Forschungspersonals und der zugehörigen Infrastruktur wurde als minderwertig und nicht förderungswürdig eingestuft. Vielen Forschern, die früher kaum Entfaltungsmöglichkeiten hatten, wurde abermals keine Chance gegeben. Die Industrieforschung wurde in kurzer Zeit weitgehend ausgeblutet. Viele Wissenschaftler sind arbeitslos, abgewandert, arbeiten fachfremd oder nutzen Arbeitsbeschaffungsmaßnahmen zur Forschung. Vielen Forschungsinstitutionen wurde nicht die erforderliche Umstellungszeit gewährt, während der sie ihre Leistungsfähigkeit unter neuen Bedingungen hätten beweisen können. Zudem regierte hier vielfach der Rotstift, und man darf vermuten, daß manche westdeutsche Forschungseinrichtungen argwöhnisch darauf achteten, daß die Konkurrenz aus dem Osten nicht zu viele Forschungsgelder absorbiert.

Nach und nach wurden der *Arbeitsmarktpolitik* mit den Mitteln und Instrumenten der Bundesanstalt für Arbeit die Hauptlast der sozialen Folgeprobleme aufgebürdet, obwohl sie vollkommen unvorbereitet war. Das Ausmaß der entstehenden Arbeitslosigkeit wurde grob unterschätzt. Aus der Not heraus wurde das eigentümliche Instrument der »Kurzarbeit Null« kreiert, d. h. ein Beschäftigungsverhältnis ohne Arbeit. Eine kräftige Ausweitung der Arbeitsbeschaffungsmaßnahmen wie überhaupt fast alle Anstrengungen zu einer aktiven Arbeitsmarktpolitik, jenseits der bloßen Zahlung von Arbeitslosenunterstützungen und Kurzarbeitergeld, kamen durch den Druck der Gewerkschaften zustande. Die Beschäftigungsgesellschaften, seit Jahren konzeptionell vor allem von der IG Metall entwickelt und partiell auch praktisch erprobt, wurden anfangs heftig von Bundesregierung und Arbeitgeberverbänden attackiert. Sie waren als arbeitsmarktpolitische Überbrückungsmaßnahmen eines der wenigen relativ gut durchdachten arbeitsmarktpolitischen Konzepte, freilich auch aus der Not geboren.

Neben der Strukturpolitik, insbesondere hinsichtlich der Treuhand-Politik, liegen die schwersten Versäumnisse der Bundesregierung in der Finanzpolitik. Beide Bereiche sollen daher ausführlich in den *Kapiteln V* und *VI* untersucht werden.

Anmerkungen

1 Die gleiche Summe wird auch vom DIW unterstellt. Siehe *DIW-Wochenbericht* 39–40/1991, S. 562

2 Institut der deutschen Wirtschaft, *Informationsdienst* (iwd) Nr. 18 vom 2. Mai 1991, S. 18

3 Sachverständigenrat zur Begutachtung der gesamtwirtschaftlichen Entwicklung, Jahresgutachten 1990/91, Bonn 1990, Ziffer 574ff.

4 H.-H. Härtel, R. Krüger, Aktuelle Entwicklungstendenzen von Marktstrukturen in den neuen Bundesländern. In: *Aus Politik und Zeitgeschichte*, B 29/91 vom 12. Juli 1991, S. 20

5 IöW, ökologischer Umbau in der DDR, Berlin 1990, S. 34

6 *Ifo-Schnelldienst* 28/91 vom 7. Oktober 1991, S. 3ff.

7 Vgl. Rahmenplan der Gemeinschaftsaufgabe »Verbesserung der regionalen Wirtschaftsstruktur« 1991 bis 1994, Bundestagsdrucksache 12/895, S. 131

8 Das Ostberliner Institut für Wirtschaftsforschung hatte Ende 1990 bereits einen Investitionsbedarf bis zum Jahr 2000 von 1,2 bis 2,5 Billionen DM geschätzt. Vgl. IAW, Die ostdeutsche Wirtschaft 1990/91, Trends und Perspektiven, 22. Oktober 1990, S. 27f. Eine Studie des Internationalen Währungsfonds rechnete mit 1,2 Billionen DM.

9 Vgl. ähnliche Berechnungen des Institutes für Angewandte Wirtschaftsforschung (IAW): IAW, Ostdeutschland: Der mühsame Aufstieg, Berlin, 10. Oktober 1991, S. 53

10 Institut der deutschen Wirtschaft, *Informationsdienst* (iwd), Nr. 39 vom 26. September 1991, S. 6f.

11 Bericht des Unterausschusses Treuhandanstalt des Haushaltausschusses des Deutschen Bundestages, hektografiertes Manuskript, Bonn 1991

Kapitel V

Mismanagement in der Einigungspolitik: Fehler der Finanzpolitik

5.1. Fehlentscheidungen und halbherzige Kurskorrekturen

Einem Brennglas gleich bündeln sich in der Finanzpolitik die dargelegten Kardinalfehler und erzwungenen Nachbesserungen der Finanzpolitik der Bundesregierung. An einem Beispiel läßt sich die massive Unterschätzung des in Westdeutschland aufzubringenden Finanzbedarfs für die neuen Bundesländer und ihrer Gemeinden demonstrieren. Während der »Fonds Deutsche Einheit« für den Zeitraum von 1990 bis 1994 insgesamt 115 Mrd. DM vorsah und 1991 eine Überweisung an die öffentlichen Haushalte in Ostdeutschland von spärlichen 35 Mrd. DM für ausreichend hielt, sind allein 1991 einigungsbedingt den westdeutschen Gebietskörperschaften (ohne Belastungen aus diesem Fonds) einigungsbedingte Kosten über ca. 103 Mrd. DM (*Tabelle V.1*)[1]. Die Gesamtsumme der öffentlichen Transfers von Ost nach West beträgt 1991 unter Einschluß aller Töpfe 153 Mrd. DM. Davon werden nur 14% durch den Zufluß ostdeutscher Steuereinnahmen gedeckt. Auf derselben Berechnungsbasis werden für 1992 die Bruttotransfers (ohne die Treuhandanstalt) auf ca. 170 Mrd. DM geschätzt. Die wirtschaftswissenschaftlichen Institute haben für 1991 brutto die Finanztransfers auf 135 Mrd. DM (ohne Treuhandanstalt) und für 1992 auf ca. 160 Mrd. DM geschätzt. Nach Abzug der Mehreinnahmen durch die Einigung beim Bund verbleiben 1991 105 Mrd. DM und 1992 125 Mrd. DM Nettotransfers.[2]

Nach Abschluß des Einigungsvertrags setzte eine zögerlich reagierende Finanzierungspolitik ein, die immer wieder nur unter dem massiven Druck der realen Not zu Korrekturen bereit war. Es fehlte ein solides mittelfristiges Finanzierungskonzept. Damit wurde die Chance, schnell Projekte einzuleiten, die erst zu einem späteren Zeitpunkt zur Beanspruchung von Finanzen führen, verpaßt. Nach dem Debakel mit dem viel zu gering, nämlich nur auf vier Jahre, mit abnehmenden Zuweisungen angelegten »Fonds Deutsche Einheit« ging die Bundesregierung dazu über,

Tabelle V.1: **Einigungsbedingte Haushaltsbelastungen und Transferzahlungen an die neuen Bundesländer 1991** (Milliarden DM)

	Haushalts-belastung	Transfers	Verwendung überwiegend	
			sozialpol. bedingt	investiv
Bund				
Lt. Einzelplänen der Ressorts	81,2	50,6[1]	29,5[1]	21,1[1]
Programm »Aufschwung Ost«	12,0	12,0	2,8	9,2
Fonds »Deutsche Einheit«	(7)[2]	35,0	24,5	10,5
Steuerleichterungen (z. B. Investitionsförderung)	3,2	3,2		3,2
Defizitausgleich Ost-Krankenversicherung	2,0[3]	2,0	2,0	
Treuhand-Anstalt				
– Liquiditäts-, Anpassungshilfen etc.		25,0[4]	12,5[4]	12,5[4]
– '91er Defizit	21,0[5]			
Länder / Gemeinden				
Personelle und technische Hilfe	1,0	1,0	1,0	
Umsatzsteueranteil	4,8	4,8	3,4	1,4
»Fonds Deutsche Einheit«	1,0[6]			
Bundesanstalt für Arbeit (BA)	19,0[7]	19,0	19,0	
Insgesamt (brutto)	145,2	152,6[8]	94,7	57,9
davon:				
Gebietskörperschaften (ohne Fonds, Treuhand, BA)	126,2	73,1	39,0	34,1
Abzugsposten				
Bundesanteil am Steueraufkommen Ost	20,0[5]			
Einigungsbedingte Einnahmen	2,4			
Gebietskörperschaften (netto)	103,8			

1) Soweit aus dem Haushaltsentwurf 1991 und den Einzelplänen erkennbar. Eine exakte Trennung der einigungsbedingten Ausgaben in Transfers und zusätzliche Ausgaben, die auf die Ausweitung des Staatsgebietes entfallen, ist aufgrund der wenigen offiziellen Informationen nur sehr beschränkt möglich.

2) Bereits in den Einzelplänen der Ressorts verbucht.

3) Schätzung laut Bundestags-Drucksache 12/405 vom 23. 4. 1991. In der Ost-Rentenversicherung wird für 1991 kein Defizit erwartet.

4) Es wird unterstellt, daß die Treuhandanstalt den Kreditrahmen voll ausschöpft. Die Aufteilung in sozialpolitisch bedingte Verwendung und Sachinvestitionen ist aufgrund fehlender Detailinformation eine Setzung.

5) Geschätzt. 6) Zins- und Tilgungslasten.

die finanzpolitischen Korrekturen in den Rhythmus einjähriger Haushalte einzubetten. Lediglich das *»Gemeinschaftswerk Aufschwung Ost«* wurde für zwei Jahre eingerichtet. Bis auf den heutigen Tag gibt es nicht einmal ansatzweise ein für die nächsten Jahre einigermaßen verbindliches Rahmenprogramm zur Finanzierung der deutschen Einheit.

Diese Finanzkameralistik war letztlich von der Auffasssung geprägt, die Aufschwungkräfte würden nach dem tiefen Zusammenbruch der Wirtschaft bald die Oberhand gewinnen. Dann allerdings müsse sich die Politik ohnehin aus der Finanzierung der deutschen Einheit zurückziehen. Die Illusion einer sich aus dem ostdeutschen Wirtschaftswachstum selbst finanzierenden Einigung hat letztlich den Preis der Einheit erhöht.

Dabei lautet der Vorwurf nicht, die Bundesregierung hätte nach der Einführung der Währungsunion die Kosten der deutschen Einheit exakt beziffern können. Das kann auf Mark und Pfennig niemand. Erkennbar war allerdings, von Kritikern des regierungsoffiziellen Einigungskurses früh formuliert, daß die sozial-ökologische Wirtschaftssanierung über Jahre hinaus enorm teuer werden würde.

Die nicht auf einen längeren Zeitraum ausgerichtete Finanzpolitik läßt sich in drei Etappen beschreiben; über eine nach Abschluß dieses Buchs Mitte Oktober deutlich werdende vierte Stufe lassen sich lediglich Spekulationen anstellen. Es zeigt sich, daß in der dritten Etappe der Finanzierung der deutschen Einheit die Frage nach der Lastverteilung in Westdeutschland in den Vordergrund rückte, weil die Erhöhung von Abgaben nicht mehr zu vermeiden war.

5.2. Erste Etappe: »Fonds Deutsche Einheit« – Ein zu billiges Konzept

Die finanzpolitisch völlige Unterschätzung der mit der Währungsunion ausgelösten sozial-ökonomischen Sprengkraft kennzeichnet den ersten Staatsvertrag, der von den beiden deutschen Regierungen am 18. Mai 1990 unterzeichnet wurde. Die Finanzmittel, die zur Abstützung der Umbruchkrise zur Verfügung gestellt werden sollten, wies der eigens dazu

[7] 18,3 Milliarden DM aufgrund der Beitragserhöhung und 0,7 Milliarden DM Auflösung von Rücklagen. [8] Zinsvorteile, die aus der Inanspruchnahme von ERP- und KfW-Krediten resultieren (geschätzter Transferanteil: 3 Milliarden DM, als rein investiv anzusehen) nicht mitgerechnet.

[Quelle: BMF; verschiedene Bundestags-Drucksachen; W. Fuest/R. Kroker, Dokumentation – Transferzahlungen an die neuen Bundesländer; in: *IW-Trends* 3/1991, D 8. Eigene Berechnungen.]

eingerichtete *»Fonds Deutsche Einheit«* aus. Die ursprünglich geplante staatliche Einheitsfinanzierung wurde somit außerhalb des Bundeshaushalts in einen Schattenhaushalt gepackt, eine Methode, die für die Abwicklung der Altkredite und weiterer Folgen der Währungsumstellung durch die schon beschriebene Schaffung eines Kreditabwicklungsfonds ebenfalls angewendet wurde (vgl. *Kapitel III, 9. Abschnitt*). Folgende Grundzüge kennzeichnen den »Fonds Deutsche Einheit« (*Tabelle V.2*):

Tabelle V.2: **Kreditermächtigung und Finanzierung des »Fonds Deutsche Einheit«**

Mrd. DM						
Jahr	Kreditermächtigung	Schuldenstand am Jahresende	Schuldendienst[1)]	Zuweisungen aus dem Bundeshaushalt	Auszahlungen an die neuen Bundesländer	Geplante Aufstockung auf: (Stand Okt. 1991[2)])
	1	2	3	4	(1 + 4)	
1990	20,0	20,0	–	2,0	22,0	
1991	31,0	51,0	2,0	4,0	35,0	
1992	24,0	75,0	5,1	4,0	28,0	33,9
1993	15,0	90,0	7,5	5,0	20,0	25,9
1994	5,0	95,0	9,0	5,0	10,0	15,9
ab 1995	–		9,5	–	–	

1) Der Schuldendienst wird je zur Hälfte vom Bund und den alten Bundesländern getragen, die wiederum 40% ihrer Kosten von den Gemeinden erstattet bekommen.
2) Streichung des Strukturhilfefonds pro Jahr 2,45 Mrd. DM sowie Einspeisung des Bundes 1992–1994 pro Jahr 5,9 Mrd. DM.

– Über vier Jahre werden Finanzmittel in Höhe von insgesamt 115 Mrd. DM zur Verfügung gestellt. Nach der höchsten Jahrestranche mit 31 Mrd. DM in 1991 nehmen die Finanzzuweisungen von Jahr zu Jahr ab. Im letzten Jahr 1994 werden noch 5 Mrd. DM zugewiesen.
– Bei der Aufteilung dieser Finanzzuweisungen sichert sich der Bund laut Staatsvertrag einen Anteil von 15% mit dem Hinweis, daraus einen Teil seiner einigungsbedingten Kosten begleichen zu wollen. Die neuen Bundesländer, die 85% der jährlichen Zuweisungen erhalten, müssen 40% nach einem einfachen Einwohnerschlüssel an ihre Kommunen weitergeben; das sind 34% der jährlichen Tranche.
– Die Aufbringung der Fondsmittel erfolgt mit insgesamt 95 Mrd. DM über die Aufnahme von Krediten auf den Kapitalmärkten. Die Rest-

summe von 20 Mrd. DM schießt der Bund aus seinem Haushalt zu. Die Kreditaufnahme durch den Fonds muß seit dessen Inanspruchnahme bei der Bewertung der gesamten Staatsverschuldung berücksichtigt werden.

– Durch die Kreditaufnahme entstehen den öffentlichen Haushalten Westdeutschlands im Ausmaß des Schuldendiensts (Tilgung und Zinsen) Belastungen. Den Schuldendienst, der von 2 Mrd. DM erstmals von 1991 auf 9,5 Mrd. DM ab 1995 ansteigt und dann, je nach Zinsentwicklung, über 15–20 Jahre aufgebracht werden muß, teilen sich der Bund und die alten Länder je zur Hälfte. Die westlichen Bundesländer wiederum wälzen ihren Anteil am Schuldendienst zu 40% – ab 1995 jährlich 1,9 Mrd. DM – auf ihre Kommunen ab.

Dieser Fonds entpuppte sich bald als Ausdruck einer finanzpolitisch dramatischen Unterschätzung der sozial-ökonomischen Herausforderungen nach dem Import der D-Mark in Ostdeutschland. Wenige Monate, nachdem er mit heißer Nadel gestrickt worden war, mußten in weitaus größerem Ausmaß öffentliche Mittel vor allem durch den Bund nachgeschossen werden. Nachbesserungen bei diesem Fonds, im nächsten Abschnitt beschrieben, wurden unvermeidbar. Mit diesem finanzpolitischen Nukleus des ersten Staatsvertrags wurden jedoch bereits zwei Probleme, die den sich anschließenden Streit über die Finanzierung der deutschen Einheit bestimmen sollten, deutlich:

Zum einen wurde, abgesehen von den durch den Bund einzubringenden Haushaltsmitteln von über 20 Mrd. DM, auf das scheinbare elegante, weil erst einmal kaum spürbare Finanzierungsinstrument öffentliche Kreditaufnahme zurückgegriffen. Vordergründig reduzierten sich die Lasten auf vergleichsweise geringfügige, jährliche Zinszahlungen und Tilgungen, die zum Großteil auch noch an künftige Generationen vererbt werden konnten. Auch bei den massiven öffentlichen Nachbesserungen wurde die Staatsverschuldung – gleichsam als ›Lückenbüßer‹ infolge des Verzichts auf andere Finanzierungsalternativen – eingesetzt.

Diese Finanzierungspolitik galt und gilt dem Ziel, auf Ausgabenkürzungen und Abgabenerhöhungen so lange wie nur irgendwie möglich zu verzichten. Diese Politik kumulierender öffentlicher Kreditaufnahme ließ sich nicht länger fortsetzen, denn mittlerweile hatte die angewachsene Staatsverschuldung über Zinssatzerhöhungen belastende Rückwirkungen auf die Wirtschaft und öffentliche Haushalte ausgelöst. Die Verteilung der Lasten und deren Rückwirkungen auf die westdeutsche Wirtschaft konnte in der öffentlichen Diskussion nicht mehr unter den Teppich gekehrt werden.

Zum anderen entpuppt sich der Einheitsfonds als ein Verteilungskompromiß zwischen dem Bund und den westdeutschen Ländern zulasten der ostdeutschen Länder und ihrer Kommunen. Auf Kosten einer viel zu geringen Finanzmittelausstattung der fünf neuen Bundesländer haben der Bund und die westdeutschen Länder ihren Obolus für die Einheit zu minimieren versucht. Auch der nachfolgende Einigungsvertrag ist durch die Handschrift dieses Sparbündnisses zwischen dem Bund und den alten Ländern gegenüber den neuen Ländern gekennzeichnet. Vom Solidargedanken der Finanzverfassung des föderalen Bundesstaat, im Grundgesetz fixiert, war wenig zu spüren.

Das *finanzpolitische Fundament* des ersten Staatsvertrags wurde jedenfalls nach der Schaffung der Währungsunion schnell brüchig. Die Bundesregierung mußte mit einer Politik der Nachbesserung über Nachtragshaushalte die schlimmsten Löcher stopfen. Während der erste Nachtragshaushalt des Bundes im Sommer 1990 nur 3,9 Mrd. DM umfaßte, mußten im Monat der deutschen Einigung, im Oktober 1990, weitere 13 Mrd. durch einen zweiten Nachtragshaushalt nachgeschossen werden. Ein dritter Nachtragshaushalt räumte nochmals ca. 15 Mrd. DM für 1990 ein. Weitere 35 Mrd. DM mußten über die Planungen zum Bundeshaushalt 1991 hinaus beschlossen werden. Allein aus dem ersten gesamtdeutschen Bundeshaushalt wurden 1990 – abgesehen von der ersten Tranche aus dem »Fonds Deutsche Einheit« über 22 Mrd. DM – knapp 26 Mrd. DM in die Ex-DDR transferiert.[3]

Am Beispiel der Anschubfinanzierung der Sozialversicherung wird die systematische Unterschätzung des Finanzbedarfs in den ersten Monaten der deutschen Einheit deutlich: Die westdeutschen Aufbauhilfen für die ostdeutsche Renten- und Arbeitslosenversicherung mußten gegenüber dem zweiten Nachtragshaushalt (im ersten überhaupt nicht berücksichtigt) im Oktober 1990 um 11,5 Mrd. DM angehoben werden. Für die gesetzliche Krankenversicherung wurden erst im dritten Nachtragshaushalt 4 Mrd. DM zur Verfügung gestellt.

Konzeptlosigkeit, eine Mischung aus Überschätzung der Markt- und Markkräfte sowie kleinkrämerische Kameralistik bei der Kompromißbildung zwischen dem Bund und den westdeutschen Ländern kennzeichnen diese erste Etappe der Finanzpolitik. Durch verzögerte Korrekturen wurden Chancen vertan, die Kosten der deutschen Einheit durch bitteren Zeitverlust erhöht.

5.3. Zweite Etappe: Finanzpolitik im Einigungsvertrag – Die programmierte öffentliche Armut in Ostdeutschland

Im Mittelpunkt der zweiten Etappe steht der Einigungsvertrag, durch den die Finanzausstattung der ostdeutschen Länder und Gemeinden nachhaltig geprägt wurde. Im Einigungsvertrag wurde die bundesdeutsche Finanzverfassung, Abschnitt X des Grundgesetzes nicht in vollem Umfang auf die neuen fünf Bundesländer übertragen. Grundsätzlich war diese Entscheidung richtig. Damit wurde zumindest in diesem Regulierungsbereich den Sonderbedingungen Ostdeutschlands, wenn auch nicht ausreichend, Rechnung getragen. Denn im Korsett der auf die alte Bundesregierung zugeschnittenen föderalen Finanzverfasssung, die sich über mehrere Grundgesetzänderungen, vor allem im Rahmen der ›Großen Finanzreform‹ Ende der sechziger Jahre, herausgebildet hat, hätte sich die Finanzierung der deutschen Einheit nicht unterbringen lassen. Die tief gespaltene Wirtschaftsentwicklung zwischen Ost- und Westdeutschland hätte die Strukturen des föderalen Finanzausgleichs gesprengt. Deshalb wurden gegenüber der Finanzverfassung des Grundgesetzes folgende Regelungen, die den Finanzstatus der neuen Länder und ihrer Kommunen vor allem in der Umbauphase definieren sollten, getroffen:

Erstens: Abgesehen von einigen Übergangsregelungen – insbesondere im Bereich der Einkommensteuer – werden das Steuersystem des Grundgesetzes und die dazu derzeit geltenden Gesetze übernommen. Die Verteilung der Gemeinschaftsteuern (Ertragskompetenz) zwischen den Gebietskörperschaften (beispielsweise Einkommensteuer: 42,5% an Bund, 42,5% an Länder, 15% an Gemeinden; Körperschaftsteuer: 50% an Bund, 50% an die Länder) gilt mit einer wesentlichen Ausnahme für Ostdeutschland.

Zweitens: Bei der Verteilung der gemeinschaftlichen Umsatzsteuer sieht der Einigungsvertrag gegenüber dem geltenden Recht in Westdeutschland eine befristete Sonderregelung vor. Der Umsatzsteueranteil der Länder von derzeit 35% (65% der Bund) wird so verteilt, daß die westdeutschen Länder gegenüber den ostdeutschen besser dastehen. So sollen diese 1991 nach folgender Regel aus dem Ländertopf bedient werden:

Die Mehrwertsteuer pro Kopf in den neuen Bundesländern darf lediglich 55% der entsprechenden Kopfquote der westdeutschen Länder erbringen. Dies hätte 1991 einen Einnahmeentzug von ca. 5 Mrd. DM in Ostdeutschland bewirkt. Diese Schlechterstellung sollte dann schrittweise bis 1995 auf Null abgebaut werden. Diese Benachteiligung, die nicht nur die neuen Bundesländer, sondern über die Mindestbeteiligung von 20% an den Ländereinkünften auch die Kommunen finanziell eingeschränkt hätte, war finanzpolitisch falsch.

Die Begründung dieses finanzpolitischen Ansinnens der Westländer war schwer nachzuvollziehen: Weil die Ostländer angesichts der schwachen Wirtschaftsentwicklung auch weniger Umsatzsteuer originär erzielten, sollten sie aus dem Ländertopf weniger erhalten. Diese Argumentation kam im Kern einer finanzpolitischen Bestrafung für die schwerwiegenden Strukturprobleme gleich. Unter dem Druck der öffentlichen Haushaltsnotlage, aber auch aus verteilungssystematischen Gründen mußte diese Benachteiligung schließlich gestrichen werden.

Drittens: Die Anwendung der im Grundgesetz vorgeschriebenen Finanzausgleichregelungen wird bis Ende 1994 ausgesetzt. Damit verbindet sich jedoch der Auftrag, zum 1.1.1995 einen gesamtdeutschen Finanzausgleich, wenn erforderlich auch durch Reformierung der bisher geltenden Rechtsgrundlagen, zu etablieren.

Mit Blick auf die Voraussetzungen und Wirkungen der Finanzausgleichssysteme ist unbestreitbar: Diese finanzpolitische Grundsatzentscheidung des Einigungsvertrags war richtig. Eine Beschreibung der beiden engeren Ausgleichsmechanismen, die die Verfassung kennt, macht das deutlich. Zwischen den Bundesländern gibt es einen (horizontalen) Finanzausgleich, auf dem der vertikale Finanzausgleich zwischen dem Bund und den Ländern per Ergänzungszuweisungen aufbaut.

Wie funktioniert der Länderfinanzausgleich?

Das Grundanliegen des *Länderfinanzausgleichs* läßt sich wie folgt skizzieren: Vor allem wegen der unterschiedlichen Wirtschaftskraft verfügen die einzelnen Länder und ihre Kommunen nicht über eine einigermaßen gleiche Finanzkraft (Landes- und Kommunaleinnahmen je Einwohner). Um dem Postulat des Grundgesetzes, »einheitliche Lebensverhältnisse« herzustellen, zumindest im Rahmen der öffentlichen Haushaltspolitik der Länder und ihren Kommunen zu entsprechen, zielt der Länderfinanzausgleich auf einen Ausgleich der Steuerkraftunterschiede bis zu 95% gegenüber dem Durchschnitt aller Bundesländer. Da die Stadtstaaten Hamburg und Bremen als »Hauptstädte ohne Umland« nicht mit Flächenländern vergleichbar sind, wird ansatzweise versucht, durch das Instrument der Einwohnerwertung (derzeit 135%) die Finanzkraft auf das Niveau vergleichbarer Hauptstädte anzuheben.[4] Soweit Berlin einen Stadtstaat bilden wird, wird eine Sonderbehandlung zu sichern sein.

Der Topf des Länderfinanzausgleichs, der 1990 ein Volumen von über 4 Mrd. umfaßte, finanziert sich selbst: Die finanzkräftigen Länder, wie Baden-Württemberg (2,5 Mrd. DM) und Hessen (1,4 Mrd. DM) zahlen als Geberländer in den Topf ein; die finanzschwachen Länder, wie zum Beispiel Niedersachsen (1,9 Mrd. DM), das Saarland (370 Mio. DM) und der Stadtstaat Bremen (641 Mio. DM), sind die Nehmerländer. Da der Länderfinanzausgleich die faktischen Finanzkraftunterschiede nicht voll ausgleicht, stellt derzeit der Bund jährlich 2% seines Umsatzsteueranteils in Form von *Bundesergänzungszuweisungen* (BEZ) zur Verfügung. Durch diesen vertikalen Finanzausgleich wurden 1990 knapp 3,4 Mrd. DM den finanzschwachen Ländern vom Bund zugewiesen (beispielsweise Niedersachsen 1,4 Mrd. DM, Rheinland-Pfalz 649 Mio. DM).

Der Länderfinanzausgleich (LFA) und die darauf bezogenen Bundesergänzungszuweisungen (BEZ) gleichen zwar Finanz- und damit Wirtschaftskraftunterschiede in Richtung einheitlicher Lebensverhältnisse im Bundesstaat aus. Voraussetzung dafür ist jedoch ein gewisses Maß an wirtschaftlicher Homogenität auf der Basis eines einheitlichen Wirtschaftssystems. Je stärker sich regionale Entwicklungsdisparitäten in der Auseinanderentwicklung der Finanzkraft zwischen den Bundesländern niederschlagen, um so größer wird der LFA-Topf. Die im Trend kontinuierliche Ausdehnung des Topfs von 1,3 Mrd. DM 1970 auf mehr als 4 Mrd. DM in 1990 ist auf wachsende Divergenzen der wirtschaftlichen Entwicklung zwischen den alten Bundesländern zurückzuführen. Deshalb ist das Finanzausgleichgesetz in den Westländern auch immer wieder Gegenstand des Streits. Finanzschwache Länder reklamieren die zu geringe Mittelzuweisung; finanzstarke Länder kritisieren ihre viel zu starke Belastung.

Nach einem Urteil des Bundesverfassungsgerichts von 1986 mußte das Finanzausgleichgesetz novelliert werden. Damit war aber der Streit nicht beigelegt. Einige alte Bundesländer hatten – übrigens noch vor der deutschen Einigung – erneut eine Klage beim Bundesverfassungsgericht eingebracht. Das Urteil steht noch aus.[5] Zu erwarten ist jedoch, daß bis zu einer gesamtdeutschen Regelung, die der Einigungsvertrag derzeit ohnehin ab 1995 verlangt, keine großen Änderungen im Finanzausgleichgesetz vorgenommen werden. Die Kräfte sollten allerdings auf die schwierige Entwicklung eines modernen Finanzausgleichs zwischen allen Ländern Ost- und Westdeutschlands konzentriert werden.[6]

Die Grundprinzipien des derzeitigen *Länderfinanzausgleichs* (LFA) machen deutlich: Die gleichberechtigte Einbeziehung Ostdeutschlands würde den LFA-Topf zum Explodieren bringen. Nach einer Modellrechnung lag 1991 die Steuerkraft pro Kopf im Vergleich zu Ostdeutschland weit unter der Westdeutschlands (Einkommensteuer 20%; Umsatzsteuer 50%, Ländersteuer 30%, Gemeindesteuer 20%; zum Steuerkraftgefälle der Länder und Gemeinden zwischen Ost- und Westdeutschland vgl. *Tabelle V.3*)[7]. Würden nach den Regeln des LFA die Steuerkraftunterschiede ausgeglichen, dann müßte der Topf von derzeit ca. 4 Mrd. DM auf knapp 28 Mrd. DM ansteigen. Bisherige Geberländer wären zu erheblich höheren Zahlungen gezwungen (Baden-Württemberg 7,1 Mrd. DM, Hessen 4,1 Mrd. DM) und ein Teil ehemaliger Nehmerländer müßte einbezahlen (Niedersachsen etwa 277 Mio. DM). Schließlich würden die verbleibenden Nehmerländer erheblich weniger erhalten (Saarland 76 Mio. DM; Bremen 135 Mio. DM). Der größte Brocken, knapp 22 Mrd. DM, also 78,6%, erhielten die neuen Bundesländer.

Tabelle V.3: **Steuereinnahmen pro Kopf im Vergleich zwischen Ost- und Westdeutschland: Steuerkraftgefälle**

Steuereinnahmen pro Kopf der Wohnbevölkerung 1991 bis 1995 zwischen Ost- und Westdeutschland			
	1991	1992	1995
Bundesländer			
West	3300	3500	4300
Ost	1150	1300	2100
Gemeinden			
West	1300	1400	1650
Ost	150	300	800
Steuereinnahmen pro Kopf: Ost- zu Westdeutschland (v. H.)			
Bundesländer	34,8	37,2	48,8
Gemeinden	11,5	21,4	48,48

[Quelle: DIW-Wochenbericht 24/1991, S. 343; eigene Berechnungen]

Die völlig unterschiedlichen Entwicklungskonstellationen in Ost- und Westdeutschland lassen sich jedoch nicht mit einem auf einigermaßen gleichen Bedingungen beruhenden Finanzausgleich verarbeiten. Während für Ostdeutschland ein eigenes Transformationsmodell benötigt wird, muß im westdeutschen Gebiet angesichts wachsender Disparitäten ein getrennter Ausgleich der Finanzkraft auch in den nächsten Jahren gesichert werden. Deshalb hat der Einigungsvertrag grundsätzlich den richtigen Weg gewählt: Für Ostdeutschland garantieren in der Phase der Angleichung der Bund und die westdeutschen Länder einen eigenständig organisierten Fluß von Finanzressourcen. Wegen des erst über Jahre abbaubaren Entwicklungs- und damit Finanzkraftgefälles zwischen Ost- und Westdeutschland läßt sich der Termin im Einigungsvertrag, schon 1995 einen einheitlichen Finanzausgleich zu etablieren, nicht halten. Die Zwischenzeit sollte dann aber auch zur Entwicklung eines einheitlichen Ausgleichskonzepts genutzt werden. Hier stellen sich der Finanzwissenschaft, dem Verfassungsrecht und der Politik komplexe Aufgaben.

Solange jedoch auch ein reformierter Finanzausgleich wegen der unterschiedlichen Entwicklung in Ost- und Westdeutschland nicht funktionieren kann, muß also ein gezieltes Programm zur Finanzierung der deutschen Einheit gefahren werden. Hier setzt die Kritik am finanzpolitischen Arrangement im Einigungsvertrag ein. In dieser zweiten Etappe der finanzpolitischen Weichenstellung sind die neuen Bundesländer und ihre Kommunen auf der Basis des bereits gültigen Teils der Finanzverfassung viel zu gering mit Finanzmitteln ausgestattet worden. Die dadurch programmierte öffentliche Armut in Ostdeutschland erzwang auch hier einige Nachbesserungen.

Die Finanzlage zu Beginn 1991 in den neuen Bundesländern war katastrophal. Die Zuweisungen aus dem *Fonds Deutsche Einheit* sowie aus anderen Bundesverpflichtungen (beispielsweise Gemeinschaftsaufgaben) reichten zusammen mit den spärlich fließenden Steuereinnahmen nicht aus, die dringendsten Aufgaben zu finanzieren. Dabei darf nicht übersehen werden: Im Rahmen der Gemeinschaftsteuern mußten die vorgeschriebenen Anteile an den Bund abgeführt werden (beispielsweise 42,5% der Einkommensteuer, 50% der Körperschaftsteuer, 65% der Umsatzsteuer). Die neuen Länder wurden in die Verschuldung gezwungen. Ostdeutsche Finanzpolitiker warnten vor einer drohenden Neuverschuldung der neuen Länder und ihrer Kommunen im ersten Haushaltsjahr der deutschen Einheit von über 50 Mrd. DM. Durch Notmaßnahmen gebremst konnte die Startverschuldung der Länder 1991 auf 8 Mrd. DM zurückgefahren werden; 1992 wird ein erneuter Gang der ostdeutschen Länder zu den Kapitalmärkten im Umfang von 11 Mrd. DM erwartet. Der Schuldendienst auf die Startverschuldung von voraussichtlich knapp 20 Mrd. DM in zwei Jahren schränkt den Spielraum der Länderhaushalte durch Leistungen im Rahmen des Schuldendiensts ein (*Tabelle V.3*). Der Vorteil eines schuldenfreien Starts der neuen Länder droht dahinzuschmelzen.

Eine massive Haushaltsnotlage kennzeichnet auch den Start der Kommunen in die gesamtdeutsche Einheit. Der Einigungsvertrag sieht deren Beteiligung mit 20% (Mindestquote) am Aufkommen aus den Ländersteuern vor. Damit sind ihre Haushalte an die notleidenden Länderbudgets gekoppelt. Mittel aus dem *Fonds Deutsche Einheit* kamen hinzu; zweckgebundene Programme für die Zinssubventionierung können genutzt werden. Zusammen mit den spärlich fließenden Einnahmen aus Gebühren und Steuern reichten diese Einnahmen nicht einmal aus, die notwendigsten Aufgaben in Angriff zu nehmen. Für 1991 zeichneten sich in Ostdeutschland ein Pro-Kopf-Einkommen zwischen 35 und 40% gegenüber westdeutschen Verhältnissen ab. Der Anteil der Pro-Kopf-Steuern gegenüber Westdeutschland erreichte 1991 lediglich 11,5% und soll erst 1995 auf knapp 50% steigen (*Tabelle V.4*). Die Verbesserung dieser Relation hängt jedoch entscheidend von der Stärkung der Wirtschafts- und damit Einkommenskraft in Ostdeutschland ab.

Tabelle V.4: **Öffentliche Verschuldung**[1)]

	1980	1989	1990[2)]	1991[3]	1992[3)]	91/90	92/90
				Mrd. DM			
Bund	230	491	542	602	653	60	51
Länder	136	308	327	349	374	22	25
Westdeutschland[4)]	136	308	327	341	355	14	14
Ostdeutschland[5)]	–	–	–	8	19	8	11
Gemeinden[6)]	85	110	113	122	135	9	13
Westdeutschland	85	110	113	117	120	4	3
Ostdeutschland	–	–	–	5	15	5	10
Zweckverbände	7	8	8	9	9	1	–
ERP-Sondervermögen	3	7	10	17	25	7	8
Fonds Deutsche Einheit	–	–	20	51	75	31	24
Kreditabwicklungsfonds	–	–	28	33	40	5	13
Insgesamt	461	924	1048	1183	1311	135	128

1) Fundierte Schulden, ohne Schulden bei Verwaltungen.
2) Zum Teil geschätzt.
3) Schätzung
4) Gebietsstand der Bundesrepublik Deutschland (einschl. Berlin/West) vor dem 3. Oktober 1990.
5) Gebiet der ehemaligen DDR.
6) Ohne Eigenbetriebe und ohne Krankenhäuser mit kaufmännischem Rechnungswesen.

[Quellen: Statistisches Bundesamt, Deutsche Bundesbank, DIW
entnommen: DIW-Wochenbericht 38/91; S. 547.

Der Einigungsvertrag, auch ein Kompromißprodukt zwischen der Bundesregierung und den westdeutschen Ländern, hat den eigenständigen Finanzierungsbedarf zum Aufbau politisch-ökonomischer Strukturen in Ostdeutschland sträflich unterschätzt. Die neuen Länder und deren Kommunen konnten ihre Initiativfunktionen wegen der dadurch geschaffenen fiskalischen Notlage nicht wahrnehmen. Die öffentliche Armut drohte, den Umbau zu blockieren und die Transformationskrise zu verschärfen.

5.4. Dritte Etappe: Erste Kurskorrekturen – Einstieg in die Abgabenfinanzierung

Durch die faktisch vom Einigungsvertrag programmierte öffentliche Armut in Ostdeutschland sahen sich die Bundesregierung sowie die westdeutschen Bundesländer zu deutlichen Kurskorrekturen gezwungen. Freilich, an entscheidende Nachbesserungen durch die alte Regierungskoalition war erst nach den gewonnenen Bundestagswahlen zu denken. Denn klar war schon vorher, daß die Finanzpolitik des Staats- und Einigungsvertrags infolge der Tiefe und Länge der Transformationskrise nach vielerlei Verschleierungs- und Täuschungsmanövern korrigiert werden mußte: Der mittlerweile unübersehbar gewordene, immense Finanzierungsbedarf zum Umbau und zur Abfederung dieser langwierigen Anpassungskrise in den neuen Bundesländern ließ sich aber auch nicht mehr nur mit dem erstmal scheinbar ›eleganten‹ Instrument der Kreditfinanzierung und mit bagatellhaften Ausgabenumschichtungen im Bundeshaushalt bewältigen. Seit Anfang 1990 gewann endlich die bei ungeschminkter Betrachtung schon früher zu ziehende Lehre an Oberhand: Abgabenerhöhungen und massive Streichungen von Subventionen sind unvermeidbar, wenn die volkswirtschaftlichen Gefahren einer Finanzpolitik, die die Staatsverschuldung als unbegrenzten ›Lückenbüßer‹ nutzt, vermieden werden sollen. Damit geriet, wie gesagt, die Frage nach der Verteilung der einheitsbedingten Finanzierungslasten in das Zentrum politischer Auseinandersetzungen.

In dieser dritten Etappe, die unmittelbar nach der Bundestagswahl im Dezember 1990 eröffnet wurde, sind wichtige Nachbesserungen vorgenommen und damit finanzpolitische Tabus der einigungsbedingten Vertragspolitik gebrochen worden. Die politische Kraft hat allerdings wiederum nicht ausgereicht, ein auf mindestens fünf Jahre ausgerichtetes *»Zukunftsprogramm deutsche Einheit«* als mittelfristigen Orientierungsrahmen für öffentliche und privatwirtschaftliche Entscheidungen zu konzipieren und durchzusetzen. Die Politik der Finanzierung der deutschen

Einheit blieb auch in dieser dritten Etappe, bis auf das zweijährige *»Gemeinschaftswerk Aufschwung Ost«*, in den kurzfristigen Rahmen von Haushaltsjahren eingespannt. Immerhin, für das Jahr 1991 führten die Maßnahmen zu einer deutlichen Besserung der Haushaltslage der neuen Bundesländer mit ihren Gemeinden. Folgende Maßnahmen lassen sich in dieser dritten Etappe unterscheiden:

Nachbesserungen der Finanzpolitik des Einigungsvertragswerks

Nach massiver Kritik der ostdeutschen Länder entschlossen sich die Ministerpräsidenten auf ihrer Konferenz Anfang Februar 1990, den Länderanteil an der Umsatzsteuer uneingeschränkt den ostdeutschen Ländern zufließen zu lassen, d. h. sicherzustellen, daß auch Ostdeutschland dieselbe Pro-Kopf-Mehrwertsteuer erhält. Mit dieser Korrektur des Einigungsvertrags stiegen 1990 die Einnahmen der neuen Bundesländer um knapp 5 Mrd. DM (insgesamt bis 1994 ca. 17 Mrd. DM) und damit auch über die Verbundquote von mindestens 20% die der Kommunen. Kritiker der Finanzpolitik des Einigungsvertrags, wie etwa die *Arbeitsgruppe Alternative Wirtschaftspolitik* (»Memorandum-Gruppe«) haben frühzeitig dafür plädiert, die Regelung bei der Verteilung der Umsatzsteuer zu streichen.[8] Weitergehende Forderungen, wie etwa der Bund möge für mehrere Jahre auf seine Anteile am ostdeutschen Aufkommen aus den Gemeinschaftsteuern (beispielsweise der Einkommen-, der Körperschaft- und der Umsatzsteuer) verzichten, sind bis heute nicht aufgegriffen worden.

Der Bund wiederum verzichtete in dieser Vereinbarung mit den Ministerpräsidenten auf den im ersten Staatsvertrag festgehaltenen Anteil von 15% an den jährlichen Finanztranchen des *Fonds Deutsche Einheit*. Den neuen Bundesländern, und über die jetzt 40%-Beteiligung auch den Kommunen, flossen dadurch allein 1990 Mehreinnahmen von 5,25 Mrd. DM (bis 1994 insgesamt 14 Mrd. DM) zu. Diese Korrektur hatte die *Arbeitsgruppe Alternative Wirtschaftspolitik* bereits im Zusammenhang mit einem *»Zukunftsprogramm deutsche Integration«* im Frühjahr 1990 gefordert. Darüber hinaus begründet sie eine programmbezogene Aufstockung der Fondsmittel.[9] Seit Mitte 1991 plant auch die Bundesregierung, wie im nächsten Abschnitt gezeigt wird, eine Erhöhung des Einheitsfonds, aber jedoch in Verbindung mit der Umwidmung der Mittel des westdeutschen »Strukturhilfefonds« für Ostdeutschland.

»Gemeinschaftswerk Aufschwung Ost«: Ein Schritt in die richtige Richtung

Mit dem wachsenden Finanzbedarf im Rahmen des finanzpolitischen Managements stellte sich Anfang 1991 auch die Aufgabe, die bisherige öffentliche Förderpolitik kritisch zu überdenken. Der Überblick über die vielen Fördermaßnahmen drohte verloren zu gehen. Folgende Ebenen der Finanzierung der deutschen Einheit aus öffentlichen Haushalten Westdeutschlands lassen sich unterscheiden:

– Mittel aus dem *Fonds Deutsche Einheit* werden wie beschrieben ohne Zweckbindung als Ersatz für die zeitlich befristete Herausnahme aus dem bundesrepublikanischen Finanzausgleich den ostdeutschen Ländern und ihren Kommunen zur Verfügung gestellt. Diese entscheiden über deren Verwendung im Rahmen ihrer Haushaltspolitik.

– Um finanzielle Anreize für die in- und ausländische Privatwirtschaft zur Sanierung und den Aufbau eines modernen Kapitalstocks gewährleisten zu können, steht eine kaum noch überschaubare Kulisse an Förderinstrumenten zur Verfügung. Befristete Investitionszulagen, Investitionszuschüsse, Sonderabschreibungen, zinsverbilligte Kredite sowie sonstige Maßnahmen – etwa Hermes-Bürgschaften mit besonderen Konditionen für Exporte in Osteuropa – können durch die Wirtschaft genutzt werden. *Tabelle V.5* gibt über die einzelnen Maßnahmen einen Überblick. Dabei kann auch eine Kumulierung verschiedener Förderinstrumente vorgenommen werden.

Das Bundesfinanzministerium selbst hat anhand eines Modells die Entlastungswirkungen kumulierter Maßnahmen vorgerechnet: Ein Großunternehnmen, das in Ostdeutschland 100 Mio. investiert (70 Mio. DM in die Ausrüstung, 30 Mio. DM in Bauten), erhält durch die Kumulierung von Sonderabschreibungen, Investitionszuschüssen und -zulagen 53,7 Mio. DM vom Staat an Entlastung, d. h. im ersten Jahr eine Gesamtentlastung von 53,7% (*Tabelle V.6*).[10] Diese Entlastungswirkung entspricht etwa einer 100%igen Sofortabschreibung. Diese Politik zur Förderung von Investitionen charakterisiert das *Deutsche Institut für Wirtschaftsforschung* zutreffend: »Die Vielfalt der Maßnahmen läßt jedoch ein klares Förderkonzept vermissen – sie vermitteln eher den Eindruck von ›Programmitis‹.«[11]

Mitnahmeeffekte sind bei dieser Art der Investitionsförderpolitik ohne strukturpolitische Leitlinien grundsätzlich nicht vermeidbar. Allerdings ist diese Förderpolitik gegenüber der alternativ diskutierten Schaffung eines ostdeutschen Niedrigsteuerland immer noch überlegen. Eine ost-

Tabelle V.5: **Ausgewählte Maßnahmen zur Förderung von Kapitalbildung und Unternehmensgründungen in Ostdeutschland**

Maßnahmen	Befristung	Geschätzte Mittelaufnahme bzw. Ausgaben
Verringerung der Anschaffungskosten		
Investititionszulage für Ausrüstungen (bis 30. Juni 1992: 12%)	1. 7. 1990 – 31. 12. 1994	6,15 Mrd. DM
Investitionszuschuß (bis zu 23%) im Rahmen der Gemeinschaftsaufgabe »Verbesserung der regionalen Wirtschaftsstruktur«, die von der Bundesregierung und den fünf neuen Ländern gemeinsam finanziert wird	1. 7. 1990 – 30. 6. 1995	3 Mrd. DM p. a.
Zusätzliche Vergünstigungen für Bausparer (Alleinstehende 1200 DM, Verheiratete 2400 DM)		
Investitionszuschuß (bis zu 90% für wirtschaftsnahe Infrastrukturvorhaben der Kommunen)		
Besondere Steuererleichterungen		
Zusätzliche Sonderabschreibung für Ausrüstungsgüter (50%)	unbefristet	
Verzicht auf die Vermögens- und Gewerbekapitalsteuer	bis 31. 12. 1992	
Steuerbefreiung für zwei Jahre von der Einkommen- und Körperschaftssteuer bis zu 10000 DM für vor dem 1. Januar 1991 gegründete Unternehmen	1. 1. 1990 – 31. 12. 1990	
Gewährung einer steuerfreien Zulage bei der Überführung bestimmter Wirtschaftsgüter in Firmen mit Sitz in der ehem. DDR sowie für Anlaufverluste von Tochterfirmen	1. 1. 1990 – 31. 12. 1991	
Bereitstellung von Sonderkrediten und Bürgschaften		
Niedrigzinskredite für Investitionen der Kommunen (Kreditvolumen 15 Mrd. DM; Zinsverbilligungssatz: bis zu 3% für zehn Jahre)	1. 1. 1990 – 31. 12. 1993	
Investititonsdarlehen der EGKS in Bergbaugebieten	unbefristet	
Eigenkapitalförderung für mittelständische Unternehmen (Niedrigzinskredite für bis zu 40% der Investitionen	1. 1. 1990 – 31. 12. 1990	
ERP-Kredite für Vorhaben in den Bereichen Existenzgründung, Modernisierung, Umweltschutz (Kreditvolumen 1990: 7,5 Mrd. DM, Kreditvolumen 1991: 6 Mrd. DM, Kredithöchstbetrag: 10 Mio. DM)	unbefristet	bis März 1991 6,9 Mrd. DM

Investitionskredite der Deutschen Ausgleichsbank (Kredithöchstbetrag 1,5 Mio. DM)	unbefristet	
Bürgschaften zur Absicherung von Liquiditätskrediten (80% des Kreditvolumens, bis zur Höhe des Liquiditätsbedarfs von drei Monaten)	unbefristet	
ERP-Kredite für private Investitionsvorhaben (50% der Gesamtfinanzierung; Kredithöchstbetrag 1 Mio. DM)	unbefristet	
Programm zur Tourismusförderung (Niedrigzinskredite für die Errichtung, Erweiterung und Modernisierung von Hotels und Gaststätten)	unbefristet	
Niedrigzinskredite der Kfw für Wohnraummodernisierung (Kreditvolumen: 10 Mrd. DM; Zinsverbilligung: bis zu 3%, Laufzeit: 25 Jahre)	1990–1993	bis März 1991 1,2 Mrd. DM
Förderung größerer und mittlerer Unternehmen durch die Kfw (Kreditvolumen 10 Mrd. DM)	1991 –	

[Quellen: *Deutsche Bundesbank, Monatsbericht* 3/1991; eigene Ergänzungen]

deutsche Steueroase hätte zu erheblich massiveren Mitnahmeeffekten – etwa über die Gründung von Betriebsstätten im Osten ohne Mehrinvestitionen, um steuerliche Vorteile zu nutzen – geführt.[12]

Die Förderung der privatwirtschaftlichen Kapitalbildung läßt sich darüberhinaus auch ansatzweise auf regionalpolitische Ziele ausrichten. Allerdings besteht die Gefahr, daß durch diese Konzentration auf die Investitionsförderung und damit die Senkung der Kapitalkosten der Einsatz der Arbeit sowie arbeitsintensive Produktionsverfahren systematisch benachteiligt werden. Während sich die Wirkungen der Investitionsförderung erst nach einer längeren »Reifeperiode« zeigen, müssen die Lohnkosten sofort aufgebracht werden. Ohne Stützungsmaßnahmen zur Senkung der aktuellen Lohnkosten haben die Unternehmen jedoch kaum eine Überlebenschance. Deshalb hat das DIW empfohlen, für eine befristete Zeitspanne und mit abnehmenden Margen die Lohnzahlungen der Unternehmen unter dem Dach der Treuhandanstalt zu subventionieren (siehe *III.3.9.*)[13].

– Neben den allgemeinen Mittelzuweisungen im Rahmen des Einheitsfonds und der Investitionsförderung konzentriert sich die öffentliche Einheitsfinanzierung auf folgende Ebenen:

(a) Zum Aufbau der sozialen Sicherungssysteme – Arbeitslosen-, Renten- und Krankenversicherung – werden eine sog. Anschubfinanzierung von insgesamt ca. 20 Mrd. DM zur Verfügung gestellt;

(b) Um die Arbeitslosigkeit zu überbrücken, stehen Mittel zur Finan-

Tabelle V.6: **Modellbeispiel: Investitionsförderung = Schonzeit der Unternehmen**

Großunternehmen		Mrd. DM / Mrd. DM
investiert 100 Mill. DM		
davon		
A) Ausrüstungen (Nutzungsdauer 10 Jahre)		70,0
B) Gebäude		30,0
1) Investitionszuschuß – Zulage		
– Investitionszuschuß (23 % d. Investitionen)		23,0
– Investitionszulage (12 % a. Ausrüstungen)		8,4
2 A) Steuerliche Entlastung durch Abschreibungen auf Ausrüstungen		
Investitionen	70,0	
⁒ 23 % Zuschuß (Kürzung der Bemessungsgrundlage)	16,1	
Bemessungsgrundlage Abschreibungen	53,9	
AfA 60 % (50 % Sonder-AfA; 10 % lineare AfA)[1)]	32,3	
angenommener Steuersatz von 50 %		16,1
2 B) Steuerliche Entlastung durch Abschreibungen auf Gebäude		
Investitionen	30,0	
⁒ 23 % Zuschuß (Kürzung der Bemessungsgrundlage)	6,9	
Bemessungsgrundlage Abschreibungen	23,1	
AfA 54 % (50 % Sonder-AfA; 4 % lineare AfA)[1)]	12,5	
Steuersatz 50 %		6,2
Ersparnis und Zuschuß im 1. Jahr: 53,7 %		53,7

[1)] Lineare AfA im 1. Jahr (AfA = Absetzung für Abnutzung; Voraussetzung für ihre Nutzung ist die Entstehung ausreichender Gewinne, ansonsten können sie auf künftige Gewinne angerechnet werden (Verlustvertrag)

[Quelle: Presse- und Informationsamt der Bundesregierung (Hrg.) Aktuelle Beiträge zur Wirtschafts- und Finanzpolitik, Nr. 25 v. 1. 7. 1991, S. 13 f.

zierung arbeitsmarktpolitischer Maßnahnmen aus dem Haushalt der Bundesanstalt für Arbeit zur Verfügung;

(c) Vor allem die Kommunen können auch zinsverbilligte Kredite im Gesamtvolumen von 10 Mrd. DM – bis zu 3 % unter dem Kapitalmarktzinssatz über einen Zeitraum von 10 Jahren – zur Finanzierung ihrer Infrastrukturmaßnahmen in Anspruch nehmen (Kosten des Bundes etwa

Tabelle V.7: **Inanspruchnahme des Gemeindekreditprogramms, Stand 10.5.1991**

	Anträge	Zusagen
	Mill. DM	
Gewerbeflächen	2927	1856
Abfall	492	389
Energie	432	388
Lärmschutz, Luft, Abwasser, Wasser	3828	2795
Verkehr	1269	1147
Stadtentwicklung	947	485
Krankenhäuser, Pflege	830	528
Insgesamt	10727	7555

Quelle: Bundesministerium für Wirtschaft, nach: *DIW-Wochenbericht* 24/91, S. 346]

2,85 Mrd. DM für den gesamten Zeitraum). *Tabelle V.7* zeigt beispielsweise die Schwerpunkte des Gemeindekreditprogramms sowie dessen Nutzung (Stand Mai 1991).

(d) Für weitere Infrastrukturmaßnahmen stehen bis Anfang 1991 jedoch nur geringfügige Finanzmittel zur Verfügung.

Trotz der vielen, jedoch kaum koordinierten Finanzierungsmaßnahmen wurde deutlich: Angesichts der akuten Defizite bei der öffentlichen Aufgabenwahrnehmung sah sich die Bundesregierung gezwungen, über die bisherigen Maßnahmen hinaus, den ostdeutschen Gebietskörperschaften für 1991 und 1992 jeweils 12 Mrd. DM zur Verfügung zu stellen. Mit diesem *»Gemeinschaftswerk Aufschwung Ost«* wurde eine bedeutsame *Kurskorrektur* vorgenommen. Die Vergabe von insgesamt 24 Mrd. DM konzentriert sich auf die Aufgabenschwerpunkte: Arbeitsbeschaffungsmaßnahmen, soziale und materiale Infrastruktur, ökologische Maßnahmen sowie Zuschüsse für bestimmte Wirtschaftsbereiche (*Tabelle V.8*). Die Bundesregierung durchbrach damit ihre ideologischen Vorbehalte gegen ein schwerpunktbezogenes Förderprogramm, das auch der Verbesserung der Arbeitsmarktentwicklung dienen soll. Mit der Aufforderung, regionale und kommunale »Aufbaustäbe« zur Umsetzung dieses Programms zu gründen, wurde zumindest ansatzweise die der Notwendigkeit strukturpolitisch-institutioneller Absicherung Rechnung getragen.

Dieses »Gemeinschaftswerk« weist den Weg in die richtige Richtung. Der Zeit- und Mittelrahmen freilich fällt zu spärlich auf. Es spekuliert – wie der Titel besagt – auf einen zweifelhaften breiten Aufschwung Ost in 1992. Diese Zielsetzung des »Gemeinschaftswerks« ist illusorisch. Deshalb sollte auf dieser Spur der Mittel- und Zeitrahmen erweitert werden.

Tabelle V.8: **Gemeinschaftswerk Aufschwung Ost (Bundesanteil)**

	Beauftragter für den Haushalt	1991		1992
		Baransatz Mio. DM	VE Mio. DM	Baransatz Mio. DM
1. Kommunales Investitionsprogramm	BMF	5000	(.)	
2. Arbeitsbeschaffungsmaßnahmen (ABM)	BMA	2500	(3000)	3000
davon:				
– Lohnkostenzuschüsse		1600	(1950)	
– Sachkostenzuschüsse		900	(1050)	
3. Verkehr	BMV	1400	(4700)	4900
davon:				
– Bundesfernstraßen		400	(1500)	1500
– öffentlicher Personennahverkehr		400	(400)	400
– kommunaler Straßenbau		600	(1200)	1400
– Investitionsvorhaben der Deutschen Reichsbahn		.	(1600)	1600
4. Wohnungs- und Städtebau	BMBau	1100	(1100)	1100
davon:				
– Modernisierung/ Instandsetzung		700	(700)	700
– Privatisierung kommunaler Wohnungen		200	(200)	200
– Städtebauförderung		200	(200)	200
5. Verstärkte Förderung privater Unternehmensinvestitionen	BMF	388	(.)	650
davon:				
– Verlängerung Investitionszulage		.	(.)	250
– Kumulation der Investitionszulage mit steuerlichen Sonderabschreibungen		388	(.)	400
6. Sonderprogramm »Regionale Wirtschaftsförderung«	BMWi	600	(600)	600
7. Werfthilfen Ost	BMWi	130	(700)	260
8. Umweltschutzsofortmaßnahmen	BMU	412	(400)	400
9. Hochschulen	BMBW	200	(200)	499,3
davon:				
– Erneuerungsprogramm		.	(.)	299,3
– Instandsetzung		200	(200)	200

	Beauftragter für den Haushalt	1991		1992
		Baransatz Mio. DM	VE Mio. DM	Baransatz Mio. DM
10. Instandsetzung im Gebäudebestand des Bundes	BMVg	120	(20)	20
	BMF	120	(20)	90
	BMI	20	(5)	5
	BMV	10	(5)	35
11. Baumaßnahmen der Kirchen	BMI	.	(.)	80
12. Zuschüsse an Seeschiffahrtsunternehmen	BMV	.	(.)	25
13. Sanierung von Fernwärmeeinrichtungen	BMWi	.	(.)	150
14. Förderung von Projekten bei wirtschaftsnahen Forschungseinrichtungen	BMWi	.	(.)	180
15. Agrar- und forstkulturelle Einrichtungen	BML	.	(.)	4
16. Sonstige Maßnahmen	BMF	.	(.)	1,7
Insgesamt		12000	(10750)	12000

[Quelle: Bundesfinanzministerium, Finanzbericht 1992, S. 31]

Sinnvoll wäre es, wie im *Kapitel X* begründet wird, dieses »Zukunftsprogramm« mit einem Mittelrahmen von etwa 100 Mrd. DM auf fünf Jahre auszurichten.

Am Beispiel der Arbeitsmarktpolitik zeigte sich bereits in der ersten Hälfte 1991 die zu geringfügige Ausstattung des »Gemeinschaftswerks«. Anfang September 1991 wurde endgültig klar, daß die über das gesamte Jahr für Arbeitsbeschaffungsmaßnahmen vorgesehenen Mittel, einschließlich der 2,5 Mrd. DM aus dem »Gemeinschaftswerk«, bereits verausgabt waren. Die Jahreszielgröße von 280000 ABM-Stellen waren wegen der schnellen Arbeitsplatzverluste bereits erreicht. Es mußten 3 Mrd. DM nachgeschossen werden.

Dabei versuchte die Leitung der Bundesanstalt für Arbeit, die Finanzbelastung über eine Absenkung der Lohnkostenzuschüsse im Regelfall von 100 auf 90% und die Sachkostenzuschüsse von 30 auf 20% der Lohnzuschüsse zu begrenzen. Dem Einsatz von ABM-Stellen kommt in der längeren Übergangsphase nicht nur arbeitsmarktpolitisch, sondern auch wirtschaftlich eine große Bedeutung zu. Durch ihre Einbindung in verschiedenste Modelle von Beschäftigungs- bzw. Qualifizierungsgesellschaften können Produktionsaufgaben entwickelt und vorgenommen werden.

Steuerschraube in Bewegung gesetzt

Unter dem Druck der massiven Finanzierungsprobleme ließ sich auch regierungsoffiziell nach der Bundestagswahl die Erhöhung von Abgaben zur Finanzierung der deutschen Einheit nicht mehr tabuisieren. Dabei spielte auch der deutsche Beitrag zur Finanzierung des Golfkriegs von ca. 18 Mrd. DM, der ganz im Gegensatz zu den dringenden Hilfen für Ostdeutschland schnell locker gemacht wurde, eine Rolle (allein 6,6 Mrd. US-$ im Rahmen direkter Beteiligung an den Kosten der USA).[14] Unmittelbar nach der Bundestagswahl spielte sich allerdings erst einmal vor einer schnell verärgerten Öffentlichkeit ein peinlicher Wettstreit bei der Suche nach *neuen Finanzquellen* ab.

Da wurde die Einführung einer Autobahngebühr ins Gespräch gebracht, jedoch wegen der lauten Proteste schnell zurückgezogen. Versuche, über die deutliche Erhöhung von Gebühren die Einheit zu finanzieren, scheiterten schlichtweg an verfassungsrechtlichen Bedenken. Versprechungen, mit einem spürbaren Abbau der Subventionen, die 1988 ca. 90 Mrd. DM beim Bund betrugen, das Ausmaß der Abgabenerhöhung zu reduzieren, erwiesen sich bald als Strohfeuer.[15] Dabei wurde die Suche nach Finanzquellen durch die Forderung der Unternehmerverbände, ihre Steuern erneut zu senken, überlagert. Eine wissenschaftliche Expertenkommission, durch den Bundesfinanzminister eingesetzt, unterstrich im Sommer 1991 die Forderung nach Senkung der Unternehmenssteuerbelastungen.[16] Dem Streit setzte die Bundesregierung ein scheinbares Ende und hob das »Solidaritätsgesetz« aus der Taufe. Die wichtigsten Elemente dieses Abgabenpakets '91 sind (*Tabelle V.9*):

- Einführung eines auf den Zeitraum vom 1. Juli 1991 bis zum 30. Juni 1992 befristeten Solidaritätszuschlags von 7,5 % auf die Lohn-, Einkommen- und Körperschaftsteuerschuld;
- Erhöhung der Mineralölsteuer sowie die Anhebung der Versicherung- und Tabaksteuer;
- Erhöhung der Sozialversicherungsabgaben (ab 1. 4. 1991) um netto 1,5 %.

Diesen abgabepolitischen Maßnahmen werden 1991 17,75 Mrd. DM und 1992 26,75 Mrd. an Mehreinnahmen zugerechnet (*Tabelle V.9*). Der

Tabelle V.9: **Beschlüsse der Regierungskoalition zur Verbesserung der Einnahmen**

	Fiskalische Wirkung in Mrd. DM	
	1991	1992
Sozialversicherung (1. 4. 1991)[1]		
– Anhebung des Beitragssatzes zur Arbeitslosenversicherung um 2,5 % Prozentpunkte auf 6,8 %[2),3)]	20,2	22,1
– Senkung des Beitragssatzes zur Rentenversicherung um 1 Prozentpunkt auf 17,7 %[3)]	−8,1	−11,0
Zusätzliche Postablieferung (1. 4. 1991)	2,0	2,5
Steuerpolitische Maßnahmen		
– Zuschlag auf die Lohn-, Einkommen- und Körperschaftssteuer von 7,5 % (1. 7. 1991)[4)]	11,25	10,65
– Erhöhung der Kilometerpauschale von 50 auf 65 Pfennig (1. 7. 1991)[1)]	–	−1,5
– Anhebung der Mineralölsteuer (1. 7. 1991)	5,8	14,0
– Kraftstoffe (pro Liter): Verbleites Benzin: Anhebung um 25 Pfg. auf 92 Pfg. Bleifreies Benzin: Anhebung um 22 Pfg. auf 82 Pfg. Diesel: Anhebung um 10 Pfg. auf 54 Pfg.		
– Energie: Heizöl: Anhebung um 2,34 Pfg. (pro Liter) Erdgas: Anhebung um 1 Pfg. (pro 10 kwh)		
– Anhebung der Versicherungssteuer um 3 % auf insgesamt 10 % (1. 7. 1991)	0,7	2,0
– Anhebung der Tabaksteuer um 1 Pfennig pro Zigarette (1. 1. 1992)	–	1,6
Insgesamt	31,65	40,35

1) Schätzungen des Ifo-Instituts
2) Von 1992 an soll der Beitragssatz um 0,5 Prozentpunkte auf 6,3 % gesenkt werden
3) Beiträge für Arbeitnehmer
4) Zeitliche Befristung auf ein Jahr
[Quelle: *IFO-Schnelldienst* 7/1991, S. 24]

Versuch der Bundesregierung, gleichzeitig die Gewerbekapitalsteuer (−2,5 Mrd. DM 1991) und die Vermögensteuer (−6,5 Mrd. DM) komplett zu streichen, sind bisher am Einspruch des Bundesrats gescheitert. Auch in Ostdeutschland gelten diese beiden Steuern, die jedoch erst ab 1993 eingezogen werden sollen.

Der aus wahltaktischen Gründen verzögerte Einstieg in die Finanzierung der deutschen Einheit ist durch eine soziale Schieflage gekennzeichnet. Die Belastung der Unternehmen und Einkommensstarken fällt gegenüber den unteren Arbeitseinkommens- sowie der Sozialeinkommensbezieher vergleichsweise schwächer aus.

5.5. Spekulationen über eine vierte Stufe: Weiteres Anziehen der Steuerschraube programmiert

Die hier erstmals vorgelegte *Zwischenbilanz* zum Prozeß der deutschen Einigung seit der Entscheidung für die Einführung der Währungsunion wurde Mitte Oktober 1990 abgeschlossen. Die weitere Entwicklung der Finanzpolitik unter dem Diktat einer gespaltenen Wirtschaftsentwicklung zwischen Ost- und Westdeutschland läßt sich daher lediglich grob abschätzen. Im Mittelpunkt steht das durch die Bundesregierung zusätzlich geplante Steuerpaket '92 mit den folgenden Schwerpunkten:

- Der Mehrwertsteuersatz wird ab 1993 von 14 auf 15% unter Beibehaltung des ermäßigten Satzes von 7% angehoben (geschätzte Mehreinnahmen 12,3 Mrd. DM);
- Der Kinderfreibetrag wird ab 1992 auf 4104 DM und das Erstkindergeld auf 70 DM sowie der Kindergeldzuschlag auf bis zu 68 DM angehoben;
- Die Gewerbekapitalsteuer entfällt ab 1993 (= 2,4 Mrd. DM). Bei der Gewerbeertragsteuer werden ab 1993 mittelstandsorientierte Entlastungen durch die schrittweise Anhebung der Meßzahlen über dem Freibetrag gestaffelt. Gewerbesteuerausfälle der Gemeinden bei der Gewerbesteuer werden durch eine Verringerung der Gewerbesteuerumlage um 40% gemildert. Verbesserte Freibetragsregelungen zielen auf eine Senkung der Vermögensteuerbelastung (insgesamt 3,4 Mrd. DM).
- Über die Verbreitung der Steuerbemessungsgrundlage, also durch den Abbau bisheriger Steuervorteile, soll ein Teil der Steuersenkungen finanziert werden. So wird die Verringerung der degressiven Abschreibungen für Gebäude des Betriebsvermögens von 10 auf 7% angestrebt. Im Rah-

men einer Anhörung vor dem Finanzausschuß des Deutschen Bundestags Anfang Oktober 1991 ist jedoch deutlich geworden, daß einige geplante Streichungen von Steuervorteilen wieder einkassiert werden. Die geplante Besteuerung von Booten, vergleichbar der KfZ-Besteuerung, ist nach ersten Protesten schnell wieder durch die Bundesregierung zurückgenommen worden. Auch die Beschränkung der bisherigen steuerlichen Vorteile bei der Nutzung von Lebensversicherungen zur betrieblichen Kreditfinanzierung soll erheblich geringfügiger umgesetzt werden.

Dieses geplante Steueränderungsgesetz '92 verbindet erstmals die Erhöhung von Abgaben zur Finanzierung der deutschen Einheit mit einer vorrangigen Senkung der Unternehmenssteuern (geplante jährliche Nettoentlastung knapp 6 Mrd. DM).

Auch dieses Steuerpaket wird nicht ausreichen, den Finanzanforderungen im Zuge des ökonomischen Einigungsprozesses adäquat zu entsprechen. Daher ist es wichtig, die Entwicklung der Finanzpolitik in den nächsten Jahren abzuschätzen, um deren Belastungen, aber auch Alternativen sichtbar zu machen. In diesem Kontext lautet die Basisthese:

Der Prozeß der ökonomischen Stabilisierung zieht sich mehrere Jahre, vermutlich bis zum Ende dieses Jahrzehnts, hin. Über einen längeren Zeitraum hinweg müssen also noch öffentliche Finanztransfers in Westdeutschland für den Angleichungsprozeß Ostdeutschlands aufgebracht werden.

Welche Risiken bestehen für die Haushaltspolitik?

Im Herbst 1991 zeichnen sich die folgenden *schwerwiegenden Risiken* für die Haushaltspolitik des Bundes in den kommenden Jahren ab.

Erstens: Das Gesamtvolumen des *Kreditabwickungsfonds (KAF)*, der vor allem die Verbindlichkeiten der DDR sowie die Ausgleichsfonds infolge der Währungsumstellung enthält (vgl. *Kapitel III, Abschnitt 3.8.*), wurde (einschließlich der Schulden des DDR-Staatshaushalts sowie gegenüber dem Ausland) anfangs auf 65 Mrd. DM geschätzt. Mittlerweile geht das Bundesfinanzministerium von einer Größenordnung in Höhe von 160 Mrd. DM aus. Bis zu seiner Auflösung übernehmen der Bund und die Treuhandanstalt die Zinserstattung. Die Regelung des Einigungsvertrags sah vor: Der Fonds wird 1993 aufgelöst. Die aufgelaufene Verschuldung wird in dem Umfang von der Treuhand-Anstalt (THA) übernommen, soweit diese aus den »erwarteten künftigen Erlösen der Verwertung des Treuhand-Anstalt-Vermögens« getilgt werden können. Die dann verbleibende Verschuldung übernehmen jeweils zur Hälfte der Bund und die Länder. Die im Einigungsvertrag unterstellte »Selbstfinanzierungsfunktion« durch die THA konnte jedoch nicht aufgehen. Damit ist ein Neuregulierungsbedarf entstanden; zusätzliche Belastungen des Bundes und der Länder sind nicht auszuschließen.

Zweitens: Bisher ist der *Treuhand-Anstalt (THA)* für 1990/91 ein Kreditermächtigungsrahmen von 30 Mrd. DM durch den Bund eingeräumt worden. Derzeit schätzt die THA jedoch ihren kumulierten Nettokreditbedarf bis 1995 auf 160 Mrd. DM. Unter Einbezug der Altschulden ihrer Betriebe erwartet sie sogar eine Gesamtverschuldung von 265 Mrd. DM. Hinzu kommen weitere Risiken im Rahmen einer möglichen Inanspruchnahme der THA für die Altlastensanierung der Unternehmen unter ihrem Dach. Die THA muß ohnehin in naher Zukunft fast 90% ihres Ausgabenbedarfs über Kreditaufnahmen finanzieren. Da an eine Rückzahlung der ohnehin schon vorhandenen Kredite nicht zu denken ist, läßt sich die Finanzierung des Kapitaldiensts nur noch über die Beanspruchung der Kapitalmärkte finanzieren. Der Druck auf den Bund, diese »freischwebende Kreditwirtschaft« in sein Haushaltsrecht zu übernehmen, legt die damit verbundenen Haushaltsrisiken offen.

Drittens: Infolge des durch den Bund gewährleisteten Zahlungsaufschubs für die *Kredit-Altlasten der kommunalen genossenschaftlichen Wohnungseigentümer* wird sich das Wohnbaukreditvolumen gegenüber 36 Mrd. DM im Rahmen der Währungsumstellung auf rund 52 Mrd. DM erhöhen – mit wachsenden Zahlungsverpflichtungen des Bundes.

Viertens: Im Rahmen des Referentenentwurfs eines Steueränderungsgesetzes 1992, im Juli 1991 durch das Bundesfinanzministerium vorgelegt, ist – in Reaktion auf ein Bundesverfassungsgerichtsurteil – eine steuerliche *Entlastung der Familien* um ca. 7 Mrd. DM vorgesehen. Nach dem bereits zitierten Steueränderungsgesetz '92 sollen in einem ersten Schritt der Kinderfreibetrag von derzeit 3024 DM auf 4104 DM sowie das Erstkindergeld von 50 auf 70 DM pro Monat und der Kindergeldzuschlag von 48 auf bis zu 65 DM angehoben werden. Die geplanten Entlastungsmaßnahmen reichen jedoch nicht aus, um Verfassungskonformität herzustellen.

Fünftens: Das Bundesverfassungsgericht hat in einem Urteilsspruch die Höhe des derzeit geltenden *Grundfreibetrags* bei der Einkommensteuer von 5616 DM/11232 DM (Alleinstehend/Verheiratet) kritisiert. Der Grundfreibetrag, der für das untere Minimumeinkommen von einer Belastung mit Lohn- bzw. Einkommensteuern absieht, muß in Richtung eines Existenzminimums angehoben werden. Steueränderungspläne zum

Vollzug dieser Anforderung des Bundesverfassungsgerichts lagen im Herbst 1991 noch nicht vor. Der ›Bund der Steuerzahler‹ schlägt eine Anhebung auf jährlich 4000 DM/8000 DM vor; Kostenpunkt pro Jahr ca. 25 Mrd. DM.

Sechstens: Aufgrund der Erfahrung, daß die Regelung der *Eigentumsfrage* im Einigungsvertrag den ökonomischen Umbau massiv behindert, wurde zumindest für zwei Jahre das Prinzip eingeführt: Wenn es volkswirtschaftlich geboten ist, kann auf die Eigentumsrückgabe zugunsten einer Entschädigung verzichtet werden. Gesetzliche Regelungen der Entschädigung lagen im Oktober 1991 noch nicht vor. Falls der ordnungspolitische Mut zu einer ›kostenlosen‹ Enteignung nicht aufgebracht wird, muß die Entschädigungsfinanzierung, die in jedem Fall zu Belastungen des Bundeshaushalts führen wird, geregelt werden.

Siebtens: In großem Umfang werden Finanzhilfen für den ökonomischen Umbau *Osteuropas* fällig. Dies gilt insbesondere für die Sowjetunion. Bis 1991 sind Zuschüsse und kostenlose Warenlieferungen aus der Bundesrepublik im Umfang von 27,7 Mrd. DM geflossen. Der größte Teil der Zahlungen ist mit dem »Überleitungsabkommen zum Abzug der sowjetischen Truppen aus der ehemaligen DDR (13,50 Mrd. DM) entstanden. Dazu kommen noch die Kreditgarantien und Hermesbürgschaften mit ca. 16,9 Mrd. DM. In den nächsten Jahren werden sich die dringend erforderlichen Finanzhilfen für die (ehemaligen) Sowjetrepubliken und damit die Belastungen des Bundeshaushalts ausweiten.

Achtens: Einige Bundesländer fordern ein *»Konversionsprogramm«*, mit dem die Folgen der Schließung bzw. Reduzierung von Truppenstandorten sowie der Abbau militärischer Aufträge in den betroffenen Regionen strukturpolitisch aufgefangen werden soll. In der Diskussion ist ein Programm, dessen Gesamtvolumen von 14 Mrd. DM über sieben Jahre verteilt wird und zur Stärkung der Infrastruktur und Schaffung neuer Arbeitsplätze verwendet werden soll.

Neuntens: Während also die Anforderungen an die öffentlichen Haushalte, insbesondere an den Bundeshaushalt, absehbar wachsen, wird die *Senkung der Unternehmensteuern* massiv gefordert. Anfang Juni 1991 hat die Expertenkommission zur »Verbesserung der steuerlichen Bedingungen für Investitionen und Arbeitsplätze« dem Bundesfinanzminister ihre Gutachten übergeben.[16] Vorgeschlagen wird die Begrenzung der Besteuerung der Unternehmensgewinne auf insgesamt rund 50%. Dazu sollen Gewinnsteuern gesenkt, beispielsweise aber auch die Vermögensteuer abgeschafft werden. Dabei ist geplant, ein Teil der unternehmerischen Steuersenkung, die auf der Basis der Daten 1991 auf insgesamt

27,5 Mrd. DM geschätzt wird, durch den Abbau von Steuervergünstigungen (Abschreibungen) sowie die Verbreitung der Bemessungsgrundlage zu finanzieren. Insgesamt ergäben diese Vorschläge eine Nettoentlastung von 16,7 Mrd. DM. Eine in diese Richtung zielende Steuerpolitik müßte die öffentliche Haushaltslage massiv verschlechtern. Der beschleunigte ›Marsch in den Lohnsteuerstaat‹ wäre die Folge, und das, obwohl internationale Vergleichsstudien zeigen, daß sich die steuerliche Belastung der Unternehmenswirtschaft in der Bundesrepublik gegenüber anderen Nationen im Mittelfeld hält.[17]

Prognose für die Eckwerte zukünftiger Finanzpolitik

Unter diesem Druck wachsender Finanzverpflichtungen für Ostdeutschland sowie weiterer Haushaltsrisiken und bei Berücksichtigung durch die Bundesregierung bereits angekündigter Maßnahmen lassen sich die folgenden *Eckwerte* der Finanzpolitik über 1992 hinaus prognostizieren:

- Der viel beschworene *Subventionsabbau* wird, abgesehen von marginalen Maßnahmen, nicht vollzogen, da er sich im Gestrüpp von Interessenkonflikten verheddert. Schließlich haben weder die Regierungsparteien noch die größte Oppositionspartei bisher ein auf die Folgewirkungen hin untersuchtes Programm zum Abbau von Subventionen vorgelegt. Eine nachhaltige Kürzung der Verteidigungsausgaben ist trotz weltweiter Entspannung kaum zu erwarten. Sollten die Forderungen nach Streichung von Aufträgen an die Rüstungsindustrie doch Erfolg haben, so müssen die freigesetzten Mittel vor allem jedoch für die Konversion bisheriger Rüstungs- in Zivilproduktion genutzt werden.
- Eine weitere nachhaltige Ausweitung der *Nettokreditaufnahme* ist unwahrscheinlich. Der Zuwachs hat seit 1990 dramatische Züge angenommen. Nach der Abgrenzung der Volkswirtschaftlichen Gesamtrechnung ist die Verschuldung der Gebietskörperschaften (einschließlich ihrer Fonds) zusammen mit dem Kreditbedarf der Treuhandanstalt 1991 um über 150 Mrd. DM gestiegen (*Tabelle V.2.*). Diese Neuverschuldung hat bereits monetäre Stabilitätsrisiken ausgelöst, den Außenwert der D-Mark geschwächt und zu Zinsbelastungen geführt, die die Manövrierfähigkeit der öffentlichen Haushalte bedenklich einschränken. Auch unter dem Druck der Deutschen Bundesbank, die eine restriktivere Geldpolitik androht und damit die Risiken der Wachstumsabschwächung erhöht, ist eine weitere Ausweitung der Verschuldung nicht zu erwarten.

• Die Bundesregierung wird unter diesen fiskalischen Zwängen versuchen, *Finanzhilfen* an die alten Bundesländer und ihre Kommunen abzubauen. Jüngstes Beispiel dafür ist der Gesetzentwurf der Bundesregierung, der vorsieht, den 1988 eingerichteten Strukturhilfefonds mit einem jährlichen Volumen von 2,45 Mrd. DM für Ostdeutschland auf den *Fonds Deutsche Einheit* daraufzusatteln.[18] Mit diesem Strukturhilfefonds erhalten bisher die westdeutschen Länder mit vergleichsweise hoher Arbeitslosigkeit und damit starken Belastungen im Rahmen der Sozialhilfeleistungen sowie wirtschaftlicher Wachstumsschwäche Bundeshilfen zur Finanzierung von (wirtschaftsnahen) Infrastrukturmaßnahmen. Der Bund erklärt sich jedoch auch bereit, neben der Umwidmung der Mittel aus dem Strukturhilfefonds zwischen 1992 und 1994 jährlich 5,9 Mrd. DM dem Fonds Deutsche Einheit hinzuzufügen (*Tabelle V.2*). Die Versuche, den Strukturhilfefonds abzuschaffen, weisen in die falsche Richtung. Auch in den westdeutschen Ländern sind Leistungen zum Ausgleich unterschiedlicher Wirtschafts- und Finanzkraft erforderlich.

• Die Finanzpolitik wird sich aufgrund des hier abgesteckten Rahmens auf eine erneute Anhebung der *Abgaben* sowie die Einführung neuer Abgabentatbestände konzentrieren. Es ist nicht unrealistisch, davon auszugehen, daß die Mehrwertsteuersätze, derzeit 14% (bzw. 7%), über die im Entwurf zu einem Steueränderungsgesetz '92 geplante Erhöhung hinaus auf 16% (8%) erhöht werden. Was in die Vorschläge zur Steuerharmonisierung der EG im Kontext des Binnenmarkts '92 gut paßt, brächte jährlich zusätzliche Steuereinnahmen von ca. 18 Mrd. DM.

Die Folgen dieser Erhöhung liegen auf der Hand: Die Endverbraucherpreise müßten im Durchschnitt ähnlich steigen, denn im Prinzip wird diese Mehrwertsteueranhebung auf die Konsumentenpreise weitergewälzt. Die Wirkungen auf die Einkommensverteilung wären regressiv, d. h. mit abnehmender Verwendung des wachsenden Einkommens für den Verbrauch würde die relative Belastung schrumpfen. Die Bezieher von Sozialeinkommen dagegen, etwa die Rentner und Arbeitslosen, würden die Mehrwertsteueranhebung durch höhere Preise stark zu spüren bekommen, wenn auch der halbierte Steuersatz für lebensnotwendige Güter und Dienstleistungen zu einer Abschwächung dieser Verteilungslast beiträgt. Darüberhinaus ist durchaus vorstellbar, daß der auf ein Jahr befristete Solidaritätszuschlag von 7,5% auf die Einkommen- und Körperschaftsteuerschuld über den 30. Juni 1992 hinaus verlängert wird. Diese Ergänzungsabgabe würde sich dann gegenüber den Forderungen der SPD nur noch in der Höhe – die SPD fordert 10–15% auf die Einkommen- und Körperschaftsteuerschuld – und im Verzicht auf Freigrenzen (SPD: 60000/120000 DM Alleinstehend/Verheiratet) unterscheiden.[19]

Wie diese Abschätzung der Entwicklung der nächsten Jahre zeigt: Die Finanzierung der deutschen Einheit und weitere Haushaltsrisiken rücken die Frage nach der *Lastverteilung* und damit der *Opferbereitschaft* in den Mittelpunkt. Pikanterweise droht sich der Verteilungskampf über die Abgabenpolitik durch die Forderung der Unternehmen nach weiteren Steuersenkungen in ihrem Bereich zu verschärfen. Die Vertiefung der Einkommensverteilung mit den Instrumenten der Abgabenpolitik scheint vorprogrammiert. Diese Steuerpolitik erhöht aber auch, vor allem über die Mehrwertsteueränderung, die Währungsrisiken. Entwickelt und praktiziert werden muß deshalb endlich ein auf mittlere Frist angelegter klarer Kurs der Finanzpolitik. Dabei ist zu berücksichtigen: Nur die Finanzpolitik im Dienste der deutschen Einheit hat eine Chance, die auch in West- und Ostdeutschland sozial akzeptiert wird. Ein Vorschlag, der diese Kriterien zu berücksichtigen versucht, wird im *Abschnitt 10.4* vorgelegt.

Anmerkungen

1 Vgl. die Aufstellung bei: W. Fuest/R. Kroker, Dokumentation – Transferzahlungen an die neuen Bundesländer. In: *iw-Trends* 3/1991 sowie Informationsdienst *iwd* 43/1991, S. 4ff.
2 Vgl. *DIW-Wochenbericht* 42–43/1991, S. 608
3 Vgl. R. Hickel, Wirtschaft. In: M. Kittner (Hg.), Gewerkschaftsjahrbuch 1990 – Daten, Fakten, Analysen, Köln 1991
4 Vgl. zu den Grundlagen und den Sonderproblemen: R. Hickel/B. Roth/A. Troost, Stadtstaat Bremen im föderalen Finanzsystem. In: Kooperation Universität/Arbeiterkammer Bremen, Bremen 1988
5 Am 8. 10. 1991 hat das Bundesverfassungsgericht in Karlsruhe eine Anhörung im Rahmen des Klageverfahrens durchgeführt. Die Neuordnung des Finanzausgleichs im Rahmen der Aufnahme der ostdeutschen Länder wurde dabei nicht berücksichtigt.
6 Derzeit sind weder im Bundesfinanzministerium noch bei den zuständigen Länderministerien intensive Diskussionen zur Ausweitung des Finanzausgleichs auf Ostdeutschland, wie ihn der Einigungsvertrag ab 1995 vorsieht, zu erkennen. Auch in der Finanzwissenschaft lassen sich ernsthafte Vorschläge nicht erkennen.

7 Vgl. die Modellrechnungen bei: W. Fuest/N. Lichtblau, Finanzausgleich im vereinten Deutschland. In: *Beiträge zur Wirtschafts- und Sozialpolitik* 192-6/1991

8 Vgl. Arbeitsgruppe Alternative Wirtschaftspolitik, Memorandum '91, Köln 1991, S. 253 ff.

9 Vgl. Arbeitsgruppe Alternative Wirtschaftspolitik, Sonder-Memorandum: Sozial-ökologisches Sofortprogramm: Risiken der deutsch-deutschen Währungsunion auffangen. In: *Memo-Forum* 16/1990

10 Siehe Presse- und Informationsamt der Bundesregierung (Hg.), Aktuelle Beiträge zur Wirtschafts- und Finanzpolitik, Nr. 25 v. 1.7.1991, S. 13 ff.

11 Deutsches Institut für Wirtschaftsforschung/Institut für Weltwirtschaft an der Universität Kiel, Gesamtwirtschaftliche und unternehmerische Anpassungsprozesse in Ostdeutschland (Zweiter Bericht). In: *DIW-Wochenbericht* 24/91, S. 344

Vgl. den Überblick zur Investitionsförderung: Deutsche Bundesbank, Wirtschaftsförderung in den neuen Bundesländern. In: *Monatsberichte der Deutschen Bundesbank* 3/1991

12 Vgl. auch die Kritik des Präsidenten des Bundesfinanzhofs, Klein: Steuerhinterziehung würde gesetzlich gefördert. In: *Handelsblatt* v. 16.1.1991, S. 11

13 H. Flassbeck u. a., Subventionierung und Privatisierung durch die Treuhandanstalt: Kurswechsel erforderlich. In: *DIW-Wochenbericht* 41/1991

14 Mitteilung durch das Bundesfinanzministerium, *Finanznachrichten* v. 25.9.1991, 58/91, S. 4

15 Vgl. F. Stille, Umorientierung der Subventionspolitik. In: *DIW-Wochenbericht* 35/1989, S. 418

16 Vgl. Bundesfinanzministerium. *BMF-Finanznachrichten* v. 12.6.1991, 33/1991

17 B. Seidel u. a., Die Besteuerung der Unternehmensgewinne im internationalen Vergleich. In: *DIW-Wochenbericht* 29/1989

18 Entwurf eines »Gesetzes zur Aufhebung des Strukturhilfegesetzes und zur Aufstockung des ›Fonds Deutsche Einheit‹«, durch den Bundesfinanzminister am 30.8.1991 vorgelegt.

19 Vorschlag durch die SPD-regierten Länder im Bundesrat, vgl. *Frankfurter Rundschau* v. 19.10.1991, S. 1

Kapitel VI

Eine Politik der De-Industrialisierung durch die Treuhandanstalt?

Die Politik der Treuhandanstalt (THA) hat in ihrer Wirkung maßgeblich zum Niedergang der ostdeutschen Wirtschaft, insbesondere der Industrie, in den Jahren 1990 und 1991 beigetragen. Sie hat, unter der Fachaufsicht des Bundesfinanzministers, entschieden auf den Vorrang der Privatisierung vor der Sanierung gesetzt und dabei *Privatisierung als die wirksamste Sanierung«* (Rohwedder) betrachtet, also praktisch Privatisierung mit Sanierung gleichgesetzt. Sie hatte und hat keine struktur-, regional- und arbeitsmarktpolitische Strategie, ja sie bestreitet offiziell sogar, Strukturpolitik zu betreiben, obwohl sie es faktisch unentwegt tut. Sie ist ein fehlkonstruierter Zwitter aus privatwirtschaftlicher Verkaufsagentur für eine komplette Volkswirtschaft und heimlichem Wirtschaftsministerium-Ost. Sie ist zentralistisch-bürokratisch strukturiert, ihre Position gegenüber den neuen Bundesländern und den Kommunen sowie den Arbeitnehmern ist viel zu schwach.

Ihre durch Gesetz und Finanzverfassung vorgegebene Aufgabe war von Anfang an unlösbar:[1] Eine komplette Volkswirtschaft läßt sich nicht in kurzer Zeit privatisieren, es sei denn, man zahlt den Preis einer weitgehenden Zerstörung mittelfristig sanierungsfähiger Strukturen; zur eigenständigen Sanierung fehlen ihr aber die finanziellen, personellen und organisatorischen Ressourcen, vor allem aber der politische Wille und ein klarer politischer und gesetzlicher Auftrag. Belegschaften, Kommunen und neue Länder, in erster Linie aber die Gewerkschaften haben der Treuhand manches Zugeständnis abtrotzen können. Die Anstalt hat aber ihre Linie nicht grundlegend korrigiert. Die Kritiker der THA haben Recht behalten. Mit ihrer kurzsichtigen, vorrangig an betriebswirtschaftlichen Sanierungskriterien ausgerichteten Politik ist die Treuhandanstalt zum Motor der De-Industrialisierung geworden. Diese harsche Kritik soll im folgenden ausführlich dargestellt und begründet werden.

6.1. Der einseitige Auftrag der Treuhandanstalt

Die Berliner Treuhandanstalt wurde noch unter der Regierung Modrow am 1. März 1990 gegründet. Ihr wurde das gesamte ehemals volkseigene Vermögen zwecks Verwaltung und Neustrukturierung übereignet. Am 17. Juni 1990 beschloß die Volkskammer aufgrund einer Vorlage der Regierung de Maizière das sehr allgemein gehaltene Treuhandgesetz, das im Einigungsvertrag nahezu unverändert übernommen wurde und bis heute gültig ist. Das Treuhandgesetz definiert in § 2 die Aufgabe der THA:[2] Sie soll *»der Privatisierung und Verwertung volkseigenen Vermögens nach den Prinzipien der sozialen Marktwirtschaft«* dienen. Sie soll *»die Strukturanpassung der Wirtschaft an die Erfordernisse des Marktes ... fördern, indem sie insbesondere auf die Entwicklung sanierungsfähiger Unternehmen und deren Privatisierung Einfluß nimmt.«*

Im ersten Staatsvertrag, der ein »Gemeinsames Protokoll über Leitsätze« enthält, heißt es ergänzend: *»Unternehmen im unmittelbaren oder mittelbaren Staatseigentum werden nach den Grundsätzen der Wirtschaftlichkeit geführt. Sie sind so rasch wie möglich wettbewerblich zu strukturieren und soweit wie möglich in Privateigentum zu überführen. Dabei sollen insbesondere kleineren und mittleren Unternehmen Chancen eröffnet werden.«*[3] Durch *»zweckmäßige Entflechtung«* sollen sich marktfähige Strukturen herausbilden. Aus dem schwammigen Gesetzesauftrag läßt sich immerhin entnehmen, daß die Aufgaben der THA sich nicht in der Privatisierung erschöpfen, sondern auch das Sanierungsgebot beinhalten. Treuhandgesetz und Einigungsvertrag erwähnen mit keinem Wort arbeitsmarktpolitische, regionalpolitische oder umweltpolitische Aufgaben der THA, dafür um so mehr finanzpolitische Pflichten und Lasten.

Die Einnahmen der Treuhandanstalt stammen aus Privatisierungserlösen. Im Vorgriff auf spätere Privatisierungserlöse darf die THA 1991 25 Mrd. DM Kredite aufnehmen (1992: ca. 32 Mrd. DM). Bei *»grundlegend veränderten Bedingungen«* kann der Finanzminister laut Einigungsvertrag eine Überschreitung der Kreditgrenzen zulassen. Die Einnahmen der THA sollen einerseits zur Reorganisation des ehemaligen Volksvermögens verwendet werden, andererseits zur Sanierung des Staatshaushaltes der DDR; zudem sollen sie *»nach Möglichkeit«* jenen Sparern zugute kommen, die bei der Währungsumstellung nur 2 : 1 umtauschen konnten. Schließlich wird die THA im Einigungsvertrag als Finanzierungsquelle für weitere Aufgaben vorgesehen: Sie muß die Hälfte der Zinsleistungen auf die gesamten Staatsschulden der ehemaligen DDR bis Ende 1993 bezahlen, ab Dezember 1993 zudem die Hälfte des Schuldendienstes auf die Auslandsverbindlichkeiten der Ex-DDR, ab 1994 einen noch zu vereinbarenden Anteil am Schuldendienst des Kreditabwicklungsfonds. Schließlich muß sie die Zinsen für die Altkredite der Unternehmen bis zur Vorlage der DM-Eröffnungsbilanz zahlen. Sie ist auch für die selektive Entschuldung ihrer Unternehmen zuständig. Indessen wird ein Beitrag der THA zur Finanzierung ökologischer Altlasten nirgendwo erwähnt.

Insgesamt wurde die THA mit finanzpolitischen Aufgaben überfrachtet, Ausdruck der krassen Unterschätzung der Sanierungsaufgaben wie überhaupt der gesamten ökonomischen Tranformationsprobleme sowie Ausdruck der Überschätzung der Privatisierungserlöse, die nach ersten Treuhand-Kalkulationen noch auf 200 bis 600 Mrd. DM taxiert wurden. Inzwischen hat sich herausgestellt, daß ein Nettovermögen der Treuhand – Veräußerungserlöse abzüglich Altkredite, Sozialplankosten, Kosten der Abwicklung, Kosten ökologischer Altlasten der THA-Betriebe – nicht existiert. Die THA ist überschuldet, der Schuldendienst wird längerfristig nicht aus Privatisierungserlösen bezahlt werden können. Mithin ist die THA ein gewaltiges Zuschußunternehmen. Ihrer Finanzverfassung liegen gravierende Fehleinschätzungen zugrunde, die bislang nicht korrigiert wurden.

Der THA, rechtlich eine *Körperschaft des öffentlichen Rechts* und eine bundesunmittelbare Behörde, wurden die 126 zentral geleiteten Kombinate und die 95 bezirksgeleiteten Kombinate mit insgesamt etwa 9000 Unternehmen und 40000 Betrieben zugeordnet. Hinzu kommt ein Grundbesitz von 62000 km^2, das sind etwa 57 % der Fläche der ehemaligen DDR (17000 km^2 landwirtschaftliche Nutzfläche, 20000 km^2 Forstflächen, 25000 km^2 bebaute Flächen). Teile der Nationalen Volksarmee (NVA) gingen ebenfalls an die Treuhand, soweit sie nicht dem Bundesverteidigungsministerium zufielen. Die Immobilien und Einrichtungen der Staatssicherheit kamen ebenso zur Treuhand wie das Parteienvermögen, letzteres wird jedoch nur von ihr verwaltet. Auch die Außenhandelsbetriebe aus Schalck-Golodkowskis Bereich »Kommerzielle Koordinierung» gehören der Treuhand.

So reichte das Treuhand-Imperium von den Kinos des Landes, den HO-Geschäften, Apotheken und Buchhandlungen, den Staatsjagdrevieren, den Babelsberger Filmstudios, einem großen Teil der Landwirtschaft bis hin zu Kraftwerken und zur Großindustrie. Damit wurde die THA Mitte 1990 Arbeitgeber für etwa sechs Millionen »Werktätige«.[4] Rund 60 % aller Arbeitsplätze im Osten waren unmittelbar von der Treuhand abhängig. Das Ausgabenvolumen der THA liegt 1991 bei knapp 37 Mrd. DM und ist damit um gut die Hälfte größer als der Landesetat des neuen Freistaates Sachsen. Allerdings wird der Treuhand-Etat durch kein Parlament kontrolliert oder beschlossen. Es ist ein Nebenhaushalt, über den der Bundestag lediglich informiert wird. Zu Recht ist die THA als die größte Staatsholding der Welt bezeichnet worden.

Der gesetzliche Auftrag an die Treuhandanstalt ist außerordentlich vage. Die meisten Bestimmungen des Treuhandgesetzes beziehen sich auf die kurzfristige Umwandlung von volkseigenen Betrieben in AGs oder GmbHs. Insgesamt hat der Treuhand-Vorstand extrem große Ermessensspielräume. Dem Fachaufsicht führenden Finanzminister konnte diese Konstruktion nur recht sein: Er konnte sich stets hinter der THA verstecken, der THA-Vorstand mußte als Prügelknabe herhalten, obwohl der größte Teil der Kritik an der THA die Politik und den Gesetzgeber trifft.

6.2. Die Organisation der Treuhandanstalt

Laut Treuhandgesetz, das mit dem Einigungsvertrag übernommen wurde, hätten zum 1. September 1990 vier branchenorientierte Treuhand-Aktiengesellschaften für die *Schwerindustrie*, die *Investitionsgüter-*, die *Konsumgüterindustrie* und für die *Dienstleistungsbetriebe* gegründet werden müssen. Diese AGs hätten paritätischer Mitbestimmung der Arbeitnehmervertreter unterlegen. Der damalige Präsident Detlev Karsten Rohwedder setzte diese gesetzlich vorgeschriebene neue Organisationsstruktur nicht um und gründete 15 regionale Niederlassungen, die straff von der Treuhandzentrale geführt werden. Die Niederlassungen sollen die Betriebe mit weniger als 1500 Mitarbeitern »verwalten«, während die Zentrale für die Großunternehmen zuständig ist. Die Volkskammer akzeptierte diese »Gesetzesuntreue« (Rohwedder) und damit das Aushebeln der Mitbestimmung. Ein halbes Jahr später wurde das Gesetz der faktischen Organisation angepaßt.

Der Treuhand-Vorstand untersteht der Fach- und Rechtsaufsicht des Finanzministers, der diese im Einvernehmen mit dem Wirtschaftsminister und anderen Bundesministern wahrnehmen soll. Im Bundesfinanzministerium wurde neben der bisherigen Abteilung »Bundesbeteiligungen« eine neue Abteilung eingerichtet, die unter Leitung von John von Freyend – langjähriger Hauptgeschäftsführer des Bundesverbandes der Deutschen Industrie – eigens für die Treuhand zuständig ist. Eine direkte parlamentarische Kontrolle der THA durch den Bundestag existiert nicht, da der THA-Haushalt ein Sondervermögen außerhalb des Bundeshaushaltes ist. Das Budgetrecht des Parlaments ist somit ausgehebelt. Zwar wurde ein Unterausschuß des Finanzausschusses des Bundestages eingerichtet, der jedoch nur Informationsrechte hat.

Dem *Vorstand* der THA, der eine ähnlich starke Position wie der Vorstand einer Aktiengesellschaft hat, wurde ein 23köpfiger *Verwaltungsrat* zur Seite gestellt. Ursprünglich war der Verwaltungsrat kleiner und setzte sich nahezu ausschließlich aus Managern, vorwiegend aus dem Westen, zusammen. Inzwischen sind fünf Vertreter der neuen Bundesländer hinzugekommen – seitdem ist die anfangs laute Kritik des sächsischen Ministerpräsidenten an der THA verstummt – sowie vier Gewerkschaftsvertreter. Insbesondere die starke Präsenz von Managern westdeutscher Großunternehmen, die häufig zugleich Kaufinteressenten für Treuhand-Unternehmen sein können, ist wegen möglicher Interessenkollisionen problematisch. Ähnliches gilt für viele Aufsichtsräte von ostdeutschen Großunternehmen, in denen auf der Seite der Kapitaleigner häufig das Top-Management der westdeutschen Konkurrenzunternehmen sitzt. Beispielsweise sitzen im Aufsichtsrat des ostdeutschen Werftenkonzerns DMS zwei hochrangige Manager von West-Werften, die mit Argus-Augen die mögliche Entstehung ostdeutscher Konkurrenz beobachten. Als One-Dollar-Men arbeiten in der THA überdies rund 120 westdeutsche Leihmanager, die für meist 6 Monate von ihren Mutterfirmen unentgeltlich an die THA ausgeliehen wurden.

Auf Druck der neuen Bundesländer mußte die THA für jede der 15 regionalen Niederlassungen Beiräte einrichten, die sich aus Vertretern gesellschaftlicher Gruppen zusammensetzen. Die Beiräte haben lediglich Informations- und Beratungsrechte.

In der THA arbeiteten Mitte des Jahres 1991 etwa 3000 hochbezahlte Mitarbeiterinnen und Mitarbeiter in sechs Unternehmensbereichen, übrigens überwiegend Ostdeutsche. In leitenden Positionen sind 22 Ostdeutsche vertreten, davon einige aus dem Kreis der sog. Nomenklaturkader der höchsten Kategorie I und II.[5] Zu den Mitarbeitern der THA zählen Mitte 1991 zwei ehemalige Staatssekretäre, elf ehemalige stellvertretende Minister und fünf ehemalige Mitarbeiter der Bezirksleitungen der SED. Nach dem 3. Oktober 1990 wurden etliche Mitarbeiter aus der Nomenklatura I und II eingestellt, sieben wurden wieder entlassen. Gegen verschiedene ehemals hochrangige SED-Funktionsträger, die bei der THA beschäftigt waren und dann entlassen werden mußten, wurde wegen Verwicklung in dubiose Geschäfte staatsanwaltlich ermittelt. Dies galt auch für einen ehemaligen Vorstand der THA. Unter den THA-Mitarbeitern, insbesondere beim leitenden Personal, sind praktisch keine Vertreter der Bürgerbewegungen. Unter den leitenden Mitarbeitern kommt es häufig zu einem Zusammenspiel von forschen marktradikalen Privatisierern aus dem Westen und »Wendehälsen« aus dem Osten.

6.3. Die Geschäftspolitik der Treuhandanstalt

Der Vorstand der THA hat im Herbst 1990 *»Leitlinien der Geschäftspolitik«* vorgelegt, die viele wohlklingende Formeln enthält, von denen die reale Geschäftspolitik jedoch deutlich abweicht. So bekennt sich die THA in diesen »Leitsätzen« zum Aufbau einer modernen Wirtschaft und zur Sicherung und Schaffung von Arbeitsplätzen, zum Wettbewerb, zur Bereitstellung von Grund und Boden für Ansiedlungszwecke, zur Förderung kleiner und mittlerer Unternehmen, zur gleichrangigen Berücksichtigung in- und ausländischer Investoren usw. Die Privatisierung solle zu einem fairen Preis erfolgen, jedoch sollen zusätzlich zu den Preisvorstellungen der Investoren auch die unternehmerischen Konzepte, der Zeitfaktor, das Management-Potential, die Finanzkraft, der Investitionswille und vor allem die Zahl der zu erhaltenden oder neu zu schaffenden Arbeitsplätze berücksichigt werden. Nur 100%-Übernahmen werden angestrebt, keine Joint-Ventures. Priorität soll die Sanierung der Unternehmen durch die Erwerber haben. Nur *»solange dies noch nicht erreichbar ist, werden Hilfen für eine Umstrukturierung und Sanierung eines Unternehmens nur auf der Grundlage eines tragfähigen Unternehmenskonzeptes gewährt.«* Als gleichrangige Privatisierungsformen werden der Verkauf an das Management oder die Belegschaft sowie die Börsenplazierung bezeichnet. Nicht sanierungsfähige Unternehmen sollen sozialverträglich und regional ausgewogen stillgelegt werden.

Was die absolute Priorität der Privatisierung angeht, so stimmt die Praxis der THA vollkommen mit den »Leitsätzen« überein. In fast allen anderen Punkten gibt es *gravierende Abweichungen*. Die ganze Behörde hat sich mit aller Kraft ihres personellen und finanziellen Potentials auf einen Kraftakt zur schnellen Privatisierung des Volksvermögens konzentriert, eine historisch beispiellose Mammut-Aufgabe. Dies war eine ordnungspolitische Grundentscheidung, die weniger an den Problemen, als vielmehr an der Ideologie ausgerichtet war. Gemischtwirtschaftliche Strukturen sollten offenbar vermieden werden.

Marktwirtschaftlicher Rigorismus wurde angesagt, auch wenn Millionen von im Prinzip erhaltenswerten Arbeitsplätzen dabei verloren werden. Die »Fünf Weisen« des »Sachverständigenrates« hatten die Devise ausgegeben: Was nicht schnell privatisierbar ist, ist nicht rentabel zu machen und hat keine Existenzberechtigung mehr. Zudem beruhte die Privatisierungs-Priorität auf einer gründlichen Fehleinschätzung des Zustandes der Ost-Unternehmen sowie der Investitionsbereitschaft westlicher Unternehmen. Die Möglichkeiten der Regionalpolitik und Wirtschaftsförderung, durch Industrieansiedlung neue Arbeitsplätze zu schaffen, wurden bei weitem überschätzt.

Die Konsequenz dieser Grundentscheidung war die Vernachlässigung der Arbeit an der Sanierung der noch nicht privatisierten Firmen und die unzulängliche Einflußnahme auf die Art der Sanierung durch die Erwerber. Die THA hat ihre Unternehmen bei der Sanierung kaum unterstützt, weil sie diese von den Investoren erwartete. Viel zu spät wurde mit der Erarbeitung von Sanierungskonzepten durch die Geschäftsführungen der Treuhand-Firmen begonnen, der THA vorgelegte Konzepte wurden dort nur schleppend bearbeitet. Die THA selbst hat sich kaum an der Erarbeitung derartiger Konzepte beteiligt, sondern dies den Geschäftsführungen und Aufsichtsräten überlassen. Investitionskredite wurden praktisch nicht gewährt, man verwies seitens der Treuhand auf die Banken, die wiederum auf die Treuhand zurückverwiesen. Mangelndes Eigenkapital wurde nicht aufgestockt, eine notwendige Entschuldung fand häufig genug nicht statt.

Kurzum: Die noch nicht privatisierten Firmen wurden hängengelassen; viele altgediente Geschäftsführer verließen sich wie eh und je auf Entscheidungen der Zentrale, andere aktivere wurden von oben blokkiert. Der Entscheidungs-Attentismus hatte schlimme Folgen: Die Zahl der Arbeitsplätze schmolz rapide zusammen, und zugleich wurden Liquiditätshilfen und andere Bürschaften notwendig. Die THA war sehr bemüht, die Zahl der – politisch stets spektakulären – Stillegungen gering zu halten. Dafür ließ man die Firmen ausbluten oder häufig genug bis auf ein Gerippe zusammenschrumpfen. Beispielsweise ist es typisch, daß das Personal in der Industrieforschung sehr rasch dezimiert wurde. Hier wurden kurzsichtig nur Kosten gesehen, aber keine mittelfristig erreichbaren Erträge. Das F&E-Personal wurde pauschal abqualifiziert, ihm wurde keine Chance gegeben, wohl wissend, daß Innovationsaktivitäten zentral für die längerfristige Zukunftsentwicklung sind. Das Resultat war eine Innovationsbrache.

Natürlich darf nicht verkannt werden, daß die Sanierungsprobleme immens und mit der Sanierung angeschlagener Firmen im Westen in aller Regel nicht vergleichbar sind. In vielen Fällen ist eine Total-Sanierung erforderlich: Es müssen neue Produkte und neue Märkte gefunden werden, neue Lieferantenstrukturen müssen aufgebaut werden, neue Produktionsverfahren, selbst neue Betriebsgebäude sind nötig, und in vielen Fällen muß das mit ökologischen Altlasten verseuchte Betriebsgelände erst saniert werden. Zudem ist eine Firma häufig mit der ganzen Branche identisch, so daß zugleich ein Branchenkonzept gefunden werden muß. In diesen Fällen muß abgewogen werden, ob eine Stillegung und die nachfolgende Neuansiedlung von Betrieben wirtschaftlicher ist.

Häufig ist das Qualifikationspotential langjährig eingespielter Belegschaften, das trotz erforderlicher Umstrukturierung und Umschulung möglicherweise in beträchtlichem Umfang erhaltbar ist, die wichtigste Potenz derartiger Unternehmen. Wer rein betriebswirtschaftlich argumentiert, wird hier eine Stillegung befürworten. Mit den Folgen hätten sich dann andere zu befassen. Allerdings sind auch Stillegungen und Abwicklungen teuer: Altschulden, ökologische Altlasten, Sozialpläne, Arbeitslosenunterstützungen, Kosten der Neuansiedlung, Wiederaufbereitung der alten Industrieflächen usw. Das Risiko, daß Arbeitsplätze unwiderruflich verloren gehen und auch längerfristig kein Ersatz in Sicht ist, ist mindestens so groß wie das einer Totalsanierung. Das westdeutsche Management hat mit derartigen Sanierungsaufgaben praktisch keine Erfahrungen. Freilich sind längst nicht alle Sanierungsprobleme von dieser Art.

Sanierung wurde einseitig als Kostenreduktion und Herstellung von Rentabilität interpretiert, sowohl bei den westlichen Investoren als auch bei den bei der Treuhand verbleibenden Firmen. In diesem Sinne heißt Sanierung dann häufig: Verkleinerung der Produktpalette und der Fertigungstiefe, Abbau der Beschäftigung, Verkauf von Unternehmensteilen, Kostenreduktion durch technische und organisatorische Rationalisierung. Kurzum: *»Gesundschrumpfen durch ›Kahlschlagsanierung‹«*. Bei dieser Radikalkur bleibt der Patient häufig auf der Strecke. Nur noch ein Bruchteil der Arbeitsplätze bleibt dann erhalten. Die dabei entstehenden Sozialplankosten werden durch politischen Druck auf Belegschaften und Gewerkschaften auf ein niedriges Niveau komprimiert.

Im Gegensatz zu derartiger passiver Sanierung ist *Aktive Sanierung* viel schwieriger, anspruchsvoller und langwieriger: es müssen neue Produkte und neue Märkte gefunden werden, kurzfristig unwirtschaftliches Forschungspersonal muß gehalten und aufgestockt werden, erfahrene und eingespielte Belegschaften müssen im Kern zusammengehalten werden, die Fertigungstiefe darf nicht zu sehr ausgedünnt werden usw. Häufig genug resultierte die erhoffte Privatisierung in nichts anderem als passiver Sanierung. Freilich gibt es durchaus eine Reihe erfreulicher Ausnahmen.

Wie wenig sich die THA-Zentrale und die Niederlassungen wirklich um die Sanierungsaufgaben gekümmert haben und wie stark alle Weichen auf Privatisierung gestellt wurden, wird auch an der starken Verzögerung der Vorlage und Prüfung von DM-Eröffnungsbilanzen deutlich. Wahrscheinlich werden diese erst Ende 1991 für alle THA-Betriebe geprüft und testiert sein. Viele Betriebe haben die Treuhänder niemals von innen gesehen, manchmal wußten sie gar nichts von ihrer Existenz. Dadurch hatten einige alte Geschäftsführer freie Hand für zweifelhafte, wenn nicht gar illegale Geschäfte und Transaktionen. In diesem Vakuum konnten solche Geschäfte und Möglichkeiten von Korruption gedeihen. Die Tatsache, daß die Treuhand ihre unternehmerische Verantwortung für die noch nicht privatisierten Betriebe nicht voll wahrgenommen hat, diese bestenfalls nur »verwaltet« wurden (so die Terminologie der Anstalt), mußte auch zu dieser Wirtschaftskriminalität im Umfeld von Treuhand-Firmen beigetragen haben. In das Vakuum zwischen Treuhand und ihren Firmen stießen die Heerscharen der Unternehmensberater. Vielfach schickte die Treuhand lediglich Unternehmensberater in die Firmen, ohne sich selbst um diese weiter zu kümmern. So sollen einzelne Berater Gutachten für die Firmen selbst, die THA und für potentielle Investoren angefertigt haben. Derartige Praktiken gelten üblicherweise als unseriös.

Nie hatte die THA ein Konzept entwickelt, was sie denn mit den sanierungsfähigen, aber noch nicht privatisierungsfähigen Unternehmen zu tun gedenke. Anfangs äußerte sich der erste Präsident sibyllinisch, daß es die THA wohl noch in zehn Jahren geben werde, weil nicht alles privatisierbar sei. Dann wurde auf notwendige Entscheidungen der Politik verwiesen, die jedoch ausblieben. Mitte des Jahres 1991 äußerte Rohwedder-Nachfolgerin Birgit Breuel, daß die THA eine Industrieholding für mittelfristig sanierungsfähige Unternehmen schaffen wolle nach dem Vorbild der VEBA AG.[6]

In Wirklichkeit war dies wohl eher ein verbales Zugeständnis an die IG Metall, die vehement eine derartige Holding forderte, denn im September 1991 äußerte sich der stellvertretende THA-Präsident Brahms, daß eine Industrieholding ein »Irrweg« sei. Wenn die Firmen nicht in zwei bis drei Jahren verkauft werden können, müßten sie stillgelegt werden[7] – es sei denn, die Regierung wolle es anders. In Einzelfällen wie etwa in der Chemieindustrie müßten Ausnahmen gemacht werden.

Es gehört zur durchgängigen Praxis der THA-Geschäftspolitik, die alten Kombinate auseinander zu trennen und in kleine Einheiten zu »filetieren«. Auf Initiative von Rohwedder entstand u. a. das *»Gesetz über die Spaltung der von der Treuhandanstalt verwalteten Unternehmen«*, durch das das Zuschneiden der Firmen in verkaufsgerechte Teile und Teilchen erleichtert wird. Vordergründig dient diese Entscheidung der Förderung mittelständischer Unternehmensstrukturen. In erster Linie ist es aber »Rosinenpickerei«: Leistungsfähige Betriebsteile werden aus größeren Einheiten herausgelöst, der Rest ist ohne »Rosinen« um so schwerer verkäuflich. Sicherlich konnte und durfte der Zuschnitt der alten Kombinate nicht erhalten werden, aber durch die »Filetierung« wird die Herausbildung eigenständiger ostdeutscher Großunternehmen verhindert. Statt dessen entstehen bestenfalls kleine ostdeutsche Tochternehmen als »verlängerte Werkbänke«.

Entgegen den »Leitsätzen« wurden nicht verschiedene Formen der Privatisierung angewendet, sondern primär jene des Verkaufs an westdeutsche Unternehmen. Nachrangig kamen dann auch »Management-Buy-Outs« infrage; häufig hieß das: Verkauf an alte Geschäftsführer, die, zumindest in der Sicht von Vertretern der Bürgerbewegungen, eine belastete Vergangenheit hatten. Verkäufe an die Belegschaft fanden praktisch nicht statt; der Genossenschaftsgedanke ist der Treuhand fremd. Börsenplazierung mit breiter Anteilsstreuung kam praktisch auch nicht vor, sie wäre kurzfristig wohl auch kaum möglich gewesen. Ausländische Investoren zeigten wenig Kaufinteresse, und erst spät startete der THA-Vorstand Werbekampagnen im Ausland. Bis Ende August 1991 wurden nur 156 Unternehmen an ausländische Investoren verkauft.[8] Ob ausländische Unternehmen direkt bei den Verkaufsverhandlungen diskriminiert wurden, wie viele argwöhnen, ist sehr schwer nachweisbar, da die Verkaufskriterien der THA einzelfallabhängig und für Außenstehende wie auch für die Mitbewerber nicht transparent sind. Das DIW spricht von einer »undurchschaubaren Verkaufs- und Subventionspraxis« der THA.[9] Allgemeine Entscheidungsregeln hat die THA bislang nicht entwickelt. Viele THA-Entscheidungen hängen offenbar von den jeweiligen Mitarbeitern der Treuhand, vom politischen Kalkül und dem politischem Druck verschiedener Interessengruppen ab. Betroffene und Außenstehende empfinden sie als willkürlich.

Daß die Treuhandanstalt mehr oder minder bewußt ihre Unternehmen zu »Schleuderpreisen« an westliche Investoren verkauft, läßt sich nicht ohne weiteres behaupten. Zu Recht praktiziert die THA den in den »Leitlinien« erwähnten Grundsatz, den erzielbaren Preis nicht zum alleinigen Verkaufskriterium zu machen, sondern das gesamte Unternehmenskonzept einzubeziehen. Vielfach verzögert die THA auch aus taktischen

Gründen ihre Verkäufe, um bessere Preise zu erzielen. Dies alles ist vernünftig und sollte nicht kritisiert werden. Nur: Die politische Grundentscheidung für schnelle Privatisierung zwingt die Seite des Alleinanbieters von ostdeutschen Unternehmen angesichts schwacher Nachfrage in eine prekäre Position der Unterlegenheit. Die THA ist faktisch, auch wenn sie es subjektiv mit den besten Absichten verhindern will, den potentiellen Investoren meistens hoffnungslos ausgeliefert.

Das ist das *Gesetz des Marktes*: Die knappere Seite, in diesem Fall die westlichen Nachfrager, ist immer im Vorteil. Die Strategie des schnellen Verkaufs führt im Verhältnis zu den potentiellen Investoren zu einem Überangebot an zu verkaufenden Firmen. So sind relativ niedrige Kaufpreise mit Abschlägen für ökologische Altlasten, für übernommene Altschulden, für übernommenes Personal etc. überhaupt nicht verwunderlich. Mitunter wurden auch »negative Kaufpreise« vereinbart, d. h. die Investoren kauften nur, wenn sie von der THA noch etwas dazu bekamen. Immerhin hat sich die THA redlich bemüht, in die Kaufverträge Auflagen über die Anzahl zu sichernder und neu zu schaffender Arbeitsplätze, über Investitionen etc. aufzunehmen, die sogar für den Fall der Nicht-Einhaltung Konventionalstrafen vorsehen. Praktisch sind derartige Auflagen jedoch ohne den Aufbau einer großen Kontrollbehörde wohl nicht einzuhalten. Dies bestätigen auch die Erfahrungen der Regionalpolitik mit derartigen Auflagen bei der Subventionsvergabe.

6.4. Die Bilanz der Treuhand-Strategie

Bis August 1991 hatte die THA 3378 von insgesamt 10334 in ihren Listen geführten Unternehmen privatisiert.[10] Bei diesen Fallzahlen handelt es sich auch um Unternehmensteile. Das sind etwa 28 % der ursprünglich in Treuhandbesitz befindlichen Unternehmen. Im Herbst 1991 arbeiten noch 70 % der in der gewerblichen Wirtschaft Ostdeutschlands Beschäftigten in Treuhand-Betrieben.[11] Bis Ende 1991, so die Zielsetzung der THA, sollen 4000 Unternehmen privatisiert sein. 400 Unternehmen wurden ganz oder teilweise reprivatisiert (etwa 500 weitere Anträge lagen vor). Die THA trägt damit zur Zeit (Okt. 1991) die Verantwortung für etwa 6000 Unternehmen. Der Handel ist praktisch vollständig privatisiert, ebenso der größte Teil der Buchhandlungen, Apotheken und Gaststätten.

Die erste große Welle der Privatisierung erfolgte 1990, teilweise noch vor der Währungsunion. Die Deutsche Bank übernahm den größten Teil der ostdeutschen Sparkassen, die Allianz die staatliche Versicherung, und die großen Energieverbundunternehmen teilten sich den ostdeutschen Strommarkt durch den Stromvertrag vom August 1990 auf. Kaufhäuser und größere Kaufhallen konnten ebenfalls rasch verkauft werden. Die Auto-Konzerne Daimler-Benz, Volkswagen, BMW und Opel investieren zwar kräftig in Ludwigsfelde, in Zwickau und Eisenach, aber ein Verkauf des IFA-Kombinates oder der Automobilwerke Eisenach kam nicht zustande. Positiv ist hier allerdings zu bewerten, daß sich nach und nach auch Zulieferbetriebe für die großen Automobil-Konzerne angesiedelt haben.

Rasche Privatisierungserfolge gab es in der Zement- und in der Zuckerindustrie und in Teilen der Bauwirtschaft. Insbesondere die ostdeutschen Zuckerquoten waren begehrt, weniger die Anlagen selbst. Die Errichtung von Zementfabriken wird in Westdeutschland aus Umwelt-Gründen nur noch selten genehmigt. Lukrative Privatisierungsobjekte sind ferner die Interhotels, die ursprünglich in einem »Coup« der Interhotel-Geschäftsführer ohne Absegnung durch den Treuhandvorstand der Steigenberger AG zu extrem günstigen Konditionen zugesprochen worden waren; nachdem sich die Verträge als unzulässig herausgestellt haben, wird die Privatisierung voraussichtlich noch im Laufe des Jahres 1991 erfolgen. Erkleckliche Einnahmen konnten auch durch den Verkauf der ostdeutschen Regionalzeitungen erzielt werden. Allerdings entstand bis jetzt nicht eine einzige selbständige Regionalzeitung, obwohl dies wirtschaftlich sehr wohl möglich gewesen wäre. Riesige Privatisierungsprobleme gibt es in fast allen anderen Branchen, insbesondere in der Chemischen Industrie, im Schiffbau, in der Textil-, Bekleidungs- und Lederindustrie, in der Nahrungs- und Genußmittelindustrie, in der Elektrotechnischen Industrie usw.

Der größte Teil der privatisierten Betriebe sind *Kleinbetriebe*. 60% haben weniger als 400 Beschäftigte. Das Ost-Berliner *Institut für Angewandte Wirtschaftsforschung* (IAW) ermittelte, daß bis zum Herbst 1991 35% der Unternehmen bis zu 50 Beschäftigten, 16% der Unternehmen mit 100 bis 500 Beschäftigten und nur 14% der Unternehmen mit 1000 Beschäftigten privatisiert worden sind.[12] Industriebetriebe sind erst zu einem wesentlich geringeren Teil als Dienstleistungsbetriebe privatisiert. Im Zuge der Privatisierungen wurden die Belegschaften im Durchschnitt – nach IAW-Angaben – um 50% abgebaut, in Einzelfällen bis zu 75%.

Voraussichtlich wird nicht ein einziges selbständiges ostdeutsches Großunternehmen entstehen, und ähnliches dürfte selbst für die meisten mittelständischen Firmen gelten. Selbst der einzige Ansatz zu einer derartigen Lösung im Fall *Zeiss Jena* läuft – über eine stiftungsrechtliche Konstruktion – auf die Ein- und Unterordnung der Jenaer Betriebe in bzw. unter die westdeutschen Firmen Carl Zeiss Oberkochen und Schott Glaswerke Mainz hinaus, abgesichert durch mehr als 3 Mrd. DM Sanierungsgelder der THA und des Landes Thüringen. Ob wirklich 10000 Arbeitsplätze dabei gesichert werden können, wie es im Sanierungskonzept heißt, ist noch fraglich.

Nach Treuhand-Angaben werden durch die bis zum Herbst 1991 erreichte Privatisierung (ohne Handel, Gaststätten etc.) etwa 600000 Arbeitsplätze gesichert. Die Erwerber der Unternehmen haben knapp 70 Mrd. DM an Investitionen in den nächsten Jahren zugesagt, davon 30 Mrd. DM die Elektrizitätswirtschaft. Allerdings wollen die Stromkonzerne zunächst das erwartete Urteil des Bundesverfassungsgerichtes zur Frage der Rechtmäßigkeit der Begrenzung des kommunalen Eigentumsanteil an den Energieversorgungsunternehmen abwarten, bevor sie größere Investitionen tätigen. Die Privatisierungserlöse werden für 1991 auf 14 Mrd. DM geschätzt, hinzu kommen 2,6 Mrd. aus dem Jahre 1990; 1990 wurden nur 450 Unternehmen privatisiert. Von diesen Erlösen müssen knapp 5 Mrd. DM an Verkaufspreisabschlägen abgezogen werden, so daß sich bis Ende 1991 nur ein Netto-Verkaufserlös von etwa 12 Mrd. DM ergibt. Bedenkt man, daß die besten Stücken bereits verkauft sind und die zukünftigen Erlöse geringer ausfallen werden, dann ist dies ein negatives Ergebnis – trotz der bemerkenswert hohen Zahl an Privatisierungsfällen.

Im Herbst 1991 liegen für den größten Teil der Firmen die DM-Eröffnungsbilanzen und die Sanierungskonzeptionen vor. Nun muß entschieden werden, welche Firmen nicht sanierbar sind und stillgelegt werden müssen. Presseberichten zufolge wird treuhandintern ein Drittel der verbleibenden Treuhand-Betriebe, rund 2100, als nicht sanierungsfähig angesehen.[13]

In den Treuhand-Unternehmen waren zu Beginn des Jahres 1991 noch 2,9 Mio. Personen beschäftigt, zum 1. Juli 1991 nur 2,1 Mio.[14] Bis Ende 1991 soll die Beschäftigung in den Treuhand-Betrieben – einer Umfrage zufolge – auf 1,4 Mio. zusammenschmelzen. Bis 1993 wird dann eine Stabilisierung bei 1,3 Mio. erwartet. In diesen Angaben sind die Kurzarbeiter noch enthalten. Geht man davon aus, daß Mitte 1990 rund 6 Millionen Personen auf den Treuhand-Lohnlisten standen, dann wird das ganze verheerende Ausmaß des Schrumpfprozesses deutlich, selbst wenn man die Arbeitsplätze in privatisierten Unternehmen einbezieht. Wenn nach Abzug der Hälfte der Kurzarbeiter (mehr als die Hälfte von deren normaler

Arbeitszeit fällt aus) noch insgesamt 1,3 Mio. Personen in der Industrie beschäftigt bleiben (einschließlich der Privatisierungen), dann wäre dies eine noch relativ optimistische Bilanz. 1989 waren es etwa 3,5 Millionen Erwerbstätige. Es wäre ein Abbau der Industriebeschäftigung um über 60%. Wie bereits in *Kapitel II. 1* geschildert, muß jedoch mit weiterem massiven Arbeitsplatzabbau bei den Treuhand-Betrieben gerechnet werden.

Die Befragungsergebnisse sind noch relativ zuversichtlich. Man muß berücksichtigen, daß die meisten Treuhand-Betriebe nicht wissen, ob, wann und wie sie privatisiert werden und was im Fall einer Nicht-Privatisierung geschieht. Hinzu kommt, daß die große Mehrzahl der Treuhand-Betriebe immer noch auf Liquiditätsbürgschaften der THA für Liquiditätskredite angewiesen ist, weil sie sonst zahlungsunfähig wären. Presseberichten zufolge sollen die Verluste der Treuhand-Unternehmen 1991 17 Mrd. DM ausmachen.[15] Die Bürgschaftsgarantien für aufgenommene Bankkredite der Treuhand-Firmen belaufen sich 1991 auf 30 Mrd. DM. Das *Deutsche Institut für Wirtschaftsforschung* (DIW) stellte fest: »Stellt man sämtliche Subventionen an diesen Kreis von Unternehmen (Treuhand-Unternehmen, d. Verf.) ein, dann dürfte kaum ein Unternehmen überlebensfähig sein.«[16] Häufig sind diese Firmen – im Verhältnis zu ihrem Eigenkapital – überschuldet. Durch ständige Liquiditätskredite steigt der Schuldenberg und die Belastung durch den Schuldendienst.

46% des Beschäftigungsabbaus in den Treuhand-Betrieben erfolgte durch ordentliche Kündigungen. 14% der Arbeitnehmer haben selbst gekündigt, 10,5% wurden in den Vorruhestand geschickt, 16% haben in Ausgründungen von Treuhand-Unternehmen einen Arbeitsplatz gefunden. 11% sind durch Arbeitsbeschaffungsmaßnahmen oder Fortbildungs- und Umschulungskurse aufgefangen worden. Mitte 1991 gab es etwa 500 Fälle von Betriebskäufen (oder Teilen von Betrieben) durch das Management, fast keine durch Mitarbeiter. In 800 Treuhandunternehmen bestand die Absicht, Qualifizierungs- oder Beschäftigungsgesellschaften zu gründen oder sich daran zu beteiligen. Bis Ende 1991 sollen 100000 Personen in Beschäftigungs- oder Qualifizierungsgesellschaften arbeiten.[17]

Die meisten Treuhand-Betriebe, so ergaben Umfragen des DIW, konzentrierten sich sehr stark auf die Modernisierung der Produktionsprozesse und der Vertriebssysteme, vernachlässigen aber die Produktinnovationen. Viele Firmen gehen offenbar noch davon aus, daß grundlegende Produktinnovationen nicht unbedingt erforderlich seien. Die meisten Treuhand-Unternehmen klagen über fehlendes Eigenkapital bzw. fehlende Investitionskredite. So investieren Treuhand-Betriebe deutlich weniger als privatisierte Betriebe. Die Liquiditätshilfen bzw. die Bürgschaften der Treuhand wirken, so das DIW, eher wie Erhaltungssubventionen. Sie sind nicht an Auflagen zur Umstrukturierung der Unternehmen oder Sanierungsinvestitionen gebunden.[18]

De-Industrialisierung heißt mehr als massiver Beschäftigungsabbau in der Industrie und drastische Reduktion der Industrieproduktion. Hinzu kommt, daß die Liefer- und Absatzverflechtungen zwischen den ostdeutschen Betrieben weitgehend zerstört sind. Die Liefer- und Absatzverflechtungen verlaufen jetzt in Ost-West-Richtung. Die Fertigungstiefe, die früher extrem überdimensioniert war, wird jetzt extrem klein, die Produktpalette extrem schmal. Ein eigenständiger, in sich verflochtener ostdeutscher Industriekomplex existiert kaum noch. Damit wird der Standort Ostdeutschland ein Anhängsel westdeutscher Standorte. Gibt es beispielsweise günstige Nachfrageimpulse für ein im Osten produziertes Produkt, dann bewirkt dies kaum breite positive Produktionseffekte im Osten, dafür aber über die Zulieferkette im Westen. Dies gilt insbesondere für die große Masse der Investitionsgüter, die im Osten benötigt werden.

Auf massiven Druck der *Kommunen* hin wurde ein Teil der Unternehmen – Zahlen sind nicht bekannt – auf die Kommunen unentgeltlich übertragen, wie es das Treuhandgesetz fordert. Wahrscheinlich sind dies jedoch wesentlich weniger als die ursprünglich geschätzten 1900 Betriebe, die überwiegend kommunalen Zwecken dienen. Die Treuhand ist um eine sehr enge Abgrenzung der wirtschaftlichen Betätigung von kommunalen Unternehmen bemüht. Bis April 1991 hatten die Kommunen 33000 Anträge auf Übertragung von Vermögen an sie eingereicht, 22000 bei der Bundesvermögensverwaltung, 11000 bei der Treuhand.[19] Meist handelt es sich um Grundstücke. Die Bearbeitung erfolgt sehr schleppend, und die THA ist in der Regel dabei sehr restriktiv. Handelt es sich um verlustbringende Betriebe, dann ist die THA jedoch durchaus an einer raschen Kommunalisierung interessiert.

Beispiel: Die Treuhand wünscht die Übertragung der 100 ehemals volkseigenen Verkehrsbetriebe an die Kommunen oder Länder.[20] Diese sind aber in der Regel defizitär, im Westen wie im Osten, und werden meist aus den Gewinnen der kommunalen Energieunternehmen subventioniert. Die aber werden den ostdeutschen Kommunen laut Kommunalvermögensgesetz und Einigungsvertrag nur bis zu einer Beteiligung bis maximal 49% zugestanden. Mithin müßten die Verkehrsbetriebe wohl überwiegend von den Ländern subventioniert werden, was deren Finanzlage jedoch nicht zuläßt.

Allein im Jahre 1991 gibt die THA laut Wirtschaftsplan 37,7 Mrd. DM aus; knapp 21 Mrd. DM davon sind kreditfinanziert. Zusammen mit der Kreditaufnahme des Jahres 1990 wird der Kreditrahmen von 25 Mrd. DM bis Ende 1991 nahezu ausgeschöpft sein. Die lukrativsten Unternehmensverkäufe sind wohl unter Dach und Fach. Völlig ungeklärt ist die Finanzierung der Treuhand in den nächsten Jahren. Von einer Aufstockung des Kreditrahmens auf über 32 Mrd. DM ist auszugehen.[21] Im Wirtschaftsplan 1992 wird die Treuhand mit etwa 12 Mrd. DM, also einem Drittel ihrer Ausgaben, durch gesetzliche Verpflichtungen belastet. Das sind im wesentlichen die Zinsen auf die Altschulden der Betriebe, die sich auf rd. 102 Mrd. DM belaufen. Es wird geschätzt, daß die Treuhand auf Dauer mindestens ⅔ davon übernehmen muß, weil die Betriebe sie nicht zahlen können und die Investoren sie nicht übernehmen wollen. Bei den bisherigen Privatisierungen hat die Treuhand 70% der Altschulden übernommen.[22]

Die Bundesregierung hat eine generelle Entschuldung der Betriebe, die früher unter planwirtschaftlichen Bedingungen willkürlich zustande kamen und im Grunde ein Teil der Staatsschuld sind, zugunsten einer Einzelfall-Entschuldung abgelehnt. Nie hat die Treuhand offengelegt, unter welchen Bedingungen sie eine Entschuldung vornehmen will. Unter der Schuldenlast können selbst ansonsten sanierungsfähige Betriebe zusammenbrechen oder zumindest in ihrer Kreditfähigkeit gegenüber den Banken und damit in ihrer Investitionskraft beeinträchtigt werden.

Unternehmensverkäufe hat die Treuhand 1991 mit 4,8 Mrd. DM subventioniert. Darin sind Entschuldungen, negative Kaufpreise etc. enthalten. Für Sanierungen, so behauptet die THA, würden im Jahre 1991 insgesamt 12 Mrd. DM ausgegeben, dabei sind 6 Mrd. DM an Sozialplan-Abfindungen eingerechnet. 2 Mrd. DM, so wird optimistisch geschätzt, muß die Behörde für verbürgte Liquiditätskredite bezahlen. 2 Mrd. DM sind für den Umweltschutz vorgesehen, dabei dürfte es sich um Verkaufspreis-Abschläge für ökologische Altlasten handeln. In Zukunft müssen allein 5 Mrd. DM für die Abwicklung der stillgelegten Kernkraftwerke von der THA bezahlt werden.

Die Bilanz der Treuhandpolitik nach 18 Monaten wäre noch viel ungünstiger, wenn die Behörde nicht unter dem Druck öffentlicher Kritik eine Reihe von *Zugeständnissen* machen mußte. Am 14. März 1991 vereinbarten der Bundeskanzler, die Ministerpräsidenten der neuen Länder und die THA ein Grundsatzpapier, wodurch eine bessere Koordination von THA, Bund, Ländern und Bundesanstalt für Arbeit gesichert werden sollte. Die THA wurde an ihre volle unternehmerische Verantwortung für die noch nicht privatisierten Unternehmen ermahnt. Betriebsstillegungen mit herausragender arbeitsmarktpolitischer Bedeutung sollten mit den Ländern im vorhinein abgesprochen werden. Die Länder sollten Treuhand-Wirtschaftskabinette bilden, durch die die Verzahnung der Länder-Wirtschaftspolitik mit der THA-Geschäftspolitik gesichert werden sollte. Aber zu einem gezielten strukturpolitischen Auftrag an die THA mochte man sich nicht durchringen.

Einige Monate später verbot die THA ihren Betrieben, bei Entlassungen »zu teure« *Sozialpläne* mit den Betriebsräten zu vereinbaren, weil dadurch die Lebensfähigkeit der Betriebe beeinträchtigt würde. Nach einer Protestwelle kam es zu einem Kompromiß mit den Gewerkschaften: Die THA war bereit, eine Abfindungssumme von in der Regel 5000 DM je Beschäftigten (4 Monatsbruttoeinkommen) zu zahlen, auch dann, wenn die Betriebe aus eigener Kasse nicht mehr zahlen konnten. Diese Summe wurde faktisch auch zur Obergrenze für Abfindungen bestimmt. In Westdeutschland wären zwar derartig schlechte Sozialpläne undenkbar, aber es war immerhin ein Kompromiß, dem die Gewerkschaften zähneknirschend noch zustimmen konnten.

Ein dritter Kompromiß wurde nach langen Auseinandersetzungen in der Frage der *Beschäftigungsgesellschaften* zwischen Gewerkschaften und THA geschlossen, nachdem der THA-Vorstand seinen Betrieben die weitere Beteiligung an derartigen Gesellschaften verboten hatte. Den Gewerkschaften gelang es zwar nicht, die Arbeitsverhältnisse der in Beschäftigungsgesellschaften überführten Arbeitnehmer mit den Muttergesellschaften aufrechtzuerhalten (sie sollten nach Auffassung der Gewerkschaften lediglich ruhen); aber immerhin wurde vereinbart, daß die THA sich mit 10% an landesweiten Trägergesellschaften beteiligen muß. Wäre es allein nach dem Willen der THA gegangen, dann hätte sie jegliche arbeitsmarktpolitische Aktivitäten als aufgabenfremd zurückgewiesen und sich allein der Privatisierung gewidmet.

Trotz dieser drei Kompromisse, die der Treuhand – übrigens ebenso wie die stiftungsrechtliche Lösung im Fall Zeiss Jena – mühsam abgerungen wurden, hat sich die grundsätzliche Linie der Anstalt nicht geändert.

6.5. Warum geht die Privatisierung so langsam voran?

Viele Beobachter der THA schelten die Langsamkeit der Verkaufsaktivitäten und übersehen damit die Schwierigkeit des Geschäfts.[23] Die Treuhand sollte Verkäufe nicht freihändig und unbesehen vornehmen, sondern es sollte zu einem wettbewerbsmäßigen Bietverfahren kommen. Preise, Konditionen und Auflagen sind auszuhandeln. Zunächst müssen die zu verkaufenden Einheiten erst einmal definiert und zurechtgeschnitten werden. Im Grunde sind internationale Ausschreibungen erforderlich. Die Kaufinteressenten müssen Unternehmenskonzepte mit Sanierungsplänen vorlegen, die Banken müssen diese prüfen usw. All dies braucht Zeit, verträgt keine Hast. Die Bundesregierung hat seit 1982 nicht mehr als 676 öffentliche oder halböffentliche Unternehmen mit einem Verkaufserlös von 9,4 Mrd. DM privatisiert, und das unter ungleich günstigeren Bedingungen. Selbst die radikale Privatisierung in Großbritannien ging nur langsam.

Die Haltung westdeutscher und erst recht ausländischer Investoren ist zögerlich, sieht man einmal von den erwähnten Sektoren der Banken, Versicherungen, der Hotels, der Energieversorgungsmonopole, dem Handel und einigen wenigen Industrie-Perlen ab. Was sind die Gründe für diese zögerliche *Investitionshaltung*? Sicherlich sind zunächst die Rechtsunsicherheit hinsichtlich eventueller Reprivatisierungsanträge und die Unklarheit über die Eigentumsverhältnisse anzuführen, ferner die schlechte Infrastruktur, die Kosten der Sanierung einschließlich der Sozialplankosten bei Entlassungen, die ökologischen Altlasten-Risiken. Ferner zögern die Investoren auch gelegentlich aus verkaufstaktischen Gründen, um die Preise zu senken. Die Altschulden sind in der Regel kein Hindernis, sie senken nur den Kaufpreis. All dies sind zwar wichtige, aber doch nicht die entscheidenden Investitionshemmnisse.

Aus der Sicht der Erwerber sind Investitionen in Ostdeutschland Erweiterungsinvestitionen, die weitgehend von den Absatzerwartungen abhängen. Unternehmensbefragungen bei west- und ostdeutschen Betrieben zeigten, daß 76 % der befragten Produktionsbetriebe die Nähe zum osteuropäischen Markt als wichtigstes Investitions- bzw. Übernahmemotiv ansahen, 33 % eigene Kapazitätsengpässe, 10 % die vorhandenen Arbeitskräfte und Anlagen, nur 9 % die geringeren Lohnkosten (Mehrfachnennungen möglich).[24] Die Absatzerwartungen hängen einmal von der Kapazitätsauslastung des Stammwerkes und der allgemeinen Konjunkturlage ab, ferner von der Entwicklung des ostdeutschen sowie der osteuropäischen Märkte. Verschlechtert sich die – in den Jahren 1990 und 1991 blendende westdeutsche – Konjunktur, dann wird die Investitionsbereitschaft schnell sinken.

Hinzu kommt, daß viele Investoren glauben, die ostdeutschen Märkte leicht mit Produkten aus den westdeutschen Stammwerken beliefern zu können, insbesondere wenn sich die Verkehrsverhältnisse in den nächsten Jahren verbessern. Allerdings tätigten westdeutsche Unternehmen Direktinvestitionen im Ausland überwiegend in den wichtigsten Absatzgebieten, weil die Marktnähe ein wichtiger Standortfaktor ist. Traditionell denken viele Investoren zudem kurzfristig, abgesehen von kapitalintensiven Großkonzernen, und lassen sich von den Sanierungsproblemen trotz hoher Subventionen abschrecken. Der wegbrechende Osthandel ist ein weiteres Investitionshemmnis auf der Nachfrageseite. Hinzu kommt, daß viele Investoren kaum Erfahrungen mit grundlegender »Total-Sanierung« haben, die wie erwähnt in vielen Fällen notwendig ist, so daß ihnen die Risiken zu hoch erscheinen. Diese Risiken werden durch noch so niedrige Firmenpreise oder niedrige Löhne nicht aus der Welt geschafft.

Trotz dieser Hemmnisse ist es zu durchaus *beachtlichen Investitionen* in der Ex-DDR gekommen. Die These, daß die neuen Bundesländer generell nur als Absatzgebiet, nicht aber als Produktionsstandort angesehen würden, läßt sich so nicht mehr halten. Der wichtigste Grund für Unternehmenskäufe im Osten sowie für Investitionen in Ostdeutschland ist, wie erwähnt, die Nähe zum ostdeutschen Markt von immerhin 16 Millionen Menschen, deren Einkommen kräftig angestiegen sind und weiter steigen werden. Dabei handelt es sich überwiegend um mehr oder minder *standortgebundene Investitionen*, im Dienstleistungssektor Banken, Versicherungen, Hotels, Einzelhandel etc., in der Bauwirtschaft, in der Energieversorgung, bei Druckereien, Herstellung von Baumaterialien, z. T. in der Nahrungs- und Genußmittelindustrie usw. Schwach ist dagegen die Investitionsbereitschaft für Produktionsstätten, deren Erzeugnisse überwiegend auf dem Weltmarkt abgesetzt werden und für die der ostdeutsche Markt zu klein ist.

Westdeutsche Unternehmen investieren voraussichtlich 1991 20 Mrd. DM in den neuen Bundesländern (einschließlich Telekom), ausländische Unternehmen 1,5 Mrd. DM.[25] Im verarbeitenden Gewerbe waren es 1990 nur 3 Mrd. DM, 1991 sind es 13,5 Mrd. DM, 1992 werden 17,5 Mrd. DM geplant (siehe *Tabelle II.6* in *Kapitel II*). Darin ist der Erwerb von Beteiligungen, unbebauten Grundstücken und gebrauchten Anlagen nicht eingerechnet. Die Unternehmensaufkäufe bei der Treuhand betragen 1990/91, wie erwähnt, voraussichtlich 14 Mrd. DM. Gemessen an den westdeutschen Direktinvestitionen im Ausland ist das gar nicht wenig: 1988 wurden

20 Mrd. DM im Ausland investiert, 1989 26 Mrd. und 1990 sogar 36 Mrd., wobei die Ex-DDR hier noch als Ausland gerechnet wurde.[26] In den Entwicklungsländern investierten westdeutsche Unternehmen sogar nur 2 Mrd. DM in den beiden Jahren 1988 und 1989. Nach OECD-Angaben betrugen die Direktinvestitionen sämtlicher OECD-Länder (im wesentlichen die westlichen Industriestaaten) in der »Dritten Welt« 30 bzw. 35 Mrd. US-$ 1989 bzw. 1990.[27] In Polen wurden 1990 lediglich 350 Mio. US-$ seitens ausländischer Firmen investiert.

Gemessen an den Bruttoinvestitionen westdeutscher Produktionsunternehmen (Unternehmen ohne Banken, Versicherungen und Wohnungsbaufirmen) waren die Direktinvestitionen in Ostdeutschland freilich nicht sonderlich hoch: Die Bruttoinvestitionen in den alten Bundesländern beliefen sich 1990 auf 309 Mrd. DM; zusätzlich wurden 187 Mrd. DM in die Geldvermögensbildung, meist kurzfristig, gesteckt.[28] Finanzierungsengpässe existieren im Westen also nicht. Die Übersicht über die Zahlen bestätigt, daß die westdeutschen Unternehmen keine grundlegende Verlagerung ihrer Investitionsstandorte vorgenommen haben. Aufgrund ihres Investitionskalküls dürfte auch in den kommenden Jahren keine Flut westdeutscher Direktinvestitionen in den östlichen Bundesländern zu erwarten sein. Eine schnelle Privatisierung der Treuhand-Unternehmen ist eben unmöglich.

6.6. Die enge betriebswirtschaftliche Sichtweise der THA

Rein betriebswirtschaftlich gesehen haben die meisten Ost-Firmen bzw. die größten Teile von ihnen keinerlei Überlebenschancen. Die meisten Treuhand-Unternehmen wären in kurzer Zeit illiquide und konkursreif, wenn sie nicht noch durch Bürgschaften auf Liquiditätskredite gestützt würden. Viele Firmen sind im Verhältnis zum Eigenkapital überschuldet; das Anlagevermögen hat häufig kaum noch Wert, der wichtigste Teil des Betriebsvermögens sind die Grundstücke. Die Ostmärkte sind weitgehend zusammengebrochen, der West-Export ebenfalls, weil die Produktpreise nicht mehr wie früher mit einem faktischen Wechselkurs von 4 Mark zu 1 DM verrechnet werden, sondern 1 : 1. Zum Aufwertungsdruck hinzu kommen die schnell steigenden Lohnkosten, weil nunmehr ein einheitlicher gesamtdeutscher Arbeitsmarkt existiert, der Sogeffekte ausübt; die Gewerkschaften unterstützen dabei die Marktkräfte nicht ohne Erfolg.

Indessen kann die Produktivität nicht so schnell steigen wie die Löhne. So kommen die ostdeutschen Firmen von vielen Seiten unter enormen Druck: steigende Löhne, Schuldendienst, unausgelastete Produktionskapazitäten; die faktische Aufwertung durch die neue Währung; Wegfall der Absatzmärkte. Faktisch kann von Marktwirtschaft (noch) keine Rede sein, denn ein Teil der Betriebskosten wird durch die Treuhand (vor allem Liquiditätsbürgschaften), die Bundesanstalt für Arbeit und die Bundes- und Länderregierungen (vor allem Investitionszuschüsse und -zulagen bis zu etwa 50%, Hermes-Bürgschaften etc.) getragen. Die Treuhand und der Staat übernehmen zwar mehr oder minder diese Kosten, aber sie tun es ohne Strategie; sie möchten diese Kosten so schnell es geht abschütteln, selbst dann, wenn industriepolitischer Kahlschlag droht.

Die Treuhand-Unternehmen befinden sich in einer Situation, in der normale einzelwirtschaftliche Regeln eines funktionierenden Marktsystems nicht anwendbar sind. Die Bedingungen der Systemtransformationen erzeugen negative »externe Effekte« für die Firmen: beispielsweise sind die Betriebe mit höheren Lohnkosten konfrontiert, als sie aufgrund ihrer Produktivitätsentwicklung zu tragen in der Lage sind; fehlende Infrastruktureinrichtungen verursachen Wettbewerbsnachteile, die erst in einigen Jahren aufgehoben sind; die Energiekosten liegen im Osten noch um 30 bis 40% über westdeutschem Niveau, das sie erst in einigen Jahren erreichen werden; die zusammenbrechenden Ostmärkte können möglicherweise teilweise später wieder stabilisiert werden; hohe Sozialplankosten, Altkredite und ökologische Altlasten sind Erblasten des alten Systems, die mit der Wettbewerbsfähigkeit der Produktion nichts zu tun haben; die fehlende Anpassungs-, Umstellungs- und Umlernzeit verursacht hohe Kosten.

All diese Faktoren werden in einigen Jahren die Unternehmen nicht oder kaum mehr belasten. Jetzt besteht die Gefahr, daß die Firmen unter diesen Lasten zusammenbrechen, obwohl sie, könnte die Anpassungsperiode überbrückt werden, in wenigen Jahren zumindest kostendeckend arbeiten könnten. Daß sich nicht hinreichend Investoren finden, die diese Risiken während der Überbrückungsphase auf sich nehmen wollen, ist überhaupt kein Indiz dafür, daß die Unternehmen nicht sanierungsfähig sind und daher stillgelegt werden müssen.

Zu Recht fordert daher die renommierte Unternehmensberatung McKinsey & Co. in einem Gutachten für die Bundesregierung, daß die Treuhandanstalt *volkswirtschaftliche Sanierungskriterien* anwenden müsse. McKinsey, die Unternehmensberatung, schlägt vor, daß Arbeitsplätze in der Industrie mit bis 300 000 DM vom Staat bzw. der Treuhand subventioniert werden dürfen und sollten – dies sei angesichts der hohen Kosten der Arbeitslosigkeit und der Neuansiedlung von Industriebetrieben volkswirtschaftlich günstiger. Ausdrücklich warnt McKinsey vor den Folgen einer De-Industrialisierung.

So riskiere, wer ausschließlich auf die freien Kräfte des Marktes setze, unter den gegebenen Rahmenbedingungen eine weitgehende Entindustrialisierung der neuen Bundesländer und damit einen sowohl wirtschaftlich wie politisch untragbaren Zustand. Gleichzeitig sei aber die Tatsache zu berücksichtigen, daß eine Entindustrialisierung der früheren DDR gravierende wirtschaftliche und politische Konsequenzen hätte und auch innerhalb der nächsten Dekade durch keine andere wirtschaftspolitische Maßnahme zu kompensieren wäre.

Schließlich sollten noch aus *wettbewerbspolitischen Gründen* volkswirtschaftliche Entscheidungskriterien angewendet werden. Die deutsche Vereinigung bietet die Möglichkeit, daß sich der Wettbewerb in West- und Ostdeutschland intensiviert, wenn neue leistungsfähige Anbieter auf den Markt kommen. Aber die Vereinigung bietet auch die Möglichkeit, daß die westlichen Marktführer die monopolistischen Strukturen der Planwirtschaft nutzen, um ihre Marktbeherrschung auszudehnen. Eine Untersuchung des *Hamburger Weltwirtschaftsarchivs* (HWWA) kommt zu dem Ergebnis, daß unter dem Druck kurzfristigen Krisenmanagements einer langfristigen Intensivierung des Wettbewerbs keine Chance gegeben wurde. Dazu hat die Treuhand, insbesondere in der Anfangsphase, maßgeblich beigetragen.

Die Übertragung gebietsmonopolistischer Strukturen der *Elektrizitätswirtschaft* auf den Osten, obwohl dezentrale Ansätze in der DDR auf Bezirksebene vorhanden waren und die westdeutsche Stromwirtschaft seit Jahren heftig kritisiert wird, kommentiert das HWWA wie folgt: »Insgesamt ist festzuhalten, daß die leitungsgebundene Energiewirtschaft vor allem auf der Netzebene wettbewerblicher hätte organisiert werden können und müssen. Bei beiden Energieträgern (Strom und Gas, d. Verf.) versuchten die westdeutschen Unternehmen eine wettbewerbsschädliche Strategie durchzusetzen. Leider haben sie damit weitgehend Erfolg gehabt.«[29]

Auch beim Verkauf der *ostdeutschen Zeitungen* an westdeutsche Großverlage hat es die THA versäumt, Möglichkeiten der Wettbewerbsintensivierung zu nutzen, indem branchenfremde Bieter oder Außenseiter nicht berücksichtigt wurden und die im Prinzip mögliche Entstehung eigenständiger ostdeutscher Zeitungsverlage verworfen wurde.[30] Im Fall *»Inter-*

flug« wurden Wettbewerbschancen vertan, denn ein staatliches oder halbstaatliches Unternehmen – analog zur »Lufthansa« – wäre lebensfähig gewesen; allerdings liege das Versagen nicht bei der THA, sondern beim Bundesverkehrsminister.[31] Im Fall *Zeiss-Jena* vermuten die HWWA-Autoren, daß die THA versäumt habe, einen Zusammenschluß des einst renommierten ostdeutschen Unternehmens mit anderen potentiellen Investoren zu prüfen. Durch das Zusammengehen mit Carl Zeiss-Oberkochen und den Schott-Glaswerken Mainz wurden für den Standort Jena nur Produktionsmöglichkeiten berücksichtigt, die komplementär zu den Produkten der westdeutschen Firmen sind, nicht aber solche, die mit deren Produkten konkurrieren.[32] Auch im ostdeutschen *Schiffbau* ist – analog zu »Interflug« – zu befürchten, daß die THA die Entstehung eines eigenständigen ostdeutschen Schiffbaukonzerns, etwa entsprechend der Sanierungskonzeption des Aufsichtsrates der *Deutschen Maschinen- und Schiffbau AG* (DMS), zugunsten eines Verkaufes einzelner, lukrativer DMS-Firmen an verschiedene marktführende westdeutsche Werften verhindern will.

Insgesamt hat die THA staatliche, halbstaatliche und gemischtwirtschaftliche Eigentumsstrukturen – bis auf wenige Fälle – gar nicht ins Kalkül gezogen, obwohl sie, zumindest als vorübergehende Lösung, in vielen Fällen der Einbeziehung volkswirtschaftlicher Sanierungskriterien, der Durchsetzung eines längerfristigen Planungshorizontes und schließlich auch der Stärkung des Wettbewerbs hätten dienen können.[33] Statt dessen wollte die THA möglichst schnell »normale« betriebswirtschaftliche und privatwirtschaftliche Verhältnisse einkehren lassen, auch wenn dabei die meisten Arbeitsplätze auf der Strecke bleiben, fatale Folgen für die gesamtdeutsche Regionalstruktur entstehen und Wettbewerbschancen vertan werden. So haben die Treuhand und das Fachaufsicht führende Finanzministerium an der De-Industrialisierung Ostdeutschlands maßgeblichen Anteil.

1 Vgl. J. Priewe, Die Treuhandanstalt – die größte Staatsholding der Welt. In: *Frankfurter Rundschau* vom 14.11.1990, S. 27–28
2 Gesetz zur Privatisierung und Reorganisation des volkseigenen Vermögens (Treuhandgesetz) vom 17. Juni 1990, *Gesetzblatt der DDR*, Teil I Nr. 33
3 Staatsvertrag vom 18.5.1990, in: Die Verträge zur Einheit Deutschlands (mit einer Einführung von I. von Münch), München 1990
4 Institut für Arbeitsmarkt- und Berufsforschung, Vom Plan zum Markt, Materialien aus der Arbeitsmarkt- und Berufsforschung Nr. 2/1991, S. 13
5 Antwort der Bundesregierung auf die Kleine Anfrage des Abgeordneten Werner Schulz (Berlin) und der Gruppe Bündnis 90/Die Grünen, Drucksache 12/782
6 *Wirtschaftswoche* vom 22.5.1991
7 *Frankfurter Rundschau* vom 9.9.1991
8 *Frankfurter Rundschau* vom 28.9.1991
9 *DIW-Wochenbericht* 41/1991, S. 578
10 Treuhandanstalt, Informationen 3/4 1991; IAW, Ostdeutschland: Der mühsame Aufstieg, Berlin, 10. Oktober 1991, S. 114
11 IAW, Ostdeutschland ... a. a. O., S. 114f.
12 Ebenda, S. 115
13 *Frankfurter Rundschau* vom 5. Oktober 1991
14 *IAB-Kurzbericht* Nr. 1 vom 11.7.1991
15 *Der Spiegel*, Nr. 34/1991, S. 103
16 *DIW-Wochenbericht* 41/1991, S. 578f.
17 *DIW-Wochenbericht* 39–40/1991, S. 562
18 Siehe *DIW-Wochenberichte* 39–40/1991 vom 26. September 1991, S. 557ff. und 41/1991 vom 10. Oktober 1991, S. 575f.
19 Pressemitteilung des Bundesministers der Finanzen vom 19.4.1991
20 Treuhandanstalt, *Informationen* 1 1991
21 Siehe den Bericht des Unterausschusses Treuhandanstalt des Finanzausschusses des Deutschen Bundestages vom 12. Juni 1991
22 Informationsdienst des Instituts der deutschen Wirtschaft 39/91 vom 26.9.1991, S. 6
23 Siehe die Strategie-Darstellung durch zwei Mitarbeiter der THA: Th. Schmid-Schönbein, Frank-C. Hansel, Die Transformationspolitik der Treuhandanstalt. In: *Wirtschaftsdienst*, Heft 9/1991, S. 462ff. – Siehe auch: H. Kroll, M. Wilhelm, Auf dem Wege zum marktkonformen Eigentum. In: *Wirtschaftsdienst*, Heft 10/1991, S. 520ff.
24 Siehe *DIW-Wochenbericht* 24/1991, S. 331. Siehe auch: Institut für Angewandte Wirtschaftsforschung, Berlin. Zitiert nach *Frankfurter Rundschau* vom 17.9.1991
25 Institut für Angewandte Wirtschaftsforschung, Die ostdeutsche Wirtschaft in der Anpassungskrise, Berlin 1991, S. 32
26 Deutsche Bundesbank, Die Entwicklung der Kapitalverflechtung der

Unternehmen mit dem Ausland von Ende 1987 bis Ende 1989. In: Monatsberichte, Heft 4/1991, S. 29

27 *Financial Times* vom 6. 9. 1991

28 Deutsche Bundesbank, Vermögensbildung und ihre Finanzierung in der Bundesrepublik Deutschland im Jahre 1990. In: *Monatsberichte*, Heft 5/1991, S. 17

29 H.-H. Härtel, R. Krüger, Aktuelle Entwicklungen von Marktstrukturen in den neuen Bundesländern. In: *Aus Politik und Zeitgeschichte*, B 29/91 vom 12. Juli 1991, S. 21

30 Ebenda, S. 21 ff.

31 Dieselben, Aktuelle Entwicklungen von Marktstrukturen in Ostdeutschland aus wettbewerbspolitischer Sicht. *HWWA-Report* Nr. 86, Hambureg 1991, S. 32 ff.

32 Ebenda, S. 46 ff.

33 Siehe die Kritik an der THA bei: H. Maier, Integrieren statt zerstören. Für eine gemischtwirtschaftliche Strategie in den neuen Bundesländern. In: Aus *Politik und Zeitgeschichte*, B 29/91 vom 12. Juli 1991, S. 3 ff. – M. Wilhelm (IAW, Berlin), Bildung öffentlichen Eigentums und Privatisierung. In: IAW, Privatisierung der Unternehmen in den neuen Bundesländern, Forschungsreihe 2/1991, S. 29 ff. – J. Priewe, Die Treuhandanstalt braucht einen neuen gesetzlichen Auftrag. In: G. Grözinger (Hg.), Nur Blut, Schweiß und Tränen? Alternativen zum Katastrophenhandeln bei der deutschen Einigung. Marburg 1991, S. 70 ff.

Kapitel VII

Exkurs: Waterloo der Politikberatung: Der Rat der ratlosen Ökonomen-Zunft

7.1. Ausgrenzung der Krisenrealität durch Modell-Ökonomismus

Seit der Entscheidung für die Währungsunion zum 1. Juli 1990 stellte sich der bundesrepublikanischen Politik unumkehrbar die doppelte Aufgabe: Im Prozeß des schnellen Übergangs von der zentralistischen Planwirtschaft zum Ordnungsmuster Westdeutschlands mußte die ökonomisch-ökologische Substanzkrise, Erblast der DDR, überwunden werden. Unter massivem Zeitdruck – vor allem durch einen gefährlich illusionären Erwartungsdruck der großen Mehrheit der Menschen in Ostdeutschland verschärft – mußte eine Vielzahl miteinander verknüpfter, folgenreicher Entscheidungen gefällt werden.

Dazu wurden Informationen über die strukturellen Grundlagen, Verflechtungen mit dem RGW, dem ökonomisch-sozialen Entwicklungsstand der Ex-DDR sowie die Umweltsituation dringend gebraucht. Als Voraussetzung politischer Entscheidungen über den zeitlichen Pfad der Wirtschaftssanierung mußten alternative Strategien im Rahmen von volkswirtschaftlichen Kosten-Nutzen-Analysen gegenübergestellt und bewertet werden. Abschätzungen über die Folgen der Währungsunion gegenüber einem zeitlich gestreckten Stufenmodell wurden erforderlich. Die Frage nach den Grundlagen und Instrumenten einer Politik unter dem monetären Anpassungsschock der schlagartig eingeführten D-Mark-Wirtschaft bedurfte dringend einer Beantwortung. Aber auch die Rückwirkungen unterschiedlicher Varianten der Sanierung von Ost- auf Westdeutschland mußten geklärt werden.

Dieser jederzeit erweiterbare Aufgabenkatalog zeigt: Die Politik war mehr denn je auf die Beratung des ›vereinten‹ ökonomischen Sachverstands angewiesen. Dabei stand ihr an sich ein großes Forschungspotential zur Verfügung: Beispielsweise der »Sachverständigenrat zur Begutachtung der gesamtwirtschaftlichen Entwicklung«, die wissenschaftlichen Beiräte beim Bundesfinanz- und Bundeswirtschaftsministerium, die großen fünf, in einer Arbeitsgemeinschaft zusammengeschlossenen Forschungsinstitute, aber auch viele Institute, die seit Jahrzehnten Ostforschung betrieben, sowie Lehrstühle an den Universitäten.

Eine erste Bilanz ihrer Aktivitäten seit der Öffnung der Grenzen Anfang November 1990 offenbart jedoch ein enttäuschendes Ergebnis: Die westdeutsche Wirtschaftswissenschaft hat, bis auf wenige Ausnahmen, bei der dringend erforderlichen Politikberatung nicht geglänzt. Die reale Transformationskrise wurde zum Waterloo der herrschenden Ökonomen-Zunft der alten Bundesrepublik. Dieser Bannstrahl der Kritik trifft weitaus weniger die Wirtschaftswissenschaft der Ex-DDR, der der Zugang zur internationalen Literatur bis auf wenige Ausnahmen viele Jahre verwehrt geblieben war. Die Disziplin war darüberhinaus vorwiegend auf die Funktion der Systemrechtfertigung ausgerichtet, was jedoch kritisch-produktive Arbeit in Nischen der staatlich organisierten Wissenschaftslandschaft nicht ausschloß. Der Zusammenbruch der DDR führte zur schnellen Auflösung ihrer Wirtschaftswissenschaften. Der Großteil der DDR-offiziellen Kapitalismusforscher fiel beim Disput über die Gestaltung der sozial-ökonomischen Entwicklung Ostdeutschlands unter westdeutschen Systemstrukturen erst mal aus. Viele der Betroffenen brauchten eine Phase der Neubesinnung, für die allerdings eine existentielle Absicherung durch die peinliche »Abwicklung« der Universitäten nicht gewährleistet wurde.

Freilich, ein Stück Opportunismus gehört auch zur Verarbeitung der Krise der eigenen Disziplin: Über Nacht entdeckten einige Ökonomen der gestrigen Kapitalismuskritik und Befürworter der Planwirtschaft ihre ›ewige‹ Liebe für die »marktwirtschaftlichen Selbstheilungskräfte«. Auf Akademietagungen und wissenschaftlichen Seminaren zeigten sich neue Frontlinien: Westdeutsche Kapitalismuskritiker, die auf eine stärkere soziale und ökologische Ausrichtung des Wirtschaftssystems bestanden, mußten sich von den über Nacht konvertierten bzw. von den immer schon mit einem offiziellen und persönlichen Denkmodell agierenden Kollegen über die Überlegenheit der Marktwirtschaft belehren lassen. Auch die Wissenschaft hat ihre Wendehälse.

Zur Situationsbeschreibung der Wirtschaftswissenschaft in Ostdeutschland gehört aber auch der Hinweis: Aus den empirisch und praxisorientiert ausgerichteten Einrichtungen der Ex-DDR entstanden neue Forschungsinstitute, wie etwa das *»Institut für Angewandte Wirtschaftsforschung«* (IAW). Ihre empirischen Kenntnisse über die Funktionsweise und Entwicklungsprobleme der ostdeutschen Wirtschaft verschafften ihnen gegenüber den westdeutschen Instituten einen komperativen Vorteil. Durch diese Praxis- und Datennähe wurde in ersten Untersuchungen die Tiefe und Länge der Umbaukrise erheblich realistischer als von der westdeutschen Konkurrenz eingeschätzt.[1]

Die »Creme de la Creme« (Kurt Biedenkopf) der westdeutschen Wirtschaftswissenschaft hat nicht nur in der Phase der Entscheidungsfindung über den richtigen Einstieg in den sozialökonomischen Umbau auf breiter Linie versagt. Die wirtschaftswissenschaftliche Beratung erwies sich für die unter bitterem Entscheidungsdruck stehende Politik als wenig tauglich. Daß es schließlich zu ›einsamen‹ Entscheidungen der Politik kam – vornehm als Primat der Politik bezeichnet – ist auch durch den desolaten Zustand der vorherrschenden Wirtschaftswissenschaft Westdeutschlands selbst, die »mainstream economics«., mit verursacht worden.

Bei der Suche nach den Ursachen dieser *Ratlosigkeit der Beratenden* offenbarte sich wieder einmal ein fundamentales Defizit der herrschenden Ökonomen-Zunft: Forschungsarbeiten zum Umbau von Wirtschaftssystemen gibt es kaum. Im Mittelpunkt stehen mittlerweile auch mathematisch höchst komplexe Theorien zum Nachweis der Selbstregulierungskräfte von Marktwirtschaften. Der Preis der mathematischen Eleganz sind Modellannahmen, die in der Wirklichkeit kaum eine Entsprechung finden. Die Ausklammerung der Analyse von Transformationsproblemen zeigt sich in zwei Richtungen:

Einerseits findet die Forschung über den Umbau des westdeutschen Wirtschaftssystems nur am Rande, in Nischen statt. Typisches Beispiel dafür sind die ökologischen Herausforderungen, die dringend eine Umgestaltung des Wirtschaftssystems erforderlich machen, jedoch nicht breiter Gegenstand der Lehrbücher und Forschung sind. Durch die vorherrschende Reduktion aller Problemlösungen auf das Marktmodell werden grenzüberschreitende Forschungsaktivitäten marginalisiert. Die heute dominierende Wirtschaftswissenschaft schließt mit ihrer monomanen Fixierung auf die ›Modellschreinerei‹ eine historische Herangehensweise aus und vermag damit ökonomische Entwicklungsprozesse nicht zu erfassen.

Andererseits hat sich die Lehrstuhl-Wirtschaftswissenschaft, bis auf wenige, rühmliche Ausnahmen, aus der Untersuchung real existierender sozialistischer Wirtschaftssysteme schon lange verabschiedet. Diese Charakterisierung trifft jedoch – trotz einer methodisch inhaltlichen anderen Ausgangslage auch für die kapitalismuskritische Forschung zu. Die Systeme des Sozialismus und Kapitalismus wurden gegeneinander abgeschottet untersucht. Durchaus in der Tradition von Marx, der bekanntermaßen nie die Absicht hatte, ein »Sozialismusmodell« zu konzipieren, konzentrierte sich die kritische Politische Ökonomie ausschließlich auf die »Anatomie des Kapitalismus«.[2] Auf eine eigenständige Untersuchung des Sozialismus, gar auf die schonungslose Kritik seiner real existierenden Varianten und damit die Analyse deren ökonomischen Umbaus wurde – bis auf ganz wenige Ausnahmen – verzichtet.

Innerhalb der orthodoxen, aber auch kapitalismuskritischen Wirtschaftswissenschaft hatte die Frage nach möglichen Strategien der Transformation der osteuropäischen Wirtschaften, auch der DDR-Wirtschaft, praktisch keine Bedeutung. Eine Mauer der analytischen Ignoranz gegenüber den real existierenden Sozialismusvarianten kennzeichnete den Lehr- und Forschungsbetrieb. John Kenneth Galbraith hat in seinem Beitrag »Economics in the Century Ahead«, erschienen in der Januarausgabe 1991 des »Economic Journal«, auf diesen elementaren Mangel der wirtschaftswissenschaftlichen Hauptströmung hingewiesen und eine intensivere Beschäftigung mit den Problemen der Transformation ökonomischer Systeme in Osteuropa gefordert.[3]

Der *»Verein für Socialpolitik«*, die renommierte Gesellschaft deutschsprachiger Ökonomen, sah sich beispielsweise gezwungen, das Thema seiner Jahrestagung 1991, das sich nach einer Festlegung von 1988 auf »Die wirtschaftliche Neuordnung Europas« konzentrieren sollte, unter dem Druck der Ereignisse auf den Schwerpunkt umzuwidmen: »Erfahrungen und Perspektiven der osteuropäischen Wirtschaftsreformen, der Transformation von der sozialistischen Kommandowirtschaft zur Marktwirtschaft.« Die viel zu späte Erkenntnis leitete den Kongreß an: »So gibt es in unserer Wirtschaftswissenschaft weder in ordnungs- noch in prozeßtheoretischer Hinsicht eine in sich konsistente und allseits brauchbare Theorie über den Ablauf solcher Umwandlungsprozesse.«[4]

Die westdeutsche Ökonomen-Zunft traf die deutsche Integration, wie die Politik, völlig unvorbereitet. Dieser Befund ist allerdings peinlich, denn er belegt die wenig grenzüberschreitende, interdisziplinäre Ausrichtung dieser Disziplin. Die Folgen dieser Eingrenzung auf die Marktökonomie wurden im Prozeß der deutschen Einigung spürbar: Nahezu die gesamte marktoptimistische Wirtschaftswissenschaft empfahl zuerst ein stufenweises Vorgehen bei der Integration, ohne jedoch ein einigermaßen konsistentes Konzept zu entwickeln und es in seinen volkswirtschaftlichen Wirkungen mit der Alternative Währungsunion zu vergleichen.

Dabei drängte sich bei einigen Beratungseinrichtungen der Eindruck auf, Stufenkonzepte seien auch gefordert worden, um überhaupt erst einmal selbst Zeit und mit ihr die Übersicht über die ablaufenden Prozesse zu gewinnen. Die Forderung nach einem Stufenkonzept wurde mit der politischen Entscheidung für die Währungsunion schlagartig aufgegeben. Erst noch bekämpft, wurde diese jetzt als exogenes, politisches Datum akzeptiert. Auf dieser Basis erst fanden die regierungsoffiziellen Berater wieder zur alten Gewißheit zurück. Die Devise lautet jetzt: Marktwirtschaftlichen Kurs halten, d. h. weitestgehende Privatisierung des Transformationsprozesses. Seit dieser Anpassung an die politische Vorgabe »Währungsunion« dominiert eine systematische Unterschätzung der Umbaukrise die ›sachverständigen‹ Ratschläge an die Politik und die Öffentlichkeit.

7.2. Das Beispiel »Gesamtwirtschaftlicher Sachverständigenrat«

Am Beispiel des *»Sachverständigenrats zur Begutachtung der gesamtwirtschaftlichen Entwicklung«* (SVR) läßt sich die nicht ganz unverschuldete Niederlage der Ökonomen-Zunft nachvollziehen: Am 9.2.1990 wendet sich dieser »Rat der fünf Weisen« – der seit 1963 per Gesetz eingesetzt, die makroökonomische Entwicklung darzustellen und die Vermeidung von Fehlentwicklungen im »Rahmen der marktwirtschaftlichen Ordnung« aufzuzeigen hat – mit einem mutigen Brief an den Bundeskanzler. Eindringlich wird vor der Abfolge – erst Währungs- und dann unter deren Regime Wirtschaftsreformen – gewarnt. Dem stufenweisen Vorgehen bei der Einigung wird Vorrang eingeräumt. Dabei sehen die »Räte« die Folgen der Währungsunion klarsichtig:

»Es ist wohl unvermeidlich, daß die Einführung der D-Mark bei den Bürgern die Illusion erwecken muß, mit der Währungsunion sei auch der Anschluß an den Lebensstandard der Bundesrepublik hergestellt. Davon kann jedoch keine Rede sein; das Einkommen ist an die Produktivität gebunden, die bisher weit hinter der in der Bundesrepublik zurückbleibt. Die Erwartung, daß die Produktivität und mit ihr die Löhne wie Renten bald erheblich steigen werden, ist wohlbegründet; allerdings müssen die Voraussetzungen dafür im realwirtschaftlichen Bereich geschaffen werden. Die Währungsunion kann dies nicht leisten.«[5] Weiterhin müsse die Gefahr einer Schwächung des Reformwillens durch diese hartnäckige »Illusion auf eine Gesundung ohne eigene wirtschaftspolitische Anstrengungen« durchaus gesehen werden.[6]

Diese ›sachverständigen‹ Sorgen sind nicht unberechtigt. Sie sind jedoch ausschließlich aus westdeutscher Sicht formuliert. Dem SVR geht es vorrangig um eine zeitliche Streckung der westdeutschen Finanzlasten, um Abgabenerhöhungen zur Finanzierung der deutschen Einheit zu vermeiden und Stabilitätsrisiken zu minimieren. Das heißt jedoch spiegelbildlich, Ostdeutschland muß sich eine Verbesserung seiner Lage soweit wie möglich durch eigene Kraftanstrengung verdienen. Da jedoch der Anpassungsprozeß lange dauert, läuft die Ermahnung der ›Sachverständigen‹ auf eine langjährige Zementierung des Einkommens- und Lebensgefälles zwischen Ost und West hinaus. Die Illusion einer schnellen Verbesserung der Lage war jedoch nicht erst mit der Währungsunion, sondern mit der Öffnung der Grenzen geboren; die Wirtschaftswanderung in den Westen war das Druckmittel, die Verhältnisse in der Ex-DDR schnell zu ändern. Die Warnungen des »Rats« konnten konzeptionell und im politisch angeheizten Klima kaum ankommen.

Seinen Beratungsschwenk hatte der SVR jedoch wissenschaftlich vorprogrammiert. Auf die Vorlage eines Stufenkonzepts wurde auch im Umfeld dieses denkwürdigen Briefs an den Bundeskanzler verzichtet. Erst das im November desselben Jahres nachfolgende Hauptgutachten – also nach der politischen Entscheidung für die Währungsunion – enthielt einige, jedoch ausgesprochen kursorische Hinweise zur Abfolge der Stufen: Einstieg mit sofort einsetzenden wirtschaftlichen Reformen; Nutzung der Wechselkurse zwischen Ost- und Westmark als »Stoßdämpfer bei der Öffnung der Märkte«; Währungsunion erst dann, »wenn die Reformen griffen und die Anpassungsprozesse an die veränderten Wettbewerbsverhältnisse Fortschritte gemacht hätten«.[7] Auf eine Abschätzung der Machbarkeit eines Zwei-Währungsgebiets mit interventionistisch gestützten Wechselkursen sowie der Kosten dieses Pfads gegenüber der Währungsunion wird verzichtet (vgl. zur Kritik der Stufenmodelle *Abschnitt 3.6.* im *Kapitel III.*).

Mit der politischen Entscheidung für die Währungsunion verstummte der vorangegangene SVR-Appell zu einem stufenweisen Umbau. Die Begründung dieses *Kurswechsels* offenbart ein zweifelhaftes Verständnis wissenschaftlicher Beratungspraxis: »Da zur staatlichen Einheit eine einheitliche Währung gehört, ist die Währungsunion als Bestandteil der deutschen Vereinigung nicht zu kritisieren ... Zu den Aufgaben des Rats gehört es nicht, über politische Entscheidungen zu befinden; er hat sie als Datum hinzunehmen.«[8] Hier schimmert die altbekannte technokratische Arbeitsteilung zwischen Politik und Wissenschaft nach dem Motto durch: Wenn der Staat einen Beschluß faßt, dann bleibt der Wirtschaftswissenschaft die Aufgabe, eine kostenoptimale Durchführung zu sichern. Durch diese Unterwerfung des ›Sachverstands‹ unter die Regie der Politik blieb für eine kritische Begleitung des weiteren Prozesses der deutschen Integration wenig Platz.

Die Richtung des Kurswechsels war damit vorgezeichnet: Die Transformation muß, so der Rat, mit den Instrumenten der Marktwirtschaft durchgesetzt werden. Diese marktradikale Strategie steht im totalen Widerspruch zum ursprünglich empfohlenen Stufenmodell. Dort sollten durch Wirtschaftsreformen überhaupt erst die Voraussetzungen für die Ausbreitung marktwirtschaftlicher Strukturen geschaffen werden. In seinem Sondergutachten vom 13.4.1991 mit dem provokanten Titel »Marktwirtschaftlichen Kurs halten – Zur Wirtschaftspolitik in den neuen Bundesländern« wird die gewinnwirtschaftliche Ausrichtung – auch der »Einstellung der Menschen auf das marktwirtschaftliche System« – gefordert.[9]

Dabei liegt das Motiv für dieses Sondergutachten in der Sorge begründet, durch die Tiefe des Produktions- und Beschäftigungseinbruchs könne es über »die sich ausbreitende Unruhe in der Wirtschaftspolitik zu überhasteten Aktionen kommen«.[10] Der Schlüsselsatz, mit dem vor dem drohenden Verlust des marktwirtschaftlichen Glaubens gewarnt wird, lautet: »Die kritische Wirtschaftslage in den neuen Bundesländern erfordert nicht die Abkehr von einer auf die Marktkräfte setzenden Wirtschaftspolitik, sondern deren konsequente Anwendung.«[11] Diese Strategie der Privatisierung des Umbaus vertiefte allerdings die Anpassungskrise; die volkswirtschaftlichen Kosten der Einigung mußten steigen. Nicht nur »Mehr Markt«, sondern eine aktive Politik muß auf allen Ebenen, wie in diesem Buch gezeigt wird, die Wucht des monetären Anpassungsschocks durch öffentliche Förderung und zeitlich befristetem Schutz abfedern helfen.

7.3. Beschwörung des ostdeutschen Aufschwungs

Die marktoptimistische Unterschätzung der Umbaukrise in Ostdeutschland durch die vorherrschende Beratungs-Wirtschaftswissenschaft offenbart sich brennpunktartig im Streit um die Frage: Wann wird der Niedergang der Produktionswirtschaft durch einen breit getragenen *Aufschwung* abgelöst? Wenige Monate nach der Einführung der Währungsunion und mitten im Prozeß des Niedergangs der Produktion und des Arbeitsplatzabbaus begann bereits im Herbst 1990 eine Diskussion über einen nicht mehr allzu fernen Beginn eines langanhaltenden Aufschwungs. So prognostizierte der »Sachverständigenrat« in seinem im November 1990 vorgelegten Jahresgutachten 90/91 für Mitte 1991 ein Ende der Talsohle, der im Spätsommer eine »Belebung der Nachfrage« folgen sollte.[12] Diese ersten Prognosen erwiesen sich jedoch als wenig solide. Sie waren eher durch das Prinzip Hoffnung als durch eine realistische Entwicklungsanalyse gekennzeichnet.

Das Grundmuster dieser Prognosen, eher im Rang eines Durchhalteappells, läßt sich an einer Äußerung Karl Schillers, ehemaliger Bundeswirtschafts- und zeitweise auch noch Bundesfinanzminister, verdeutlichen. Der Finanzausschuß des Deutschen Bundestags hatte zum 7.11.1991 Experten und Verbändevertreter zu einer öffentlichen Anhörung nach Bonn geladen, um über die »Belastungen durch die deutsche Einheit« zu beraten. Auf die bei dieser Anhörung strittige Frage, wann denn nun der Aufschwung komme – eher im Frühjahr oder Sommer 1991 – antwortete Karl Schiller auf Anfrage eines Kritikers derartiger Spekulationen: »Ich selber neige dazu, auf das Frühjahr zu setzen. Nach alter konjunkturpolitischer Erfahrung habe ich immer wieder lernen müssen, daß im Frühjahr eines jeden Jahres der wirtschaftliche Verlauf des Jahres programmiert wird.«[13]

Diese Aussage offenbart unmißverständlich eine bedauerliche Fehlbeurteilung der Umbaukrise in Ostdeutschland. Das konjunkturelle Bild gleichmäßig verlaufender Auf- und Abschwünge, das nicht einmal für Westdeutschland zutrifft, taugt nicht zur Erklärung der flächendeckenden Krise in den neuen Bundesländern. Die damit verbundene Suggestion einer sich selbstheilenden Wirtschaftsentwicklung in den fünf Bundesländern ist politisch gefährlich; sie droht, den Rückzug des Staats aus seiner Führungsrolle zu bewirken. Denn wenn die neue ökonomische Entwicklung in einen sich selbsttragenden Aufschwung münden sollte, dann wirkten ja schnell über gleichermaßen wachsende Steuereinnahmen Selbstfinanzierungskräfte, die einen Rückzug westdeutscher Finanzhilfe zuließen.

Dieses konjunkturelle Wunschbild hat das *Institut der deutschen Wirtschaft* in seiner Untersuchung »Die Deutsche Einheit – Ein Gewinn für uns alle« auf die lange Frist ausgedehnt: Den fünfziger Jahren vergleichbar, wird eine Wachstumsdynamik beschworen, die über einen entsprechenden staatlichen Zuwachs der Staatseinnahmen die Selbstfinanzierung der deutschen Einheit ermöglicht. Soweit dieser Selbstfinanzierungseffekt in der Anfangsphase nicht ausreicht, werden die Einigungskosten durch

Einsparpotentiale der öffentlichen Haushalte aufgebracht.[14] Dieses wachstumsoptimistische Modell lenkt von den eigentlichen Aufgaben des Umbaus ab. Die damit verbundene Hoffnung, auf Abgabenerhöhungen zur Finanzierung der deutschen Einheit verzichten zu können, ließ sich unter dem Druck der Krise nicht halten; sie ist nach der Bundestagswahl Ende 1990 endgültig in sich zusammengebrochen.

Selbst die Prognosen für die kurze, konjunkturelle Frist, die viel zu früh von einem baldigen Ende der ökonomischen Talfahrt in Ostdeutschland ausgingen, mußten immer wieder korrigiert werden. Der Wechsel zwischen marktoptimistischer Prognose und deren durch die Krisenwirklichkeit erzwungenen Korrektur seit 1990 läßt sich an den jeweils im Frühjahr und Herbst durch die Arbeitsgemeinschaft der fünf großen wirtschaftswissenschaftlichen Forschungsinstitute Westdeutschlands und -Berlins vorgelegten *Situationsanalysen* demonstrieren:

– Im Frühjahr 1990, also noch vor der Schaffung der Währungsunion zum 1.7.1990, wagen die Institute keine Prognose zum Ende der Talfahrt bzw. zum Aufschwung. Die Wucht dieses Produktionszusammenbruchs wird im Rahmen einer allgemeinen Einschätzung jedoch unterschätzt.[15]

– Im Herbstgutachten 1990 müssen die Institute eingestehen, daß sie die »Schnelligkeit und Tiefe des wirtschaftlichen Niedergangs in Ostdeutschland unterschätzt haben«.[16] Trotz großer Unsicherheiten wird jetzt vorhergesagt: »Wann und auf welchem Niveau der Tiefpunkt erreicht wird, ist außerordentlich schwierig abzuschätzen. Im Rahmen der hier vorgelegten Überlegungen ist der Wendepunkt etwa im Sommer des nächsten Jahres zu erwarten. Das reale Bruttosozialprodukt Ostdeutschlands wird dabei beträchtlich unter dem – schon niedrigen – Niveau von 1990 liegen.«[17] Diese »Wendepunktprognose« erwies sich erneut als falsch.

– Das Gutachten der Institute vom Frühjahr 1991 enthält wiederum die Vorhersage eines Aufschwungs, wenn auch mit einer geringfügigen zeitlichen Verzögerung: »Die Frage, wann der Tiefpunkt der gesamtwirtschaftlichen Entwicklung durchschritten ist und wie kräftig die wirtschaftliche Erholung sein wird, ist aus heutiger Sicht nicht eindeutig zu beantworten. Nach unseren Überlegungen kommt es schon in der zweiten Hälfte des Jahres zu einer leichten Belebung.«[18] Auch diese Prognose läßt sich im Oktober 1991, in dem unsere Zwischenbilanz zum Preis der deutschen Einheit abgeschlossen wurde, nicht halten. Denn beispielsweise plant die Treuhandanstalt im industriellen Bereich einen weiteren Kapazitätsabbau, der über längere Zeit nicht durch ausreichende Neugründungen kompensiert werden wird. Die Hoffnung auf einen sich selbsttragenden Aufschwung nach einer im Herbst 1991 gestoppten Talfahrt der Produktion gehört in das Reich der Trugschlußökonomik.

Das *Deutsche Institut für Wirtschaftsforschung* widerspricht im Sommer 1991 zu Recht derartigen Aufschwungillusionen mit produktionswirtschaftlichen Gründen: »Jedenfalls gibt es keine Anhaltspunkte dafür, daß sich die Wettbewerbsfähigkeit der ostdeutschen Wirtschaft gegenüber der westlichen Konkurrenz verbessert haben könnte. Solange das aber nicht der Fall ist, kann von einem sich selbst tragenden Aufschwung nicht die Rede sein. Die Aufwärtsentwicklung wird dann im gesamten Bereich der handelbaren Güter auf mittlere Frist nur sehr schwach sein.«[19] Deshalb muß – so unsere Schlußfolgerung – gegenüber falschen Aufschwung-Propheten an einem mittelfristigen Konzept der Finanzhilfe aus Westdeutschland und aktiver Wirtschafts- und Arbeitsmarktpolitik festgehalten werden.

7.4. Verdrängte Alternativen

Die regierungsoffiziell immer noch unter Verschluß gehaltenen »Überlegungen zur kurzfristigen Stabilisierung und langfristigen Steigerung der Wirtschaftskraft in den neuen Bundesländern«, im April 1991 durch die Beratungsgesellschaft Mc Kinsey vorgelegt, weisen in die richtige Richtung. Der marktoptimistischen Empfehlung, mit einer Privatisierung der Transformation Ostdeutschland zu sanieren, wird gegenübergestellt:

So riskiere, wer ausschließlich auf die freien Kräfte des Marktes setze, unter den gegebenen Rahmenbedingungen eine weitgehende Endindustrialisierung der neuen Bundesländer und damit einen sowohl wirtschaftlich wie politisch untragbaren Zustand. Da es sich nicht um eine »normale« Krise handle, müßten »Neue Wege« beschritten werden. Es bestehe erheblicher Führungsbedarf. Private allein seien überfordert. Der Staat müsse eine aktive Führungsrolle annehmen und ausüben, ohne dem Risiko dirigistischer Intervention und undifferenzierter Subvention zu erliegen.[20]

Das bereits im Frühjahr vorgelegte Sondermemorandum der *»Arbeitsgruppe Alternative Wirtschaftspolitik«*, an dem die Autoren dieses Buches mitgearbeitet haben, entwickelt im Widerspruch zum »Sachverständigenrat« ein erstes Umbaukonzept für die ostdeutsche Wirtschaft.[21] Ausgehend von dem tiefen Anpassungsschock infolge der Übernahme des D-Mark-Geldsystems werden die öffentlichen und privatwirtschaftlichen Aufgaben abzuschätzen versucht und ein öffentliches Programm »Zukunft der deutschen Integration« vorgelegt. Rückblickend zeigte sich jedoch, daß selbst in dieser kritischen Analyse die *Dauer der Umbaukrise* unterschätzt worden ist.

Das *Fazit* lautet: Mit der Imitation marktwirtschaftlicher Instrumente westdeutschen Zuschnitts bei der Bewältigung der ostdeutschen Entwicklung werden die Kosten der Anpassung erhöht und soziale Akzeptanzprobleme geschaffen. Es muß ein eigenständiger Umbaupfad definiert werden, dessen Verwirklichung jedoch zugleich mit einer Reform westdeutscher sozialer und ökologischer Verhältnisse zu verbinden ist. Denn durch den Zusammenbruch der DDR ist keines der Entwicklungsprobleme Westdeutschlands gelöst worden. Dieser Dimension gesamtdeutscher Reformpolitik haben sich vor allem kritische Intellektuelle noch viel zu wenig gestellt. Das hier weitverbreitete Lamentieren über die bitteren Folgen der Währungsunion als die ›Wurzel allen Übels‹ verdeckt jedoch eher die Ursachen, Folgeprobleme und Politikanforderungen der deutschen Einigung. Je länger die Umstellungskrise anhält, um so stärker droht sich eine Legende über die verpaßten Chancen eines »Dritten-Wegs« zu verbreiten. Anstatt in Verklärung nicht realisierbarer Alternativen zu verweilen, kommt es vielmehr darauf an, den real existierenden Kapitalismus als ökonomische Basis des ›neuen Deutschlands‹ sozialökologisch zu gestalten, d. h. zu reformieren, und die tiefe Ost-West-Spaltung dabei zu überwinden.

Anmerkungen

1 Institut für Angewandte Wirtschaftsforschung (IAW), Die ostdeutsche Wirtschaft 1990/91 – Trends und Perspektiven, 22. 10. 1990, Berlin

2 In den »Randglossen zu Adolph Wagners Lehrbuch der Politischen Ökonomie« hat K. Marx ausdrücklich betont, er habe kein sozialistisches System entwickeln wollen, sondern sich auf die Kapitalismusanalyse konzentriert. Siehe K. Marx, Randglossen zu Adolph Wagners ›Lehrbuch der Politischen Ökonomie‹. In: Marx-Engels-Werke (MEW), Band 19, Berlin 1969, S. 369

3 J. K. Galbraith, Economics in the Century Adhead. In: *Economic Journal*, Vol. 101/1991

4 Aussage von Gernot Gutmann im Eröffnungsreferat; zitiert nach P. Hampe, Ein Sozialpakt für Ostdeutschland – Verein für Sozialpolitik diskutiert über Reformen. In: *Süddeutsche Zeitung* v. 11. 10. 1991 (Nr. 235), S. 34

5 Abdruck des Briefs in: Jahresgutachten 1990/91 des ›Sachverständigenrates zur Begutachtung der gesamtwirtschaftlichen Entwicklung‹, Bundestagsdrucksache 11/8472, S. 304

6 Jahresgutachten 1990/91, S. 304

7 Jahresgutachten 1990/91, Ziff. 297

8 Jahresgutachten 1990/91, Ziff. 297

9 Sachverständigenrat zur Begutachtung der gesamtwirtschaftlichen Entwicklung, Sondergutachten vom 13. 4. 1991: »Marktwirtschaftlichen Kurs halten – Zur Wirtschaftspolitik für die neuen Bundesländer, Ziff. 1

10 Sondergutachten Ziff. 3

11 Sondergutachten Ziff. 3

12 Jahresgutachten 1990/91, Ziff. 261

13 Zitiert nach dem Protokoll der 91. Sitzung des Haushaltsausschusses des Deutschen Bundestags am 7. 11. 1990 in Bonn, Protokoll Nr. 91. Dort findet sich auch die Kritik von R. Hickel an der aufschwungillusionistischen Auffassung K. Schillers und die Forderung nach einer mittelfristigen Transformationspolitik.

14 Kurzfassung einer umfangreichen Studie des Instituts der deutschen Wirtschaft (IW), Wirtschaftliche und soziale Perspektiven der deutschen Einheit – Gutachten für das Presse- und Informationsamt der Bundesregierung in Bonn, Köln Sept. 1990

15 Gemeinschaftsgutachten, Die Lage der Weltwirtschaft und der westdeutschen Wirtschaft im Frühjahr 1990. In: *DIW-Wochenbericht* 15/1990

16 Gemeinschaftsgutachten, Die Lage der Weltwirtschaft und der deutschen Wirtschaft im Herbst 1990. In: *DIW-Wochenbericht* 43–44/1990, S. 612

17 ebfs., S. 615

18 Gemeinschaftsgutachten, Die Lage der Weltwirtschaft und der deutschen Wirtschaft im Frühjahr 1991. In: *DIW-Wochenbericht* 18–19/1991, S. 240

19 Arbeitskreis Konjunktur, Tendenzen der Wirtschaftsentwicklung 1991/92. In: *DIW-Wochenbericht* 26–27/1991, S. 369

20 McKinsey & Company, Überlegungen zur kurzfristigen Stabilisierung der Wirtschaftskraft in den neuen Bundesländern

21 Arbeitsgruppe Alternative Wirtschaftspolitik, Sondermemorandum: Sozial-ökologisches Sofortprogramm: Risiken der deutsch-deutschen Währungsunion auffangen. In: *Memo-Forum* 16/1990

Kapitel VIII

Wie geht es weiter in den 90er Jahren? Zwei Szenarien

8.1. Die Schlüsselfaktoren der zukünftigen Entwicklung

Die ersten beiden Jahre der ostdeutschen Transformationskrise, die Jahre 1990 und 1991, haben zu einem katastrophalen Niedergang der Wirtschaft, insbesondere der Industrie, geführt, wie unsere Bestandsaufnahme ergeben hat. Die Ursachen sind vielfältig und wurden ausführlich dargestellt. Wie geht es nun aber weiter? Welche Perspektiven hat die ostdeutsche Wirtschaft in den 90er Jahren? Hat sie welche? Die Antworten, die in der Öffentlichkeit und seitens der Politik meist gegeben werden, reichen von der Behauptung eines *zweiten deutschen Wirtschaftswunders* bis hin zur entgegengesetzten These, die neuen Bundesländer würden zum deutschen Mezzogiorno, d. h., es stabilisiere sich eine Spaltung, der der zwischen Nord- und Süditalien vergleichbar ist. Bevor wir verschiedene Szenarien für die 90er Jahre aufzeigen, müssen jedoch die Schlüsselfaktoren der ökonomischen Entwicklung von Regionen schlechthin sowie der spezifischen Faktoren Ostdeutschlands untersucht werden.

Kleiner Exkurs:
Jede Region braucht eine »Exportbasis«

Zunächst gehen wir von einem sehr einfachen Modell einer Regionalökonomie aus. Wir betrachten Ostdeutschland als eine Region, die mit anderen Regionen, gleichgültig ob in den alten Bundesländern oder im Ausland, wirtschaftlich verflochten ist. Diese Region produziert Güter und Dienstleistungen sowohl für die innerregionale Nachfrage der privaten Haushalte, der Unternehmen und der öffentlichen Einrichtungen, die in der Region ansässig sind, als auch für den Export aus der Region heraus. Zugleich importieren die Privathaushalte und die regionsansässigen Unternehmen Güter aus anderen Regionen. Im speziellen Falle Ostdeutschlands wird sehr viel in die Region importiert und sehr wenig aus der Region heraus exportiert. Im Grunde kann eine Region nur soviel importieren, wie sie Zahlungsmittel zur Finanzierung der Importe hat. Diese können aus Exporteinnahmen stammen, aus eigenen Ersparnissen, aus Krediten von regionsexternen Gebern oder aus Finanzzuweisungen des Zentralstaates. Die Auflösung von Ersparnissen klammern wir einmal aus, denn sie ist nur kurzfristig von Bedeutung.

Wenn eine Region andauernd mehr Güter und Dienstleistungen aus anderen Regionen importiert, als sie ihrerseits in diese Regionen exportiert, benötigt sie ständig im Ausmaß des Importüberschusses finanzielle Zuwendungen von außen, sei es durch Kreditaufnahme, sei es durch staatliche Finanzzuweisungen. Im Prinzip unterscheidet sich eine negative Handelsbilanz der Region nicht von der eines selbständigen Landes; der Unterschied liegt lediglich darin, daß letzteres eine eigene Währung hat und daß kein Zentralstaat existiert, der eventuell die Importüberschüsse finanziert. Soll die Region nun von regionsexternen Kreditgebern und staatlichen Zuwendungen unabhängiger werden, muß sie mehr exportieren und/oder Importe durch Eigenproduktion substituieren.

Was die Exportsteigerung angeht, so stellt sich die Frage, worin die *Exportbasis* einer Region besteht. In grober Unterscheidung können alle Güter und Dienstleistungen einer Region in exportierbare und nur regional absetzbare unterteilt werden. Gemäß der sog. Exportbasistheorie, die im Zentrum der Regionalökonomie steht[1], gehört der überwiegende Teil der Landwirtschaft, der Industrie sowie die Ferndienstleistungen zur Exportbasis einer Region. Unter *Ferndienstleistungen* werden jene Dienstleistungen verstanden, die an gebietsfremde Personen, Unternehmen oder Institutionen verkauft werden und damit spiegelbildlich zu Finanzzuflüssen in die Region führen: z. B. der Fremdenverkehr, soweit er von gebietsfremden Touristen in Anspruch genommen wird, überregional ausgerichtete Zentralen von Banken, Versicherungen und anderen Dienstleistungsfirmen, Ingenieurbüros, die Aufträge für regionsexterne Firmen ausführen, Bundesbehörden, die vom Bund finanziert werden etc. Der größte Teil des Dienstleistungssektor, beispielsweise der Handel, die Sparkassen, das Handwerk, der größte Teil der Bauwirtschaft, werden als *»Folgesektoren«* bezeichnet, die ihre Dienstleistungen und Erzeugnisse üblicherweise in der Region absetzen. Die Folgesektoren sind an den Standort der Bevölkerung in der Region sowie an den Standort der Exportbasis-Sektoren gebunden. Die Brötchen werden beim Bäcker um die Ecke gekauft, der Friseur wird nicht viel weiter entfernt sein, usw.

Die Höhe der Einkommen, die in einer Region erwirtschaftet werden, und damit auch die Zahl der Arbeitsplätze, die in einer Region vorhanden sind, hängen entscheidend von der regionalen Exportbasis ab: Ist diese groß und stark, dann entstehen hier viele Arbeitsplätze, meist auch hochwertige mit hohen Einkommen. Diese wiederum bilden die Basis für einen großen Folgesektor. Typisch für diesen Sachverhalt sind dynamische Ballungsregionen wie München oder das Rhein-Main-Gebiet: Die hohen Einkommen, die im Bankensektor, in der Rüstungsindustrie, in den Konzernzentralen der Elektrotechnik usw. verdient werden, sind ein großes Nachfragepotential für den Einzelhandel, die Gastronomie, die Boutiquen, die Rechtsanwälte, Psychotherapeuten usw., und zugleich schwemmen sie den Kommunen oder dem Land hohe Steuereinnahmen zu, die überwiegend wieder in der Region ausgegeben werden.

Die regionale Bedeutung produktionsorientierter Dienstleistungen

Ein weiterer Faktor kommt hinzu: Die Exportbasis einer Region, im Kern die Industrie, hängt in ihrer Entwicklungs- und Innovationsdynamik immer mehr vom arbeitsteiligen Verbund mit sog. *produktionsorientierten Dienstleistungen* ab, z. B. Ingenieurbüros, Unternehmensberatungen, Softwarehäuser, Forschungsinstitute[2]. Diese produktionsorientierten Dienstleistungen sind weitgehend an den Standort der Ballungszentren mit starker Exportbasis gebunden. Die Verbundwirkung mit der Industrie und zwischen den verschiedenen Dienstleistungsunternehmen schafft Fühlungsvorteile, die zu entscheidenden Standortvorteilen einer Region werden. Sie sind heute die Hauptursachen der zunehmenden räumlichen Ballungstendenzen zugunsten weniger großer und dynamischer Agglomerationen.

Könnte nicht aber die Exportbasis kleiner ausfallen, wenn die Importe durch regionale »Eigenproduktion« ersetzt werden (Importsubstitution)? Dies ist zweifellos zutreffend. Aber es setzt voraus, daß die regionale Produktion im Verhältnis zu der aus anderen Regionen wettbewerbsfähig ist, es sei denn, sie wird durch staatliche Maßnahmen, etwa Subventionen, Auflagen usw., vor dem Wettbewerb geschützt. Ist die lokale Produktion aber wettbewerbsfähig und bestehen keine Wettbewerbshindernisse, dann wird sie auch aus der Region heraus exportieren können, sofern genügend Nachfrage vorhanden ist.

Hinzu kommt, daß ein großer Teil der Industrieerzeugnisse heute so differenziert und spezialisiert ist und dabei eine mindestoptimale Betriebsgröße erfordert, daß eine ausschließliche Produktion für die Region zu einer nicht optimalen Produktivität führt. Der Grad interregionaler Arbeitsteilung, also der Arbeitsteilung und Lieferverflechtung zwischen den Regionen, ist extrem groß, logischerweise je kleiner die Region ist. Daß die interregionale Arbeitsteilung möglicherweise aus ökologischen Gründen viel zu groß ist, denn sie verursacht großen umweltschädigenden Transportaufwand, und die Umweltschädigung wird in den Transportkosten nicht korrekt widergespiegelt, muß hier erwähnt werden.

Die Ex-DDR ist eine relativ große Region, die zuvor eine selbständige, gegenüber dem Westen stark autarke Volkswirtschaft war. Sie muß sich jetzt dem Grad der in den hochentwickelten kapitalistischen Industrieländern vorherrschenden interregionalen Arbeitsteilung anpassen. Sie braucht mithin eine hinreichend starke industrielle Exportbasis, möglichst mit den zugehörigen produktionsorientierten Dienstleistungen. Einzelne kleinere Teilräume können vielleicht auf eine industrielle Exportbasis verzichten, aber das ostdeutsche Wirtschaftsgebiet als Ganzes nicht. Es ist auf Gedeih und Verderb darauf angewiesen.

Andererseits hat die Ex-DDR angesichts der in den Jahren 1990 und 1991 extrem hohen Importe von Gütern und Dienstleistungen aus dem Westen auch Chancen, in gewissem Umfang Importsubstitution zu betreiben. Dies gilt vor allem für jene Produkte und Dienstleistungen, für die der ostdeutsche Markt hinreichend groß ist, ohne daß Produktivität und Wettbewerbsfähigkeit darunter leiden. In diesen Fällen ist die Nähe zum Absatzgebiet ein Faktor, der den Produktionsstandort in Ostdeutschland begünstigt.

Die Bedeutung dieses Kriteriums wird durch Unternehmensbefragungen nach den Investitionsmotiven belegt. Es gilt beispielsweise für Teile der Nahrungs- und Genußmittelindustrie, die von der räumlichen Nähe zur landwirtschaftlichen Basis sowie zum Absatz profitieren könnte; für Druckereien, die lokale Zeitungen etc. herstellen; für Teile der Baumaterialienindustrie; für viele produktionsorientierte Dienstleistungen, die im Auftrag der kleinen verbleibenden industriellen Basis arbeiten. Zusammenfassend könnte man diesen Bereich – im Gegensatz zur Exportbasis – regionalmarktorientierte Produktion nennen. Je besser die Importsubstitution durch regionalmarktorientierte regionale Produktion gelingt, desto kleiner kann die Exportbasis sein.

Eine Strategie der Importsubstitution ist darauf ausgerichtet, das regionale *einheimische Entwicklungspotential* so zu entfalten und zu nutzen, daß die Region gegenüber anderen wettbewerbsfähig wird. Gelingt dies, dann kann im günstigsten Fall nicht nur der regionale Absatzmarkt beliefert werden, sondern man kann sich auch im überregionalen Absatz behaupten. Aber dies wäre ein zweiter Schritt, der nicht notwendig dem ersten folgen muß.

Kann eine Region nur von Dienstleistungen leben?

Ohne eine »hinreichende« regionale Exportbasis hat Ostdeutschland also keine Chance, zu einer eigenständigen und wettbewerbsfähigen, nicht ständig am Tropf des Bundesstaates hängenden Region zu werden. Je mehr die industrielle Basis zusammenschrumpft, desto schwächer wird die Exportbasis. Die meisten Ferndienstleistungen sind auf die Industrie bezogen und ohne Industrienähe in der Region nicht lebensfähig. Eigentlich sind nur der Fremdenverkehr, Banken- und Versicherungszentralen und diejenigen Behörden, die im wesentlichen vom Bund finanziert werden, die einzigen Ferndienstleistungen, die vom Standort der Industrie relativ unabhängig sind. Damit ist nicht gemeint, daß die restlichen Dienstleistungen immer einen Standort haben, der unmittelbar im Ort der Industrieproduktion liegt – aber der Standort muß doch zumindest in regionaler Nähe zur Industrie liegen. Beispielsweise wäre Leipzig wohl kein guter Messestandort, wenn die Region Ostdeutschland weitgehend entindustrialisiert ist.

Der Fremdenverkehr wird als »regionalpolitische Lokomotive« häufig überschätzt; für einzelne kleinere Regionen mag er die entscheidende Erwerbsbasis darstellen, aber für eine Region wie die Ex-DDR oder auch für ein Bundesland wie Mecklenburg-Vorpommern ist er nicht mehr als ein kleiner Wirtschaftszweig. In der Bundesrepublik arbeiteten 1987 beispielsweise nicht mehr als 3,3% aller Erwerbstätigen in dem Sektor »Beherbergungsgewerbe und Gaststätten«, davon der größere Teil in Gaststätten. Hinzu kommt, daß nur derjenige Teil des ostdeutschen Fremdenverkehrs als Teil der Exportbasis zählt, der zum überregionalen Tourismus gezählt werden kann.

Vielfach wird behauptet, die moderne Industriegesellschaft sei auf dem Weg zu einer *Dienstleistungsgesellschaft* und Dienstleistungen ersetzten nach und nach die Industrie, genauso wie einst die Agrargesellschaft der Industriegesellschaft weichen mußte. Richtig ist daran, daß in hochentwickelten Volkswirtschaften wie der Bundesrepublik heute der größte Teil der Erwerbstätigen im tertiären Sektor arbeitet – 1987 waren es 56,9%, im Jahre 2000 werden es voraussichtlich 62,2% sein[3]. Die Beschäftigung im warenproduzierenden Gewerbe wird sogar absolut sinken, von 10,6 Mio. Personen 1987 auf 9,8 Mio. im Jahre 2000. Aber damit wird nicht auf Industrieproduktion verzichtet, im Gegenteil, sie wird sogar noch absolut steigen, nur wird sie produktiver von weniger Beschäftigten hergestellt. Auch die landwirtschaftliche Produktion liegt heute in allen entwickelten Industrieländern höher als zu Beginn der Industrialisierung.

Die dynamischsten Dienstleistungszweige stellen dabei, wie schon erwähnt, die produktionsbezogenen Dienstleistungen dar. Die sog. Dienstleistungsgesellschaft ist also eigentlich nach wie vor eine Industriegesellschaft, die nur immer mehr Dienstleistungen als Voraussetzung für die Industrieproduktion sowie zur Verarbeitung von deren Folgen benötigt. Zu Recht schreibt die Prognos AG: »Der Weg in die Dienstleistungsgesellschaft ist daher wenigstens teilweise nicht eine Abkehr von der industriellen (auch landwirtschaftlichen) Produktion, sondern viel eher ein Weg zur Erhöhung der Produktivität in diesen Wirtschaftsbereichen.«[4]

Vollbeschäftigung und auch außenwirtschaftliches Gleichgewicht eines Landes, aber auch einer Region, lassen sich nicht durch die ausschließliche Konzentration auf Dienstleistungsbereiche erreichen. Selbst der Export von »Blaupausen«, Patenten, Lizenzen, Ingenieur-Know-how etc. ist keine hinreichende Erwerbsbasis für ein Land oder eine Region. Hinzu kommt: »Alle know-how-intensiven Dienstleistungsunternehmen, deren Beschäftigte in den letzten Jahren besonders zunahmen, bevorzugen Standorte in Regionen, in denen sie ständig Kontakte zu innovativen Produktionsunternehmen unterhalten und umgekehrt. Nur hier finden beide die für die eigene Entwicklung entscheidenden ›Fühlungsvorteile‹.«[5] Diese Zusammenhänge würden genauso für eine stärker ökologisch ausgerichtete Produktions- und Industriestruktur einer Volkswirtschaft gelten.

Die wichtigsten Standortfaktoren für die neuen Bundesländer

Was sind nun die wichtigsten Faktoren, die die wirtschaftliche Entwicklung eines Gebietes wie der ehemaligen DDR in der kommenden Dekade unter den Bedingungen eines modernen Weltmarkt-Kapitalismus bestimmen? Wovon hängen die wirtschaftlichen Entwicklungschancen der Gesamtregion Ostdeutschland ab?

Die im folgenden angeführten Produktionsbedingungen sind dabei nicht identisch mit den Standortfaktoren, die für die Standortentscheidungen im Rahmen von den Unternehmensneugründungen oder von neu aufzubauenden Niederlassungen größerer Unternehmen entscheidend sind. Hierauf wird im nächsten Abschnitt eingegangen. Hier sollen dagegen die allgemeinen Produktionsbedingungen dargestellt werden, die für die wirtschaftliche Entwicklung einer Region im Wettbewerb mit anderen Regionen entscheidend sind, gleichgültig ob es sich um Neugründungen von Unternehmen oder seit langem ortsansässige Firmen handelt.

Zuallererst kommt es auf – im interregionalen Standortwettbewerb – günstige *Produktionsbedingungen* (Angebotsseite) an. Konkurrierende Standorte bzw. Regionen sind seit der wirtschaftlichen Integration Ostdeutschlands in das Wirtschafts- und Währungsgebiet der Bundesrepublik die westlichen Regionen in Deutschland und darüber hinaus vor allem in Westeuropa; die anderen ehemaligen RGW-Länder sind auf absehbare Zeit nicht mehr die entscheidenden Handelspartnerländer und der entscheidende Referenzmaßstab im Wettbewerb der Regionen und Standorte.

Man kann *sieben Faktorenbündel* unterscheiden, von denen die angebotsseitige wirtschaftliche Entwicklungskraft einer Region abhängt:

1. *Arbeit*: in ausreichender Menge und mit den benötigten Qualifikationen und Motivationen
2. *Kapital*: ein für einen hohen Beschäftigungsstand ausreichenden wettbewerbsfähigen Sachkapitalstock, der durch interne Ersparnisse der Bürger und Unternehmungen oder Geldkapitalimporte finanziert wird bzw. durch Direktinvestitionen regionsexterner Unternehmen oder staatlicher Institutionen zustande kommt.
3. *Management:* qualifiziertes Management auf allen Ebenen, insbesondere auch in den Bereichen Vertrieb/Marketing, Forschung und Entwicklung; hierzu zählt auch das kreative Leistungs- und Innovationspotential qualifizierter und engagierter selbständiger Unternehmer.
4. *Forschungs- und Entwicklungs-Potentiale*: zur Entwicklung neuer Produkte und Produktionsverfahren.[6]
5. *Infrastruktur*: Verkehrs- und Kommunikationswesen, ökologische Infrastruktur, Bildungs- und Gesundheitswesen, kulturelle Infrastruktur.
6. *»Weiche« Standortfaktoren:* Hierzu gehört das Image eines Standortes oder einer Region, die Urbanität der Städte, die Umweltqualität, die Wohnungs- und Lebensqualität im weiteren Sinne. Sie werden für moderne Unternehmen und hochqualifizierte Arbeitskräfte immer wichtiger.
7. *Rechtliche und staatliche Rahmenbedingungen* einschließlich einer gut funktionierenden öffentlichen Verwaltung.

Alle sieben Faktorenbündel müssen zusammenwirken. In Westdeutschland und auch in Westeuropa hat sich in den letzten beiden Jahrzehnten gezeigt, daß sich diejenigen Regionen wirtschaftlich am günstigsten entwickeln (gemessen am Bruttoinlandsprodukt),

- die eine *vielseitige* Wirtschaftsstruktur haben
- sowie ein hohes *Innovationspotential* mit dem zugehörigen Milieu positiver *weicher Standortfaktoren* aufweisen,
- gepaart mit einem *qualifizierten und flexiblen Arbeitskräftepotential*.

Dabei handelt es sich um Regionen, die sich nicht nur aus kleineren und mittleren Städten zusammensetzen, sondern ausgeprägte und hochentwickelte »Oberzentren«, also Ballungskerne haben.[7]

Zudem sind es Regionen, die eine gute *Mischung* aus Großunternehmen samt deren Führungszentralen sowie kleinen und mittleren Firmen aufweisen. Wirtschaftlich dynamische Regionen, deren Wirtschaftsstruktur ausschließlich auf kleinen und mittelständischen Unternehmen ohne die motorischen Zugpferde der Großunternehmen beruht, gibt es trotz des Endes des »fordistischen« Zeitalters der uniformen Massenproduktion in Großunternehmen wohl kaum irgendwo. Florierende Großunternehmen mit ihren Unternehmenszentralen sind für die Dynamik regionaler Entwicklung unentbehrlich: Sie haben eine überdurchschnittliche Finanzkraft, die langfristige, strategische Innovationen und vor allem deren Realisierung ermöglicht; sie sind im internationalen Wettbewerb stark, weil ihre Produktion meist einen überdurchschnittlichen Weltmarktanteil hat, so daß die regionale Exportbasis besonders groß ist; sie sind Auftraggeber für eine Vielzahl von kleinen und mittleren Zulieferern, aber auch wichtiger Partner von Banken und Finanzdienstleistungsunternehmen. Sie ziehen eine Vielzahl kleinerer und größerer Firmen in die Region.

Für dynamische wirtschaftsstarke Regionen gilt im Grunde das gleiche, was die Standortstärke der Bundesrepublik im internationalen Wettbewerb auszeichnet: Eine ihrer größten Stärken sind arbeitsteilige, eng miteinander verflochtene *Industrie-Dienstleistungs-Komplexe*, die sich über Jahrzehnte hinweg im nationalen Wettbewerb entwickelt haben. Kein Land der Welt hat eine so große Breite und Tiefe an Industrieprodukten in ihrer Produktionspalette wie die Bundesrepublik. Je größer der internationale wirtschaftliche Erfolg, desto wichtiger die nationale und regionale Verflechtung der Firmen mit einem hochentwickelten Umfeld. Vergleichende Untersuchungen über die Wettbewerbsfähigkeit verschiedener Länder führten zu dem Ergebnis, daß derartige vielseitige Industriekomplexe eine entscheidende Rolle spielen.[8]

Die verschiedenen Angebotsfaktoren müssen unter den Bedingungen einer offenen weltmarktintegrierten Wirtschaft in der Weise kombinierbar sein, daß eine wettbewerbsfähige und rentable Produktion entsteht. Dazu bedarf es einer hinreichend großen Nachfrage, die im Prinzip aus zwei Quellen stammt. Damit ist die Liste der Entwicklungsfaktoren komplett.

8. *Regionale* oder *Binnennachfrage*: aus in der Region erwirtschafteten Löhnen und Gewinnen sowie aus den Einnahmen der regionalen Gebietskörperschaften. Das langfristige Wachstum der Binnennachfrage hängt letzten Endes vom Tempo der Produktivitätssteigerung ab, die dann in regionale Einkommenszuwächse und Zuwächse der Güternachfrage transformiert werden muß.

9. *Nachfrage aus anderen Regionen* des In- und Auslands: im Fall der Ex-DDR im wesentlichen Nachfrage aus a) den alten Bundesländern, b) seitens anderer westlicher Länder und c) die Nachfrage anderer ehemaliger RGW-Staaten.

Hier wird deutlich, daß die wirtschaftliche Entwicklung einer Region nicht nur von Faktoren abhängt, die sie selber bestimmen kann. Ungünstige übergeordnete volks- und weltwirtschaftliche Nachfrageentwicklungen können trotz günstiger Angebotsbedingungen in der Region diese Region schwächen – und umgekehrt. Die Nachfrage ist nicht einfach ein Spiegelbild des Angebotes. Die Abhängigkeit einer Region von außen gilt nicht nur für die Nachfrage, sondern auch für die Investitionsfähigkeit, wie weiter unten noch aufgezeigt wird.

Insgesamt müßte durch das Zusammenspiel der neun Angebots- und Nachfragefaktoren eine Produktion entstehen, deren Rentabilität mit der an derer Region mithalten kann, damit einerseits privates Kapital in die Region fließt und andererseits ansässiges Kapital nicht abwandert. In der Anfangsphase können vorhandene Wettbewerbsschwächen möglicherweise durch staatliche Protektion der Unternehmen ausgeglichen werden (Subventionen, Liquiditätskredite, Weiterführung unrentabler Staatsbetriebe, Lohnkostenzuschüsse etc.), längerfristig müßte jedoch eine eigenständige Wirtschaftsdynamik entstehen, die nicht auf staatlichen Protektionismus gegründet ist. Alle Angebots- und Nachfragefaktoren sind staatlich beeinflußbar, und sie werden seitens des Staates faktisch ständig beeinflußt. Dies gilt insbesondere für die Förderung privater Direktinvestitionen, die Subventionen und Transfers an Unternehmen bzw. private Haushalte, für die Infrastruktur, die Rahmenbedingungen und die Nachfrage staatlicher Institutionen.

Zwar ließen sich fast alle Bedingungen für eine dynamische regionale Entwicklung durch politische Aktivitäten »künstlich« herstellen – jedoch ist für eine eigenständige Entwicklung einer Region charakteristisch, daß irgendwann die staatlichen Unterstützungen auf ein in entwickelten Volkswirtschaften normales Maß zurückgeschraubt werden. Ein wirtschaftliches Gleichziehen Ostdeutschlands mit Westdeutschland ist längerfristig nur möglich, wenn im Gebiet der ehemaligen DDR ein *eigenständiges Entwicklungspotential* entfaltet wird. Dabei sind die Startbedingungen für den Wettbewerb mit westlichen Regionen extrem ungünstig.

8.2. Der Standort Ostdeutschland

Schon ein kurzer Überblick macht die Standortstärken und -schwächen in der Ex-DDR deutlich, wobei zwischen kurz- und mittelfristiger Perspektive unterschieden werden muß. Dabei wird die Standortqualität immer relativ zu der Westdeutschlands oder vergleichbarer Länder beurteilt. Im Verhältnis zur Sowjetunion, zu Polen, der CSFR oder vielen Entwicklungsländern haben die neuen Bundesländer dagegen erhebliche Standortvorteile.

Ad 1. Im Internationalen Standortwettbewerb ist das im Durchschnitt gut qualifizierte *Arbeitskräftepotential* (»Humankapital«) grundsätzlich positiv zu beurteilen. Allerdings ist es bisher stark auf traditionelle Facharbeiterqualifikationen ausgerichtet und entspricht damit eher einer traditionellen alten Industriestruktur. An hochqualifizierten Ingenieure/innen, Informatiker/innen, Betriebswirte/innen, Designer/innen, Verwaltungsfachkräften etc. mangelt es eher. Negativ schlägt auch die Abwanderungsgefahr zu Buche, weil die erreichbaren Einkommens- und Lebensbedingungen im Westen für viele der gut qualifizierten Arbeitskräfte wesentlich günstiger sind. Ein sehr großer Teil der jüngeren, mobilen und qualifizierten Menschen ist latent abwanderungsbereit. So könnte es zu einer fatalen Ausdünnung des ostdeutschen Angebots an qualifizierten Arbeitskräften kommen, während die westdeutschen Unternehmen, stets auf der Suche nach qualifiziertem und entwicklungsfähigem Personal, das ostdeutsche Arbeitskräftepotential regelrecht aussaugen. Dadurch droht der Standortvorteil mittelfristig zu einem Nachteil zu werden, zumal die Bereitschaft zur West-Ost-Wanderung sehr gering ist.

Ad 2. Der *Kapitalmangel* ist einer der prekärsten Entwicklungsfaktoren in Ostdeutschland. Auf den gewaltigen Kapitalbedarf von rund 200 Milliarden DM jährlich über zehn Jahre hinweg wurde schon hingewiesen. Es droht die Gefahr, daß auf dem Boden des abgewirtschafteten realen Sozialismus ein Kapitalismus ohne Kapital entsteht. Die internen Ersparnisse der Region sind angesichts des riesigen »Warenhungers« der Bevölkerung gering und vollkommen unzureichend zur Finanzierung der erforderlichen Investitionen. Kreditfinanzierte Investitionen erfordern einen Mindest-Eigenkapitalanteil und Sicherheiten, die meist nicht hinreichend vorhanden sind. Mithin bleibt Ostdeutschland in sehr großem Umfang auf private Direktinvestitionen regionsexterner Unternehmen sowie auf öffentliche Investitionen von Kommunen und Ländern angewiesen, die letztlich überwiegend vom Bund und zum Teil von den Altbundesländern finanziert werden.

Das Kapital muß also vor allem von außen kommen. Natürlich ist es zu begrüßen, wenn mit Direktinvestitionen der Kapitalstock aufgebaut wird, aber dies bringt auch manche Nachteile mit sich. Dies gilt vor allem für die Direktinvestitionen größerer westlicher Unternehmen. Hier dominieren zwei Investitionsmotive: Zum einen erfolgen die Direktinvestitionen überwiegend absatzorientiert, wie Unternehmensbefragungen ergeben haben. Die Nähe zum Absatzmarkt von 16 Mio. Bürgern wird als Standortvorteil angesehen. Dies sind also die bereits oben erwähnten Investitionen für binnenmarktorientierte Produktion, die zur Importsubstitution führen. Die rasch steigenden Löhne in Ostdeutschland stärken dabei den ostdeutschen Binnenmarkt und sind damit ein Standortvorteil.

Die Westfirmen, die im Osten aus diesem Motiv heraus investieren, sehen die Ex-DDR nicht nur als Absatzmarkt, sondern auch als Produktionsstandort, aber eben nur im Maß des Absatzes in Ostdeutschland. Das ist zwar immer noch viel besser als extrem hohe Importquoten des Ostens, aber eine Exportbasis wird damit noch nicht geschaffen. Die meisten der in *Kapitel II* beschriebenen Investitionen westdeutscher Firmen im Osten folgen diesem Investitionsmotiv: Typische Beispiele sind die Energieversorgungsunternehmen, Investitionen in Zeitungen und Druckereien, in Zementfabriken etc.

Ein zweites Motiv für Direktinvestitionen im Osten, allerdings mit geringerem Stellenwert (*Abb. VIII. 1*), resultiert aus Kapazitätsengpässen im westdeutschen Stammwerk, so daß *Erweiterungsinvestitionen* notwendig werden, die nicht notwendig am Standort des Mutterunternehmens erfolgen müssen. Diese Investitionen dienen dann nicht nur der Belieferung des ostdeutschen Binnenmarktes, sondern zumindest potentiell auch dem Export aus der Region heraus. In diesem Fall würde tatsächlich

Abb. VIII. 1: Wer will ostdeutsche Unternehmen übernehmen?

Die Gründe westdeutscher und ausländischer Unternehmen für die Übernahme (a) von Betrieben in den neuen Bundesländern: Befragung ostdeutscher Unternehmen Ende April 1991

	Investitionsgründe (b) (in vH)	
	westdeutscher Unternehmen	ausländischer Unternehmen
Nähe zum ostdeutschen Markt	71	50
Kapazitätsengpässe in den eigenen Produktionsstätten	32	8
Verfügbarkeit von Anlagen bzw. Arbeitskräften	10	21
Niedrige Arbeitskosten	10	19
Präsenz auf dem EG-Binnenmarkt	–	41

(a) einschließlich Beteiligungen. – (b) Mehrfachnennungen möglich.
Befragung des IAW; vgl. *DIW – Wochenbericht* 24/91, S. 331

eine regionale Exportbasis geschaffen. So positiv dies auch zu bewerten ist, Direktinvestitionen dieser Art beinhalten jedoch auch Probleme. Sie sind konjunkturabhängig, denn nur in der Hochkonjunktur, bei guten Absatzerwartungen, werden Erweiterungsinvestitionen getätigt.

Nur wenn die westdeutsche Hochkonjunktur der Jahre 1990/91 unvermindert anhält, kann mit nennenswerten Investitionen dieser Art im Osten gerechnet werden. Dabei handelt es sich meist um Niederlassungen mittlerer oder größerer westlicher Unternehmen, um sog. »verlängerte Werkbänke« mit sehr konjunkturempfindlichen Arbeitsplätzen. Häufig ist die Fertigungstiefe gering, manchmal sind es reine Montagebetriebe. Die Zahl hochqualifizierter Arbeitskräfte ist gering, denn die Firmenzentralen mit den Führungsfunktionen befinden sich im Westen. Bei nachlassender Konjunktur besteht die Gefahr, daß die Ost-Betriebe zuerst geopfert werden. Aus ostdeutscher Sicht sind es außengesteuerte Betriebe, die mithin von anderen Regionen abhängig sind.

Natürlich kann nicht jede Region ausschließlich Standort von Firmenzentralen sein, auch in vielen westdeutschen Regionen dominieren abhängige Tochterunternehmen. Wenn eine so große Region wie Ostdeutschland jedoch eines Tages fast vollständig aus Niederlassungen westlicher Unternehmen bestehen sollte, wird die Wirtschaftsstruktur abhängig und zweitklassig bleiben. Und dennoch muß Ostdeutschland schon über jede »verlängerte Werkbank«, die dort investiert wird, froh sein, weil sie besser als gar nichts ist und die Möglichkeit einer darauf aufbauenden Erweiterung bildet.

Einer der großen *potentiellen Standortvorteile* der Ex-DDR hätte ihre erneuerte komplexe Industriestruktur mit starker interindustrieller Verflechtung sein können. Kurzfristig ist der alte Industriekomplex freilich ein Nachteil, denn die zu hohe Fertigungstiefe, die zu geringe internationale Arbeitsteilung und der allgemeine Produktivitätsrückstand bedrohen nicht nur einzelne Industrieunternehmen, sondern den gesamten Komplex. Gelänge es jedoch, die industrielle Substanz zu erhalten und rasch zu restrukturieren, dann könnten die Vorteile einer alten Industrieregion erhalten bleiben. Ein integrierter Industriekomplex mit einer langen Produktionskette von Zulieferern, Investitions- und Konsumgüterherstellern und Abnehmern ist ein wesentlich günstigerer Standortfaktor als eine vorwiegend landwirtschaftlich strukturierte Region oder eine einseitig industriell strukturierte Region mit wenigen »Kathedralen in der Wüste«, die nur geringe ökonomische Ausstrahlungskraft in die Region besitzen. Fallen die alten Industriekomplexe weitgehend dem Transformationsprozeß zum Opfer und setzt eine weitgehende Entindustrialisierung ein, wie es offensichtlich der Fall ist, dann sind die Chancen, neue Industriestrukturen durch aktive Regionalpolitik zu schaffen, allenfalls langfristig gegeben. Die Möglichkeiten der Regionalpolitik sollen im nächsten Abschnitt erörtert werden.

Der allgemeine Kapitalmangel kann durch regionalpolitische Subventionen ein wenig gelindert, aber keineswegs aufgehoben werden. Gewerbliche Investitionen werden durch die verschiedenen Fördermaßnahmen im Rahmen der Regionalpolitik mit bis zu 53 % subventioniert. 1991/92 werden Investitionen in Ostdeutschland mit rund 5,4 Mrd. DM gefördert.[9] Dies kommt einer Ermäßigung des Kapitalmarktzinses von rund 9 % um vier Prozentpunkte gleich. Damit werden die ungefähr halbierten Kapitalkosten im Verhältnis zu den sich innerhalb einiger Jahre wohl verdoppelnden Lohnkosten noch viel niedriger.

Wie aus den Unternehmensbefragungen des *Ifo-Institutes* hervorgeht, sind allerdings die steigenden Lohnkosten in Ostdeutschland kein relevantes Investitionshemmnis für westliche Firmen, und auch die Subventionsanreize erweisen sich nicht als gewichtiges Investitionsmotiv. Entscheidend sind die Absatzerwartungen und damit auch die Produkte. Solange die nicht hinreichend vorhanden sind, nützen auch hohe Subventionen nicht allzu viel. Soll jedoch die Wettbewerbsfähigkeit ostdeutscher Produktion durch die subventionierte Halbierung der Kapitalkosten über niedrigere Güterpreise erreicht werden, dann werden westliche Investoren wohl wenig Anreiz haben, ihrer West-Produktion durch Billig-Angebote ihrer ostdeutschen Niederlassungen Konkurrenz zu machen. Statt desssen paßt man die Ost-Preise lieber den West-Preisen an und nimmt die Subventionen mit (»Mitnehmereffekte«). Kurz und gut: Die hohen Kapitalsubventionen können den Kapitalmangel nicht heilen, nur lindern.

Ad 3.) Das *Management* ostdeutscher Unternehmen ist zu einem ernsthaften Engpaß des Wirtschaftsprozesses geworden. In kürzester Zeit mußte die Treuhand über 500 Aufsichtsräte besetzen, Tausende von Geschäftsführungen mußten oder müßten ausgewechselt werden. Die Qualifikationen westlicher Manager haben sich über Jahrzehnte hinweg entwickelt und wurden in hartem Konkurrenzkampf in der Praxis erprobt. Dies kann unmöglich im Osten in kurzer Zeit nachgeholt werden. Betriebswirtschaftliche Extremaufgaben stehen auf der Tagesordnung der Unternehmen, und die traditionellen realsozialistischen Qualifikationen geben dafür nicht viel her, abgesehen von dem gut trainierten Talent des Improvisierens. Unter dem Treuhand-Regime der unzulänglichen Wahrnehmung ihrer Eigentümer-Verantwortung für ihre Firmen können häufig genug alte Geschäftsführer unkontrolliert schalten und walten, am Rande oder auch jenseits der Legalität.

In diesen Fällen steht dann nicht die offensive Sanierung der Betriebe im Vordergrund. Häufig werden zum Ausgleich von Management-Defiziten externe Unternehmensberater herangezogen, die unter normalen Bedingungen wegen fehlender Qualifikationen keinerlei Chancen am Markt hätten. Auf dem leergefegten Berater-Markt kommen die schwarzen Schafe der Zunft prächtig zum Zuge, und sie vermehren sich rasch. Da im modernen Kapitalismus das Management weitgehend die traditionellen Unternehmerfunktionen anstelle der Kapitaleigner wahrnimmt, sitzen die Firmenmanager auf strategisch wichtigen Posten. Sie können durch Führungskräfte aus dem Westen nur bedingt ersetzt werden, denn erstens sind auch die sehr rar, besonders in einer Hochkonjunktur, und zweitens besteht nur bei wenigen Bereitschaft, dauerhaft im Osten zu arbeiten, drittens besteht bei vorübergehendem Einsatz von

West-Leuten im Ost-Management ständig Gefahr, daß sie ihre »Heimatfirmen« vorrangig unterstützen und diesen jedenfalls nicht Konkurrenz zu machen gewillt sind. Dies gilt vor allem auch für die Übernahme von Treuhand-Firmen durch westliche Investoren und deren Management.

Ad 4.) Das früher nur *mittelmäßige F + E-Potential* wurde durch folgenschwere Fehler einer nicht integrierten Forschungs-, Technologie- und Strukturpolitik in kürzester Zeit ausgelaugt und in weiten Teilen zerstört, neue Strukturen konnten nur für eine Minderheit der Forscher etabliert werden.

Ad 5.) Die *Infrastruktur-Mängel* in den Bereichen Verkehr, Telekommunikation, Gewerbeflächen und Gewerberäume sind bekannt. Allerdings werden sie in einigen Jahren weitgehend behoben sein. Dagegen werden die ökologischen Altlasten und irreversible großflächige Umweltschädigungen noch auf lange Sicht den Aufbau von Produktionsstätten hemmen.

Ad 6.) Die *»weichen Standortfaktoren«*, die in Westeuropa für unternehmerische Standortentscheidungen von nichtstandortgebundenen Unternehmen immer wichtiger werden, sind in Ostdeutschland, bis auf wenige Ausnahmen, ungünstig. Sie werden sich wohl auch nicht in wenigen Jahren grundlegend verbessern. Zudem besteht die Gefahr, daß infolge einer vielerorts hastigen, unüberlegten und durch ökonomische Zwänge beschränkten Stadtplanung, verstärkt durch den rapide anschwellenden Individualverkehr, keine neue attraktive Urbanität entsteht.

Ad 7.) Die *rechtlichen und staatlichen Rahmenbedingungen* sind zwiespältig zu beurteilen: Einerseits muß kein neues Rechtssystem durch mühsame Entscheidungsprozesse geschaffen werden, andererseits ist dieses Recht nicht für die spezifischen Übergangsprobleme der Ex-DDR geschaffen; zudem ist dieses Recht unter sozialen und ökologischen Kriterien weiterzuentwickeln, und schließlich erfordert seine Praktizierung Fachwissen, das unzulänglich vorhanden ist. Die Verwaltungsadministration der neuen Bundesländer und der Kommunen ist im Aufbau begriffen und wurde praktisch in kürzester Zeit aus dem Boden gestampft. Zwar kommt unkonventionelles und unbürokratisches Verhalten zum Zuge, aber überall mangelt es an Erfahrungen und Fachkräften, auch an rechtsstaatlicher Praxiserfahrung. Im Vergleich zum Westen ist indessen häufig höheres Maß an Motivation und Einsatzbereitschaft des Verwaltungspersonals vorhanden. Eine stabile, professionelle politische Elite gibt es – außer durch »West-Importe« – erst in Ansätzen. Die alten Kader sind verbraucht, und es braucht Zeit, um in neue Leitungspositionen hineinzuwachsen.

Ad 8.) Allein die ostdeutsche *Regionalnachfrage* entwickelt sich infolge der nachholenden Lohnpolitik der Gewerkschaften sowie der hohen Transferleistungen in einem beträchtlichen Tempo, so daß ein für lokale Anbieter wie auch für West-Firmen interessantes dynamisches Absatzpotential entsteht. Daß dadurch kostenseitige Probleme für diejenigen Betriebe entstehen, deren Produktivität langsamer als die Löhne steigt, steht auf einem anderen Blatt (vgl. zum lohnpolitischen Dilemma S. 106ff.).

Ad 9.) Was die *externen Nachfragebedingungen* angeht, so ist das Bild je nach Absatzgebiet sehr unterschiedlich: Die traditionellen Ostmärkte fallen aus den bekannten Gründen weitgehend und wohl für eine längere Frist aus. Die westlichen Auslandsmärkte entwickelten sich infolge der schwachen Weltkonjunktur in den Jahren 1990/91 nur sehr zögerlich, ganz im Gegensatz zur westdeutschen Hochkonjunktur, die sich aber im Verlaufe der Jahre 1991/92 abflacht. Im günstigsten Fall kommt die Weltkonjunktur rasch wieder auf die Beine und stützt damit die lahmer werdende westdeutsche Konjunktur. Im ungünstigsten Fall klinkt sich Westdeutschland in den Trend der flauen Weltkonjunktur ein; dies hätte einschneidende Folgen für die Absatzchancen ostdeutscher Produkte, für die Direktinvestitionen westlicher Firmen in Ostdeutschland sowie für die Steuereinnahmen und die Finanzierung der West-Ost-Transfers. Zweifellos würde sich in diesem Fall die ostdeutsche Transformationskrise weiter verschlimmern. Im Herbst 1991 sieht es aber so aus, als ob sich die internationale Konjunktur langsam erholen würde. In jedem Fall hängt die wirtschaftliche Entwicklung in Ostdeutschland eng mit der weltwirtschaftlichen Entwicklung zusammen.

Zusammenfassend müssen mit Ausnahme des Faktors Arbeit alle angebotsseitigen Entwicklungsfaktoren als außerordentlich schlecht bezeichnet werden. Dies gilt im Vergleich zu allen Regionen Westdeutschlands und sicherlich auch zu den allermeisten Regionen Westeuropas. Allerdings trifft diese Bewertung des Standortes Ostdeutschland nicht im Vergleich zu den osteuropäischen ehemaligen Planwirtschaften zu. Insbesondere der Kapitalmangel ist dort bedeutend größer. Die meisten ostdeutschen Angebotsfaktoren werden sich nach und nach bessern, aber dieser Prozeß benötigt voraussichtlich viele Jahre. Die entscheidende Frage konzentriert sich – nachdem der Niedergang der ostdeutschen Industrie unaufhaltsam scheint – auf den Wettlauf zwischen Abwanderung wichtiger Teile des Arbeitskräftepotentials einerseits und dem Tempo der ökonomischen Restrukturierung der Region andererseits. Die zuletzt genannte Aufgabe wird vor allem der Regionalpolitik aufgebürdet, die sie aber nach allen Erfahrungen in Westeuropa in den vergangenen Jahrzehnten nicht leisten kann.

8.3. Möglichkeiten und Grenzen der Regionalpolitik

Alle westlich-kapitalistischen Länder haben räumliche Entwicklungsunterschiede, Westdeutschland aus vielerlei historischen Gründen relativ geringe, Frankreich, Italien, Großbritannien und Spanien dagegen sehr große, ebenso die USA. Eine der entscheidenden Ursachen regionaler Disparitäten ist die *Sogwirkung metropolitaner Ballungszentren*, die einerseits zur Entleerung peripherer ländlicher Regionen führt, andererseits das Entwicklungspotential altindustrialisierter Regionen »aussaugt«. Diesen räumlichen Polarisierungstendenzen wirkt die Regionalpolitik in allen diesen Ländern entgegen, jedoch ohne allzu große Erfolge. Bis auf ganz wenige Sonderfälle ist es nirgendwo gelungen, alte Industrieregionen, deren Industrie im Strukturwandel nicht mithalten konnte und die weitgehend zerstört wurde, durch erfolgreiche Reindustrialisierung zu retten. Meist können derartige Regionen, von denen es viele gibt, lediglich auf niedrigem Niveau stabilisiert werden. Gelänge es hingegen, rechtzeitig den Strukturwandel einzuleiten und Entindustrialisierung zu verhindern, dann könnten mit Hilfe großer regionalpolitischer Anstrengungen und auch hier nur in längeren Zeiträumen bleibende Struktureinbrüche verhindert werden.

Das Ruhrgebiet ist hier Beispiel für eine alte Industrieregion, die sich im vergangenen Jahrzehnt mühsam, aber im Grundsatz erfolgreich revitalisiert hat. Nur bei solchen regional konzentrierten Branchenkrisen, wo die Probleme rechtzeitig erkannt wurden, der Personalabbau gestreckt wurde und dann ein koordinierter Einsatz der Regional- und der Arbeitsmarktpolitik mit massiver finanzieller Förderung gelang, konnte eine vergleichsweise günstige sozialverträgliche Entwicklung gewährleistet werden. Ein Beispiel hierfür ist die schwedische Werftindustrie.[10]

Allerdings haben alle westeuropäischen Branchen- und Regionalkrisen nie ein Ausmaß erreicht, das über regionale Arbeitslosigkeit von etwa 20% wesentlich hinausging. Die ostdeutsche Transformationskrise hat aber eine unvergleichbar größere Wucht.

Die Aufgaben, die der Regionalpolitik für die ostdeutschen Bundesländer nach dem weitgehenden Kahlschlag in der industriellen Basis aufgebürdet wurde, sind nahezu unlösbar. Die Regionalpolitik wird – zumindest in ihrer derzeitigen Konzeption und Instrumentierung – hoffnungslos überfordert. Zu Recht meint die Unternehmensberatung McKinsey in einem Gutachten für die Bundesregierung im Frühjahr 1991, daß in wirtschaftlich problematischen Flächenregionen (z. B. Emsland, Ostbayern, Saarland, Westpfalz) alle bisherigen Maßnahmen zur Umstrukturierung und Förderung der Wirtschaftskraft im Grundsatz versagt haben.[11]

Magere Erfolge der bundesdeutschen Regionalpolitik

Betrachten wir nun die westdeutsche Regionalpolitik, ihre Erfolge und Mißerfolge etwas genauer. Das bundesdeutsche Grundgesetz fordert die *»Einheitlichkeit der Lebensverhältnisse«* in allen Regionen Deutschlands. Die Regionalpolitik hat vier grundlegende Wege eingeschlagen, um dieses Ziel zu erreichen:[12]

1. In allen Regionen soll eine ausreichende wirtschaftsnahe *Infrastruktur* geschaffen werden (vor allem: erschlossene Gewerbeflächen zu günstigen Preisen, gute Verkehrsanbindung).
2. durch *Subventionierung* der Investitionstätigkeit von Gewerbebetrieben, die als regionale Exportbasis eingestuft werden, sollen für standortsuchende Betriebe Anreize gewährt und zudem Standortnachteile gegenüber anderen Regionen wettgemacht werden.
3. Der *Finanzausgleich* zwischen den Bundesländern sowie innerhalb der Länder zwischen den Kommunen soll regionale Unterschiede der Finanzkraft ausgleichen und damit eine gleichmäßige Erfüllung staatlicher bzw. kommunaler Aufgaben gewährleisten.
4. Mit Hilfe von *Sonderprogrammen* sollen spezielle Strukturprobleme einzelner Regionen angegangen werden (beispielsweise Programme in den Montan- und Küstenregionen oder technologiepolitische Programme der Länder).

Die Regionalpolitik hat zu einer ziemlich ausgeglichenen Ausstattung aller Regionen mit wirtschaftsnaher Infrastruktur geführt, wodurch allerdings im Ergebnis des Standortwettbewerbs der Regionen erhebliche Überkapazitäten an Flächen zur Gewerbeansiedlung geschaffen wurden. Trotz eines ausgeklügelten Systems des Finanzausgleichs ist die Finanzkraft der Regionen und auch der Länder höchst unterschiedlich geblieben. Die strukturschwachen Regionen haben wesentlich geringere Steuereinnahmen und Verschuldungsmöglichkeiten, zugleich aber in der Folge der Strukturkrise erhöhten Auf- und Ausgabenbedarf (z. B. zur Bekämpfung der Arbeitslosigkeit, Sozialhilfeausgaben, Altlastensanierung).

Das Herzstück der bundesdeutschen Regionalpolitik ist das Anreizsystem der Bund-Länder-Gemeinschaftsaufgabe *»Verbesserung der regionalen Wirtschaftsstruktur«* (GRW). Danach werden in strukturschwachen Räumen – hier wohnen 27 % der westdeutschen Bevölkerung – Investitionen der Privatwirtschaft sowie die Schaffung wirtschaftsnaher Infrastruktur mit hohen Subventionen Jahr für Jahr mit mehr als einer Mrd. DM gefördert. Der größte Teil der Mittel wird nicht für regionale Anreize zur Neugründung von Unternehmen in den Problemregionen verwendet, sondern für die Subventionierung bereits regionansässiger Betriebe.

Spürbare Erfolge hatte die Politik zur Schaffung von Arbeitsplätzen in den Problemregionen eigentlich nur in den Vollbeschäftigungsphasen mit hohem Wirtschaftswachstum, nämlich in den 60er Jahren bis Anfang der 70er Jahre. Damals waren die peripheren Regionen die Beschäftigungsgewinner.[13] Bei weitgehend leergefegten Arbeitsmärkten in den Ballungsregionen wandert das Kapital notgedrungen zur Arbeit, wenn es expandieren will. In diesen Jahren wurden regionale Niederlassungen, »verlängerte Werkbänke« oder auch Neugründungen von Unternehmen zu einem merklichen Anteil in den unterindustrialisierten, mehr ländlich strukturierten oder auch in altindustrialisierten Regionen wie dem Saarland oder West-Berlin plaziert. Dazu bedurfte es damals eigentlich kaum regionaler Anreize durch Subventionen. Allerdings wurden die qualitativen Strukturdefizite dieser Regionen nicht wesentlich gebessert (z. B. zu geringe Vielfalt der Wirtschaftsstruktur, einseitiger Arbeitsmarkt, keine hochwertigen Arbeitsplätze, mangelnde Innovationskraft).

Bei andauernder hoher Arbeitslosigkeit und zunehmenden Standortvorteilen der dynamischen Ballungszentren (Fühlungsvorteile, Sitz der Unternehmenszentralen, Technologie- und Innovationspotential) zeigt das Kapital wenig Neigung zur Wanderung in Problemregionen, zumal das Wirtschaftswachstum in der zweiten Hälfte der 70er Jahre bis Ende der 80er Jahre relativ gering ausfiel (1973–87 1,8% jährlich). In solchen Situationen wandert Arbeit eher zum Kapital als umgekehrt, auch wenn es den Zielen der Regionalpolitik widerspricht. Die Wirksamkeit der Regionalförderung leidet unter dem geringen Potential an standortsuchenden Unternehmen, an der im Trend abnehmenden Industriebeschäftigung, die ja den Kern der regionalen Exportbasis ausmacht, und dem scharfen Wettbewerb der Regionen (»Bürgermeisterkonkurrenz«), wodurch die Fördergebietskulisse viel zu groß ausfiel.

Es entstand ein Überangebot an Gewerbeflächen und Verkehrsinfrastruktur. Subventionsmittel wurden vergeudet. Vielfach werden die begehrten staatlichen Fördermittel von Betrieben, die so oder so investieren, einfach »mitgenommen« (sog. Mitnahmeeffekte). Kritische Analysen der Gemeinschaftsaufgabe, die ihr seit vielen Jahren eine sehr geringe regionalpolitische Effizienz bescheinigen, prallen regelmäßig und folgenlos auf den Widerstand der begünstigten Regionen und Unternehmen.[14]

Gerade dieses Instrumentarium der GRW wurde umstandslos auf das gesamte Gebiet der Ex-DDR übertragen. Wenn man bedenkt, daß die Beschäftigung im verarbeitenden Gewerbe – und Arbeitsplätze aus diesem Bereich sind ja für die regionale Exportbasis relevant – in den Alt-Bundesländern in den 90er Jahren voraussichtlich kräftig sinken wird (mittlere Prognose der Prognos AG 1987–2000: –7,3%), dann wird das regionalpolitisch relevante Ansiedlungspotential sehr klein ausfallen, aber der Wettbewerb der Regionen darum um so größer sein. Die kommunale und regionale Wirtschaftsförderung im alten Bundesgebiet ist längst dazu übergegangen, vorrangig *»Bestandspflege«* bei der ortansässigen wirtschaftlichen Basis zu betreiben, das eigene »endogene Potential« zu entwickeln und nicht mehr vorrangig auf Industrieansiedlung zu setzen. Die eigenen Kräfte müssen mobilisiert werden, das Warten auf Kapital oder staatliche Hilfe von außen ist müßig.

Der 20. Rahmenplan der Gemeinschaftsaufgabe für den Zeitraum 1991–95 weist rückblickend darauf hin, daß mit Hilfe der GRW in den fünf Jahren 1986–90 im Durchschnitt jährlich nicht mehr als 49000 neue Arbeitsplätze in den Förderregionen entstanden sind.[15] Und diese Zahl ist vermutlich noch stark überhöht, weil es keine wirklich harte Erfolgskontrolle gibt. Hinzu kommen jährlich 76000 Arbeitsplätze, die durch die GRW angeblich gesichert wurden. Insgesamt wurde ein Investitionsvolumen der gewerblichen Wirtschaft von 19 Mrd. DM jährlich gefördert. 1990 wurden im Durchschnitt in jeden neuen Arbeitsplatz 358000 DM investiert; dies ist eine überdurchschnittliche Kapitalausstattung je Arbeitsplatz. Die regionalen Disparitäten zwischen Fördergebieten und Nicht-Fördergebieten haben sich in der letzten Zeit nicht wesentlich verändert, also weder vergrößert noch verbessert. Möglicherweise hat die GRW dazu beigetragen, daß die regionalen Unterschiede immerhin nicht größer wurden. Aber eindeutige Verbesserungen waren nirgendwo zu verzeichnen.

Mithin hat sich das Entwicklungsgefälle zwischen starken und schwachen Regionen verfestigt. Die Arbeitslosigkeit liegt in den ungünstigsten Förderregionen, nach Ländern zusammengefaßt, um knapp 50% über dem Bundesdurchschnitt, die Bruttowertschöpfung je Einwohner um 30% unter dem Bundesdurchschnitt. Dagegen sind die Unterschiede bei den Löhnen längst nicht so groß, die Durchschnittslöhne der schwächsten Regionen liegen nur um 13% unter dem Bundesdurchschnitt (vgl. *Tabelle VIII.1*). Alle ostdeutschen Regionen liegen 1991 und mit Sicherheit auch 1992 sehr weit unter den schwächsten westdeutschen Regionen. In den nächsten Jahren werden vermutlich zumindest sehr viele Ost-Regionen nach wie vor weit unterhalb der schwächsten West-Regionen verharren. Die Ost-Regionen werden noch auf lange Zeit mit den schwachen West-Regionen nicht vergleichbar sein.

Eine neuere international vergleichende Untersuchung über die Erfolge bei der strukturellen Anpassung *altindustrieller Regionen* kommt zu ernüchternden Erkenntnissen.[16] In fast allen untersuchten Flächenregionen konnte der Entwicklungsrückstand im Verhältnis zum Durchschnitt des jeweiligen Landes trotz intensiver regionalpolitischer Bemühungen auch in längeren Zeiträumen nicht aufgeholt werden. Allerdings gelang in den meisten Fällen eine Stabilisierung auf mehr oder minder niedrigem Niveau. Alle untersuchten Regionalkrisen, die vorwiegend aus den Branchenkrisen im Bergbau, in der Stahlindustrie und im Schiffbau herrührten, sind mit der ostdeutschen Transformationskrise nicht vergleichbar. Nur an kleineren Standorten und aufgrund von Sonderbedingungen wie z.B. in Luxemburg, in Mönchengladbach oder in Lowell (im US-Staat Massachusetts) konnte der Strukturbruch gut und dauerhaft überwunden werden.

Selbst in *West-Berlin* konnte trotz massiver Finanzzuweisungen des Bundes – allein durch das Berlinfördergesetz wurden zuletzt jährlich 9 Mrd. DM in die Stadt gepumpt – keine sich selbst tragende moderne Wirtschaftsstruktur erreicht werden. Fast die Hälfte des West-Berliner Haushaltes stammte aus Bundesmitteln. Trotz des wohl umfassendsten, gleichwohl aber sehr mangelhaften Systems regionaler Wirtschaftsförderung aller westlicher Industrienationen kam West-Berlin vom Tropf des Bundesstaates nicht los.[17] Verkrustete politische Strukturen und die

Tabelle VIII.1: **Regionale Entwicklungsunterschiede[1] 1986 in der Bundesrepublik Deutschland (in v. H. des Bundesdurchschnitts)**

	Bruttowertschöpfung je Einwohner[2]	Bruttolöhne/-gehälter je Arbeitnehmer	Arbeitslosenquote[3]
GRW[4]-Nichtfördergebiet			
Hamburg	138,7	109,6	135,6
Niedersachsen	115,3	103,5	127,8
NRW	100,4	103,5	111,8
Hessen	126,4	108,9	68,4
Rheinland-Pf.	94,5	95,2	98,7
Baden-Württ.	105,9	101,1	58,1
Bayern	110,2	100,4	69,8
GRW[4]-Fördergebiet			
Schlesw.-H.	83,9	91,2	126,7
Niedersachsen	84,2	93,2	132,0
Bremen	101,3	99,0	146,8
NRW	85,3	100,3	146,7
Hessen	86,3	93,3	101,0
Rheinl.-Pf.	70,8	87,6	100,7
Bayern	80,3	86,2	98,2
Saarland	92,1	99,3	147,7

[1] auf der Basis von Arbeitsmarktregionen
[2] zu Faktorkosten
[3] Durchschnitt 1985–89
[4] Gemeinschaftsaufgabe »Verbesserung der regionalen Wirtschaftsstruktur«
[Quelle: 20. Rahmenplan der Gemeinschaftsaufgabe »Verbesserung der regionalen Wirtschaftsstruktur« für den Zeitraum 1991 bis 1994 (1995), Bonn 1991, S. 17f.]

Lobby der Begünstigten verhinderten, daß ein effizientes und flexibles Fördersystem aufgebaut wurde, das sowohl der Sogwirkung konkurrierender dynamischer Agglomerationen Paroli bieten kann als auch das eigene Potential voll zur Entfaltung zu bringen vermag.

Regionalpolitik für die neuen Bundesländer

Flächendeckend wurden alle fünf neuen Bundesländer und Ost-Berlin in die GRW zu besonders hohen Sonderkonditionen einbezogen. Durch Kumulierung aller Fördermittel kann im günstigsten Fall eine 53%ige Förderung des Investitionsvolumens erreicht werden. Der Rahmenplan der GRW für 1991–95 will mit den bereitgestellten Mitteln ein gewerbliches Investitionsvolumen von 58 Mrd. DM und Infrastrukturinvestitionen von 10 Mrd. DM in den neuen Ländern fördern.[18] Bei einer geschätzten niedrigen Kapitalausstattung von 200000 DM je Arbeitsplatz wären dies bestenfalls 290000 zusätzliche Arbeitsplätze bis 1994/95! Vielfach werden jedoch nur vorhandene Arbeitsplätze durch Modernisierungsinvestitionen erhalten, so daß die maximal mögliche Erfolgsbilanz der GRW in den nächsten Jahren unter 290 000 Arbeitsplätzen liegen wird.

Die Strukturprobleme der neuen Bundesländer sind vor allem aus zwei Gründen wesentlich größer als die der (früheren) Stadt West-Berlin oder anderer altindustrialisierter Regionen in Westeuropa: Einerseits existiert keine tragfähige industrielle Basis, der vorhandene Rest hat gewaltige Anpassungsprobleme, und neue Industrie muß erst durch Direktinvestitionen von außen aufgebaut werden. Zum zweiten war es für planwirtschaftliche Länder typisch, in vielen Regionen ausgeprägte *Monostrukturen* zu schaffen.[19] Im Rahmen planwirtschaftlicher Systeme mit Vollbeschäftigungsgarantie war dies auch durchaus verständlich. Beispielsweise waren in Cottbus rund 54% aller Beschäftigten allein im Kohle- und Energiebereich tätig, in Leipzig 19%. In Rostock arbeitete ein Drittel der Beschäftigten im maritimen Sektor (Werften, Fischindustrie, Häfen). Die Region Halle, Bitterfeld, Merseburg ist extrem auf die nicht mehr lebensfähige chemische Industrie ausgerichtet. Zwickau war weitgehend von der »Trabant«-Produktion abhängig. Besondere Problemgebiete sind der landwirtschaftlich geprägte Norden – in Mecklenburg-Vorpommern arbeiteten zuletzt 20,2% der Erwerbstätigen in der Land- und Forstwirtschaft, in Schleswig-Holstein waren es z. B. nur 5,6% – und die Grenzgebiete zu Polen. Generell gab es in der DDR ein ausgeprägtes *Süd-Nord-Gefälle*. Bereits jetzt deutet sich an, daß der Süden bessere Entwicklungschancen als der unterindustrialisierte Norden hat. Aber der Sachverhalt, daß Sachsen einst eine blühende Industrieregion war, hilft heute diesem Bundesland ebensowenig wie Lothringen oder den West Midlands in England.

Zu Recht resümierte der österreichische Wirtschaftswissenschaftler Erich Streissler: »Gerade alte Industrieregionen sind heute ein Mühlstein am Hals jeder Entwicklungspolitik. [...] Alle Erfahrung lehrt, daß ein wirtschaftlich rückständiges Gebiet in einem gemeinsamen Wirtschaftsbereich normalerweise trotz größter wirtschaftspolitischer Anstrengungen keineswegs aufblüht, sondern sich vielmehr weiter entleert.«[20] Wer dies nicht will, muß alle bisherigen Erfahrungen widerlegen und neue regionalpolitische Strategien ergreifen: ein *wirtschaftspolitisches Großexperiment* wagen.

8.4. Zwei Szenarien der Entwicklung

Was sind nun die Perspektiven der wirtschaftlichen Entwicklung in Ostdeutschland? Wie sehen die Rückwirkungen auf Westdeutschland aus? Es gibt grundsätzlich zwei verschiedene Entwicklungsmöglichkeiten, die im folgenden in Form von Szenarien kurz skizziert und dann hinsichtlich ihres Realitätsgehaltes bewertet werden sollen:[21]

– Szenario *»Zweites deutsches Wirtschaftswunder im Osten«* mit sehr hohem Wirtschaftswachstum analog zum westdeutschen »Wirtschaftswunder« der 50er Jahre; am Ende steht die Angleichung der Lebensverhältnisse in Ost und West bis zum Jahr 2000.

– Szenario *»Entindustrialisierung und langanhaltendes West-Ost-Gefälle«*; Ostdeutschland wird zu einer extrem strukturschwachen altindustrialisierten Region, die nur einige wenige Wachstumskerne aufweist, der Entwicklungsrückstand gegenüber dem Westen ist nicht mehr aufholbar. Gegenüber Westdeutschland würde eine Art deutsches »Mezzogiorno« entstehen, also ein tiefes Entwicklungsgefälle über einen längeren Zeitraum. Dies schließt eine günstigere Entwicklung an einigen Standorten in Ostdeutschland nicht aus.

Im folgenden sollen diese beiden Varianten genauer untersucht und nach den Bedingungen für die unterschiedlichen Entwicklungsmuster in den 90er Jahren gefragt werden.

Erstes Szenario: Ein zweites deutsches Wirtschaftswunder

In diesem Szenario wird die ostdeutsche Strukturkrise als notwendige Voraussetzung für einen schnellen wirtschaftlichen Aufstieg nach Erreichen der »Talsohle« angesehen. Um innerhalb von zehn Jahren mit Westdeutschland gleichzuziehen, müßten bis zum Jahr 2000 ca. 7,5 Mio. Arbeitsplätze im Osten vorhanden sein. Wie bereits in *Kapitel IV.2* geschildert, müßten die jährlich erforderlichen privaten und öffentlichen Investitionen bei etwa 200 Mrd. DM liegen. Diese große investive Nachfrage müßte zu einem erheblichen Teil in Ostdeutschland selbst produktionswirksam werden. Dies wäre die entscheidende materielle Grundlage für ein ostdeutsches Wirtschaftswunder. Dazu muß eine relativ breite Industriestruktur erhalten bleiben oder rasch neu aufgebaut werden. Entscheidend ist, daß die Produktion durch eine sich verstärkende Nachfrage, auch aus Löhnen, getragen wird. Ferner entwickelt sich in diesem Szenario ein Innovationspotential, das dem westdeutschen vergleichbar ist.

Es kommt zu sog. regionalen Multiplikator- und Akzeleratoreffekten: Im Osten entstehende Einkommen in der Industrie führen zu positiven Kettenreaktionen bei den Konsumgüterherstellern und Anbietern von Dienstleistungen (Multiplikatoreffekt). Der Aufbau des Kapitalstocks wiederum löst kettenartige Folgewirkungen bei den Investitionsgüterherstellern und Zulieferern aus (Akzeleratoreffekt). Da gleichzeitig die Produktivität sehr rasch auf westdeutsches Niveau ansteigen wird und parallel dazu die Einkommen aus Löhnen und Gewinnen steigen, entsteht neben der hohen investiven auch eine starke und schnell steigende konsumtive Binnennachfrage. Grundlage dieses Szenarios ist die Einschätzung, daß die ostdeutschen Standortfaktoren »im Prinzip« ebenso günstig wie die westdeutschen sind, wenn nach einer staatlich gestützten Anschubphase die wesentlichen Infrastrukturdefizite beseitigt sind.

Am Ende des Aufholprozesses hat sich in diesem Szenario eine differenzierte und leistungsfähige Produktionsstruktur mit starker regionaler Exportbasis und starker regionaler »Eigenproduktion« herausgebildet (Importsubstitution). Die ostdeutsche Wirtschaft liefert Güter und Dienstleistungen nicht nur zu einem hohen Anteil in die eigene Region, sondern ebenso nach Westdeutschland und auf die Weltmärkte. Das Wirtschaftswachstum liegt zwischen 13,0% und 15,8% jährlich: Im ersten Fall würde bis zum Jahr 2000 das Pro-Kopf-Bruttosozialprodukt Westdeutschlands vom Stand 1991 erreicht werden, im zweiten Fall würde sogar der voraussichtliche westdeutsche Wert des Jahres 2000 erreicht werden (siehe *Kapitel IV.2*). Der Wachstumsprozeß in Ostdeutschland strahlt dabei auf Westdeutschland aus, da ein Teil des hohen Güter- und Dienstleistungsbedarfes nicht in der Region gedeckt werden kann, so daß anhaltende Nachfrageimpulse für die alten Bundesländer entstehen.

Der Einigungsboom 1990/91 beruhte im wesentlichen auf der hohen ostdeutschen Nachfrage nach westlichen Konsumgütern; diese Konsumkonjunktur würde in diesem Szenario nach kurzer Zeit durch eine Investitionsgüterkonjunktur abgelöst, weil ein Teil der benötigten Investitionsgüter nicht im Osten produziert werden kann. Die anfänglich hohe Anschubfinanzierung durch die öffentlichen Hände ist demnach schon bald nicht mehr erforderlich. Zinsen und Tilgung können relativ problemlos aus den in Ost und West erwirtschafteten hohen Zuwächsen des Sozialproduktes finanziert werden.

Dieses Szenario ist dem *»Wirtschaftswunder«* der 50er Jahre in Westdeutschland nachgebildet; damals stieg das Bruttosozialprodukt im Jahresdurchschnitt um 7,9%, die Zahl der Erwerbstätigen nahm um 5 Millionen zu[22]. Nimmt man das »Wirtschaftswunder« als Folie der ostdeutschen Entwicklung, dann werden die jeweiligen historischen Sonderbedingungen der 50er Jahre bzw. der ostdeutschen Transformationskrise vollkommen verkannt. Die Behauptung, daß das bundesdeutsche Wirtschaftswunder im wesentlichen der Einführung der »sozialen Marktwirtschaft« Ludwig Erhards und dem dadurch ermöglichten »laissez-faire« der Kräfte des Marktes geschuldet und damit im Prinzip wiederholbar sei, ist eine Legende:

– Die *außenwirtschaftlichen* Bedingungen für Westdeutschland waren in den 50er Jahren extrem günstig: Die Importquote (der Anteil der Importe am Bruttosozialprodukt) betrug 1950 nur 12,7% und stieg bis 1960 auf 20,5%, die Exportquote lag 1950 bei 15,1% und erreichte 1960 23,6%[23]. Es herrschte ständig ein wachstumssteigernder Handelsbilanzüberschuß. Zudem war die DM gezielt unterbewertet, so daß Exporte gefördert und Importe erschwert wurden. Die Wirtschafts- und Währungspolitik war protektionistisch-merkantilistisch ausgerichtet[24]. Heute ist dagegen die westdeutsche Volkswirtschaft stark internationalisiert und damit mittendrin in der Weltmarktkonkurrenz: Die Exportquote betrug 1990 36%, die Importquote 29,6%. Ostdeutschland dagegen hat eine extrem defizitäre regionale Handelsbilanz, insbesondere gegenüber Westdeutschland, und kann sich der übermächtigen Importkonkurrenz kaum aus anderen Regionen erwehren. Die regionale Importquote dürfte 1991 extrem hoch liegen, nach Schätzung des DIW nahezu so hoch wie das Bruttosozialprodukt[25]. 57% der ostdeutschen Inlandsnachfrage werden importiert (einschließlich Lieferungen aus Westdeutschland). Durch die Währungsreform wurde zudem die Währung faktisch um 300% aufgewertet, so daß die ostdeutschen Exporte behindert und die Importe nach Ostdeutschland begünstigt wurden.

– War in Westdeutschland die kriegsbedingte *Zerstörung der industriellen Basis* relativ gering, so droht Ostdeutschland ein bis zwei Jahre nach der Währungsreform der Niedergang der regionalen Exportbasis infolge von Entindustrialisierung. Bekanntlich war die kriegsbedingte Zerstörung der westdeutschen Industrie relativ gering, die Industrie überschritt das Vorkriegsniveau bereits Anfang der 50er Jahre. Hingegen ist die Wucht der Transformationskrise hinsichtlich der industriellen Basis unvergleichlich viel größer als westdeutsche Verluste am Produktionspotential durch den Zweiten Weltkrieg und durch Reparationen.

– Während sich in Westdeutschland eine weitverzweigte Industriestruktur mit einer starken Schwerindustrie und zunehmend einer wettbewerbsstarken Investitionsgüterindustrie herausbildete, findet in Ostdeutschland eine *radikale Ausdünnung* der alten, nicht mehr wettbewerbsfähigen Industriestruktur statt.

– Die Kapitalakkumulation erfolgte in Westdeutschland im wesentlichen durch *heimische Unternehmen* mit differenzierter Größenstruktur; die Investitionen wurden vor allem durch interne Ersparnisse bei insgesamt hoher Kapitalrentabilität finanziert. Kapitalimporte durch Direktinvestitionen ausländischer Firmen spielten nicht die entscheidende Rolle. Die Löhne hinkten hinter der Produktivitätsentwicklung hinterher und gestatteten hohe Gewinnzuwächse. Ostdeutschland ist dagegen vor allem auf Direktinvestitionen auswärtiger Unternehmen angewiesen. Kann die De-Industrialisierung nicht vermieden werden, dann fällt die entscheidende Rolle der Regionalpolitik zu, und die kann sie mit hoher Wahrscheinlichkeit, wie oben geschildert, nicht erfüllen. Soweit es zu Direktinvestitionen kommt, wird Ostdeutschland überwiegend eine Region von abhängigen Tochterunternehmen, während die zentralen Unternehmensfunktionen mit dem verbundenen Innovationspotential in Westdeutschland angesiedelt sind.

– In Ostdeutschland mangelt es – im Gegensatz zur Zeit des »Wirtschaftswunders« – an einem endogenen Potential an leistungsfähigen *Klein-* und *Mittelbetrieben* mit entsprechender Industrietradition und Markterfahrung.

– Westdeutschland war in den 50er Jahren ein *Zuwanderungsland* mit einer sich dadurch verbessernden Qualifikationsstruktur der Arbeitskräfte. Ostdeutschland dagegen ist abwanderungsbedroht. Das »Humankapital« der Region wird ausgedünnt.

Nur vordergründig erscheinen die hohen Einkommenstransfers von West- nach Ostdeutschland und die Kapitalimporte in die Ex-DDR als Vorteile gegenüber der Situation in den 50er Jahren. Letztlich entscheidend ist das *regionsinterne* Entwicklungspotential. Letztlich ist noch kein Land der Welt durch ausländische Transferzahlungen reich geworden, eine Lektion, die alle Entwicklungsländer lernen mußten.[26] Für arme Regionen in einem reichen Land gilt im Prinzip das gleiche. Insgesamt dürfte das Wirtschaftswunder-Szenario ziemlich unrealistisch für die ostdeutsche Entwicklung in den 90er Jahren sein.

Zutreffend an dem Szenario ist der Sachverhalt stark steigender Arbeitsproduktivität in den modernisierten Bereichen der Wirtschaft. Dort wird in kurzer Zeit ein *Technologiesprung* erreicht, denn natürlich werden diejenigen westlichen Investoren, die im Osten investieren, modernste Technologie einsetzen, ebenso die überlebensfähigen Ost-Firmen.

Dies ist dann auch die ökonomische Voraussetzung für hohe Löhne und deren Angleichung an westdeutsches Niveau. Aber diese moderne Technologie ist sehr kapitalintensiv und wird daher nur wenigen Arbeitnehmern Arbeit bieten. Entscheidend ist, wie groß, wie differenziert und wie stark verflochten innerhalb der Region die ostdeutsche Industrie sein wird.

Sollte die Ost-Wirtschaft dennoch in den 90er Jahren mit zweistelligen Wachstumsraten entsprechend dem westdeutschen Wirtschaftswunder expandieren, dann wäre zu befürchten, daß dieses Wachstum genauso umweltschädigend wäre wie das der 50er Jahre im Westen Deutschlands. Wahrscheinlich wäre es ein umweltschädigender Wildwuchs, mit allenfalls nachsorgendem Umweltschutz, wucherndem Individualverkehr, mit Abfallawinen und großer Entsorgungsindustrie, mit einer Stadtentwicklung, die die zahlreichen folgenreichen Sünden der westlichen Nachkriegszeit blind kopiert.[27] Im Westen wurden in den wirtschaftswunderlichen 50er Jahren die ökologischen Altlasten der Gegenwart geschaffen. Mithin gilt: Ein ostdeutsches Wachstumswunder nach der Schablone der 50er Jahre (West) ist ökonomisch illusionär und ökologisch nicht verantwortbar.

Zweites Szenario: Anhaltendes West-Ost-Wirtschaftsgefälle

Dieses Szenario geht davon aus, daß die weitgehend zerstörte industrielle Basis Ostdeutschlands durch Regionalpolitik mittelfristig nicht wieder neu geschaffen werden kann. Es findet nur eine *defensive Sanierung* der verbleibenden Industriebetriebe statt: Die Palette der im Osten produzierten Produkte wird extrem geschmälert, nur die Produktionsverfahren werden modernisiert. Die verbleibende Industrie und die industriellen Direktinvestitionen, die getätigt werden, sind überwiegend auf die ostdeutsche Binnennachfrage ausgerichtet. Eine nennenswerte industrielle Exportbasis entsteht nicht, von einigen Zentren wie Dresden, Leipzig, Berlin und einigen anderen kleineren Städten einmal abgesehen. Folglich werden auch nur in geringem Umfang produktionsorientierte Dienstleistungen angesiedelt. Auch der sonstige tertiäre Folgesektor bleibt bei schwacher regionaler Exportbasis gering. Ein großer Teil der im Osten benötigten Investitions- und Konsumgüter wird nach wie vor allem aus Westdeutschland importiert.

Eine breite personelle und sächliche Innovationsbasis mit großen F&E-Abteilungen, universitären und außeruniversitären Forschungsinstitutionen etc., wie sie für moderne Zentren des Wirtschaftswachstums notwendig ist, bildet sich in Ostdeutschland in relevantem Ausmaß nicht heraus. Vielmehr entsteht eine *»Innovationsbrache«*. Statt dessen dominieren neben den auf die ostdeutsche Binnennachfrage orientierten Direktinvestitionen industrielle Tochterunternehmen vom Typ der »verlängerten Werkbank«. Insgesamt wird nur ein geringer Teil der im Osten in den 90er Jahren erforderlichen Investitionssumme von 2000 Milliarden DM getätigt. Es kommt zu einer *starken Abwanderung* aus der Region, insbesondere bei jüngeren und hochqualifizierten Arbeitskräften. Hohe Massenarbeitslosigkeit in offener oder versteckter Form, weit über dem westdeutschen Niveau liegend, verbleibt auf lange Sicht.

Die sich in Ostdeutschland herausbildende regionale Wirtschaftsstruktur enthält zwar einige Agglomerationskerne in den größten Städten, ansonsten aber strukturschwache Regionen, deren Wirtschaftskraft deutlich unter den schwächsten Regionen Westdeutschlands liegt. Dies gilt insbesondere für den landwirtschaftlich strukturierten Norden der Ex-DDR und einige früher mono-industrialisierte Regionen. Ostdeutschland teilt das Schicksal anderer altindustrialisierter Regionen, die den Anschluß verpaßt haben, allerdings auf einem niedrigeren Niveau.

Nach dem Ende des Arbeitsplatzabbaus in der Industrie, im öffentlichen Dienst und in den überbesetzten Dienstleistungssparten kommt es zwar zu regionalem Wirtschaftswachstum, namentlich in den verbleibenden industriellen Wachstumskernen und ihren zugehörigen produktionsorientierten Dienstleistungsbetrieben, jedoch wird das westdeutsche Niveau auch auf lange Sicht nicht erreicht. Es bleibt ein dauerhaftes und sehr hohes *West-Ost-Gefälle*. Dieses spiegelt sich auch in der geringen Finanzkraft der ostdeutschen Gebietskörperschaften nieder. Wegen der hohen Transferzahlungen an einkommensschwache private Haushalte, Arbeitslose, an Länder und Kommunen sowie wegen der anhaltend erforderlichen Subventionierung ostdeutscher Unternehmen (einschließlich aufwendiger Wirtschaftsförderung) bleibt Ostdeutschland auf lange Sicht eine *fiskalisch unselbständige Region*: Der unabweisbare staatliche Ausgabenbedarf für Sozialtransfers, Infrastruktur, Altlastensanierung etc. bleibt wesentlich höher als die Finanzkraft. Ostdeutschland bleibt in diesem Szenario auf hohe Finanztransfers vom Bund sowie von den alten Bundesländern angewiesen.

Diese Entwicklung scheint vor dem Hintergrund der aktuellen Transformationskrise für die nächsten Jahre eher realistisch. Freilich gibt es in diesem Szenario eine große Variationsbreite: Eine dem italienischen Mezzogiorno analoge Entwicklung, die angesichts der kulturellen Unterschiede und der süditalienischen Agrartradition wenig wahrscheinlich ist[28], wäre das eine Extrem, ein Anschluß an das Entwicklungsniveau der schwächsten westdeutschen Regionen das andere Extrem. Allerdings wird es in diesem Szenario in Ostdeutschland einzelne prosperierende Zentren geben, aber dominierend sind die entwicklungsschwachen Regionen.

Das *Ost-Berliner Institut für Angewandte Wirtschaftsforschung* (IAW) hat ein eigenes Szenario für die Entwicklung Ostdeutschlands bis zum Jahr 2000 vorgelegt, das als relativ optimistisch angesehen werden kann.[29] Darin wird mit einem jährlichen Wirtschaftswachstum von 9,5% in den 90er Jahren gerechnet (6,5% von 1992 bis 1995, 12,0% von 1996 bis 2000). Im Jahr 2000 werden 80% des Niveaus der westdeutschen Arbeitsproduktivität erreicht, die Zahl der Arbeitsplätze wird mit 6,4 Mio. immer noch um rund 30% unter dem Stand von 1989 liegen. Bis zum Jahr 2000 würden in Ostdeutschland 1,2 Billionen DM investiert, und erst Ende der 90er Jahre wird das Pro-Kopf-Niveau der westdeutschen Investitionstätigkeit erreicht. Die Forscher rechnen in diesem Szenario, daß die Talsohle auf dem Arbeitsmarkt erst 1995 erreicht wird, wenn die Zahl der »effektiv Beschäftigten«, zu denen auch die ABM-Stellen-Inhaber gezählt werden (nicht jedoch Kurzarbeiter), bei knapp 5,2 Mio. liegen wird. Danach soll die Beschäftigung wieder leicht ansteigen. Offen bleibt in dem angebotstheoretisch konstruierten Szenarium, woher die Nachfrage für ein 9,5%-Wachstum kommen soll. Das IAW-Szenario liegt zwischen unserem ersten und zweiten Entwicklungspfad.

Im Herbst 1991 kann kein Zweifel mehr bestehen, daß das zweite Szenario einen viel höheren Realitätsgehalt hat als die Variante »Wirtschaftswunder«. Die deutsche Ökonomie ist zwar zweigeteilt, aber sie bildet doch eine Einheit: Ein ökonomisches Fiasko im Osten geht am Westen nicht schadlos vorüber, und wirtschaftliche Erfolge im Osten nützen auch der West-Ökonomie und den Bürgern in den alten Ländern. Wer wirtschaftspolitische Gestaltungsspielräume in den Altbundesländern erhalten und nutzen will, muß eine Strategie für den wirtschaftlichen Erfolg in Ostdeutschland entwickeln. Dies wäre ein drittes *alternatives Szenario*, auf das die Politik konzentriert werden sollte. Bevor wir strategische Ansatzpunkte dafür skizzieren, sollen die erkennbaren und drohenden negativen Rückwirkungen der Einigungspolitik für den Westen Deutschlands näher untersucht werden.

Anmerkungen

1 Vgl. die Übersicht bei H. Kistenmacher, Basic-Nonbasic-Konzept. In: Handwörterbuch der Raumforschung und Raumordnung, Hannover 1970, S. 150ff.
2 Vgl. F.-J. Bade, Regionale Beschäftigungsentwicklung und produktionsorientierte Dienstleistungen. DIW-Sonderheft Nr. 143, Berlin 1987. – Siehe auch: M. Heine, Von der Peripherie zur Wirtschaftsmetropole – und zurück. Grundzüge einer Theorie räumlicher Agglomerationsvorteile am Beispiel Berlins. Berlin 1989, S. 175ff.
3 Siehe Prognos AG, Arbeitslandschaft 2010, *Beiträge zur Arbeitsmarkt- und Berufsforschung* 131.2, Nürnberg 1989, S. 118
4 Prognos AG, Energieprognose bis 2010. Die energiewirtschaftliche Entwicklung in der Bundesrepublik Deutschland bis zum Jahr 2000, Stuttgart 1990, S. 61
5 Ebenda, S. 60
6 Siehe auch: L. Scholz, Ansatzpunkte und Grundsätze einer innovationsorientierten Regionalpolitik. In: *Ifo-Schnelldienst* 21/1988, S. 11
7 P. Klemmer, Regionalpolitische Aufgaben in Ostdeutschland. In: *Wirtschaftsdienst*, Heft 11/1990, S. 561
8 M. E. Porter, Nationale Wettbewerbsvorteile, München 1991
9 20. Rahmenplan der Gemeinschaftsaufgabe »Verbesserung der regionalen Wirtschaftsstruktur« für den Zeitraum 1991 bis 1994 (1995), Bundestagsdrucksache 12/895 vom 3. 7. 91; J. Ragnitz, Regionalpolitische Aufgaben in den neuen Bundesländern. In: *Wirtschaftsdienst*, Heft 8/1991, S. 411. Allein die steuerliche Investitionsförderung in Ostdeutschland führt 1991 zu Mindereinnahmen von 3 Mrd. DM, die in den nächsten Jahren auf 9 Mrd. DM ansteigen werden. Siehe Bundesministerium der Finanzen, Finanznachrichten 61/91 vom 2. 10. 1991, S. 2
10 Vgl. H. Heseler, Die Arbeitsmarktfolgen von Betriebsschließungen – Erfahrungen im internationalen Vergleich. In: *Mitteilungen aus der Arbeitsmarkt- und Berufsforschung*, Heft 3/1990
11 McKinsey & Company, Überlegungen zur kurzfristigen Stabilisierung und langfristigen Steigerung der Wirtschaftskraft in den neuen Bundesländern. O. O., April 1991
12 Siehe auch: M. Heine, Zur Quadratur eines Kreises: Regionalpolitik in den neuen Bundesländern. In: U. Busch, M. Heine u. a. (Hg.), Wirtschaftspolitische Konsequenzen der deutschen Vereinigung, Frankfurt/New York 1991
13 F. J. Bade, Die funktionale Struktur der Wirtschaft und ihre räumliche Arbeitsteilung. Wissenschaftszentrum Berlin, *IIM-Papers* Nr. IP 84–27, S. 4
14 Vgl. anstelle vieler Untersuchungen: F. Beckenbach, Die regionale Wirtschaftsförderung – Bestandsaufnahme und Alternativen, Berlin 1988, und: C. Böhret u. a., Handlungsspielräume und Steuerungspotential der regionalen Wirtschaftsförderung, Baden-Baden 1982

15 Berechnet nach: 20. Rahmenplan der Gemeinschaftsaufgabe »Verbesserung der regionalen Wirtschaftsstruktur« für den Zeitraum 1991 bis 1994 (1995) vom 3.7.1991, Bundestagsdrucksache 12/895, S. 14
16 R. Hamm, H. Wienert, Strukturelle Anpassung altindustrieller Regionen im internationalen Vergleich, Berlin 1990
17 Vgl. M. Heine, Von der Peripherie zur Wirtschaftsmetropole – und zurück. Grundzüge einer Theorie räumlicher Agglomerationsvorteile am Beispiel Berlins. Berlin 1989, S. 251
18 Berechnet nach: 20. Rahmenplan, a. a. O., S. 76–108
19 Vgl. B. Fege u. a., Regionalreport DDR 1990. Grundzüge räumlicher Strukturen und Entwicklungen, Berlin–Hannover 1990. – M. Heine, D. Walter, Sektorale und räumliche Auswirkungen der Strukturanpassung in der DDR. In: *Wirtschaftsdienst*, Heft 8/1990, S. 402ff. – H. Rudolph, Beschäftigungsstrukturen in der DDR. Eine Typisierung von Kreisen und Arbeitsämtern. In: *Mitteilungen aus der Arbeitsmarkt- und Berufsforschung*, Heft 4/1990, S. 474ff.
20 E. Streissler, Strukturschwäche: Im Osten nur Schafzucht? In: *Wirtschaftswoche* Nr. 17 vom 19.4.1991, S. 45
21 Dieser Abschnitt folgt in weiten Teilen: J. Priewe, Wirtschaftswunder – Deindustrialisierung – Rückschlag für Westdeutschland? Zur politischen Ökonomie der deutschen Vereinigung. In: B. Muszynski (Hg.), Deutsche Vereinigung. Probleme der Integration und Identifikation, Leverkusen 1991 (Sonderband der Zeitschrift *»Gegenwartskunde«*)
22 Ohne Berlin und das Saarland. Berechnet nach Statistisches Bundesamt, Fachserie 18, Reihe 57, Stuttgart-Mainz 1985
23 Ebenda, S. 77; ohne Saarland und Berlin
24 Vgl. H.-P. Spahn, Das erste und das zweite deutsche Wirtschaftswunder. In: *Wirtschaftsdienst*, Heft 2/1991, S. 75
25 Siehe *DIW-Wochenbericht* 26–27/91, S. 382
26 Vgl. H.-P. Spahn, Das erste und das zweite deutsche Wirtschaftswunder, a. a. O., S. 74
27 Zur kritischen Analyse des wirtschaftspolitischen Ziels »Wirtschaftswachstum« vgl.: E. Stratmann-Mertens, R. Hickel, J. Priewe (Hg.), Wachstum – Abschied von einem Dogma. Kontroverse über eine ökologisch-soziale Wirtschaftspolitik. Frankfurt/M. 1991
28 Vgl. zur Mezzogiorno-Problematik die instruktive Übersicht bei M. Namuth, Flecken auf dem Leopardenfell. Die Industrialisierung der italienischen Südregionen – ein gescheitertes Projekt? In: *Die Mitbestimmung*, Heft 5/1991, S. 364ff.
29 Institut für Angewandte Wirtschaftsforschung, Ostdeutschland: Der mühsame Aufstieg. Berlin, 10. Oktober 1991, S. 62ff.

Kapitel IX

Rückwirkungen der ostdeutschen Entwicklung auf Westdeutschland

9.1. Westdeutsche Wirtschaft: Gewinner des Einigungsbooms

Unter dem Eindruck der völlig konträren, tief gespaltenen Wirtschaftsentwicklung zwischen Ost- und Westdeutschland konzentrierte sich zuerst die Diskussion über die sozial-ökonomischen Folgen des DM-Imports nahezu ausschließlich auf die massiven Anpassungs- und Umbauprobleme der Wirtschaft in den neuen fünf Bundesländern. Die rechtzeitige Abschätzung der Rückwirkungen der ostdeutschen Transformationskrise und der damit verbundenen politischen und fiskalischen Herausforderungen auf das Entwicklungsmuster der alten Bundesländer drohte marginalisiert zu werden. Spätestens mit der Kontroverse über das Ausmaß und die Struktur von Abgabeerhöhungen wurde jedoch deutlich: Unter dem Regime der deutschen Einigung verändern sich die Entwicklungsperspektiven in Westdeutschland nachhaltig.

Durch den Abfluß von Finanztransfers, und damit auch volkswirtschaftlicher Ressourcen über viele Jahre wird voraussichtlich der Wachstumsspielraum Westdeutschlands eingeschränkt. In Abhängigkeit von der Art und Höhe der Finanzierung der deutschen Einheit droht Inflationsgefahr, die die Bundesbank zu einer restriktiven, d. h. knappen und teueren Politik der Geldversorgung zwingt. Eine dadurch ausgelöste Stabilisierungskrise, an deren Ende ein deutlicher Rückgang der Produktion und spiegelbildlich ein Abbau von Arbeitsplätzen stünde, rückt durchaus in den Bereich des Möglichen. Umverteilungsverluste bei den Beziehern von Löhnen, Gehältern und Sozialeinkommen gehören ebenfalls zu diesem Szenario. Sie könnten nicht nur durch eine entsprechende Tarifpolitik erzwungen werden, sondern auch über Steuererhöhungen und staatliche Ausgabenkürzungen. Muster und Eintrittswahrscheinlichkeit derartiger Folgen der ostdeutschen Transformation und der damit verbundenen Politik auf die westdeutsche Wirtschaftsentwicklung werden innerhalb einem »Rückwirkungsszenario« in diesem Abschnitt abzuschätzen versucht.

Seit der Öffnung der Grenzen, und dann verstärkt durch die Einführung der Währungsunion, hat sich bis tief in das Jahr 1991 ein ganz anderes Muster der Wechselwirkungen zwischen Ost- und Westdeutschland Geltung verschafft. Die ostdeutschen Konsumenten vollzogen unter den neuen Bedingungen auf ihre Weise einen weiteren Abschied vom alten System. Ostdeutsche Produkte wurden boykottiert, die Nachfrage konzentrierte sich auf westdeutsche Erzeugnisse. Großmärkte westdeutscher Anbieter schossen über Nacht aus dem Boden. Wo bauliche Lösungen nicht möglich waren, da wurden Zelte errichtet. In Rostock beispielsweise wurde ein Schiff zum Kaufhaus umgebaut.

Dieser »Warenhunger«[1] hat die ostdeutschen Anbieter, deren Produkte sich zum Teil lediglich durch Verzicht auf die westliche Verpakkungskunst unterschieden, in die Knie gezwungen. Ihrem Zusammenbruch stand die Produktionsausweitung westdeutscher Unternehmen bei vielfach hoher Produktionsauslastung gegenüber. Über diese Umschichtung der Konsumentennachfrage hinaus konzentrierte sich auch die allmählich aufkeimende Nachfrage nach Investitionsgütern auf westdeutsche Produkte. Der Güterbedarf im Rahmen der finanzpolitisch ermöglichten Nachfrage der neuen Bundesländer und ihrer Gemeinden verstärkte ebenfalls den ›Importsog‹ aus Westdeutschland.

Die ›Ausfuhr-Einfuhr-Statistik‹ zwischen Ost- und Westdeutschland zeigt: 1990 sind handelbare Waren im Werte von 48,2 Mrd. DM (Dienstleistungen 24 Mrd.) durch westdeutsche Produzenten ›exportiert‹ worden. 1991 werden die Warenlieferungen auf 114 Mrd. DM, 1992 auf 107 Mrd. DM geschätzt.[2] Diese Zahlen vermitteln jedoch nur einen groben Eindruck, denn beispielsweise lassen sich die Direktkäufe in Westdeutschland kaum beziffern.

Dieser, durch die deutsche Einigung induzierte *Nachfrageschub* kam für die westdeutsche Wirtschaft wie gerufen. Denn 1990 stagnierte praktisch die Nachfrage nach handelbaren Gütern aus dem Ausland, seit Mitte der achtziger Jahre Hauptstütze des Wirtschaftsaufschwungs. Eine sich ohne die Grenzöffnung bereits Ende 1989 abzeichnende konjunkturelle Abschwächung wurde durch die ostdeutsche Nachfrage nicht nur aufgefangen, sondern überkompensiert. Eine ökonometrische Simulationsrechnung kommt zu dem Ergebnis: Der einigungsbedingte Wachstumsimpuls belief sich im ersten Jahr Währungsunion – vom Juli 1990 bis Juli 1991 – auf 2,3 Prozentpunkte, die Inflationsrate herausgerechnet.[3] Ohne den Zusammenbruch der DDR hätte im ersten Jahr der

D-Mark-Währung der Zuwachs der westdeutschen Güter- und Dienstleistungsproduktion gegenüber 4% somit lediglich knapp 2% betragen. Diese Produktionsausweitung schlug auf die Arbeitsmärkte durch. Da zusätzliche Arbeitskräfte eingestellt werden mußten, konnten die vielen Übersiedler und Pendler absorbiert werden. Aus der Sicht der westdeutschen Wirtschaft erwies sich also die gesamtwirtschaftliche Konstellation dieser ersten Phase der deutschen Einigung als ausgesprochen günstig.

Von diesem *Einigungsboom* profitierte auch das westeuropäische Ausland. Der Nachfrageimpuls aus Ostdeutschland war so stark, daß er durch die zum Teil überausgelasteten Produktionskapazitäten in Westdeutschland nicht voll bedient werden konnte. Auf Auslandsimporte als Flexibilitätsreserve mußte zurückgegriffen werden. Während die Warenexporte 1990 nahezu stagnierten, stiegen die Importe um knapp 9%. Der Handelsbilanzüberschuß schrumpfte von 134,5 Mrd. DM 1989 auf 92,2 Mrd. DM 1990. Zusammen mit der Dienstleistungs- und Übertragungsbilanz bewirkte dieser stark geschmolzene Handelsbilanzüberschuß über 1990 hinaus einen noch stärkeren Rückgang des Leistungsbilanzüberschusses (1989 107,6 Mrd. DM, 1990 77,4 Mrd. DM). Der Trend setzte sich 1991 fort. Im ersten Halbjahr 1991 entstand gar ein Leistungsbilanzdefizit über 19 Mrd. DM.[4]

Die Bundesregierung wurde immer wieder durch die anderen westeuropäischen Industrieländer angemahnt, aber erst die deutsche Einigung zwang die Bundesrepublik zur Übernahme einer ›Lokomotivfunktion‹ für den internationalen Handel: Ihr Wachstumsvorsprung ließ die Lieferungen aus dem Ausland anschwellen. Insbesondere die westeuropäischen Industrieländer profitierten von diesem Einigungsboom. Die bereits zitierte Simulationsrechnung zeigt, daß Frankreich etwa 0,4, Großbritannien 0,6 und Italien 0,2 Prozentpunkte an zusätzlichem Wirtschaftswachstum dem ostdeutschen Nachfragepush zu verdanken haben.[5]

Wer aber hat die wachstumsstimulierende Nachfrage in Ostdeutschland finanziert? Die Beantwortung dieser Frage deckt zwei wesentliche Zusammenhänge auf:

Erstens: Der Einigungsboom ist Resultat einer (ungewollten) *Aufschwungspolitik* mit budgetären Instrumenten. Die Finanzierung der deutschen Einheit gleicht in dieser ersten Phase einer Finanzpolitik nach dem Strickmuster des Keynesianismus. Die Finanztransfers, 1990 mehr als 50 Mrd. DM und für 1991 auf 150 Mrd. DM (einschließlich aller Fonds 153 Mrd. DM) geschätzt, wirken über den Umweg Ostdeutschland wie ein Konjunkturprogramm für Westdeutschland.[6] Mit ihnen ließ sich ein Großteil des auf Westdeutschland konzentrierten Nachfrageschubs finanzieren. Die kurzfristige Wirksamkeit keynesscher Konjunkturpolitik findet in dieser Phase der deutschen Einigung eine ungeplante Bestätigung.

Zweitens: Dieser *»Einigungskeynesianismus«* zeigt aber in dramatischer Weise, daß eine derartige Finanzpolitik zielorientiert regionalpolitisch unterfüttert werden muß. Während sich Westdeutschland über Finanzressourcen für Ostdeutschland im Rahmen der zurückfließenden Nachfrage ein eigenes Konjunkturprogramm und die Schaffung von 1,7 Mio. Beschäftigungsmöglichkeiten zwischen 1990 und 1991 finanzierte, fielen entsprechende Produktionsaufträge im eigentlichen Zielland aus.[7] Der Verzicht auf »Local-Content«-Klauseln, durch die sich die Vergabe öffentlicher Mittel vorrangig auf die Produktion in den neuen Bundesländern hätte konzentrieren müssen, mußte den Zusammenbruch der Produktion vertiefen (vgl. *Kapitel X*).[8]

Während Ostdeutschland insgesamt zum Verlierer dieser Aufschwungpolitik zählt, verteilen sich die ökonomischen Einigungsfrüchte in Westdeutschland äußerst unterschiedlich. Eine sich Ende 1982 durchsetzende Umverteilung zugunsten der Unternehmensgewinne ist durch den Einigungsboom vertieft worden: Zwischen 1982 und 1990 nahmen in den alten Bundesländern die Bruttoeinkommen aus unselbständiger Arbeit (je abhängig Beschäftigten) im jährlichen Durchschnitt um 3,5% zu. Die Produktionsunternehmen hingegen verzeichneten eine Ausweitung ihrer Bruttogewinne in derselben Periode um jährlich 10,5% (*Tabelle IX.1*). Verlierer im Kampf um die Einkommenszuwächse sind die Bezieher von Arbeitseinkommen. Dies zeigt die Entwicklung der (bereinigten) Lohnquote, bei der die Bruttoeinkommen aus unselbständiger Arbeit dem Volkseinkommen gegenübergestellt werden, während die Ausweitung der Zahl der abhängig Beschäftigten zu einer Erhöhung der Lohnsumme, jedoch zu keiner Verbesserung der Verteilungssituation führt. Die um die Beschäftigungsstruktur bereinigte Lohnquote, die seit 1982 kontinuierlich zurückging, wies 1990 mit 65,4% einen Tiefstwert aus, der letztmals Anfang der sechziger Jahre beobachtet wurde.

Die eigentlichen Gewinner des Einigungsjahrs sind die Unternehmen. Gegenüber der Ausweitung der eigenen Finanzierungsmittel – das sind vor allem die Nettogewinne und Abschreibungen – sind die Bruttoinvestitionen, die auch aus Kreditaufnahmen und Aktienemissionen finanziert werden, 1990 gegenüber dem Vorjahr mit 14,4% vergleichsweise gering

Tabelle IX.1: **Verteilung der Bruttoeinkommen**

Zeit	Bruttoeinkommen						
	... aus unselbständiger Arbeit			... der Produktionsunternehmen[1)]			
	Mrd. DM	Veränderung gegen Vorjahr in %	in % des Volkseinkommens	Mrd. DM	Veränderung gegen Vorjahr in %	in % des Volkseinkommens	desgl. vor der Revision von 1991
1970	360,6	.	68,0	140,9	.	26,6	26,6
1975	593,6	.	74,1	148,6	.	18,6	19,8
1980	863,9	+ 8,7	75,8	206,2	− 8,9	18,1	20,4
1981	906,0	+ 4,9	76,8	192,8	− 6,5	16,3	18,8
1982	933,9	+ 3,1	76,9	188,2	− 2,4	15,5	19,0
1983	953,4	+ 2,1	74,6	234,2	+24,4	18,3	21,6
1984	988,3	+ 3,7	73,4	260,5	+11,2	19,3	22,6
1985	1026,4	+ 3,9	73,0	277,8	+ 6,6	19,7	23,1
1986	1079,5	+ 5,2	72,1	320,9	+15,5	21,4	24,9
1987	1124,7	+ 4,2	72,6	329,4	+ 2,7	21,3	25,3
1988 **p)**	1169,2	+ 4,0	71,5	369,3	+12,1	22,6	26,9
1989 **p)**	1221,5	+ 4,5	70,4	391,0	+ 5,9	22,5	27,1
1990 **p)**	1312,6	+ 7,5	70,2	424,9	+ 8,6	22,7	27,3

[1)] Im Inland entstandene Einkommen aus Unternehmertätigkeit und Vermögen der Unternehmen (ohne Wohnungsvermietung und ohne finanzielle Institutionen) abzüglich der per saldo an andere Sektoren gezahlten Zinsen, Nettopachten u.ä. – **p** Vorläufig.
[Quelle: *Monatsbericht der Deutschen Bundesbank*, 8/1991, S. 46]

gestiegen. Über 70 Mrd. DM haben die Produktionsunternehmen für den Erwerb festverzinslicher Wertpapiere und von Aktien sowie Beteiligungen im Ausland verwandt (*Tabelle IX.2*). Infolge der Wachstumsimpulse im ersten Jahr der deutschen Einigung befanden sich die Unternehmen 1990 in einer glänzenden Verfassung. Die Produktionsunternehmen verfügten laut Deutscher Bundesbank über liquide und rasch mobilisierbare Geldanlagen bei Banken sowie fungible Schuldtitel im Umfang von über 670 Mrd. DM.[9]

Gegenüber diesem Finanzierungspotential offenbarten sie jedoch nur sehr zögerlich die Bereitschaft, in Ostdeutschland zu finanzieren. Angesichts dieser unternehmerischen Gewinnlage kann es verteilungspolitisch nicht akzeptiert werden, die Lasten der Einheitsfinanzierung auf die Bezieher von Arbeits- und Sozialeinkommen zu konzentrieren. Tragfähige

Finanzierungskonzepte müssen vielmehr den auf Kapitalmärkten ›geparkten‹ Teil der nicht sachinvestiv genutzten Eigenmittel der Unternehmen abschöpfen, um sie dem Jahrhundertwerk – Sanierung Ostdeutschlands – zur Verfügung zu stellen.

Tabelle IX.2: **Westdeutsche Produktionsunternehmen: Massive Gewinne durch die deutsche Einheit 1989/90**

Position	1989[p]	1990[p]	1990/89 Mrd. DM	in v. H[1)]
Bruttoinvestitionen	270,5	309,5	39	14,4
Eigenfinanzierungsmittel[2)]	256,4	294,0	37,6	14,7
Bruttoeinkommen[3)]	391,0	424,9	33,9	8,7
Geldvermögensbildung in:				
– festverzinsl. Wertpapiere	6,3	46,1	39,8	631
– Erwerb von Aktien sowie sonst. Beteiligungen im Ausland	8,9	39,2	30,3	340,4
nachrichtlich:				
Kreditaufnahme und Aktienemission	147,9	168,2	20,3	13,7
Gesamtes Geldvermögen[4)]	1377	1536	159	11,5
Verzinsl. Gesamt-Geldvermögen[4)]	597	682	85	14,2
Zinserträge auf das Geldvermögen	22,5	31	8,5	37

1) Veränderung gegenüber Vorjahr

2) Nichtentnommene Gewinne nach Steuern + (Netto-) Vermögensübertragungen + Abschreibungen

3) Im Inland entstandene Einkommen aus Unternehmertätigkeit und Vermögen der Unternehmen (ohne Wohnungsvermietung und ohne finanzielle Institutionen) abzüglich der per Saldo an andere Sektoren gezahlten Zinsen, Nettopachten u.a.; guter Indikator für die Ertragsentwicklung der laufenden Geschäfte.

4) Jahresdurchschnitte; Wertpapiere zu Tageskursen

p) Vorläufig

[Quelle: Monatsberichte der Deutschen Bundesbank 5/1991, S. 17 sowie August 1991, S. 46; eigene Berechnungen]

9.2. Langfristige Finanzierungslasten: Vom westdeutschen Einigungsboom zur Verlangsamung des Wachstums

Während die unter den alten Bedingungen einsetzende Konjunkturabschwächung durch den stimulierenden Effekt der wirtschaftlichen Einigung überkompensiert wurde, stellte sich bald die bange Frage, ob sich diese westdeutsche Aufwärtsentwicklung fortsetzen wird. Eine Prognose läßt sich nicht einfach erstellen, denn sie basiert auf verschiedenen Unwägbarkeiten. Schwer kalkulierbar ist beispielsweise die Entwicklung der Warenexporte ins Ausland und nach Ostdeutschland. Insgesamt zeigte sich jedoch schon in der ersten Hälfte 1991, daß der Einigungsboom abzubröckeln beginnt: Während die Exporte in das Ausland erwartungsgemäß weiterhin zurückgehen werden, zeichnet sich zwar eine noch hohe Nachfrage aus den neuen Bundesländern für 1991 ab. Im Jahresverlauf stagniert jedoch auch diese Nachfrage; 1992 wird ihr Rückgang erwartet. Im Herbst 1990 mehrten sich die Zeichen einer Verlangsamung des Investitionstempos in den alten Bundesländern, weil keine Impulse mehr aus Ostdeutschland erwartet werden. Daraus schließt das *Deutsche Institut für Wirtschaftsforschung*: »Im Jahr 1991 ändert sich das ›Entwicklungsgesetz‹ dieses Aufschwungs«.[10]

Die sich abzeichnende Verlangsamung des Wirtschaftswachstums auf etwa 2 % – gegenüber 4,5 % 1990 – ist jedoch nicht nur auf den Wechsel der ›außenwirtschaftlichen‹ Konstellation West- gegenüber Ostdeutschland zurückzuführen. Die Methode der staatlichen Finanzierung der deutschen Einigung nimmt auf den westdeutschen Konjunkturverlauf immer stärker Einfluß. Die stimulierende Wirkung der westdeutschen Finanztransfers auf das Wirtschaftswachstum wird durch die Steuer- und Abgabenerhöhungen im Rahmen des »Abgaben-Paket '91« abgeschwächt. Der Anstieg der Kapital- und Geldmarktzinsen, der vor allem auf die fortschreitende staatliche Kreditaufnahme zurückzuführen ist, bewirkt darüber hinaus eine Wachstumsverlangsamung. Zunehmende Inflationsrisiken, die zum Teil auch auf die Verbrauchssteuererhöhungen zurückzuführen sind, zwingen die Bundesbank zu einer restriktiven Geldpolitik.

Auch geldpolitisch droht eine Verstärkung der Wachstumsabschwächung. Der erwähnte Rückgang des Wirtschaftswachstums – gegenüber 4,5 % 1990 – auf 2 % schlägt auf den Arbeitsmärkten spürbar durch. Nach vorliegenden Prognosen wird jedoch der drohende Anstieg der Arbeitslosigkeit bei einem Rückgang der Arbeitszeit um 1,5 % durch die nahezu stagnierende Produktivitätsentwicklung (0,5 %) 1991 in Westdeutschland abgeschwächt.[11] Ein stärkerer Ausfall der Nachfrage aus dem Ausland sowie eine schärfere Gangart der Deutschen Bundesbank gegen Inflationstendenzen rückt einen Wachstumseinbruch, in dessen Folge die Arbeitslosigkeit in Westdeutschland im Übergang zu 1992 wieder steigt, in den Bereich des Möglichen.

Die hier prognostizierte westdeutsche Wirtschaftsentwicklung zum Jahreswechsel 1991/92 offenbart ein Muster von *Wechselwirkungen der deutschen Einheit*, das in den nächsten Jahren bestimmend sein wird: Massive Finanztransfers aus Westdeutschland werden weiterhin erforderlich sein, da – entsprechend dem zweiten Szenario zur ostdeutschen Entwicklung – eine De-Industrialisierung eintritt, die zu einer Zementierung des West-Ost-Gefälles führt (vgl. *Kapitel VII*, S. 228ff.). Der Rückfluß in Form von Nachfrage nach Westdeutschland wird sich abschwächen und somit kaum noch Wachstumsimpulse auslösen. Hinzu kommt die Tatsache, daß derzeit die Finanztransfers weniger zum produktiven Um- und Ausbau, sondern konsumtiv verwandt werden. Während im Gegensatz zum Einigungsboom kaum noch wachstumsstimulierende Rückwirkungen auf Westdeutschland spürbar werden, wird die Wirtschaftsentwicklung in den alten Bundesländern stark durch die Art der Finanzierung dieser Transfers beeinflußt.

Die längerfristige Anhebung des *Steuer-* bzw. *Abgabenniveaus* engt den Spielraum privatwirtschaftlicher Ressourcenbeanspruchung ein, während sich die damit finanzierten Transfers auf Ostdeutschland konzentrieren. Abgabenerhöhungen und Subventionskürzungen reichen jedoch zur staatlichen Finanzierung nicht aus. Deshalb wird über viele Jahre – im Gegensatz zu bundespolitischen Versprechungen – die öffentliche Nettokreditaufnahme hoch sein. Da jedoch einerseits diese staatliche Schuldenpolitik nicht vorrangig der Finanzierung öffentlicher Investitionen dient und sich andererseits ein hohes Zinsniveau einpendelt, löst diese Finanzierungsart gesamtwirtschaftlich belastende Effekte aus. Durch die Konzentration der so gewonnenen Finanzmittel auf Ostdeutschland schrumpft der Spielraum zur Finanzierung westdeutscher Reformprojekte, etwa im Bereich der Umwelt. Hohe Inflationsrisiken infolge der Aufbringung und Verwendung dieser Finanztransfers für Ostdeutschland setzen die Deutsche Bundesbank unter Zugzwang: Mittelfristig sieht sie sich zu einer knappen und teureren Geldversorgung gezwungen.

Die möglicherweise aus der Summe dieser Einflußfaktoren folgende deutliche Verlangsamung des Wirtschaftswachstums erschwert auch die gewerkschaftliche Tarifpolitik. Die für diese Entwicklungskonstellation typische Zunahme der Arbeitslosigkeit könnte dann auch noch als Druckmittel gegen höhere Tarifabschlüsse genutzt werden, zumal auch bei einem Zuwachs der Beschäftigungsmöglichkeiten das zuströmende Arbeitsangebot in Westdeutschland nicht mehr absorbiert werden kann.

Dieses Szenario zur längerfristigen Entwicklung Westdeutschlands zeigt: Zu den Kosten der Einheit zählen auch die hier beschriebenen *Rückwirkungen* auf die westdeutsche Wirtschaft. Sie werden maßgeblich durch die Art ihrer Finanzierung bestimmt. Wenn infolge dieser Rückwirkungen die Arbeitslosigkeit steigt und die Löhne nach Abzug der Abgaben (netto) sowie der Inflationsrate (real) schrumpfen, dann leisten die Sozial- und Arbeitseinkommensbezieher – über die Belastung im Rahmen der Steuer- und Zinssatzerhöhung hinaus – einen weiteren Beitrag zur Finanzierung der deutschen Einheit. Spiegelbildlich dazu führt dieses Rückkoppelungsszenario zur Schonung der Unternehmen. Mit dieser Szenarientechnik werden Entwicklungskorridore abzuschätzen versucht. Wenn ein mittelfristiges Finanzierungskonzept mit strukturpolitischer Unterfütterung, wie wir es in *Kapitel X* vorschlagen, verwirklicht würde, dann ließen sich die hier dargestellten Fehlentwicklungen minimieren.

9.3. Stabilitätsrisiken einer chaotischen Finanzierungspolitik durch Staatsschulden

Die *Staatsverschuldung* hat bisher im Mittelpunkt der Finanzierung der deutschen Einheit gestanden. Die Explosion der öffentlichen Beanspruchung der Kapitalmärkte war die logische Folge des Verzichts auf ein mittelfristig seriös ausgerichtetes Finanzierungskonzept. Die öffentliche Verschuldung der Gebietskörperschaften, den *Fonds Deutsche Einheit,* den *Kreditabwicklungsfonds* sowie das *ERP-Sondervermögen* einbezogen, nimmt 1991 voraussichtlich um 135 Mrd. DM zu (vgl. *Tabelle V.4.*, S. 144). Wird die Schuldenaufnahme der Treuhand-Anstalt, die der Bund derzeit als öffentliches Unternehmen in die Schuldenstatistik nicht einbezieht, hinzugerechnet, dann muß mit einer Nettokreditaufnahme von ca. 150 Mrd. DM – trotz der Abgabenerhöhungen – gerechnet werden. Die Bundesbank schätzt unter Einbezug der gesetzlichen Sozialversicherungen, die mit ca. 10 Mrd. DM einen Überschuß beifügen, daß die staatliche Neuverschuldung annähernd 5% des Bruttosozialprodukts 1991 ausmachen wird. Auch in den nächsten Jahren ist von einer vergleichsweise hohen Kapitalmarktbeanspruchung durch den Staat auszugehen. Die politische Kraft zu subventions- und abgabenpolitischen Maßnahmen reicht nicht aus, um die staatliche Nettokreditaufnahme wieder nachhaltig zurückzuführen, wie beispielsweise der Versuch, im Rahmen des Steueränderungsgesetzes '92 bisherige Steuervorteile zu streichen, zeigt.

Auf dem Hintergrund dieses massiven Einsatzes der Staatsverschuldung als »Lückenbüßer« für den völlig unzureichenden Einsatz anderer Finanzierungsinstrumente stellt sich wieder einmal die Frage, ob damit die Grenzen der Verschuldung nicht schon längst erreicht worden sind. An dieser Stelle kann auf lange und komplexe Diskussion über Notwendigkeiten und Grenzen der staatlichen Kreditaufnahme nicht eingegangen werden.[12] Allerdings ist der Hinweis unerläßlich: Unbedenklich ist die Staatsverschuldung dann, wenn mit ihr öffentliche Investitionen finanziert und damit aber auch die gesamtwirtschaftlichen Produktionsmöglichkeiten verbessert werden.

Das ist auch die Aussage des Art. 115 GG, der im Prinzip die Kreditaufnahme auf das Volumen öffentlicher Investitionen beschränkt. In Ostdeutschland wird die Staatsverschuldung in geringerem Umfang zur Finanzierung von Infrastrukturmaßnahmen genutzt, sondern stärker auf konsumtive Zwecke konzentriert. Über diese klassische Finanzierungsregel hinaus läßt das Grundgesetz den Einsatz der Staatsverschuldung seit seiner Änderung 1970 auch zur Überwindung gesamtwirtschaftlicher Ungleichgewichte zu. Dahinter steht das Bild einer nachfragebedingten Konjunkturschwäche, die durch ein kreditfinanziertes Konjunkturprogramm des Staates überwunden werden soll.[13] Diese konjunkturelle Begründung läßt sich für den Einsatz der Staatsverschuldung zur Finanzierung der deutschen Einheit nicht nutzen.

In Ostdeutschland vollzieht sich über Jahre eine tiefe Transformationskrise, die auf der Basis konjunkturpolitischer Konzepte auch nicht finanziell abgefangen werden kann. Die Hoffnung, die in dieser Phase eingesetzte Staatsverschuldung ließe sich zügig über wachsende Steuereinnahmen refinanzieren, ist trügerisch. In dieser Umbauphase muß ein solides Finanzierungspaket, das nicht auf Selbstfinanzierungseffekte in Ostdeutschland schielt, geschnürt werden. Die derzeit hohe Staatsverschuldung ist auch deshalb bedenklich, weil sie in der Phase einer ausgeprägten Hochkonjunktur eintritt. Bei konjunktureller Abschwächung bis hin zu einer Rezession zeigt sich dann, daß das Instrument öffentliche Kreditaufnahme nicht mehr genutzt werden kann und somit der finanzpolitische Spielraum erheblich eingeschränkt sein wird.

Schließlich muß bei der Bewertung der Staatsverschuldung die Frage nach deren Auswirkungen auf die *Kapital-* und *Geldmarktzinsen* berücksichtigt werden. Soweit durch die öffentliche Beanspruchung der Kapitalmärkte die Zinssätze steigen, droht die Gefahr einer Verdrängung privatwirtschaftlicher Produktion über die Verteuerung der Fremdfinanzierung volkwirtschaftlicher Ausgaben. Die Wirtschaftswissenschaft kennt unterschiedliche Modelle zur Erklärung derartiger Verdrängungsmechanismen. Dabei werden die Aussagen allerdings oftmals auf der Basis recht spekulativer Annahmen gewonnen. Geklärt werden muß jedoch in jedem Fall, ob die einigungsbedingte Schuldenexplosion 1990 einen langanhaltenden Anstieg der Zinssätze ausgelöst hat. Ernsthaft kann mittlerweile nicht mehr bestritten werden, daß 1990 der Kapitalmarktzinssatz (Rendite festverzinsliche Wertpapiere im Umlauf) durch die staatliche Nachfrage nach Krediten von 7,1% in 1989 auf knapp 9% bereits im Frühjahr 1990 gestiegen ist.

Tabelle IX.3.: **Finanzierungssalden der volkswirtschaftlichen Sektoren**[*)]

	Mrd. DM							
Position	1980	1982	1985	1986	1987	1988[p)]	1989[p)]	1990[p)]
Private Haushalte	108,1	117,2	113,5	127,2	132,0	142,0	146,8	178,7
Alle Unternehmen	−93,8	−54,0	−51,3	−22,2	−14,3	−10,1	−48,1	−61,6
Produktionsunternehmen	53,0	−27,7	−26,0	− 7,5	−10,7	−16,1	−37,6	−40,6
Wohnungswirtschaft	−58,6	−43,3	−40,0	−27,8	−23,4	−20,6	−31,4	−44,2
Finanzielle Institutionen[1)]	17,8	16,9	14,7	13,0	19,8	26,7	20,9	23,3
Öffentliche Haushalte[2)]	−42,7	−52,7	−21,1	−25,4	−37,8	−44,8	5,4	−51,2
Ausland[3)]	−28,5	10,5	41,1	79,6	79,8	87,1	104,1	65,9

*) Gebietsstand der Bundesrepublik Deutschland vor dem 3.10.1990 unter Einbezug der Ergebnisse im Rahmen der Revision der Volkswirtschaftlichen Gesamtrechnung 1970 bis 1990

1) Banken, Bausparkassen, Versicherungen

2) Abgrenzung nach der Volkswirtschaftlichen Gesamtrechnung

3) Veränderung der Nettokreditgewährung an das Ausland

p) Vorläufig

[Quelle: Monatsberichte der Deutschen Bundesbank 5/1991, S. 15; eigene Berechnungen]

Auf den ersten Blick überrascht jedoch dieser Zinssatzanstieg, denn unterschiedliche Faktoren führten in dieser Phase zu einer enormen Ausweitung des Angebots an Kapitalmarktmitteln (*Tabelle IX.3*). Die privaten Haushalte stellten ca. 179 Mrd. DM (nach Abzug ihrer Kreditaufnahme) den anderen Sektoren an Finanzmitteln zur Verfügung. Durch die günstige Ausstattung der Unternehmen mit Eigenmitteln nahmen diese trotz der Ausweitung ihrer Sachinvestitionen die Kapitalmärkte gegenüber 1989 nicht viel stärker in Anspruch. Die Netto-Verbindlichkeiten des Auslands sind von 104,1 im Vorjahr auf knapp 70 Mrd. DM 1990 zurückgegangen. Eine entscheidende Ursache dafür liegt in der Stagnation der Warenausfuhr und dem entsprechenden Rückgang der Kreditfinanzierung im Exportsektor. Von der Angebotsseite der Kapitalmärkte (Finanzierungssalden der volkswirtschaftlichen Sektoren) gab es also keine Probleme, die massive Staatsnachfrage nach Krediten zu bedienen.

Aus der Angebots- und Nachfragekonstellation läßt sich der Anstieg der Kapitalmarktzinsen am Jahresanfang 1990, als die Kredite faktisch noch nicht einmal beansprucht wurden, nicht erklären. Trotz der für Anleger günstigen Lage auf den Kapitalmärkten haben die Kapitalgeber für die sich mit der Finanzierung der deutschen Einheit früh abzeichnenden Stabilitätsrisiken einen Zinsaufschlag durchgesetzt. Im Anstieg der Kapitalmarktzinsen machte sich, wie es die Deutsche Bundesbank nennt, ein »Vorschatteneffekt« bemerkbar.[14] Obwohl die faktische Kreditmarktbeanspruchung erst in der zweiten Hälfte 1990 spürbar wurde und auf keine Engpässe stieß, konnten sich wegen dieses vorweggenommenen Risikoaufschlags die Kapitalmarktzinsen, allerdings auf hohem Niveau, Ende 1990 wieder beruhigen. Diese Entwicklung faßte die Deutsche Bundesbank zutreffend zusammen:

»Mit dem Zinsanstieg am Jahresanfang 1990 schien der deutsche Kapitalmarkt die Belastungen im Zusammenhang mit der deutschen Vereinigung weitgehend eskamotiert zu haben. Danach konnte der Kapitalbedarf für die Einigung ohne Zinsanstieg finanziert werden«.[15]

Das reale und nominale Zinsniveau wird jedoch auch in den nächsten Jahren hoch bleiben. Die Folgen sind: Die Fremdfinanzierung volkswirtschaftlicher Ausgaben bleibt teuer. Dies trifft die Privatwirtschaft, soweit sie von der Kreditaufnahme abhängig ist. Diejenigen, die Fremdfinanzierungskosten im Rahmen des Eigenheimbaus aufzubringen haben, werden durch den einigungsbedingten Zinsanstieg besonders belastet. Aber auch bei den öffentlichen Haushalten wird durch die Ausweitung der Zinsausgaben der finanzpolitische Handlungsspielraum eingeengt.

Die Zinszahlungen im Verhältnis zu den Einnahmen (Zinsausgabenquote) beim Bund liegt 1991 voraussichtlich bei 12,4 % (Zinsausgaben 46 Mrd. DM) und steigt nach der mittelfristigen Finanzplanung auf 15,3 in 1995.[16]

Dabei lösen die steigende Kreditaufnahme einerseits und höhere Zinssätze andererseits den Anstieg der Zinsbelastung aus. Die zinstreibende Staatsverschuldung bewirkt Umverteilungseffekte: Während aus den öffentlichen Budgets die Zinsen aufgebracht werden und die Lohn- und Umsatzsteuer die wichtigsten Einnahmequellen sind, fließen den Gläubigern des Staats, vor allem den Banken, den anderen Unternehmen und vorrangig den wohlhabenden privaten Haushalten diese Zinsen zu. Derartige Umverteilungswirkungen müssen bei der Bilanzierung der Lastverteilung der deutschen Einheit mitgerechnet werden.

9.4. Politik der Steuererhöhungen: Konzeptionell und sozial unausgewogen

Unter dem *wachsenden Finanzierungsdruck* vor allem auf den Bund ließen sich nach der Bundestagswahl Ende 1990 Abgabenerhöhungen nicht länger tabuisieren. Damit rückt die Frage nach der staatlich organisierten Verteilung der Finanzierungslasten über das Steuersystem ins Zentrum. Aber auch die Folgen dieser Abgabenpolitik für die Entwicklung der gesamtwirtschaftlichen Produktion sowie der Geldwertstabilität müssen in die Bewertung einbezogen werden.

Die Bundesregierung hat auch in diesem Bereich auf ein mittelfristiges Konzept verzichtet. 1991 wurde ein Steuerpaket geschnürt und verabschiedet. Ein zweites Maßnahmenbündel der Bundesregierung, das in Teilen schon ab 1992 greifen soll, befindet sich seit dem Herbst 1990 in der Diskussion.

Die wichtigsten Elemente des »Steuerpaket '91« sind im *Kapitel V, Abschnitt 4* beschrieben (S. 145ff.). Auf das Jahr hochgerechnet und einschließlich einer Erhöhung der Telefongebühren verteilt sich die Aufbringung der Mehreinnahmen nach einer Modellrechnung zu 64% (34,9 Mrd. DM) auf die privaten Haushalte und zu 36% (29,8 Mrd. DM) auf die Unternehmen (*Tabelle IX.4*).[17] Die Belastung konzentriert sich überproportional auf die Arbeitseinkommenbezieher, obwohl der Solidaritätszuschlag mit steigender Steuerschuld progressiv wirkt. Bei den unteren Einkommensbeziehern schlägt jedoch die Wirkung der Verbrauchsteuererhöhungen voll durch. Dies gilt insbesondere auch für die Bezieher von Sozialeinkommen, die mangels Erwerbseinkommen keine direkten Steuern zu zahlen haben. Die Beschäftigten werden darüber hinaus noch durch eine Nettoerhöhung ihrer Sozialversicherungsbeiträge, aus denen arbeitsmarktpolitische Maßnahmen finanziert werden sollen, belastet. Die Kluft

Tabelle IX.4: **Mehreinnahmen durch Steuer- und Abgabenpaket '91 und '93[1])** (12 Monate volle Wirksamkeit[2])

Steuer- und Abgabenart	Einheit	Bemessungs-grund-lage		Westdeutschland			Ostdeutschland			Bundesrepublik		
				Mehrbelastung in Mrd. DM								
				Ins-gesamt	Private Haushalte	Unter-nehmen	Ins-gesamt	Private Haushalte	Unter-nehmen	Ins-gesamt	Private Haushalte	Unter-nehmen
Zuschlag zur LSt. ESt	Mrd. DM	243,2	7,5%	18,2	14,6	3,6	0,7	0,6	0,1	18,9	15,2	3,7
Zuschlag KSt	Mrd. DM	33,5	7,5%	2,5		2,5	0,1	0	0,1	2,6	0	2,6
Km-Pauschale				−1,4	−1,4		−0,1	−0,1	0	−1,5	−1,5	0
Summe I	Mrd. DM			19,3	13,2	6,2	0,7	0,5	0,2	20,0	13,7	6,4
Benzin, verbleit	Mill. Hl	92,0	25 Pfg./l	2,3	1,7	0,6	0,4	0,3	0,1	2,7	2,0	0,7
Benzin, unverbleit	Mill. Hl	276,0	22 Pfg./l	6,1	4,6	1,5	0,7	0,5	0,2	6,8	5,1	1,7
Diesel	Mill. Hl	22,0	10 Pfg./l	2,2	0,6	1,7	0,3	0,1	0,2	2,5	0,7	1,9
Summe II				10,6	6,8	3,7	1,4	0,9	0,5	12,0	7,7	4,2
Versicherungssteuer			3% Pkt.	2,0	1,8	0,2	0,2	0,2	0,1	2,2	2,0	0,3
Tabaksteuer	Mrd. Stück	121,0	1 Pfg./ Stück	1,2	1,2	0	0,4	0,4	0	1,6	1,6	0
Heizölsteuer	Mill. Hl	30,3	2,34 Pfg./l	0,7	0,5	0,2	0,1	0	0,1	0,8	0,5	0,3
Erdgassteuer			1 Pfg.	0,6	0,2	0,4	0,1	0	0,1	0,7	0,2	0,5
Kfz-Steuer				0,5	0,3	0,2	0,1	0,1	0	0,6	0,4	0,2
USt-Wirkung				2,0	2,0	0	0,3	0,3	0	2,3	2,3	0
Summe III				7,0	6,0	1,0	1,2	1,0	0,3	8,2	7,0	1,2
Summe IV = I + II + III	Mrd. DM			36,9	26,0	10,9	3,3	2,4	1,0	40,2	28,4	11,9
Anteil in vH				100	71	30	100	71	29	100	71	30

Sozialversicherung	Mrd. DM	+ 1,5% netto	15,3	7,4	7,9	1,7	0,7	0,8	17,0	8,1	8,7
Telefongebühren (Postabl.)	Mrd. DM		2,5	1,5	1,0	0,2	0,1	0,1	2,7	1,6	1,1
Steuer/Abgabenpaket '91 insgesamt	Mrd. DM		54,7	34,9	19,8	5,2	3,1	1,9	59,8	38,0	21,7
Anteil in vH			100	64	36	100	60	36	100	64	36
Wegfall Vermögenssteuer	Mrd. DM		−6,5	−0,8	−5,7						
Wegfall Gewerbekapitalsteuer	Mrd. DM		−2,5	0	−2,5						
Anhebung USt um 2 vH-Punkte			21,0	21,0	0						
Wegfall Zuschlag LSt, ESt, KSt			−20,7	−14,6	−6,1						
Steuerpaket '93			−8,7	5,6	−14,3						
Paket '91 + Paket '93, insgesamt	Mrd. DM		46,0	40,5	5,5						
Anteil in vH			100	88	12						

[1]) Die Aufteilung der Steuer- und Abgabenbelastung auf private Haushalte und Unternehmen ist wegen der Überschneidungen zwischen Selbständigen-Haushalten und Unternehmenssektor problematisch. – [2]) Ohne Mengenreaktionen. – Abweichungen in den Summen durch Runden.

[Quellen: D. Teichmann/R. Zwiener, Steuerentlastung 1986/90 und Steuerentlastung 1991: Umverteilung von unten nach oben. In: DIW-Wochenbericht 14/1991, S. 179] zwischen den sozial Schwachen und den Spitzenverdienern vertieft sich durch diese Abgabenpolitik.

Das *Deutsche Institut für Wirtschaftsforschung* konnte auf der Basis seines Lohnsteuermodells zeigen: Werden die Abgabenbelastungen 1991 mit den in den drei Stufen 1986/88/90 vollzogenen Steuerentlastungen saldiert, dann gehört die Hälfte der Lohnsteuerpflichtigen (12 Mio.) unter dem Strich zu den Verlierern. Haushalte mit einem Jahreseinkommen bis zu 45000 DM verlieren nicht nur alle Steuervorteile; sie werden netto belastet. Bei den Lohnsteuerpflichtigen zwischen 45000 und 80000 DM ist eine Nettoentlastung kaum noch spürbar. Erst ab einem Jahreseinkommen von über 80000 DM sind die Entlastungen der dreistufigen Steuerreform höher als die Belastungen aus dem 91er Paket.[18]

Ende Sommer 1991 hat die Bundesregierung ein weiteres Abgabenpaket für die Jahre 1992 und 1993 geschnürt. Die Elemente dieses »Steueränderungsgesetzes '92« sind ebenfalls im *Kapitel V, Abschnitt 4* (S. 145 ff.) beschrieben. Erstmals wird die einheitsbedingte Erhöhung von Abgaben mit der Senkung der unternehmerischen Steuerbelastung verknüpft (geplante Nettoentlastung von ca. 5 Mrd. DM pro Jahr durch die Streichung der Gewerbekapitalsteuer und die Senkung der Gewerbeertrag- und Vermögensteuer bei Einschränkung bisheriger Steuervorteile). In diesem Zusammenhang kündigte die Bundesregierung eine weitere Runde der Senkung von Unternehmensteuern an. Diese über staatliche Abgabenpolitik inszenierte Umverteilung ist sozial ungerechtfertigt.

Die Steuerbelastung der bereinigten Einkommen aus Unternehmertätigkeit ist von 50,9% 1977 auf 33,6% 1990 gesunken.[19] Schließlich haben die westdeutschen Unternehmen vom Einigungsboom durch eine massive Ausweitung ihrer Gewinne profitiert (vgl. 1. Abschnitt in diesem Kapitel). Die geplante Erhöhung der Mehrwertsteuer hingegen belastet nahezu ausschließlich die Endverbraucher, denn sie wird weitestgehend über die Preise weitergewälzt. Je niedriger jedoch das verfügbare Einkommen, und damit je höher dessen konsumtive Verwendung ausfällt, um so stärker drückt Steuerlast. Diese regressive Wirkung, die in der Finanzwissenschaft allerdings umstritten ist, tritt nach der vorangegangenen Erhöhung spezieller Verbrauchsteuern ein.

Mit dem geplanten Steuerpaket für 1992/93 würde die Umverteilungswirkung des Abgabenpakets '91 verschärft. Auf die Bezieher von Arbeitseinkommen würden sich die Finanzierungslasten der deutschen Einheit konzentrieren. Deshalb ist ein Finanzierungskonzept erforderlich, bei dem mit steigendem Einkommen und Vermögen die Beteiligung an den Kosten der deutschen Einheit wächst.

9.5. Geldpolitik gegen Inflationsdruck und DM-Abwertung: Gefahr einer Stabilisierungskrise

Der deutschen Bundesbank stellte sich vor allem seit der Ausweitung des Geltungsbereichs der D-Mark auf Ostdeutschland eine doppelte Aufgabe. Einerseits mußten die technisch und institutionellen Voraussetzungen in den neuen fünf Bundesländern geschaffen werden. Der Aufbau eines zweistufigen Bankensystems sowie der Einbezug in die Geldpolitik sind ohne größere Probleme vollzogen worden (vgl. *Kapitel III, Abschnitt 3*, S. 98ff.). Andererseits galt das Ziel, den »Geldmengensprung« durch die Ausdehnung des Währungsgebiets ohne Belastung der Geldwertstabilität zu managen.

Dabei war am Tag der D-Mark-Eröffnung die Höhe der Geldmenge durch die Umtauschsätze zur Umstellung von Forderungen, Verbindlichkeiten und laufenden Einkommen von DDR-Mark auf D-Mark mehr oder weniger fixiert. Gegenüber dem ostdeutschen Produktionspotential – geschätzt mit einem Anteil von 10% an den westdeutschen Kapazitäten – sprang nach der Währungsumstellung die *Geldmenge (M3)* auf einen Anteil von 15% der westdeutschen Größe. Da sich in Ostdeutschland die Umschichtung der ursprünglich überhöhten Liquidität in längerfristige Geldanlagen zügig vollzog und sich der ursprüngliche Geldmengensprung abschwächte, konnte die Bundesbank im Juli 1991 ihr Ende 1990 angekündigtes Geldmengenziel nach unten korrigieren. Die Geldmenge M3 sollte im Jahresdurchschnitt nicht mehr in der Bandbreite von 4–6%, sondern von 3–5% wachsen. Diese Korrektur läßt jedoch durchaus das Interesse der Bundesbank erkennen, die mengenmäßige Geldversorgung knapp zu halten.

Während also die Ausweitung des D-Mark-Geltungsbereichs kaum Stabilitätsbelastungen hervorrief, geriet die Geldpolitik durch die chaotische Finanzierungspolitik der Bundesregierung zusehends unter Druck. Allein der 1990 absehbare Anstieg der öffentlichen Kreditaufnahme hat zu dem beschriebenen Anstieg der Kapitalmarktzinsen geführt. Damit antizipierten die Kapitalgeber wachsende Stabilitätsrisiken. Aber auch das Ausland signalisierte erste Anzeichen eines Vertrauensverlusts gegenüber der D-Mark. Obwohl die Kapitalmarktzinsen etwa gegenüber den USA erstmals seit Jahren wieder höher lagen und mit einer Aufwertung der D-Mark infolge von Kapitalzuflüssen hätte gerechnet werden können, verlor die deutsche Währung an Kraft.

Da auch die Geldmarktzinssätze stiegen, sah sich die Bundesbank gezwungen, den Diskont- und Lombardsatz seit Anfang 1990 dreimal zu erhöhen, zuletzt im August 1991 den Diskontsatz auf 7,5 % und den Lombardsatz auf 9,25 %. Wollen sich die Banken durch den Verkauf von Handelswechseln an die bzw. die Beleihung von Pfändern (verzinsliche Darlehen) bei der Deutschen Bundesbank Liquidität verschaffen, dann haben sie dafür hohe Zinssätze zu bezahlen. Die Folge ist eine *Verteuerung der Kreditvergabe* durch die Geschäftsbanken.

Da die Inflationsrisiken stiegen, sah sich die Deutsche Bundesbank immer deutlicher zum Bremsen gezwungen. Die Erhöhung des Diskont- und Lombardsatzes sowie die Einschränkung des Geldmengenzuwachses bezweckten die Bildung von Inflationserwartungen früh zu durchbrechen. Dabei hat die Bundesbank über 1991 hinaus folgende Inflationsursachen im Visier: Zum einen wird eine Abwertung des Außenwerts der D-Mark befürchtet, die über eine Verteuerung der Importpreise die binnenländische Inflationsrate anzuheizen droht. Die Hochzinspolitik, ohne Rücksicht gegenüber den EG-Partner durchgesetzt, diente daher auch dem Ziel, über Kapitalzufluß aus dem Ausland dem Abwertungsdruck zu begegnen.

Zum anderen hat bereits die Erhöhung spezieller Verbrauchsteuern 1991 preistreibend gewirkt. Nach einer Schätzung sind auf das Jahr 1991 gerechnet ca. 0,75 Prozentpunkte der Verbraucherpreiserhöhung auf diese administrativ verordnete Verteuerung zurückzuführen.[20] Um einer weiteren staatlich verordneten Inflationspolitik zu begegnen, lehnt die Deutsche Bundesbank die durch die Bundesregierung geplante Erhöhung der Mehrwertsteuer von derzeit 14 auf 15 % 1993 strikt ab. Denn, ein Anstieg des Verbraucherpreisindexes um 0,5 Prozentpunkte wäre die Folge. Aber das wäre, so die Sorge der Bundesbank, nicht alles.

Zu erwarten sei, daß durch höhere Lohnabschlüsse die Schmälerung des Realeinkommens – Folge des steuerbedingten Preisanstiegs – hereinzuholen versucht würde. Eine Steuer-Lohn-Preis-Spirale könnte in Gang kommen. Aber dies muß auch klar sein: Eine Ausweitung der Inflation infolge von Steuererhöhungen nimmt die Deutsche Bundesbank nicht tatenlos hin. Mit einer restriktiven, durchaus wirksamen Einschränkung der Geldversorgung wird sie versuchen, die staatlichen Verteilungsansprüche zu Lasten der Lohnpolitik durchzusetzen.

Gelingt diese Weiterwälzung staatlicher Finanzansprüche durch eine entsprechend zurückhaltende Lohnpolitik, dann konzentrieren sich die Lasten überproportional auf die Beschäftigten sowie auf die Sozialeinkommensbezieher. Sollte dagegen die Tarifpolitik die steuerbedingte Inflation per Nominallohnsteigerung doch auffangen können, dann droht die Gefahr einer restriktiven Geldpolitik durch die Deutsche Bundesbank. Diese wiederum könnte zu einer Stabilitätskrise und in deren Gefolge zum Anstieg der Arbeitslosigkeit führen. Auch dann wären die Lasten vor allem auf diejenigen, die auf Arbeit angewiesen sind, konzentriert. Eine stabilitätsinkonforme Politik der Einheitsfinanzierung muß unterbunden werden, denn die Leidtragenden sind letztlich die Einkommensschwachen. Da sich die Geldpolitik und damit deren Wirkung nicht regional differenzieren lassen, gilt diese Umverteilungswirkung nicht nur in West-, sondern auch Ostdeutschland.

9.6. Arbeitslosigkeit in Ostdeutschland: Hebel zur Deregulierung der Arbeitsmärkte?

Wenn sich die zum Szenario »Entindustrialisierung und anhaltendes West-Ost-Gefälle« gehörende *Dauerarbeitslosigkeit* in Ostdeutschland einstellen sollte, dann drohen über die monetären Umverteilungsprobleme hinaus auch auf einem ganz anderen Gebiet belastende Rückwirkungen auf die Beschäftigten in Ost- und Westdeutschland. Unter dem existentiellen Druck der Erwerbslosigkeit in Ostdeutschland mehren sich die Stimmen, die eine Deregulierung der Arbeitsmärkte, d. h. die Demontage sozialstaatlichen Schutzes der abhängig Beschäftigten fordern, nach dem Motto: Wer arbeiten will, der muß zu Lohnabschlägen und geringerem Sozialschutz bereit sein. Diese Forderung nach Deregulierung der Arbeitsmärkte hat allerdings eine lange Tradition.

Da diejenigen, die existentiell auf einen Arbeitsplatz angewiesen sind, bei der Aushandlung individueller Tarifverträge völlig unterliegen müßten, ist in langwierigen Auseinandersetzungen ein kollektives Schutzrecht durchgesetzt worden, das eine entscheidende Voraussetzung individueller Lebensgestaltung abhängiger Beschäftigter darstellt: Im Zentrum steht die Tarifautonomie, deren gesetzliche Ausgestaltung die Unterschreitung von Tariflöhnen im Regelfall ausschließt. Abweichungen vom Tariflohn sind nur nach oben möglich (Günstigkeitsprinzip). Aber auch Schutzrechte für bestimmte Personengruppen (Jugendliche, Frauen, Schwerbehinderte) sowie zur Verhinderung willkürlicher Kündigungen gehören zum Gesamtsystem regulierter Arbeitsmärkte.[21]

In den letzten Jahren wurde immer wieder behauptet, diese sozialstaatliche Regulierung schränke die Entwicklungsdynamik von Märkten ein; eine Markt-Entfesselung durch Deregulierung sei deshalb erforderlich. Die Bundesregierung hatte 1987 beschlossen, eine »Expertenkommission zum Abbau marktwidriger Regulierungen (Deregulierungskommission)« einzusetzen. Ihr Bericht zur Verfassung der westdeutschen Arbeitsmärkte enthält eine Fülle von Vorschlägen zum Abbau des bisherigen Schutzes abhängig Beschäftigter. Ein konsequenzenreicher Vorschlag lautet: Langzeitarbeitslose sollten zu untertariflichen Arbeitsbedingungen eingestellt werden.[22] Bei der Begründung spielt die Arbeitsmarktlage in Ostdeutschland eine Rolle. Würde für die Langzeitarbeitslosen das bisherige Günstigkeitsprinzip im Tarifvertragsrecht aufgehoben, dann hätte das in den neuen Bundesländern katastrophale Folgen. Wegen der wachsenden Zahl der Dauerarbeitslosen würde bei deren untertariflicher Einstellung das Tarifrecht nicht nur Ost-, sondern auch Westdeutschland sukzessive ausgehebelt.

Der »Wissenschaftliche Beirat beim Bundeswirtschaftsministerium« hat Anfang August 1991 einen Katalog von Maßnahmen zur Einschränkung des Arbeitsmarktrechts für Ostdeutschland nachgeschoben. Dazu gehört neben der Aussetzung des westdeutschen Tarifrechts auch der Vorschlag, den §613a BGB, der für Unternehmensverkäufe die Übernahme der Belegschaft vorsieht, abzuschaffen.[23] Würde dieser Empfehlung entsprochen, dann ließe sich die Verkaufsstrategie der Treuhand-Anstalt ohne Rücksicht auf die bisher Beschäftigten durchsetzen. Auch die Forderung des Bundeswirtschaftsministers im Sommer 1991, derzufolge bei Arbeitsbeschaffungs-Maßnahmen untertarifliche Bezahlung ausgehandelt werden soll, reiht sich hier ein.[24] Ihre Verwirklichung würde die in der Verfassung verankerte Tarifautonomie aushebeln und die soziale Lage derjenigen, die existentiell auf Erwerbsarbeit angewiesen sind, empfindlich verschlechtern.

All diese Vorschläge laufen letztlich darauf hinaus, die existenzbedrohende Massenarbeitslosigkeit Ostdeutschlands als Hebel zur Umgestaltung der Arbeitsmärkte zu nutzen. Was abhängig Beschäftigte dadurch an Schutzrechten verlieren, führt – einem Nullsummenspiel vergleichbar – zu einer Ausweitung unternehmerischer Dispositionsfreiheit. Ernsthaft läßt sich diese Machtverschiebung zwischen Kapital und Arbeit mit beschäftigungspolitischen Gründen nicht rechtfertigen. Denn der Zusammenbruch Ostdeutschlands hat nun wirklich nichts mit dem Regulierungsgrad der Arbeitsmärkte zu tun.

Hier wird vielmehr erst den Beschäftigten in Ostdeutschland ein Deregulierungsopfer abverlangt, das schließlich auch zur Schwächung gewerkschaftlicher Interessenvertretung führt. Die Rückwirkungen auf Westdeutschland sind unstrittig: Der Export dieses Rechtsabbaus, erst einmal in Ostdeutschland praktiziert, in den Westen läßt nicht lange auf sich warten. Am Ende des Umwegs über Ostdeutschland steht ein Verlust sozialer Schutzrechte, die in Zeiten glitzernder High-Tech-Moderne und Produktionsflexiblisierung allerdings nichts an Bedeutung verloren haben.

9.7. Das vereinigte Deutschland und die EG-Integration

Die Mitgliedschaft der Bundesrepublik Deutschland in der EG hat sich summa summarum auf den Prozeß der deutschen Einigung vorteilhaft ausgewirkt. Die Befürchtung, die EG könne dadurch schwer belastet werden, ist, abgesehen von geringfügigen Friktionen, nicht eingetreten. Der Europäische Rat hat Ende 1990 in Dublin eine stufenweise Einbeziehung Ostdeutschlands unter das Gemeinschafts-Regelwerk beschlossen.[25] Auch das Europäische Parlament hat auf der Basis umfangreicher Expertisen die deutsche Einigung begleitet.[26] Die Einfädelung Ostdeutschlands in die EG vollzog sich auf folgenden Ebenen:

Erstens: Die seit dem 1. Juli auch für die Ex-DDR geltende D-Mark-Währung ist Mitglied des Europäischen Währungssystems. Die Außenwerte der D-Mark gegenüber den anderen teilnehmenden Ländern werden durch abgestimmte Notenbankinterventionen auf der Basis politisch festgelegter (bilateraler) Leitkurse stabilisiert.[27] Die ostdeutsche Wirtschaft konnte sich damit auf eine Zone relativer Wechselkursstabilität in Westeuropa einstellen.

Das Europäische Währungssystem, das für die Einhaltung der fixierten Wechselkurse zu sorgen hat, blieb jedoch durch die chaotische Politik der Einheitsfinanzierung nicht unbelastet. Ein leichter Abwertungsdruck der D-Mark mußte aufgefangen werden. Die Anhebung der Leitzinsen durch die Bundesbank im August 1990 hat zu heftiger Kritik, vor allem aus Frankreich geführt. Denn bei relativ fixen Wechselkursen löst bereits ein geringfügiges Zinsgefälle einen Kapitalabfluß in das Land mit den höheren Zinssätzen aus. Frankreich geriet unter Zugzwang, obwohl eine binnenwirtschaftlich erforderliche Zinssenkungspolitik für notwendig gehalten wurde. Die Bundesbank hat unter dem absoluten Primat der Geldwertstabilisierung einen Alleingang vorgezogen. Dieser Verzicht auf eine monetäre Koordination hat die Bedingungen der EG-Integration nicht gerade verbessert.

Zweitens: Die Weiterentwicklung der EG ist mit der Einheitlichen Europäischen Akte von 1986 auf das Ziel festgelegt worden, bis Ende 1992 einen schrankenlosen Binnenmarkt herzustellen. Eine unmittelbare

Übertragung der bisherigen Regelungen auf dem Weg zur Vollendung des Binnenmarkts auf Ostdeutschland war nicht möglich. Auf der Basis von umfangreichem Material wurden in den einzelnen Marktbereichen Übergangsbestimmungen festgelegt. Was in der deutschen Einigungspolitik vernachlässigt wurde, ist auf EG-Ebene verwirklicht worden: Übergangsmaßnahmen boten einen zeitlich befristeten Umstellungsschutz. Die Treuhandanstalt, die vorrangig die Privatisierung der alten »Volkseigenen Betriebe« betreibt, drohte mit ihrer Subventions- und Verkaufspolitik allerdings der Binnenmarktkontrolle der EG zu entgleiten. Deshalb ist im September 1991 ein EG-System zur Überwachung der Gewährung von Beihilfen in sensiblen Wirtschaftsbereichen sowie der Privatisierung großer Unternehmen aus wettbewerbsrechtlichen Gründen eingerichtet worden.

Drittens: Eine wichtige Handlungsebene der EG sind die Strukturfonds, die aus dem Gemeinschaftshaushalt finanziert werden. Der ostdeutsche Wirtschaftsraum erhält bis 1993 auf der Basis eines Entwicklungsplans ca. 6 Mrd. DM aus diesen Fonds; der Bund hat sich bereit erklärt, den EG-Einsatz durch eigene Mittel zu verdoppeln. Von den bewilligten EG-Hilfen zum ostdeutschen Strukturwandel entfallen die Hälfte auf den Regionalfonds, 30 % auf den Sozialfonds und 20 % auf den Agrarstrukturfonds. Kritik durch die ökonomisch schwachen Länder der EG, hier würde Deutschland bevorteilt, hielt sich nicht lange.

Die Einfädelung der Deutschen in die EG-Integration konnte einigermaßen problemlos vollzogen werden. Viele Programme in Ostdeutschland wären heute ohne die EG-Hilfe nicht zu verwirklichen. Die deutsche Vereinigung hat bisher den weiteren Prozeß der EG-Integration nicht nachhaltig belastet. Es sind jedoch auch Risiken sichtbar geworden: Die Hochzinspolitik der Deutschen Bundesbank belastet die anderen Mitgliedsländer; der drohende, bundesdeutsche Inflationsprozeß kann sich auf weitere EG-Länder fortpflanzen; im Sinne der Konkurrenz zeichnen sich Verlagerungen bisher für die EG geplanter Investitionsprojekte nach Ostdeutschland ab; der Druck, einen Finanzausgleich zwischen den armen und reichen EG-Mitgliedsländern zu praktizieren, hat zugenommen. Diese Risiken sind jedoch durch eine Stärkung des EG-Zusammenhalts im Prinzip minimierbar.

Die großen Hürden auf dem weiteren Weg in Richtung einer EG-Wirtschafts- und Währungsunion werden jenseits der Verarbeitung der deutschen Integration, immer höher. Es geht um die Frage, ob die Mitgliedsländer zu einschneidenden Verzichten auf ihre nationale Souveränität zugunsten der »Vergemeinschaftung« bereit sind. Die EG steht durch den

Wandel in Osteuropa allerdings vor ihrer größten Bewährungsprobe, denn die Blockbildung zwischen Ost und West, seit den Römischen Verträgen die Geschäftsbasis, löst sich auf.

Anmerkungen

1 *Monatsberichte der Deutschen Bundesbank* 3/1991, S. 27
2 Arbeitskreis Konjunktur, Tendenzen der Wirtschaftsentwicklung 1991/92. In: *DIW-Wochenbericht* 26–27/1991, S. 367 (Tabelle)
3 G. Horn/R. Zwiener, Vereinigung wirkt positiv auf Weltwirtschaft – Ergebnisse einer ökonometrischen Simulationsstudie, In: *DIW-Wochenbericht* 32/1991, S. 448f.
4 Vgl. *Monatsberichte der Deutschen Bundesbank* 9/1991, S. 75*
5 Arbeitskreis Konjunktur, a. a. O., S. 454ff.
6 Monatsberichte der Deutschen Bundesbank 8/1991, S. 8
7 Arbeitskreis Konjunktur, a. a. O., S. 376
8 Zur regionalen Ausgestaltung von »Local content«-Klauseln in der Region Rostock vgl. H. Heseler/R. Hickel, Der maritime Sektor im Umbruch – Wirtschaftsstrukturelle und beschäftigungspolitische Vorschläge für Rostock, *PIW-Studien* 6/1990, S. 63ff.
9 Angabe lt. Deutsche Bundesbank, *Monatsberichte* 5/1991, S. 16
10 Arbeitskreis Konjunktur, a. a. O., S. 366
11 Die Angaben entstammen: Arbeitskreis Konjunktur, a. a. O., S. 376
12 Vgl. zu den grundlegenden Problemen: R. Hickel, Notwendigkeiten und Grenzen der Staatsverschuldung – Eine Neubetrachtung. In: K. Diehl/P. Mombert (Hg.), Ausgewählte Lesestücke zum Studium der politischen Ökonomie – Das Staatsschuldenproblem, Frankfurt/Berlin 1980
13 R. Hickel/J. Priewe, Finanzpolitik für Arbeit und Umwelt, Köln 1989
14 *Monatsberichte der Deutschen Bundesbank* 8/1991, S. 33
15 *Monatsberichte der Deutschen Bundesbank* 3/1991, S. 39
16 Bundesfinanzministerium, Finanzbericht 1992, S. 85
17 D. Teichmann/R. Zwiener, Steuerentlastung 1986/90 und Steuerbelastung 1991: Umverteilung der Einkommen von unten nach oben. In: *DIW-Wochenbericht* 14/1991
18 Ebenda, S. 179
19 Deutscher Gewerkschaftsbund, Stellungnahme zum Entwurf eines Steueränderungsgesetzes 1992, 1. 10. 1991, S. 3
20 *Monatsberichte der Deutschen Bundesbank* 9/1991, S. 35
21 Zu den grundlegenden Problemen der Arbeitsmarktverfassung: R. Hickel, Deregulierung der Arbeitsmärkte – Grundlage, Wirkungen und Kritik. In: *Gewerkschaftliche Monatshefte* 2/1989

22 Deregulierungskommission, Marktöffnung und Wettbewerb – Berichte 1990 und 1991, Vorschlag 87, Ziff. 599, Stuttgart 1991

23 Vgl. dazu den Bericht: Öffnungsklauseln in Tarifverträgen und Differenzierung der Gehälter verlangt. In: *Handelsblatt* Nr. 152, vom 9./10.8.1991

24 J. W. Möllemann, Die Tarifvertragsparteien sollten spezielle ABM-Tarife abschließen. In: *Handelsblatt* Nr. 186 v. 26.9.1991

25 Europäischer Rat in Dublin, Schlußfolgerungen des Vorsitzes. In: *Presse- und Informationsamt der Bundesregierung* – Bulletin Nr. 84 v. 30.6.1991

26 Europäisches Parlament und Informationsbüro für Deutschland (Hg.), Europäisches Parlament und deutsche Einheit, 10/1990

27 Zur Funktionsweise des Europäischen Währungssystems vgl.: R. Hickel, Europäische Beschäftigungspolitik – Eine Bewertung des bisherigen Integrationsprozesses und Anforderungen an eine EG-Beschäftigungsunion. In: R. Welzmüller (Hg.), Marktaufteilung und Standortpoker in Europa, Köln 1990 (Abschnitt 2.1, S. 309 ff.)

Kapitel X

Schlußfolgerungen

10.1. Für eine neue langfristige Strategie

Im Herbst 1991 zeigt sich, daß eine Angleichung der Lebensverhältnisse in den neuen Bundesländern an die der alten auf absehbare Zeit nicht zu erwarten ist, wenn nicht eine grundlegende Kurskorrektur der Wirtschaftspolitik einsetzt. Wird der eingeschlagene Weg weitergegangen, dann steht zu befürchten, daß auf Dauer etwa die Hälfte der ehemals in der DDR vorhandenen Arbeitsplätze entfällt, die Abwanderung in den Westen zunimmt und jährlich staatliche Netto-Transfers (nach Abzug der in Ostdeutschland aufgebrachten Steuern und Abgaben) in Höhe von über 100 Mrd. DM gezahlt werden müssen, der größte Teil für konsumtive Zwecke in Form von Lohnersatzleistungen der verschiedensten Art. Diese Entwicklung hätte dauerhafte und schwerwiegende Rückwirkungen auf die Wirtschaftskraft im Westen Deutschlands. Vor allem würde der finanzpolitische Spielraum für ökologische und soziale Reformen sowie Auslandshilfen an Entwicklungsländer und osteuropäische Länder auf lange Sicht sehr eng. In Ostdeutschland wäre, abgesehen von wenigen prosperienden Zentren, die »passive Sanierung« durch Abwanderung und Verödung großer Regionen zu erwarten.

Eine derartige Entwicklung kann schon allein wegen der grundgesetzlich geforderten *»Einheitlichkeit der Lebensverhältnisse«* nicht akzeptiert werden. Die Substanz des föderalen Bundesstaates sowie des Sozialstaates würden aufs Spiel gesetzt. Und ein Hinnehmen dieser Entwicklung wäre langfristig gesehen unwirtschaftlich, weil wichtige produktive Ressourcen der gesamtdeutschen Volkswirtschaft nicht genutzt würden, sondern mehrere Millionen Menschen, die arbeiten können und wollen, durch Sozialtransfers alimentiert werden müßten, die wiederum andere erbringen müssen. In einer Gesellschaft dieser Art würden unerträgliche soziale und politische Spannungen entstehen. Das West-Ost-Gefälle wäre Ausdruck einer festgefahrenen »Zwei-Klassen-Ökonomie«. Damit stellt sich eine Jahrhundertaufgabe, für die es keinerlei historische Vorbilder gibt. Soll das neue Deutschland sozialstaatliche und ökologische Substanz haben, dann *muß* diese Aufgabe in überschaubaren Zeiträumen gelingen.

Zur Lösung dieser Aufgabe gibt es keinen Königsweg, nachdem der Weg der schnellen Währungsunion beschritten und eine Fülle von zum Teil irreversiblen Fehlern begangen wurden, die bereits zur weitgehenden Ent-Industrialisierung geführt haben. Alle Hoffnungen auf einen einmaligen kurzen Kraftakt, der in wenigen Jahren zu »einem blühenden Land« im Osten führt, sind unbegründet, ebenso wie das fatale Abwarten auf die Kräfte des Marktes. Ein wirtschaftlicher Entwicklungsrückstand von zwei bis drei Jahrzehnten kann nicht in wenigen Jahren aufgeholt werden. Daher ist eine *langfristige* Strategie des ausdauernden und beharrlichen Auf- und Umbaus im Osten notwendig, der zweifellos länger als ein Jahrzehnt dauern wird; denn Wachstumsraten in der Größenordnung von 15 % jährlich sowie Investitionen von jährlich 200 Mrd. DM, wie sie zum Gleichstand des Ostens mit dem Westen bis zum Jahr 2000 erforderlich wären (siehe *Kapitel IV.*2), sind ökonomisch unrealistisch und auch ökologisch nicht wünschbar. Ein realistischer Zeithorizont für den wirtschaftlichen Umbau des Ostens sind eher zwei Jahrzehnte, oder, wie K. von Dohnanyi schrieb, der Zeitbedarf ist der einer ganzen Generation.

Die althergebrachten Instrumente und Erfahrungen der Finanz- und Strukturpolitik in Westdeutschland, Westeuropa und in den USA reichen nicht aus. Endlich muß abgegangen werden von der naiven Strategie, traditionelle Instrumente der wirtschaftsstarken alten Bundesländer einfach umstandslos auf den Osten zu übertragen. Neue, dem Transformationsproblemen angemessene Instrumente müssen gesucht und trotz mangelnder praktischer Erfahrungen eingesetzt werden. Ein wirtschaftspolitisches *Großexperiment* muß gewagt werden. Dabei werden viele Instrumente zweischneidige Wirkungen haben und nicht lupenrein ihr Ziel ohne problematische Nebenwirkungen erreichen. Ordnungspolitische Prinzipientreue mit deutscher Gründlichkeit und Marktradikalismus helfen nicht weiter, wenn die Kräfte des Marktes zu schwach sind oder gar in die entgegengesetzte Richtung zum industriellen Exodus und zur Begünstigung hochentwickelter westlicher Ballungsregionen führen. Statt dessen ist ein flexibler Pragmatismus erforderlich, der sich ordnungspolitisch auf eine gemischtwirtschaftliche Strategie konzentriert. Der Aufbau im Osten ist ohne einen Schub an klugen und weitsichtigen staatlichen Rahmendaten nicht zu haben. Dieser muß zugleich stärker als bisher in demokratische Institutionen von Wirtschaft, Politik und Gesellschaft eingebunden werden.

Mit der Währungsunion unterscheidet sich der ökonomische Kurs, der für die Ex-DDR gewählt wurde, grundlegend von denjenigen Optionen, die die meisten anderen osteuropäischen Länder haben. Da in einem einheitlichen Staatsgebiet keine großen regionalen Lohndifferenzierungen vorstellbar sind – sie würden Wanderungen induzieren –, wird Ostdeutschland in kurzer Zeit ein Hochlohnland sein. Internationaler Wettbewerb mit Niedriglohnländern wie z. B. Schwellenländern im Bereich von einfachen industriellen Massengütern ist aussichtslos. Vielmehr müssen Hochtechnologieprodukte auf der Basis hoher Arbeitsproduktivität produziert werden. Damit haben die neuen Bundesländer kaum andere Optionen bei der Technikwahl als die alten Bundesländer.

Ohne industrielle Basis erhält Ostdeutschland keine tragfähige Grundlage für den Arbeitsmarkt, die öffentlichen Finanzen und die regionale Wirtschaft schlechthin. Wer nur auf den Dienstleistungssektor und das Kleingewerbe setzt, kann die ökonomischen Herausforderungen nicht bestehen. Es geht also – nach weitgehender Ent-Industrialisierung – um den Neuaufbau einer industriellen Basis, um die *Re-Industrialisierung*. Die neu zu schaffende industrielle Basis muß sowohl übermäßige »Importe« in die Region, vorwiegend aus Westdeutschland, substituieren, als auch der Schaffung einer regionalen Exportbasis für »Exporte« aus der Region nach Westdeutschland, auf den Weltmarkt und nach Osteuropa.

Im folgenden soll keine umfassende und konsistente Strategie gegenüber dem praktizierten »Durchwursteln« aufgezeigt werden. Statt dessen sollen mögliche Ansatzpunkte und Denkanstöße für drei wesentliche Politikbereiche aufgezeigt werden, die die Richtung unserer Überlegungen verdeutlichen. Dies betrifft zum einen die *Strukturpolitik*, die gegenüber der bisherigen politischen Praxis ein neues tragendes Gewicht für den Neuaufbau bekommen müßte. Zum zweiten handelt es sich um die *Arbeitsmarktpolitik* im weitesten Sinne, der nicht nur eine Überbrückungsfunktion zukommt, sondern auch strukturpolitische Aufgaben. Drittens schließlich sind gewaltige *finanzpolitische* Anstrengungen zur Finanzierung der ostdeutschen Gebietskörperschaften und der Struktur- und Arbeitsmarktpolitik erforderlich.

10.2. Strukturpolitische Alternativen

Die Strukturpolitik umfaßt im wesentlichen folgende Bereiche:
- Die Politik der Treuhandanstalt, die zu einer Industriepolitik weiter entwickelt werden sollte;
- die Regionalpolitik;
- die Forschungs- und Technologiepolitik
- die Außenhandelspolitik.

Auf die letzten beiden Politikbereiche soll nur kurz hingewiesen werden. Im Zentrum der Strukturpolitik steht die Schaffung einer modernen umweltverträglichen industriellen Basis für Ostdeutschland. Sie muß so groß sein, daß hier sowie in den »Folgesektoren«, vorwiegend bei den Dienstleistungen, hinreichend Arbeitsplätze für einen hohen Beschäftigungsgrad erreicht werden.

Neuorientierung der Politik der Treuhandanstalt (THA)

Ende 1991 verbleiben bei der THA noch rund 6000 Unternehmen mit etwa 1,4 Mio. Beschäftigten (einschließlich Kurzarbeiter), die kurzfristig überwiegend nicht privatisierbar sind. Die auch mittelfristig nicht sanierungsfähigen Unternehmen müssen stillgelegt werden (die THA rechnet, Presseberichten zufolge, mit etwa 2000 stillzulegenden Unternehmen). Jedoch könnte ein großer Teil der noch nicht privatisierten Treuhand-Betriebe in der Substanz gerettet werden. Die THA selbst muß die Sanierung beginnen und aktiv unterstützen. In ihrer jetzigen Organisationsform ist die THA jedoch fast ausschließlich auf Privatisierung orientiert. Daher sollte eine *Industrieholding* als 100%ige Tochter der THA gegründet werden, die für die Sanierung der als sanierungsfähig eingestuften Betriebe zuständig ist. Diese Holding sollte branchenorientiert strukturiert sein, so daß für jede Branche durch die Industrieholding eine gezielte Industriepolitik betrieben werden kann. Die Betriebe sollten in spätestens 5 Jahren wettbewerbsfähig sein und im Regelfall dann privatisiert werden, bis dahin können sie seitens der THA durch verschiedene finanzpolitische Instrumente subventioniert werden. Ist in fünf Jahren kein wesentlicher Fortschritt zu verzeichnen, müssen die Betriebe stillgelegt werden.

Für die Art der Subventionen, die stets an Anpassungs- und Restrukturierungs-Auflagen zu binden sind, muß die THA allgemeine Entscheidungsregeln entwerfen, so daß nicht ständig undurchsichtige oder willkürliche Einzelfall-Entscheidungen stattfinden. Die Industrieholding muß seitens der THA bzw. seitens des Bundes mit ausreichend Sanierungskapital ausgestattet werden. Dieses aufwendige mittelfristige Sanierungsprogramm ist unmittelbar Folge der schnellen Währungsunion: Da die realwirtschaftliche Restrukturierung nicht vor der Währungsumstellung stattfand, müssen jetzt diejenigen Betriebe, die nach normalen betriebswirtschaftlichen Kriterien in kurzer Zeit zahlungsunfähig wären, jedoch mittelfristig sanierbar sind, mit staatlicher Unterstützung modernisiert werden. Damit behalten staatliche oder halbstaatliche Unternehmen mittelfristig eine lebenswichtige Funktion für die Zukunft Ostdeutschlands.

Vielfältige *Sanierungshilfen* sollten maßgeschnitten angeboten werden: Es kann sich um die Entschuldung hinsichtlich der Altschulden handeln, um die Übernahme von Altlastenverpflichtungen, um Aufstockung des Eigenkapitals oder um gezielte und befristete Lohnkostensubventionen. In der Summe dürfen die Subventionen die Opportunitätskosten wegfallender industrieller Arbeitsplätze nicht übersteigen: Diese setzen sich zusammen aus den direkten und indirekten Kosten der Arbeitslosigkeit sowie aus Kosten der Wirtschaftsförderung zwecks Ansiedelung neuer Arbeitsplätze. Die Unternehmensberatung McKinsey hat errechnet, daß diese Opportunitätskosten im Durchschnitt bei etwa 300000 DM je aufgegebenen industriellen Arbeitsplatz liegen.

Die THA benötigt einen *neuen gesetzlichen Auftrag*, der ihr ein eindeutiges Mandat zur Sanierung von Unternehmen sowie eine angemessene Finanzausstattung gibt. Die Anstalt selbst muß, um die enorme Machtzentralisation abzubauen, demokratisiert werden. Der Verwaltungsrat ist drittelparitätisch von Vertretern des Staates, der Arbeitgeber und der Gewerkschaften zusammenzusetzen. Die Kompetenzen der Niederlassungen müssen gestärkt werden. Die Länder und Kommunen sollten in bestimmten Fällen Veto-Rechte erhalten. Abweichend vom geltenden Gesellschaftsrecht sollten auch für kleinere Kapitalgesellschaften Aufsichtsräte gebildet (derzeit nur bei Unternehmen mit mehr als 500 Beschäftigten) werden, um eine betriebsnahe Kontrolle und Leitung der Betriebe zu ermöglichen und den Zustand der nicht ausreichend wahrgenommenen unternehmerischen Verantwortung der THA zu beenden.

Eine wichtige Aufgabe der Treuhand-Industriepolitik wäre es, aus dem Bestand der vorhandenen Betriebe heraus eine leistungsfähige *Umweltschutzindustrie* aufzubauen, die Produkte und Dienstleistungen zur Befriedigung des gewaltigen Umweltschutzbedarfs in Ostdeutschland anbietet. Natürlich sollte dies in Kooperation mit leistungsfähigen westlichen

Unternehmen geschehen. Das Gleiche gilt analog für den Aufbau von Unternehmen, die große Teile der Produktion für den Nachholbedarf im *Verkehrswesen* sowie in der *Telekommunikation* übernehmen. Hier kommt es also in starkem Maße auf die Beschaffungspolitik bzw. die Auftragsvergabe von Bundespost und Bundesbahn/Reichsbahn und anderer öffentlicher Auftraggeber an. In allen drei Bereichen ist – überwiegend öffentliche – Nachfrage vorhanden, und es kommt nun darauf an, qualifizierte Angebotsstrukturen in Ostdeutschland zu schaffen und wirken zu lassen.

Entwicklung einer Regionalpolitik

Die Regionalpolitik sollte die Produktion in den neuen Bundesländern fördern, Standortnachteile ausgleichen und westliche Investoren anreizen. Das alte System der Gemeinschaftsaufgabe »Verbesserung der Wirtschaftsstruktur«, das auf alle Regionen Ostdeutschlands ausgedehnt wurde, ist bekannt für seine geringe Wirksamkeit. Daher werden die folgenden Veränderungen und Neuerungen vorgeschlagen:

– An die Stellte der Subventionierung der Investitionen sollte die *Subventionierung der Schaffung (besetzter) Arbeitsplätze* treten. Jeder neu geschaffene zusätzliche sowie jeder gesicherte Arbeitsplatz könnte mit einer festen Summe, beispielsweise mit 100000 DM, bezuschußt werden, die auch wahlweise als Lohnkostensubvention, als Zinsverbilligung, als Bürgschaft oder als Eigenkapitalzuschuß gewährt werden kann. Jeder erhaltene Arbeitsplatz wird mit einem niedrigeren Zuschuß gefördert, der an der Investitionssumme bemessen wird. Höherwertige Arbeitsplätze werden in stärkerem Maße gefördert.

– Die Regionalpolitik wird nicht daran vorbeikommen, über kurz oder lang in Ostdeutschland *Schwerpunkte* zu setzen. Möglicherweise müssen einige Problemregionen tatsächlich der passiven Sanierung preisgegeben werden, einfach weil die Chancen für eine erfolgreiche Regionalförderung aussichtslos sind. Dafür sollte die Förderung um so mehr auf entwicklungsfähige Schwerpunktregionen konzentriert werden, namentlich auf Oberzentren, die regionale Ausstrahlungs- und Anziehungskraft besitzen.

– Die Regionalförderung sollte nicht nur die industrielle *Exportbasis* im Auge haben, sondern ebenso *Ferndienstleistungen* und solche Dienstleistungen, die notwendig für die regionale Exportbasis sind, auch wenn sie ihre Dienstleistungen vorwiegend in der Region verkaufen. Schließlich ist ebenso diejenige Produktion förderungswürdig, die »Importe« von Gütern aus anderen Regionen, besonders aus Westdeutschland, ersetzt.

– Subventionen der beschriebenen Art werden nur gewährt, wenn die zur Arbeitsplatzschaffung oder -erhaltung notwendigen Investitionsgüter zu einem bestimmten Anteil (»local content«), etwa 40%, in Ostdeutschland hergestellt werden. Damit soll die Präferenz für die regionale ostdeutsche Wertschöpfung honoriert werden. Derzeit führt die im günstigsten Fall knapp über 50%ige Investitionsförderung in der Regel dazu, daß der größte Teil der benötigten Investitionsgüter aus dem Westen bezogen wird und somit dort die Konjunktur gefördert wird. Dadurch wird die Regionalförderung bedeutend abgeschwächt.

– Investoren, die Treuhand-Unternehmen kaufen und sich mit dem Kaufvertrag gegenüber der THA zu Investitionen in einer bestimmten Höhe verpflichten, sollten ebenfalls einen Teil der benötigten Investitionsgüter im Osten Deutschlands erwerben. In den mit der Treuhand ausgehandelten Verträgen sollten derartige »local content«-Klauseln enthalten sein.

– Kommunen und Länder in den neuen Bundesländern, aber auch Bahn und Post und andere öffentliche Unternehmen, sollten verpflichtet werden, einen Mindestanteil ihrer *Beschaffungen* von Herstellern aus Ostdeutschland zu beziehen. Dies gilt insbesondere für öffentliche Bauten, die vorrangig von Ost-Firmen erstellt werden sollten. Man könnte noch weitergehen und auch bei den Beschaffungen westdeutscher Gebietskörperschaften und öffentlicher Unternehmen eine Quote für Ost-Produkte vorsehen. Diese und die beiden zuvor dargestellten »local content«-Klauseln sollen auch dann gelten, wenn die Ost-Anbieter in der ersten Phase bis zu 20% teurer sind als westliche Anbieter. Der volkswirtschaftliche Nutzen ist größer als der betriebswirtschaftliche Nachteil.

– Eine andere Form der Förderung regionaler Wertschöpfung wäre die Einräumung von Abnehmerpräferenzen für die Käufer von Ost-Produkten, indem diese Produkte *mehrwertsteuerfrei* oder *mehrwertsteuerbegünstigt* sind. Dieser Vorschlag knüpft an die Hersteller- und Abnehmerpräferenzen im bisherigen Berlin-Förderungsgesetz an. Allerdings sollte das komplizierte Instrumentarium des Berlin-Förderungsgesetzes nicht unverändert auf die neuen Bundesländer übertragen werden, da auch viele unerwünschte und strukturverzerrende Effekte eingetreten sind.

– Investoren in Ostdeutschland werden derzeit mit einer unüberschaubaren Vielzahl unterschiedlicher Förderprogramme von Bund und Ländern unterstützt. Infolge dieser »Programmitis« treten häufig Mitnehmereffekte auf, ferner mangelt es an einer Konzentration und Bündelung der Programme. Viele Förderprogramme sind zudem zu pauschal und bürokratisch. Besser wäre eine *dezentrale projektorientierte Förderung*, durch die gezielt regionale Engpässe beseitigt werden. Dazu ist die Dezentralisierung eines Teiles der Wirtschaftsförderungsmittel auf die Kommunen erforderlich, ohne daß vom Bund oder vom Land spezielle Vorgaben gemacht werden. Die Kommunen können häufig aufgrund der größeren Problemnähe und der Möglichkeit, wichtige regionale Akteure zu einer konzertierten Aktion zu bewegen, zielgerichteter handeln. Mit den normalen kommunalen Finanzierungsmitteln ist jedoch in aller Regel eine projektorientierte Wirtschaftsförderung nicht möglich.

– Besser als finanzielle Anreize für Investoren sind reale Verbesserungen der Standortbedingungen, z. B. durch Verbesserung der Infrastruktur, Klärung der Eigentumsverhältnisse, Sanierung der Altlasten etc.. Auf konkrete Standortverbesserungen ausgerichtete Finanzhilfen sollten daher Vorrang vor Gewinnanreizen in Form pauschaler Finanztransfers haben.

– Die Regionalpolitik sollte stärker innovationsorientiert ausgerichtet werden. Hierzu könnte ein flächendeckendes System von *regionalen Entwicklungsagenturen* dienen, die regionale Entwicklungsprogramme konzipieren und im Rahmen von projektorientierter Regionalpolitik realisieren. Ferner sollte ein ebenfalls flächendeckendes System von *Technologietransferstellen* errichtet werden, um ansässige und neugegründete Unternehmen bei Produkt- und Verfahrensinnovationen zu unterstützen.

Durch all diese Maßnahmen würde jedoch ein zentraler Mangel nicht beseitigt: Die *Investitionen westlicher Unternehmen* im Osten sind zu gering. Da der größte Teil der Realkapitalbildung durch Direktinvestitionen westlicher Firmen erfolgen muß – denn die im Tiefpunkt verbleibende Kapitalbasis regionsansässiger Unternehmen ist infolge der Treuhand-Politik sehr schmal geworden und die internen Ersparnisse der Unternehmen sind zu gering –, muß überlegt werden, wie die Investitionsbereitschaft erhöht werden kann. Die Wirtschaftsförderung konventioneller Art beruht auf finanziellen Anreizen, die solange hochgeschraubt werden, bis die Investoren kommen. Dies ist extrem teuer, führt zu Mitnahmeeffekten, zu unerwünschten Verteilungswirkungen zugunsten der Unternehmen, und obendrein ist sie nicht sehr wirksam.

Zu erwägen ist daher die Möglichkeit administrativer Lenkung privater Investitionen. Beispielsweise wurden in Italien öffentliche Unternehmen verpflichtet, im Mezzogiorno in bestimmtem Umfang zu investieren. Die

Industriestandorte Wolfsburg und Salzgitter gäbe es heute wohl nicht, wenn nicht seinerzeit – aus ganz anderen Motiven heraus – eine regionalpolitische Lenkung stattgefunden hätte. Insbesondere die westdeutschen Großunternehmen, die in vielerlei Hinsicht vom Wohlwollen und der Förderung des Staates abhängig sind, sollten durch »moral suasion« bewegt werden, Pionierfunktionen in Ostdeutschland zu übernehmen. Einige Unternehmen, besonders aus der Automobilbranche, sind diesen Weg mit langfristig ausgerichtetem unternehmerischen Kalkül gegangen, andere, wie etwa die bundesdeutsche Großchemie, halten sich offenbar vornehm zurück.

Ein Vorschlag zur sanften staatlichen Standortlenkung für private Investitionen sieht vor, daß alle Unternehmen des verarbeitenden Gewerbes in den Altbundesländern, die mehr als 200 Personen beschäftigen, eine *Investitionshilfeabgabe* proportional zu den im Westen vorhandenen Arbeitsplätzen zahlen müssen. Diese Abgabe, deren Höhe spürbar sein muß – wir schlagen mindestens 1,5 % der Bruttowertschöpfung vor – und die gegebenenfalls auch sektoral differenziert werden kann, dient der Finanzierung der in Ostdeutschland erforderlichen Subventionen für die gewerbliche Wirtschaft, insbesondere auch der Finanzierung der Treuhand-Industrieholding. Die Einnahmen aus der Abgabe müßten aber zweckgebunden zur Kapitalbildung verwendet werden. Es wäre ein Fonds einzurichten, bei dem über die Verwendung der Mittel entschieden würde.

Die Idee für diese Abgabe orientiert sich an dem »Gesetz über die Investitionshilfe der gewerblichen Wirtschaft« aus dem Jahre 1952, durch das eine Milliarde DM von der gewerblichen Wirtschaft erhoben und für den Investitionsbedarf des notleidenden Kohlebergbaus, der eisenschaffenden Industrie sowie der Energiewirtschaft verwendet wurde. Die Aufbringungspflichtigen erhielten Forderungsrechte in Form von Aktien oder Wandelschuldverschreibungen durch die begünstigten Unternehmen und wurden somit an künftigen Gewinnen dieser Firmen beteiligt. Ein Sonderfonds vergab die Anteilsrechte an diejenigen, die die Abgabe leisteten, unter Berücksichtigung der Risikostreuung. Die Bemessungsgrundlage für die Abgabe bildeten die Gewinne der Gewerbebetriebe nach den Vorschriften des Einkommens- und Körperschaftssteuergesetzes (zuzüglich 4 % vom Umsatz der Jahre 1951/52).

Der entscheidende Unterschied zur damaligen Investitionshilfeabgabe liegt bei unserem Vorschlag darin, daß diejenigen Unternehmen, die im Osten Arbeitsplätze nach Maßgabe einer fiktiven Pflichtquote – etwa 5 % ihrer West-Arbeitsplätze – schaffen, von der Abgabepflicht befreit werden. Sie können sogar in den Genuß der verschiedenen Förderprogramme für den Osten kommen, die aus dem Abgabenaufkommen finanziert werden. Dies wäre ein sanftes staatliches *»Investitionsgebot Ost«*, von dem man sich durch Zahlung der Abgabe »freikaufen« kann. Es würde ein ökonomischer Druck erzeugt, der die Investitionstätigkeit im Osten erhöht. Erfolgskriterium für dieses Instrument sollte die Zahl der im Osten geschaffenen Arbeitsplätze sein, nicht die Investitionssumme, um eine extrem kapitalintensive Re-Industrialisierung, die beschäftigungspolitisch nicht viel nützt, deren staatliche Förderung jedoch sehr teuer ist, zu verhindern. Zugleich könnte diese Abgabe ein wirkungsvolles Finanzierungsinstrument sein.

Der Pferdefuß dieser investitionslenkenden Maßnahme ist, daß in Westdeutschland kurzfristig weniger investiert würde, also sich zunächst ein Nullsummen-Spiel bei den gesamtdeutschen Investitionen ergeben könnte. Längerfristig könnte dadurch jedoch durchaus eine eigenständige Investitionskonjunktur im Osten entstehen, wenn die Re-Industrialisierung erst mal in Gang kommt. Davon profitiert dann auch die West-Wirtschaft, vor allem die Investitionsgüterindustrie. Ein zweites Problem könnte sein, daß die Ost-Wirtschaft noch weiter »überfremdet« wird durch West-Firmen. Diesen Nachteil könnte nur die Treuhand lindern, indem sie die Entstehung eigenständiger Unternehmen in Ostdeutschland fördert, die längerfristig auch im Wettbewerb mit West-Firmen mithalten können.

Daß die Investitionshilfeabgabe in die Produktpreise überwälzt wird, ist unwahrscheinlich, denn die Firmen, die dies tun, hätten Wettbewerbsnachteile gegenüber jenen, die sich im Osten engagieren. Angesichts der Liquidität des westdeutschen Unternehmenssektors und angesichts der ungünstigen Verteilungseffekte der Subventionen im Osten kann man die Umverteilungswirkung dieser Abgabe nur als erwünscht bezeichnen. Das Urteil des Bundesverfassungsgerichtes von 1954, das eine Verfassungsbeschwerde gegen das erwähnte Investitionshilfegesetz abwies, dürfte auch heute noch die Verfassungskonformität einer derartigen Maßnahme legitimieren. Um nicht mißverstanden zu werden: Ordnungspolitisch ist ein Vorschlag dieser Art beileibe kein Wunschprogramm, aber ein befristetes Notprogramm. Wer ordnungspolitische Bedenken hat, muß sich vorhalten lassen, daß die massive Kapitalsubventionierung, wie sie derzeit in Ostdeutschland praktiziert wird, ordnungspolitisch gleichermaßen marktinkonform ist.

Eine andere Variante der indirekten Erzeugung von Druck für Investitionen in Ostdeutschland wäre die Erhebung einer *Agglomerationsab-*

gabe in Ballungsräumen in Westdeutschland. Beispielsweise sieht ein Vorschlag aus regionalpolitischen und ökologischen Gründen eine Abgabe als Zuschlag zur Gewerbekapitalsteuer vor. Die Einnahmen aus der Abgabe sind zweckgebunden für regionalpolitische Zwecke zu verwenden. Wahrscheinlich müßte eine derartige Abgabe relativ hoch bemessen sein, wenn es zu einer starken Veränderung des Standortverhaltens in Richtung Osten kommen soll.

Regionalpolitisch wichtig sind auch Standortentscheidungen für *Bundesbehörden*. Ebenso können *Hochschulneugründungen* in strukturschwachen Regionen langfristig zur Steigerung der Wirtschafts- und Innovationskraft der Region beitragen (dies bestätigen beispielsweise die Erfahrungen mit neuen Hochschulen in Kassel, Trier, Oldenburg oder Passau).

Seit einiger Zeit werden auch *Investivlohn-Konzepte* in den verschiedensten Varianten vorgeschlagen. Interessant ist der Vorschlag von R. Bispinck vom Wirtschafts- und Sozialwissenschaftlichen Institut des DGB, einen Prozent-Punkt der Lohnsteigerung in Westdeutschland in einen Solidarfonds einzuzahlen, der für die Förderung von Beschäftigungsgesellschaften und ähnliche Modell- und Pilotprojekte verwendet wird. Ein Prozent Lohnzuwachs im Westen mobilisiert bereits 5 bis 6 Mrd. DM. Wichtig ist bei diesem Vorschlag, daß diese Gelder für spezifisch arbeitnehmerorientierte Zwecke verwendet werden und nicht im Subventionsdschungel versacken. Aber auch andere Formen von Investivlöhnen sind denkbar, jedoch problematisch: Im Osten könnte tarifvertraglich vereinbart werden, daß ein Teil der Lohnsteigerung nicht bar ausgezahlt wird, sondern in Form eines Investmentanteils an einem Kapitalfonds, der Sanierungskapital für ostdeutsche Unternehmen zur Verfügung stellt. Der Anteil ist festverzinslich; die Firmen würden etwas entlastet.

Die Arbeitnehmer können über diese Kapitalbeteiligungen zudem u. U. Einfluß auf die Unternehmenspolitik ausüben, sofern der Kapitalanteil hinreichend groß ist. Die Beteiligungen sollten so gestreut sein, daß die Risiken für die Arbeitnehmer gering sind. Die Ausgabe von Belegschaftsaktien im Rahmen von Investivlohnvereinbarungen sind dagegen weniger geeignet, da in diesem Fall die Risiken je nach Unternehmen sehr unterschiedlich sind. Gegen überbetriebliche Investivlohnmodelle richtet sich Kritik, denn gerade in der Phase des Umbaus taugen diese Modelle wenig.

Ein wichtiges ergänzendes strukturpolitisches Instrument können *Lohnkostensubventionen* sein, die befristet und degressiv gestaltet sein müssen. Sie können im Rahmen der Regionalpolitik bei der Förderung neuer Arbeitsplätze verwendet werden, aber auch bei den Treuhand-Betrieben und sonstigen privaten Betrieben. Lohnsubventionen sollten alternativ zu Kapitalsubventionen angeboten werden. Sie können in Betrieben, die ihre Produktivität nicht so rasch erhöhen können wie die Löhne steigen, eine vorübergehende Anpassungshilfe darstellen (vgl. *Kapitel III.9*).

Übrige strukturpolitische Bereiche

Auf die *Forschungs- und Technologiepolitik* kann hier nur kurz hingewiesen werden. Entscheidend ist, daß in Ostdeutschland ein leistungsfähiges industrienahes Innovationspotential neu aufgebaut wird, nachdem der größte Teil der alten Institutionen dem Niedergang preisgegeben wurde. F&E-Einrichtungen sollten eng mit der Treuhand-Industrieholding kooperieren. Ferner sollten zumindest größere Beschäftigungs- und Qualifizierungsgesellschaften F&E-Abteilungen bilden, die von der Forschungs- und Technologiepolitik des Bundes und der Länder finanziell unterstützt werden, ebenso durch die bereits erwähnten Technologietransferstellen. Ziel ist hier die Entwicklung marktfähiger Produkte. Die Forschungs- und Technologiepolitik sollte nicht nur Verfahrensinnovationen, sondern insbesondere *Produktinnovationen* fördern, die für eine offensive Sanierungsstrategie notwendig sind und bisher von den meisten Treuhand-Betrieben vernachlässigt wurden, weil sie in der Regel kurzfristig nicht realisierbar sind. Besonderes Augenmerk sollte dem umwelttechnischen Fortschritt im Sinne integrierter Schadstoffvermeidung gewidmet werden.

Die *Außenhandelspolitik* müßte sich viel stärker auf den im Einigungsvertrag geforderten besonderen Vertrauensschutz für die Handelsbeziehungen in die ehemaligen RGW-Länder konzentrieren. Hermes-Bürgschaften sind dabei notwendig, aber unzureichend. Weitergehende Überlegungen sollten sich auf befristeten Kompensationshandel erstrekken, der ja in den (west-)deutsch-sowjetischen Beziehungen seit langem Tradition hat (z. B. Erdgas-Röhren-Geschäft). Dabei sind gezielte Hilfen zur Steigerung der Exportfähigkeit der osteuropäischen Handelspartner erforderlich. Beispielsweise wäre ein deutsches Hilfsprogramm zur Modernisierung der Erdgas- und Mineralölförderung in den sowjetischen Republiken notwendig. Ferner sollten protektionistische Importbarrieren Deutschlands gegen Importprodukte aus osteuropäischen Ländern rasch abgebaut werden. Generell ist für die Außenhandelspolitik mit Osteuropa wichtig, daß nicht nur deutsche Exporte gefördert werden, sondern zugleich auch die Exportfähigkeit der Handelspartner gesteigert wird.

Die *Umweltpolitik* sollte als Teil ökologischer Strukturpolitik verstanden werden. An dieser Stelle kann auch sie nicht näher untersucht werden. Hier soll nur darauf verwiesen werden, daß gerade bei der Restrukturierung der verbleibenden industriellen Substanz und der Re-Industrialisierung Ostdeutschlands strategische Investitionsentscheidungen fallen, die langfristig irreversibel sind. Hier sollte möglichst die Vermeidung von Umweltschäden im Vordergrund stehen, nicht die nachgeschaltete Entsorgung von Schäden. Dies ist nicht allein und nicht einmal primär von der verfügbaren Umwelttechnik abhängig, sondern in erster Linie von dem umweltrechtlichen und -politischen Regelwerk abhängig.

Würden beispielsweise verstärkt *Umweltabgaben* (»Öko-Steuern«) eingesetzt, und zwar in Ost- und Westdeutschland gleichermaßen, dann entstünde ein starker Anreiz für umwelttechnische Innovationen und Investitionen. Die Nachfrage der Umweltschutzindustrie hängt maßgeblich von diesem Regelwerk ab. Dies wäre auch für den Aufbau einer leistungsfähigen ostdeutschen Umweltindustrie nur von Vorteil. Umweltpolitischer Fortschritt in Ostdeutschland, der dort auch aus wirtschaftlichen Gründen dringend geboten ist, wird nur vorankommen, wenn ein neues gesamtdeutsches Regelungssystem für den ökologischen Umbau der Volkswirtschaft gefunden wird, daß dem umweltpolitischen Verursacher- und Vorsorgeprinzip Vorrang einräumt.

10.3. Arbeitsmarktpolitische Alternativen

Der Arbeitsmarktpolitik gemäß Arbeitsförderungsgesetz (AFG), das in einigen wichtigen Punkten im Osten von den in Westdeutschland geltenden Regeln abweicht, wurde die Hauptlast der sozialen Folgen des ostdeutschen Umbruchs aufgebürdet. Jedoch sind das AFG und dessen Instrumente für Transformationsprobleme ostdeutscher Art nicht geschaffen worden. Daher ist es nicht verwunderlich, daß die passiven Instrumente Arbeitslosenunterstützung und Kurzarbeit dominieren. Das Instrument der Kurzarbeit wurde im Westen für ganz anders gelagerte, nämlich vorübergehende konjunkturelle Probleme geschaffen, im Osten wurde es als Verlegenheitslösung für einen längeren Zeitraum und dazu in der Variante »Kurzarbeit Null« verwendet. Zu den überwiegend passiven Instrumenten müssen auch die Vorruhestands- und Altersübergangsregelungen (ab 55 Jahren möglich) gerechnet werden, deren Laufzeit bis zu 5 Jahren beträgt und die massiv in Anspruch genommen werden: Mitte

1991 wurden insgesamt 450000 Arbeitnehmer auf diese Weise aus dem Arbeitsmarkt ausgegliedert. Nach Schätzung des *Institutes der Deutschen Wirtschaft* werden es bald 600–750000 sein – das wären 50–65% der über 55jährigen Arbeitnehmerinnen und Arbeitnehmer.

Positiv ist jedoch anzumerken, daß die aktiven Instrumente der Arbeitsbeschaffungsmaßnahmen (ABM) sowie der Fortbildung und Umschulung in relativ kurzer Zeit stark expandierten. Gegen Ende 1991 wird es in Ostdeutschland über 300000 AB-Maßnahmen geben, wobei bis zu 100% der Lohnkosten sowie zusätzlich Sachkosten finanziert werden können. Ein beträchtlicher Teil der ABM-Stellen wird mittlerweile in *»Gesellschaften zur Arbeitsförderung, Beschäftigung und Strukturentwicklung«* (ABS) gebündelt (ca. 100000 Personen). Mitte des Jahres 1991 waren 170000 Personen in Vollzeit-Qualifizierungsmaßnahmen, die weiter expandieren. Der größte Engpaß liegt auf der Angebotsseite bei geeigneten und qualifizierten Trägern von Fortbildung und Umschulung.

Der Arbeitsmarktpolitik fällt neben der Qualifizierungsfunktion die Aufgabe zu, einen Zeitraum von mehreren Jahren, die schwersten Jahre der Transformationskrise, zu überbrücken, bis neue Arbeitsplätze im privaten und öffentlichen Sektor entstanden sind. Darüber hinaus muß sie aber auch aktiv zur Re-Strukturierung und zum Aufbau der Wirtschaft beitragen. Dies gilt in erster Linie für die *Beschäftigungsgesellschaften*. Es besteht die Gefahr, daß sie zu rein passiven Auffanggesellschaften werden, hinter denen sich unter dem Etikett »Beschäftigung« ganz normale Arbeitslosigkeit verbirgt. Zum Teil können Qualifizierungsmaßnahmen durchgeführt werden, aber dies ließe sich im Grunde auch über Fortbildungs- und Umschulungskurse bewältigen. Daher brauchen ABS eine strukturpolitische gezielte Aufgabe: Sie sollten einerseits dazu beitragen, daß in den Muttergesellschaften, aus denen sie ja meist hervorgegangen sind, mittelfristig neue Dauerarbeitsplätze entstehen. Andererseits sollten neue Produktions- und Dienstleistungsgesellschaften entstehen, die nach einiger Zeit finanziell selbständig sind. Mithin sollten auch neue Firmen, die sich am Markte behaupten können, aus ABS heraus entstehen.

Damit dieses Experiment gelingt, bedarf es vielerlei Unterstützung, sei es durch die alten Muttergesellschaften, die Arbeitsverwaltung oder durch die staatliche Strukturpolitik. Insbesondere die Forschungs- und Technologiepolitik sollte die ABS gezielt fördern, ebenso die kommunale Wirtschaftsförderung, die Arbeitskräfte aus ABS für öffentliche Arbeiten der verschiedensten Art einsetzen kann. Zur strukturpolitischen Ausrichtung der ABS gehört auch, daß kein Verdrängungswettbewerb mit bereits ansässigen Firmen, Handwerkern usw. in deren traditionellen Betätigungsfeldern praktiziert wird. Damit ABS tatsächlich innovativ werden und nicht zu Instrumenten passiver, aber teurer Arbeitsmarktpolitik verkommen, sollten sie von Anfang an auf maximal 5 Jahre befristet werden.

Eine Vereinbarung zwischen den Tarifparteien, der Bundesregierung und der Treuhandanstalt sieht die Gründung von ABS über eine Trägergesellschaft des jeweiligen Bundeslandes (TGL) vor. Vor Ort sollen dann regionale Trägergesellschaften (TGR) gegründet werden. Bisher liegt ein dieser Grundkonzeption entsprechendes Modell für Sachsen vor. Gegründet wurde dazu ein *»Aufbauwerk im Freistaat Sachsen«* (siehe *Abb. X.1*). Dieser Institution gehören neben der Landesregierung die Arbeitgeber und die Gewerkschaften an, ferner ist auch die Dresdner Bank als größte Geldgeberin beteiligt. Ein viertelparitätisch besetzter Aufsichtsrat legt die Grundlinien der Aufbaupolitik fest. Die einzelnen ABS, die von 10 regionalen Trägergesellschaften organisatorisch zusammengehalten werden, sind auf die Personal entlassenden Betriebe sektoral ausgerichtet. Die Beschäftigten bringen ihre Sozialplan-Abfindungen, meist etwa 5000 DM, in das Vermögen der ABS ein. Dieses sog. Sondervermögen kann dann durch weitere Mittel der öffentlichen Hand aufgestockt werden. Dadurch sind die Betroffenen an dem Erfolg der ABS materiell direkt interessiert. Ziel soll die Schaffung dauerhafter, von staatlichen Finanzhilfen unabhängige Arbeitsplätze sein. Diese Konzeption ist weitaus besser als die Finanzierung von Arbeitslosigkeit.

Aufgrund sozialer Erwägungen sind breit angelegte *Vorruhestandsmaßnahmen* ab 55 Jahren äußerst problematisch. Es darf nicht sein, daß der größte Teil der Generation der Jahrgänge 1926–36, die es ohnehin im Leben schwer hatte, aus dem Erwerbsleben herausgedrängt wird. Die finanzielle Ausstattung der Vorruhestandsregelungen entspricht in etwa dem Arbeitslosengeld. Im Grunde handelt es sich um eine Form versteckter Arbeitslosigkeit. Statt dessen sind andere Formen der vorübergehenden Ausgliederung von Arbeitskräften aus dem Erwerbsleben erwägenswert, die die gleiche arbeitsmarktpolitische Wirkung haben. Warum sollte nicht allen Arbeitskräften, die dies wünschen, eine Art *garantiertes Mindesteinkommen* für einen befristeten Zeitraum von maximal fünf Jahren gewährt werden? Dieses Mindesteinkommen ist nicht, wie das Arbeitslosengeld, daran gekoppelt, daß die Person dem Arbeitsmarkt jederzeit zur Verfügung stehen muß. Vielmehr wird sie befristet aus dem Arbeitsmarkt ausgegliedert. Um Mißbrauchsmöglichkeiten zu mindern, sollte dieses garantierte Mindesteinkommen unter dem Arbeitslosengeld liegen. Danach müssen die Arbeitskräfte wieder dem Arbeitsmarkt zur Verfügung stehen.

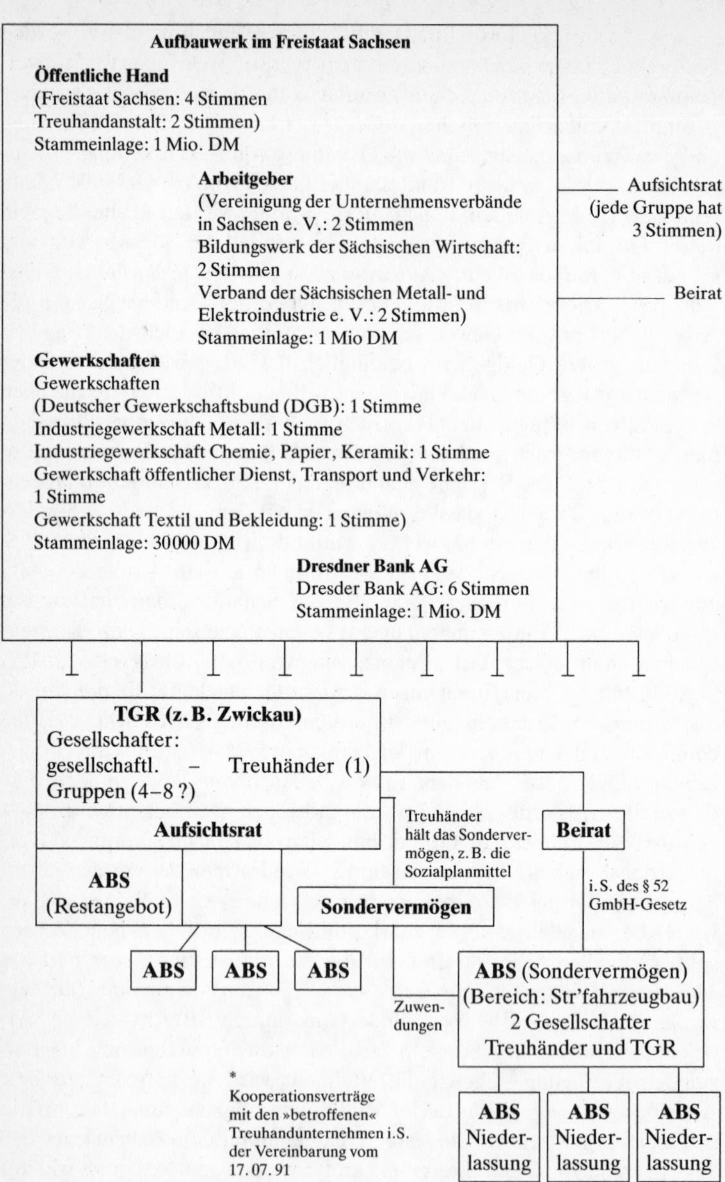

Abb. X.1: Aufbauwerk im Freistaat Sachsen

Eine Variante des garantierten Mindesteinkommens wäre die Zahlung von *Stipendien* an diejenigen Personen, die bereits im Berufsleben standen und nun – etwa über den zweiten Bildungsweg – das Abitur und/oder ein Hochschulstudium nachholen wollen. Angesichts der sehr geringen Quote der Abiturienten in der DDR und folglich auch der Hochschulabsolventen, gemessen an der Stärke eines Altersjahrgangs, besteht hier erheblicher Nachholbedarf. Voraussetzung wären entsprechende Angebote des Schul- und Hochschulsystems. Mithin sollte die Arbeitsmarktpolitik in der Ex-DDR nicht nur auf berufsbildende Maßnahmen durch Fortbildung und Umschulung orientieren, sondern auch Maßnahmen zur Allgemeinbildung bzw. Hochschulbildung fördern. Ob diese Aufgaben über die Arbeitsverwaltung oder bildungspolitische Institutionen in Angriff genommen werden, ist nebensächlich.

Das bislang in Ostdeutschland wichtigste Instrument, die *Kurzarbeit*, sollte nach und nach reduziert werden. Es macht keinen Sinn, Arbeitnehmerinnen und Arbeitnehmer für längere Zeit an aussichtslose Arbeitsplätze zu binden. Allenfalls wäre Kurzarbeit mit anhaltendem und hohen oder gar vollständigem Arbeitsausfall vertretbar, wenn sie mit Qualifizierungsmaßnahmen gekoppelt ist. Aber im Grunde sind dann Fortbildungs- und Umschulungsmaßnahmen besser geeignet. An die Stelle der Kurzarbeit sollten daher die Ausweitung von Fortbildung und Umschulung sowie Arbeitsbeschaffungsmaßnahmen und Beschäftigungsgesellschaften treten, also aktive Instrumente der Arbeitsmarktpolitik. Sobald die Voraussetzungen dafür geschaffen sind (z. B. Erhöhung der Weiterbildungsangebote, Aufbau von neuen Bildungskapazitäten, Gründung neuer BQG etc.), sollte die Kurzarbeit abgebaut werden.

Sobald sich die ostdeutschen Tariflöhne stärker den westdeutschen angenähert haben, also in einigen Jahren, sollten massive *Wochenarbeitszeitverkürzungen* auf die Tagesordnung der Tarifpolitik gesetzt werden. Hier gibt es im Osten erheblichen Nachholbedarf. Je größer die Arbeitszeitverkürzungen und damit die erwarteten Beschäftigungseffekte ausfallen, desto geringer wird dann der Verteilungsspielraum für Lohnerhöhungen ausfallen. In der zweiten Hälfte der 90er Jahre sollte dann schrittweise die 35-Stunden-Woche im Osten anvisiert und möglichst beschäftigungswirksam umgesetzt werden. Dabei ist die Herstellung eines höheren Beschäftigungsgrades in Westdeutschland, sei es durch weitere Arbeitszeitverkürzungen, sei es durch sonstige beschäftigungspolitische Maßnahmen, in seiner Wirkung auf den Osten zweischneidig: Einerseits bestehen bei Arbeitskräfteengpässen, insbesondere bei qualifizierten Kräften, stärkere Anreize für die Unternehmen, anstehende Erweiterungsinvestitionen im Osten zu tätigen, sofern bis dahin die wichtigsten Infrastrukturmängel vermindert sind. Die Arbeitskräfteknappheit in den 60er Jahren in der BRD hatte das Kapital mobiler gemacht, es hat sich in den peripheren ländlichen Regionen angesiedelt. Andererseits besteht die Gefahr, daß Fachkräfte aus dem Osten nach Westen abwandern. Ähnliches gilt generell für hohes Wirtschaftswachstum in Westdeutschland: Es ist noch lange kein Garant dafür, daß in höherem Maße Investitionen im Osten getätigt werden.

Wie stark Arbeitszeitverkürzungen im Osten den Arbeitsmarkt in den 90er Jahren entlasten können, hängt sowohl von den Produktivitätszuwächsen als auch von der dann erreichten Rentabilität der Unternehmen und nicht zuletzt auch von den öffentlichen Finanzen ab. Andernfalls wären starke Arbeitszeitverkürzungen nur mit Lohneinbußen möglich, aber vermutlich sehr schwer durchsetzbar. Insofern ist die Arbeitszeitpolitik in starkem Maße auf den Erfolg der allgemeinen Wirtschafts-, Struktur- und Finanzpolitik angewiesen.

10.4. Finanzpolitische Alternative: »Zukunftsprogramm Deutsche Integration«

Die Aufgaben des ökonomischen, sozialen und ökologischen Um- und Aufbaus Ostdeutschlands in den Feldern Infrastruktur-, Umwelt-, Arbeitsmarkt- und Unternehmenspolitik haben wir insbesondere in *Kapitel IV* definiert. In der Summe zeigt sich ein immenser, über das Jahr 2000 hinausreichender Programmbedarf. Im Mittelpunkt der finanzpolitischen Alternativen steht ein »*Zukunftsprogramm Deutsche Integration*«. Die nachfolgend aufgeführten Grundprinzipien sind bei dessen Konzipierung und Verwirklichung zu berücksichtigen:

Dieses Zukunftsprogramm muß *auf mehrere Jahre*, bis zum Ende dieses Jahrzehnts, angelegt werden. Die gigantische Aufgabe der deutschen Einigung läßt sich nicht im Rahmen des bisherigen Rhythmus der Haushalts- und Finanzplanung unterbringen. Bei der Aufbringung der Einheitskosten darf nicht darauf spekuliert werden, es handle sich lediglich um eine kurzfristige Anschubfinanzierung. An die Stelle dieser teuren Illusion eines Aufschwungzaubers muß ein längerfristiges Finanzierungsprogramm treten. Verwirklicht werden muß ein *Finanzprogramm 2000*, dessen Mittelabfluß über eine jährliche Feinplanung auszusteuern ist.

– Die deutsche Integration ist eine politische *Gemeinschaftsaufgabe*, also ein öffentliches Gut. Im Kontext ihrer Finanzierung wird das kaum bestritten. Denn einzelne Gruppen und schon gar nicht die Märkte sind in der Lage, eine stabile Finanzierung zu gewährleisten. Der Nutzen dieses Aufbauprogramms tritt zeitlich erst sehr viel später ein. Aus dem Gemeinschaftscharakter folgt: Kriterien der Verteilung der Lasten der deutschen Einheitskosten müssen letztlich politisch definiert werden. Die Frage, in welchem Verhältnis die Finanzierung aus den Arbeits- und/ oder Kapitaleinkommen erfolgen soll, ist politisch zu beantworten.

– Die Gemeinschaftsaufgabe Finanzierung deutsche Einheit läßt sich über viele Jahre nicht in den Strukturen des föderalen Finanzausgleichs, wie ihn das Grundgesetz für die alte Bundesrepublik vorsieht, unterbringen. Die politischen Aufgaben des Um- und Aufbaus Ostdeutschlands sind wegen der tief gespaltenen Entwicklung in den beiden Teilen Deutschlands bis zum Ende dieses Jahrzehnts tragfähig nur im Rahmen einer *eigenständig* organisierten öffentlichen Finanzierung durchführbar. Der föderale Finanzausgleich, fiskalisches Fundament des Bundesstaats, hat das Ziel, eine annähernde Angleichung der Finanzkraft der Bundesländer auf der Basis einer ähnlichen wirtschaftlichen Entwicklung herzustellen. Die gegenüber dem regional differenzierten Wachstumsmuster Westdeutschlands tiefgreifende Transformationskrise in den neuen Bundesländern und die damit verbundenen Finanzierungsaufgaben lassen sich über viele Jahre nicht in den alten Ausgleichssystemen verarbeiten.

Die aus den sich selbst finanzierenden Ausgleichstöpfen zu erwartenden Finanzmassen wären ohnehin zu gering und die Rückwirkungen auf Westdeutschland katastrophal. Durch die deutsche Einigung entfällt nicht der verfassungsrechtliche Auftrag, auch das regionale Gefälle in Westdeutschland fiskalisch aufzufangen. Deshalb wäre es auch falsch, den westdeutschen Strukturfonds mit jährlich 2,45 Mrd. DM über zehn Jahre zum Ausgleich der regional unterschiedlich verteilten sozial-ökonomischen Wirtschafts- und Arbeitsmarktrisiken für Ostdeutschland umzuwidmen. Die Zeitspanne einer eigenständig organisierten Finanzierung des *»Zukunftsprogramms deutsche Integration«* hängt von der Länge der ostdeutschen Transformation und damit dem Tempo der Annäherung an westdeutsche Verhältnisse ab.

Der im Einigungsvertrag vorgesehene Termin, ab 1995 einen gleichermaßen für Ost- und Westdeutschland geltenden föderalen Finanzausgleich einzurichten, ist illusorisch; denn die tief gespaltene Wirtschaftsentwicklung wird über einen viel längeren Zeitraum dominieren. Deshalb schlagen wir vor, ein gemeinsames föderales Finanzsystem erst zum Ende dieses Jahrzehnts zu projektieren. Die verbleibende Zeit wird ohnehin zur Entwicklung eines tragfähigen Konzepts dringend benötigt. Ein eigenständig organisiertes Finanzierungsprogramm hat einen doppelten Vorteil: Jenseits von föderalen Ausgleichsmechanismen lassen sich aufgabenbezogen die Finanzbedarfe feststellen, während zugleich die benachteiligten Regionen Westdeutschlands weiterhin durch die reichen Altländer fiskalische Abstützung erhalten.

– Die Instrumente des öffentlichen Finanzierungsprogramms müssen an drei Kriterien ausgerichtet werden: Zum einen sind sie so einzusetzen, daß eine Inflationsbeschleunigung und in deren Gefolge eine scharf restriktive Geldpolitik vermieden werden. Zum anderen muß eine Umverteilung zu Lasten der Bezieher von Sozial- und Arbeitseinkommen und damit eine Vertiefung der ungleichen Verteilung bei der Finanzierung der deutschen Einheit ausgeschlossen werden. Schließlich ist dafür Sorge zu tragen, daß die Finanztransfers für Produktionsaufträge »vor Ort« genutzt werden, um damit den Produktionsstandort Ostdeutschland zu stärken. Bei der öffentlichen Auftragsvergabe sowie auch bei der staatlichen Förderung privatwirtschaftlicher Investitionsprojekte sind vorrangig ostdeutsche Unternehmen zu berücksichtigen (siehe dazu den Vorschlag »strukturpolitischer Alternativen« im Abschnitt 2 dieses Kapitels).

Instrumente zur Finanzierung des »Zukunftsprogramms deutsche Integration«

Bei der Schätzung des Finanzierungsbedarfs eines »Zukunftsprogramms deutsche Integration« muß berücksichtigt werden, daß allein 1991 im Umfang von über 150 Mrd. DM einigungsbedingte Kosten entstanden sind. In diesem Umfang werden auch in den nächsten Jahren Finanztransfers benötigt. Wir schlagen daher vor, für die mittlere Frist pro Jahr 150 Mrd. DM zur Verfügung zu stellen. Dabei können in den ersten Jahren zu Lasten nachfolgender Jahre mehr Mittel projektbezogen vorgezogen werden. Bis zum Jahr 2000 ist jedoch auf der Basis einer Ablauf- und Erfolgskontrolle eine Abnahme der Finanztransfers nach Ostdeutschland auf jährlich 100 Mrd. DM anzustreben. Die Dimension dieses mehrjährigen Finanzbedarfs ist nicht unrealistisch. Das zeigt zum einen unsere Abschätzung des Umbaubedarfs (S. 121 ff.). Auch eine Berechnung des *Instituts für Wirtschaft und Gesellschaft* in Bonn fordert ähnliche Größenordnungen für einen 10-Jahreszeitraum.[1]

Im Gegensatz zu den regierungsoffiziellen Prognosen ist gerade in den nächsten Jahren von einem weiterhin hohen Finanzbedarf der deutschen Einheit auszugehen, während mit Selbstfinanzierungseffekten in dieser Phase nicht zu rechnen ist. Finanzpolitisch stellt sich damit die Aufgabe, Instrumente zu definieren, die unter den Kriterien stabilitätskonform und verteilungsgerecht diesen jährlichen Finanzbedarf erbringen. Im Ausmaß der öffentlichen Finanzierung Ostdeutschlands durch zusätzliche Abgaben müssen private Ansprüche an das Sozialprodukt durch Westdeutschland erfolgreich zurückgeschraubt werden. Nachfolgend werden Finanzierungsinstrumente in Abgrenzung und Weiterentwicklung der derzeitigen Praxis dargelegt.[2]

– Zentrale Grundlage unserer Finanzierungsvorschläge ist die Erkenntnis (vgl. *Abschnitt 3, Kapitel IX,* S. 241 ff.): Der bisherige Einsatz der *Staatsverschuldung* als ›Lückenbüßer‹ für den Verzicht auf ein mutiges Finanzierungskonzept hat stabilitäts- und verteilungspolitisch zu erheblichen Belastungen geführt. Auf die mittlere Frist muß die Neuverschuldung aller Gebietskörperschaften (einschließlich des Fonds Deutsche Einheit, Kreditabwicklungsfonds und Kredite für die Treuhand-Anstalt) von gegenwärtig ca. 150 Mrd. DM auf 120 Mrd. DM zurückgeführt werden. Damit wird einerseits dem um Ostdeutschland erweiterten Gebiet auf der Haushaltsebene Rechnung getragen. Andererseits ist die Neuverschuldung in dem Rahmen, in dem sie vor allem auch zur Vor-Finanzierung produktiver Infrastrukturmaßnahmen genutzt wird, volkswirtschaftlich sinnvoll.

Während der Umbauphase Ostdeutschlands ist angesichts der massiven Aufwendungen für den Aufbau der Infrastruktur sowie den ökologischen Umbau eine jährliche Kreditaufnahme aller Gebietskörperschaften von 3–4% gegenüber dem (konjunkturbereinigten) Produktionspotential volkswirtschaftlich zu rechtfertigen. Die Stabilisierung der Erwartungen auf den Kapitalmärkten ist jedoch nur zu sichern, wenn die Gebietskörperschaften diese Mittelfristorientierung bei der Staatsverschuldung auch verbindlich einhalten. Freilich können die Gebietskörperschaften kurzfristig von dieser Grundlinie abweichen, wenn konjunkturell die Gefahr eines Produktionseinbruchs droht.[3]

In der jüngsten Zeit unterbreitete Vorschläge zur Senkung der öffentlichen Kreditaufnahme durch eine Privatisierung des Infrastrukturausbaus in Ostdeutschland erweisen sich bei genauerer Analyse als unzweckmäßig. Deutlich wird dies am Vorschlag der Privatisierung des Autobahnbaus durch das Bundesverkehrsministerium: Diskutiert wird eine privatwirtschaftliche *»Objekt KG«*, die die Autobahnen in Ostdeutschland baut und finanziert; der Staat mietet deren Nutzung und kauft diese nach 27 Jahren zum Restwert zurück. Zwar wird lediglich eine Verzinsung des Kommandit-Kapitals von 4% vorgesehen. Dieser Abschlag gegenüber den Kapitalmarktzinsen ist jedoch nur möglich, weil die Kapitalgeberstellen (Banken, Versicherungen und Unternehmen) damit rechnen, Abschreibungsvorteile unbeschränkt nutzen zu können. Mit einem derartigen Leasing-Modell würden einerseits die Kapitalmärkte ebenfalls beansprucht, also über die »Objekt KG«. Andererseits entstehen dem öffentlichen Sektor Kosten durch abschreibungsbedingte Steuerausfälle, die sich in der Höhe gegenüber dem Kapitaldienst aus öffentlicher Schuldaufnahme kaum unterscheiden.

Die Finanzierung öffentlicher, territorial wichtiger Infrastrukturinvestitionen durch die Erhebung von Nutzungsgebühren in Ostdeutschland ist aus struktur- und verteilungspolitischen Gründen abzulehnen. Dem Aufbau des Verkehrs- und Kommunikationssystems kommt eine gesamtwirtschaftliche Pionierfunktion zu, deren flächendeckende Entwicklung und Inanspruchnahme durch die Erhebung von Nutzerpreisen nicht zu gewährleisten wäre.

– Ein wichtiges Instrument unseres Finanzierungskonzepts konzentriert sich auf die *Durchforstung der staatlichen Subventionen*. Nach einer Schätzung des *Deutschen Instituts für Wirtschaftsforschung* in Berlin hat allein der Unternehmenssektor 1989 Finanzhilfen und Steuervergünstigungen im Umfang von 86,4 Mrd. DM in der alten Bundesrepublik erhalten.[4] Wie die Praxis jedoch zeigt, lassen sich aufkommensrelevante Streichungen im Subventionshaushalt nur schwer durchsetzen (vgl. dazu den großteils gescheiterten Versuch, im Rahmen des Abgabenpakets 1992/93 wenigstens ca. 5 Mrd. DM zu streichen; S. 245 ff.). Auffällig ist die Tatsache, daß diejenigen, die zur Finanzierung der deutschen Einheit einen massiven Subventionsabbau vorschlagen, völlig unzureichende konkrete Pläne unterbreiten. Dafür gibt es wohl einen realistischen Grund: Bei Subventionen, etwa im Bereich der Werften, des Steinkohlebergbaus, im Flugzeugbau und im Bereich der Mikroelektronik, geht es um die Absicherung von Produktion und Arbeitsplätzen. Deshalb ist die Forderung wichtig, die Subventionsberichterstattung zu intensivieren und eine regelmäßige Zielkontrolle zu verankern.

– Im Bereich der Einsparung und Umschichtung öffentlicher Ausgaben halten wir eine *Senkung der Verteidigungsausgaben* um 10 Mrd. DM für rüstungspolitisch gerechtfertigt und machbar. Um jedoch in den betroffenen Unternehmen den schwierigen Umbau von der Rüstungs- auf Zivilproduktion abzustützen, müssen jährlich ca. 5 Mrd. DM einem regional ausgerichteten, jedoch zentralstaatlich abgesicherten Konversionsfonds übereignet werden.

– Die *Erhöhung der Mehrwertsteuer* wird aus stabilitäts- und verteilungspolitischen Gründen abgelehnt. Zum einen führt ihre steuerpolitisch gewollte Überwälzung zu einem nahezu gleichlautenden Anstieg der Preise des Endverbrauchs. Wenn der administrativ verordnete Inflations-Druck durch entsprechende Nominallohnerhöhungen im Rahmen der Tarifverhandlungen aufgefangen wird, wird die Deutsche Bundesbank zu einer Verteuerung und Verknappung der Geldversorgung gezwungen. Wachstumsverlangsamung und Arbeitsplatzabbau könnten die Folge sein. Zum anderen ist die Mehrwertsteuer ob ihrer Verteilungswirkungen problematisch: Je stärker das Einkommen konsumtiv verwendet wird – und das gilt für die unteren Einkommensbezieher – um so höher ist die zu tragende Last gegenüber den Einkommensstarken mit einer hohen Sparquote. Auch die bisherige Halbierung des Mehrwertsteuersatzes auf 7% – gegenüber dem Normalsatz mit 14% – vermag die belastenden Umverteilungswirkungen bei den unteren Einkommensbeziehern nur wenig zu mildern. Schließlich löst die Tatsache, daß in der EG die Mehrwertsteuersätze im Durchschnitt höher liegen, so lange keinen Handlungsbedarf aus, solange nicht eine Harmonisierung des gesamten Steuersystems für alle Mitgliedsländer angestrebt wird.

Gegen diese Politik der Mehrwertsteuererhöhung richten sich die folgenden abgabepolitischen Maßnahmen zur Finanzierung der deutschen Einheit: Konsequenter Vollzug der geltenden Steuergesetze, verschärfte Kontrolle der Steuerzahlung im Rahmen der Steuer- und Zollfahndung sowie die Kappung des Ehegattensplittings bilden ein Bündel zur Mobilisierung steuerlicher Mehreinnahmen.

– Die Betriebsüberprüfungen durch die Finanzämter sollten in kürzeren Abständen erfolgen und die Steuer- sowie Zollfahndung effektiver eingesetzt werden. Beispielsweise sind 1988 14547 (1987 13540) Fälle der Steuerfahndung bzw. Amtshilfe registriert worden. Daraus resultierten rechtskräftig festgesetzte Mehrsteuern in Höhe von 967,33 Mio. DM (1987 836,3 Mio. DM) (Bundesfinanzministerium).[5] Durch eine Verkürzung der zeitlichen Betriebsprüfungsabstände und konsequentere Steuer- und Zollfahndung ließen sich deutliche Mehreinnahmen erzielen.

– *Zinseinkünfte* müssen nach dem Spruch des Bundesverfassungsgerichts, das zum 1. Januar 1993 eine gesetzlich saubere Lösung verlangt, einer kontrollierbaren Versteuerung im Rahmen der Einkommensteuern unterzogen werden. Der Versuch, wenigstens eine Quellensteuer über 10% einzuführen, ist 1987 u. a. wegen massiver Kapitalflucht abgebrochen worden. Derzeit werden mehrere Modelle zur Erhebung der Zinsertragsteuer diskutiert. Sinnvoll ist es, durch ein Kontrollverfahren der Finanzämter gegenüber den Banken – etwa im Rahmen der dort durchgeführten Betriebsprüfungen –, die Versteuerung auf der Basis des Einkommensteuergesetzes sicherzustellen. Zum Schutz der Vermögensbildung einkommensschwacher Privathaushalte sollten jedoch die Freigrenzen deutlich erhöht werden. Bei Sparerfreibeträgen über 5000 DM/10000 DM (Alleinstehend/Verheiratet), die die Banken vorgeschlagen haben, wären Sparguthaben bis zu ca. 600000/120000 DM bei einer Durchschnittsverzinsung von 8% steuerfrei. Durch einen konsequenten Steuereinzug sind Mehreinnahmen von über 6 Mrd. DM zu erwarten.

Der Maßstab zur *Bewertung aller Wirtschaftsgüter* im Rahmen der Vermögens-, Gewerbekapital-, Erbschaft- und Grundstücksteuer, der immer noch auf das Bewertungsgesetz von 1934 zurückgeht, muß endlich konsequent den Verkehrswerten angepaßt werden (Die Einheitswerte von Immobilien wurden zuletzt am 1. 1. 1964 ermittelt und 1974 einmalig wegen der Preiserhöhungen pauschal um 40% erhöht). Die derzeitige Berücksichtigung der einsetzbaren Einheitswerte führt dazu, daß nur noch 10–15% der Grundstücke bei der entsprechenden Besteuerung mit dem tatsächlichen Verkehrswert angesetzt werden.

Durch das sog. *Ehegatten-Splitting* verzichtet der Staat beispielsweise im Jahr 1992 auf schätzungsweise 31 Mrd. DM. Eheleute können derzeit den Grenzsteuersatz ihres halbierten, zu versteuernden Einkommen nutzen und damit die beim gesamten Einkommen eintretende Progressionswirkung vermeiden. Die endgültige Steuerschuld ergibt sich dann aus der Verdoppelung des Steuerbetrags, für den der niedrigere Grenzsteuersatz des halbierten Einkommens gilt. Bevorteilt werden vor allem die Ehen, in denen nur ein Partner, jedoch sehr hoch verdient. In einem ersten Schritt lassen sich etwa um 10 Mrd. DM gewinnen.

– Mit dem Steuerpaket '91 sind vorübergehend die Sozialversicherungsbeiträge um netto 1,5% erhöht worden. Damit wurde den betroffenen Arbeitnehmern und Arbeitnehmerinnen gegenüber den Freiberuflern, Besserverdienenden und Beamten ein »Sonderopfer« im Rahmen der Finanzierung der Arbeitslosenversicherung und Arbeitsmarktpolitik in Ostdeutschland in Höhe von – auf das Jahr hochgerechnet – über 7 Mrd. DM (ebenso den Arbeitgebern) abverlangt. Zu den dringlichen Forderungen gehört deshalb die Einführung einer allgemeinen Arbeitsmarktabgabe für Freiberufler, Besserverdienende und Beamte, die bisher nicht sozialversicherungspflichtig sind. Vorgeschlagen wird eine Arbeitsmarktabgabe von 2,5% bei den Selbständigen und Freiberuflern sowie für die Beamten jeweils 1,25% als Arbeitnehmer- und Arbeitgeberanteil auf die Bruttolöhne und -gehälter.

– Ferner wird die Umwandlung des derzeitigen »Solidaritätszuschlags« (vgl. S. 245ff.) in eine auf 10 Jahre befristete *Ergänzungsabgabe auf die Einkommen- und Körperschaftsteuerschuld* von 10% gefordert. Bis zu einem Jahreseinkommen von 50000/100000 DM (Alleinstehend/Verheiratet) erfolgt jedoch eine Befreiung von der Ergänzungsabgabe, die nach Art 106 Abs. 6 GG ausschließlich dem Bund zur Finanzierung der Einigungskosten zufließt. Diese Freistellungsgrenzen sind gegenüber anderen Vorschlägen zur Einführung einer Ergänzungsabgabe bewußt niedriger angesetzt. Dadurch werden auch Arbeitnehmer-Haushalte jenseits dieser Freigrenzen in die Finanzierung der deutschen Einigung einbezogen. Der Aufbringungsschwerpunkt konzentriert sich jedoch auf einkommenstarke Privat-Haushalte sowie Unternehmen (einschließlich der Kapitalgesellschaften über die Körperschaftsteuer).
– *Umwelt-Abgaben* lassen sich durchaus zur Finanzierung des ökologischen Umbaus von West- und Ostdeutschland nutzen. Hier reiht sich etwa die Absicht des Umweltministers, 2 Mrd. DM der Einnahmen aus der Abwasserabgabe vorab zur Altlastensanierung in Ostdeutschland einzusetzen, ein. Jedoch muß dabei die ökologische Zielsetzung, nicht die Schaffung neuer Abgabentatbestände, im Vordergrund stehen. Nur diejenigen ökologischen Abgaben sind letztlich zielkonform, deren Aufkommen sich mit dem Rückgang der ›Umweltbelastung‹ und damit der Verringerung des Abgabentatbestands zurückbilden. Über einen längeren Zeitraum gewinnt durch die Öko-Abgaben auch Westdeutschland wieder Spielräume zur Finanzierung eigener, dringend erforderlicher Umweltaktivitäten.

Weiterreichende Finanzierungsvorschläge

Die hier andeutungsweise unterbreiteten Vorschläge zur Finanzierung der deutschen Einheit bewegen sich in den traditionellen Bahnen der Abgaben- und Ausgabenpolitik. Sie setzen keine deutlichen Akzente in Richtung einer Berücksichtigung des Einkommens- und Eigentumsgefälles bei der Finanzierung der deutschen Einheit. Die damit mobilisierbaren Einnahmen des Staates reichen nicht aus. Deshalb ist es notwendig, zeitlich befristete Finanzierungsinstrumente, die ergiebiger sind und verteilungspolitisch besser greifen, einzusetzen.
– Anfang 1990 ist bereits das Konzept einer zeitlich befristeten *Anleihe mit Zeichnungspflicht* entwickelt und bei einer Anhörung des »Haushaltsausschusses« des Deutschen Bundestags zur »Finanzierung der Kosten der Einheit« im November 1990 vorgetragen worden.[6]

Die Idee ist einfach, jedoch ketzerisch. Diejenigen, die über genügend Finanzmittel verfügen, um Geldvermögen bilden zu können, würden verpflichtet, in Abhängigkeit von ihrem Vermögenstatus, Anleihen, die vom Staat zur Finanzierung der deutschen Einheit aufgelegt werden, zu zeichnen. Nach einem gesetzlich regulierten Verfahren würden nach fünf Jahren schrittweise die Anleihen wieder zurückbezahlt. Während dieser Phase erhält der Zeichner einen niedrigeren Zinssatz, etwa in der Höhe der Inflationsrate. Sein »Opfer« bestünde somit im Verzicht auf die Differenz zwischen dem Kapitalmarktzinssatz (im Herbst 1991 knapp 9 %) und der Inflationsrate (4 %). Gegenüber der normalen Kapitalmarktverzinsung würden die Zinslasten des Staates zurückgehen.

Diese Belastung ist den Einkommensstarken zuzumuten. Nicht investiv verwendete Kapitalüberschüsse – also vagabundierendes Kapital –, die gerade während des Einigungsbooms zugenommen haben und auf die Kapitalmärkte drängen, könnten für die Finanzierung volkswirtschaftlich sinnvoller Einigungskosten genutzt werden. Zeichnungspflichtig sind alle Vermögensbesitzer. Dabei werden die Freigrenzen so festgelegt, daß der Immoblienbesitz von einkommenschwachen Haushalten nicht berücksichtigt wird. Wenn die nachfolgend vorgeschlagene Investitionshilfeabgabe durchgesetzt wird, sollte der Kreis der Zeichnungspflichtigen auf die privaten Haushalte und Banken eingeschränkt werden. Die Auflage einer Deutschlandanleihe mit Zeichnungspflicht ist technisch einfach zu organisieren. Proteste dagegen zeigen jedoch jenseits aller Lippenbekenntnisse die mangelnde Bereitschaft der Vermögensstarken, einen Beitrag zur Finanzierung der deutschen Einheit zu leisten.

– Eine andere, weiterreichende Maßnahme ist die struktur- und finanzpolitisch ausgerichtete *Investitionshilfeabgabe*, die dann jedoch von der gewerblichen Wirtschaft Westdeutschlands nicht aufgebracht werden muß, wenn diese in Ostdeutschland eine bestimmte Mindestzahl an Arbeitsplätzen schafft.[7] Die Investitionshilfeabgabe, mit der der regionale Strukturwandel Ostdeutschlands forciert werden soll, ist bereits im Abschnitt »Strukturpolitische Alternativen« dargestellt worden (S. 265 ff.).

Tabelle X.1: **Finanzierungsmodell 2000**[8])

(pro Jahr)	
MEHREINNAHMEN	
– Ergänzungsabgabe von 10% auf die Körperschaft- und Einkommensteuer (letztere ab 50000/100000 DM Jahreseinkommen für Alleinstehende bzw. Verheiratete)	20 Mrd. DM
– Arbeitsmarktabgabe vor allem durch Besserverdienende, Selbständige und Beamte	10 Mrd. DM
– Verbesserter Steuereinzug (Versteuerung der Zinserträge, Bekämpfung der Wirtschaftskriminalität, häufigere Betriebsprüfungen, Anhebung der Einheitswerte)	15 Mrd. DM
– Investitionshilfeabgabe für das Warenproduzierende Gewerbe (Gesamtvolumen: 1,5% der Bruttowertschöpfung)	15 Mrd. DM
– Zwangsanleihe der Banken, Versicherungen und des Handels (Gesamtvolumen: 1,5% der Bruttowertschöpfung) sowie der privaten Haushalte	15 Mrd. DM
MINDERAUSGABEN	
– Kürzungen des Rüstungshaushalts um 10 Mrd. DM (5 Mrd. für einen Konversionsfonds)	5 Mrd. DM
– Kürzungen von direkten und steuerlichen Subventionen (etwa Kappung des Ehegatten-Splittings)	10 Mrd. DM
SPIELRAUM AUS DER NETTOKREDITAUFNAHME (maximal 120 Mrd. DM)	20 Mrd. DM
	Total 110 Mrd. DM

Anmerkungen

1 Vgl. Information in: *Mitteilungen aus der Arbeitsmarkt- und Berufsforschung* 1/1991, S. 230 W. Merkel, St. Wahl, Das geplünderte Deutschland, Bonn 1991
2 Vgl. die Vorschläge der Arbeitsgruppe Alternative Wirtschaftspolitik, Memorandum '91, Köln 1991, S. 258ff.
3 Zur ökologischen Ausrichtung finanzpolitischer Konjunktursteuerung: R. Hickel, Konjunkturpolitik und ökologischer Umbau. In: E. Stratmann-Mertens/R. Hickel/J. Priewe (Hg.), Wachstum – Abschied von einem Dogma – Kontroverse über eine ökologisch-soziale Wirtschaftspolitik, Frankfurt 1991
4 Vgl. F. Stille, Umorientierung der Subventionspolitik. In: *DIW-Wochenbericht* 35/1989; sowie Vorschläge zum Subventionsabbau durch den: Sachverständigenrat zur Begutachtung der gesamtwirtschaftlichen Entwicklung, Jahresgutachten 1990/91, Ziff. 359ff.
5 Vgl. Bundesfinanzministerium, Ergebnisse der Steuer- und Zollfahndung 1990. In: *BMF-Finanznachrichten* 55/1991
6 Vgl. zur ausführlichen Begründung: R. Hickel, Instrumente zur Finanzierung eines ›Zukunftsprogramms deutsche Integration‹. In: *Die Neue Gesellschaft/Frankfurter Hefte* 11/1991
7 Vgl. Arbeitsgruppe Alternative Wirtschaftspolitik, Memorandum '91, Köln 1991, 267f. sowie R. Hickel, Wirtschaft. In: M. Kittner (Hg.) Gewerkschaftsjahrbuch 1990, Köln 1991
8 Vgl. dazu die Vorschläge der Arbeitsgruppe *Alternative Wirtschaftspolitik*, an deren Erarbeitung die Autoren beteiligt waren: Memorandum '91: Gegen Massenarbeitslosigkeit und Chaos-Aufbaupolitik in Deutschland, Köln 1991, S. 49

Eckhard Stratmann-Mertens
Rudolf Hickel · Jan Priewe (Hg.)

Wachstum
Abschied von einem Dogma

Kontroverse über eine
ökologisch-soziale Wirtschaftspolitik

Der Druck der ökologischen Probleme erfordert eine neue Wirtschaftspolitik. Das Ziel eines stetigen Wachstums, wie es im Stabilitäts- und Wachstumsgesetz von 1967 formuliert wurde, soll durch das Konzept einer ökologisch-sozialen Wirtschaftspolitik ersetzt werden. Das ist die Hauptforderung des Gesetzentwurfes, den DIE GRÜNEN im Juli 1990 im Deutschen Bundestag eingebracht haben. In diesem Band wird dieser Vorschlag vorgestellt und von prominenten Kritikern kontrovers erörtert.

Autoren dieses Bandes sind u. a.:

Prof. Dr. Kurt H. Biedenkopf
Ministerpräsident Freistaat Sachsen

Prof. Dr. Hans Christoph Binswanger
Hochschule St. Gallen

Prof. Dr. Otto Schlecht
Staatssekretär a. D., Bonn

Wolfgang Roth, MdB/SPD

Prof. Dr. Hans K. Schneider
Vorsitzender »Sachverständigenrat zur Begutachtung der gesamtwirtschaftlichen Entwicklung«

Rolf-Ulrich Sprenger · Ifo-Institut, München

S. Fischer Verlag

WIRTSCHAFT

Herausgegeben von Bert Rürup

Die Bedeutung der Ökonomie steht in einem bemerkenswerten Gegensatz zur wirtschaftlichen Allgemeinbildung. Die Reihe »Wirtschaft« hilft, diese Lücke zu schließen. Sie informiert kompetent und verständlich über grundsätzliche und aktuelle Probleme unseres Wirtschaftslebens. Ökonomische Grundtatbestände, neue wissenschaftliche Erkenntnisse und politische Konsequenzen werden dargestellt und analysiert.

Udo Perina
Kursbuch Geld
Anlagemöglichkeiten: Chancen und Risiken. Band 10130
Kursbuch Geld 2
Schulden: Nutzen und Gefahren. Band 10847

Bert Rürup
Fischer Wirtschaftslexikon
Band 10628

Renate Schubert
Ökonomische Diskriminierung von Frauen
Eine volkswirtschaftliche Verschwendung. Band 10279

Hans See
Kapital-Verbrechen
Die Verwirtschaftung der Moral. Band 10865

Ulrich Steger
Future Management
Europäische Unternehmen
im globalen Wettbewerb. Band 10280

Jochen Struwe
EG 92 - Europa der Unternehmer?
Band 10414

Fischer Taschenbuch Verlag

fi 1160 / 5